SAATKORN
EDITION

SIEGFRIED WITTWER

Die Spur des Wolfes

ABENTEUERROMAN

SAATKORN EDITION

Redaktion: Gabriele Lange
Korrektorat: Bernd und Gerda Pallaschke
Umschlaggestaltung: Studio A Design, Hamburg
Titelfoto: Tony Stone Bilderwelten
Rückseitenfoto: Foto-Studio-Colin, Darmstadt

Satz: rimi-grafik, Nienhagen
Druck und Bindung: Clausen & Bosse, Leck

ISBN 3-8150-1528-6

Er war jung, doch mit allen Wassern gewaschen.
Auf der Flucht durch die Wildnis Sibiriens stellte er seine
Verfolger immer wieder vor neue Rätsel.
Er liebte die Freiheit und bekämpfte das Regime
mit den Waffen der Ureinwohner und des Geistes.

Die Handlung des Romans ist frei erfunden,
lehnt sich jedoch an wahre Begebenheiten an.

Die Flucht

Eine Elster flog kreischend auf, als die 4. Brigade der Besserungsarbeitskolonie Djatlowo auf den Waldweg einbog, der zum Lager führte. Ihre Warnrufe erschienen dem fünfundzwanzigjährigen Mischka wie ein böses Omen. Seine Fluchtpläne waren wirklich gut durchdacht. Immer wieder hatte er in Gedanken alle Einzelheiten durchgespielt, um Fehler auszuschalten.

Aber jetzt stiegen Zweifel in ihm auf. Gab es nicht doch zu viele Risiken?. Vielleicht würde die Wachmannschaft seine Pläne durchschauen, vielleicht würde er verletzt werden. Schon ein verstauchter Knöchel könnte den Erfolg seiner Flucht in Frage stellen. An eine Schußverletzung mochte Mischka gar nicht denken.

Man könnte ihn durch Zufall entdecken. Vielleicht reichten seine Kräfte nicht für die dreiundneunzig Kilometer bis zum Güterbahnhof in Surgut? Schließlich war er kein durchtrainierter Spitzensportler, und er war ganz auf sich allein gestellt. – Und danach? Würde er wie die Ureinwohner des Landes mit primitiven Werkzeugen in der sibirischen Wildnis überleben können?

Mischka wischte sich den Schweiß von der Stirn. Trotz der Kühle des frühsommerlichen Abends fuhr eine Hitzewelle durch seinen Körper. Jetzt, wo er alle seine Kräfte so dringend brauchte, fühlte er sich müde und ausgelaugt. Seine Muskeln waren wie gelähmt. Er mußte diese Grübelei beenden und seine negativen Gedanken beiseite schieben!

Sie waren nur noch wenige Meter von dem Trampelpfad entfernt, der zu einem Wasserlauf führte, als Nikita und Semjon miteinander zu streiten begannen – planmäßig, genau wie mit Mischka abgesprochen.

„Du verdammter Schurke hast mein Salz gestohlen“, brüllte Semjon den hünenhaft aussehenden Nikita an. „Gib es mir sofort wieder!“

„Du bist wohl nicht ganz dicht“, gab Nikita zurück, „was soll ich mit deinem Salz?“

„Versuch bloß nicht, mich anzulügen!“ fauchte der angeblich

Bestohlene. „Ich weiß genau, daß du es gewesen bist. Nur du konntest wissen, wo ich es aufbewahrt habe."

Der Riese lachte nur höhnisch und versuchte, Semjon zu ignorieren, doch der ließ nicht locker.

„Schuft! Du weißt genau, wie fade die tägliche Wassersuppe schmeckt, weil unser armes Vaterland es sich nicht leisten kann, für seine unbezahlten Schwerarbeiter Salz zu kaufen."

„Dann mußt du eben essen, was die Genossen unter großen Opfern für dich entbehren können."

Mischka grinste. Mit ihren Anspielungen hatten die beiden Kampfhähne nun endlich die Aufmerksamkeit der Wachsoldaten gewonnen. Sein Plan schien zu gelingen! Semjon war vorletzte Woche zu ihm gekommen und hatte ihm heimlich ein Päckchen Salz in die Hand gedrückt.

„Du wirst dich sicherlich darüber freuen, wenn du die Taiga abgrast." Er schüttelte sich. „Unsere Grütze schmeckt schon erbärmlich, aber Flechten, Gras und Unkraut könnte ich nicht runterwürgen, schon gar nicht roh und ungewürzt."

„Unsere Vorfahren waren auch keine Feinschmecker und haben es überlebt", machte Mischka sich selbst Mut. „Außerdem haben sich Gefangene während des Zweiten Weltkrieges oft von Wildpflanzen ernährt. Mein Vater erzählte mir von einem deutschen Bauern, der während der Gefangenschaft in Sibirien ein halbes Jahr nur von Gras lebte."

„Na, dann guten Appetit", meinte Semjon und ging pfeifend davon. Auch wenn er ihn ein wenig verrückt fand, er liebte Michail Wulff wie einen Bruder. Deshalb wollte er alles tun, damit Mischkas Flucht gelingen konnte. Der junge Mann war für ihn in den letzten Wochen zu einem Symbol der Hoffnung geworden, weil er sich dem politischen System nicht unterwarf.

Der Streit war inzwischen so laut geworden, daß sich die Männer der Brigade belustigt um die beiden Streitsüchtigen scharten.

„Auseinander!" befahl der Offizier. „Setzt euch wieder in Bewegung. Wir müssen noch vor Sonnenuntergang im Lager sein!"

Seine Worte trafen auf taube Ohren. Die Auseinandersetzung war für die Männer eine willkommene Abwechslung nach der harten Waldarbeit. Deshalb scherten sie sich nicht um die Anordnungen des Leutnants.

„Gib mir auf der Stelle mein Salz zurück", schrie Semjon mit hochrotem Kopf und schlug dem Hünen auf die Brust.

„Jawohl, gib's ihm!" feuerten ihn die Zuschauer an und klatschten Beifall. „Mach ihn fertig, Semjon Dubitzky!"

„Langsam wirst du mir lästig, du kleine Kröte", brummte Nikita zornig. Er packte seinen schmächtigen Gegner an der wattierten Jacke und hob ihn wie eine Strohpuppe empor. Semjon strampelte wild mit den Beinen und kreischte voller Zorn: „Du ungehobelter Klotz! Du Urvieh! Laß mich auf der Stelle runter!"

Die umstehenden Männer lachten aus vollem Hals und klatschten Beifall.

Genau in diesem Moment sprang Mischka mit einem Satz in den Wald, rannte ein paar Meter den Trampelpfad hinunter, schlug einen Haken und ließ sich nach wenigen Schritten unter einen dichten Busch fallen. Keinen Augenblick zu früh!

Eine AK-47 bellte auf. Blei klatschte in die Baumstämme. Mischka duckte sich tiefer in das Buschwerk, rollte sich wie ein Igel zusammen. Sein Herz pochte bis zum Hals. Jetzt war der kritische Augenblick, der über den Erfolg seiner Flucht entschied.

Stiefel trampelten den Pfad hinunter – vorbei an Mischkas Versteck. Noch einmal peitschten Schüsse durch den Wald und fetzten Holzsplitter aus den Bäumen rechts und links des Weges. Bei jedem Schuß zuckte Mischka zusammen, als wenn die Kugeln seinen Brustkorb durchschlagen hätten.

„Hat keinen Zweck, Jossif", hörte er die Stimme eines Soldaten nur wenige Schritte von sich entfernt, „der Kerl ist bestimmt schon über alle Berge. Man sagt, er sei ein guter Läufer. Den holst du mit deinen Plattfüßen bestimmt nicht ein."

„Hast recht", knurrte Jossif böse, „überlassen wir ihn den Suchhunden. In einer halben Stunde wird es sowieso dunkel. Machen wir, daß wir nach Hause kommen. Je eher wir den Vorfall Oberstleutnant Wdowetschenko melden, desto schneller können wir ihm auf der Fährte sein."

Die Schritte entfernten sich. Mischkas Herz pochte so laut, daß er befürchtete, man würde es noch auf dem Waldweg hören. Bis jetzt war alles planmäßig verlaufen. Die Wachmannschaft hatte tatsächlich angenommen, er sei geradewegs in den Wald gelaufen.

Typische Fehlannahme, dachte er halb erleichtert, ihr werdet noch manche Überraschung erleben.

Vom Weg klangen Sympathierufe der Häftlinge herüber, Flüche der Soldaten, der Befehl zum Abmarsch und das Knirschen der Segeltuchstiefel auf dem sandigen Weg. Dann wurde es still.

Mischka atmete auf, wagte aber nicht, sich zu rühren. Vielleicht hatte Leutnant Litschenko einen Soldaten postiert, um den Flüchtigen zu überraschen, sollte er es wagen, zum Weg zurückzukehren. So blieb er noch etwa zehn Minuten regungslos liegen und horchte angestrengt auf ungewöhnliche Laute. Doch alles blieb still. Nur das Summen von Hummeln und Mücken drang in der abendlichen Stille an sein Ohr.

Er richtete sich halb auf, schob seinen Beutel auf den Rücken, kroch zum Trampelpfad und spähte durch die Zweige. Niemand war zu sehen. Erleichtert fuhr er mit der Hand durch die blonden Haarstoppeln auf seinem Kopf. Jetzt kam der anstrengende Teil seiner Flucht. Aber er fühlte sich mit fünfundzwanzig Jahren auf dem Höhepunkt seiner körperlichen Kräfte. Die Knochenarbeit in den Wäldern rund um die Strafkolonie hatte seine Muskeln trotz der schlechten Ernährung gestählt. Außerdem war von ihm jede unbeobachtete Minute genutzt worden, um den Körper zu trainieren und seine Fußsohlen abzuhärten. Er fühlte sich in guter Form.

So schnell er konnte, rannte Michail Wulff den Trampelpfad hinunter und hinterließ eine deutliche Spur im Gras. Sie sollten sich anfangs ihres Erfolgs sicher sein, um die falsche Fährte weiter zu verfolgen. Je mehr jemand von Selbstüberschätzung strotzt, um so stärker wird seine Findigkeit von Depressionen gelähmt, wenn er sich plötzlich in einer Sackgasse wiederfindet. Diese Lektion sollten seine Verfolger in den nächsten Stunden lernen.

Am Bach angelangt, setzte Mischka einen Fuß ins Wasser, um einen Abdruck im schlammigen Boden zu hinterlassen. Nachdem er den Schuh an der Wasseroberfläche abgespült hatte, ging er Schritt für Schritt in der eigenen Spur zurück. An einer Fichte, deren Zweige fast bis an den Boden reichten, machte er halt und kletterte wie ein Eichhörnchen den Stamm empor. Er durfte nicht trödeln. Oberstleutnant Wdowetschenko würde bestimmt keine Zeit versäumen und sofort mit der Suche beginnen.

Von dem Sohn eines Försters hatte er vor Jahren gelernt, wie man einen Tannenwald in den Baumwipfeln überqueren kann. Nun konnte er sein Wissen anwenden. Er begann, die Krone der Fichte hin und herzuschaukeln, bis er den Stamm des Nachbarbaumes ergreifen konnte. Dann schwang er sich hinüber und begann dort das gleiche Spiel. Als er auf dem Wipfel der dritten Fichte schaukelte, erfüllte ihn das Gefühl hämischer Freude.

Na, wartet, dachte Mischka, ihr werdet ein paar Rätsel lösen müssen, wenn ihr mich fangen wollt.

Diesmal wäre er beinahe abgeglitten. Die Krone des vierten Baumes war weiter entfernt, als er geschätzt hatte. Im letzten Moment konnte er sich jedoch mit beiden Händen am Stamm festklammern. Eine rote Spur zog sich über seine linke Handfläche, ein unbedeutender, aber doch schmerzhafter Kratzer.

Mischka atmete tief durch. Er durfte nicht nachlässig werden. Hier ging es nicht um Spiele von Jugendlichen, sondern um einen Wettlauf um Freiheit und Leben. Gnade durfte er als politischer Häftling nicht erwarten. Das hatte man ihn im Lager immer wieder spüren lassen. Sollte man ihn einfangen, drohten ihm neben Prügel noch einige Wochen Einzelhaft im Karzer.

Schweiß rann ihm in die Augen. Während er sich mit dem linken Arm und beiden Beinen am Stamm festklammerte, zog er ein Leinentuch aus der Tasche und band es sich um die Stirn. Dann setzte er seinen Weg über die Baumkronen des Tannenwaldes fort. Mit der Zeit bekam er Routine und fühlte sich sicherer.

Was gäbe er darum, könnte er nachher die ratlosen Gesichter seiner Häscher unten am Bach sehen! Hoffentlich witterten die Bluthunde nicht, daß er die Fichte emporgeklettert war! Aber wenn schon – seinen Verfolgern würde dies auch nicht weiterhelfen, denn auf diesem Baum saß er schon lange nicht mehr, und die Hunde konnten seiner Spur nicht über die Baumkronen folgen!

Mischka brauchte etwa eine Viertelstunde, bis er wieder beim Waldweg war. Er glitt mit gespreizten Beinen an einer Fichte hinunter, indem er nacheinander die Zweige ergriff. Fast fühlte er sich wieder in die Tage seiner Kindheit versetzt, als er öfters Tannenbäume hinuntergerutscht war – sehr zum Ärger seiner Mutter, die nicht wußte, wie sie seine Hosen vom Harz säubern sollte. Er hatte ihr mit seinen Abenteuerspielen viel Arbeit gemacht.

Mischka ordnete seine Kleidung. Es galt jetzt, keine Zeit mehr zu verlieren. Seine Verfolger würden in Kürze mit den Hunden eintreffen. Er mußte sich also beeilen!

In der einbrechenden Dämmerung begann er, den Weg in Richtung Surgut zu laufen. Dreiundneunzig Kilometer bis zum Güterbahnhof, zweimal die Strecke eines Marathons lagen vor ihm. Aber er würde es schaffen! Daran zweifelte Mischka keinen Augenblick.

Oberstleutnant Juri Wdowetschenko saß mit KGB-Major Kurbanow bei einem Glas Wodka im Büro der Kolonieverwaltung, als Leutnant Litschenko die Flucht des politischen Häftlings Michail Wulff meldete.

„Schlamperei!“ fuhr der Koloniechef auf und schlug mit der flachen Hand auf den Tisch. „Sie können mit ihrer Abteilung nicht einmal eine kleine Häftlingsbrigade unter Kontrolle halten. Ihren Leuten mangelt es an Disziplin! Das habe ich Ihnen schon öfters gesagt!"

Wdowetschenko atmete tief durch, um seine Selbstbeherrschung wiederzufinden.

Erstaunlich, dachte er, daß schon ein Gläschen Wodka die emotionale Kontrolle erschwert. Ich muß vor Kurbanow eine gute Figur machen, wenn ich hier weg will. Also, paß auf Juri, was du sagst, und wie du es sagst!

„Ich werde diesen Vorfall natürlich in den Akten vermerken lassen, Genosse Leutnant", fuhr er nun gefaßt, aber mit harter Stimme fort. „Sollten Sie weiterhin so nachlässig Ihren Aufgaben nachkommen, werde ich Sie strafversetzen."

Der Koloniechef machte eine bedeutungsvolle Pause, um den folgenden Worten Nachdruck zu verleihen: „Und zwar in den hintersten Winkel Sibiriens!"

Litschenko wich dem stechenden Blick seines Vorgesetzten aus und schauderte innerlich. Dieser Mann war ihm von Anfang an unheimlich gewesen. Er schien zu der Sorte Männer zu gehören, die nicht vergeben und vergessen können und für die eigene Karriere über Leichen gehen.

Gegen solche Typen kann man nichts ausrichten, dachte er verbittert. Sie fallen immer wieder auf die Füße, auch wenn das Regime wechseln sollte.

Er hatte keine Schwierigkeiten, sich Juri Wdowetschenko als Manager eines kapitalistischen Großbetriebes vorzustellen, der ständig um Aufstiegschancen buhlt und deshalb bei seinen Bossen Eindruck zu schinden versucht. Man hatte Litschenko von Kindheit an die Schreckensbilder westlicher Ausbeuter und Industrietyrannen vor Augen gemalt. Doch zweifellos gehörte Wdowetschenko auch zu dieser Sorte Mensch. Trotz unterschiedlicher politischer Systeme waren sie kalt, berechnend und ohne Mitgefühl.

Litschenko mußte schlucken. Er fühlte sich ungerecht behandelt. Was sollte er denn dagegen tun, daß einer der Häftlinge unerwartet im Wald verschwand? Sollte er sie etwa wegen Fluchtgefahr den ganzen Tag in Ketten arbeiten lassen?

Bisher war er ein pflichtbewußter Soldat gewesen. Aber Protest würde ihm nichts einbringen. Widerspruch würde den Oberstleutnant nur noch mehr in Rage bringen. Wdowetschenko versuchte offensichtlich, vor dem KGB-Major aus Moskau den überlegenen Koloniechef zu spielen, um sich seine Beförderung ins Hauptquartier der GULag-Verwaltung zu sichern. Deshalb konnte er vor den

Augen seines Vorgesetzten keine Mißerfolge und Rückschläge gebrauchen. Querdenker und Widerspruchsgeister hatten bei ihm sowieso nichts zu lachen. Nur Gehorsam war gefragt, Unterwerfung und blinder Gehorsam!

Major Kurbanow räusperte sich vernehmlich und lehnte sich im Sessel leicht nach vorn. Mit seinen kurzgeschnittenen, grauweißen Haaren, dem zurückhaltenden Lächeln und der maßgeschneiderten Uniform wirkte er wie ein Gentleman. Er nickte zuerst Litschenko und danach dem Koloniechef freundlich zu: „Schwierigkeiten sind eine echte Herausforderung, mein lieber Wdowetschenko. Deshalb lassen Sie keine kostbare Zeit verstreichen, und schicken Sie einen Suchtrupp los. Bis zum Morgengrauen haben die Hunde diesen Mann bestimmt gestellt, und die Angelegenheit ist erledigt. Betrauen Sie doch Leutnant Litschenko mit dieser Aufgabe, damit er sich rehabilitieren kann. Er scheint mir ein fähiger Offizier zu sein."

Litschenko wuchs sichtbar unter dem Lob des KGB-Majors: „Genosse Oberstleutnant, ich bring' Ihnen den Entflohenen zurück, und wenn ich ihn durch ganz Sibirien jagen müßte. Dafür bürge ich mit meiner Offiziersehre!"

„Ein großes Wort, Leutnant", erwiderte sein Vorgesetzter mit strengem Blick und deutete ihm zu gehen, „aber bedenken Sie, die Taiga ist größer. Meine Geduld dagegen ist sehr begrenzt."

Kaum hatte sich die Tür geschlossen, erfror das Lächeln auf dem Gesicht Kurbanows. „Wenn Sie ins Hauptquartier überwechseln wollen, Genosse Wdowetschenko, dann haben Sie noch einiges zu lernen. Drohungen und Einschüchterung lähmen kleine Geister wie diesen Litschenko. Lob dagegen motiviert zu Höchstleistungen! Sie haben doch mit eigenen Augen gesehen, wie dieser Trottel aufblühte, als ich ihn einen fähigen Offizier nannte."

Er starrte den Koloniechef kalt an. „Die Methoden Stalins gehören schon lange ins Museum der Staatssicherheit. Wir dürfen uns nicht scheuen, von den Managern kapitalistischer Länder zu lernen."

Wdowetschenko schwieg mißmutig. Eine Belehrung hatte ihm gerade noch gefehlt. Er war ein Mann der Härte. Von diesen neuartigen Methoden hielt er nicht viel. Aber er mußte den gelehrigen Schüler spielen, damit dieser eingebildete Lackaffe aus Moskau ihm gute Noten bescheinigte und ihm dadurch den Einzug in die oberen GULag-Etagen ermöglichte.

Er haßte dieses Leben in der Einöde Tjumens achthundert Kilometer östlich des Urals. Er haßte das Lager mit seinen Stacheldrahtzäunen, den stinkenden Häftlingen und den versoffenen Soldaten. Er verabscheute die lausigen Siedlungen der Einheimischen, die mit Schlammlöchern übersäten Gassen und die verfallenen Datschas. Juri Wdowetschenko liebte große Städte, Konzertbesuche, Kultur und Kunst. Er wollte endlich wieder unter zivilisierten Menschen leben, und niemand würde ihn daran hindern, weder Versager wie Litschenko noch dieser entflohene Strafgefangene. Er würde nicht dulden, daß ihm jemand den Weg nach Moskau verbaute!

„Sie können nicht bleiben, wie Sie sind, Genosse", fuhr Kurbanow fort. „Die Saurier starben aus, weil sie sich nicht an neue Bedingungen anpassen konnten. Wenn die Archäologen späterer Jahrhunderte Ihre Knochen nicht auch aus dem sibirischen Eis graben sollen, müssen Sie offen für Neues sein.

Die Sowjetgesellschaft hat sich in den letzten zehn Jahren verändert. Sie spüren davon noch nicht viel in dieser gottverlassenen Gegend. Aber westlich des Urals beobachtet man uns mit wachsender Kritik. Das sind nicht mehr vereinzelte Quertreiber, das sind breite Bevölkerungsschichten, und auch eine Reihe Parteifunktionäre stimmt nicht mehr mit uns überein – das geht bis in die Regierungsspitzen! Wir müssen also unsere Methoden ändern, sonst wird die Geschichte eines Tages das gleiche Urteil über uns sprechen wie über Genosse Stalin."

Juri Wdowetschenko nickte. Jeder kämpft also um das eigene Überleben. Michail Wulff in den Wäldern Tjumens, Leutnant Litschenko unter Erfolgszwang ihm auf den Fersen, er selbst in der Hierarchie des KGB und Kurbanow in der Bürokratie Moskaus. Jeder versucht, sein kleines Glück zu sichern, indem er rücksichtslos das Wohlergehen anderer als Trittleiter benutzt und sie in den Staub zwingt.

Wdowetschenko scheute nicht den Vergleich mit der Nahrungskette: Die Großen fressen die Kleinen, und die Großen werden von noch Größeren gefressen, die auch nur Gejagte sind. Dabei nimmt die innere Vergiftung durch Anreicherung der Schadstoffe von Stufe zu Stufe zu.

Meine Seele ist schon schwarz wie die Nacht, dachte er grimmig, aber deine Seele, Genosse Kurbanow, stinkt schon vor Verwesung!

Als wollte er die Gedanken des Lagerkommandanten bestätigen, fuhr der KGB-Major fort: „Natürlich können Sie diesen Idioten Litschenko trotzdem nach Chukchis versetzen, wenn Ihnen das dienlich erscheint. Sie müssen es nur wie eine Beförderung aussehen lassen. Die Ergebnisse können also durchaus die gleichen sein, aber die Methoden, Genosse, die Methoden müssen sich ändern."

Der Mond stand schon über den Baumkronen, als Leutnant Iwan Litschenko mit seiner Suchmannschaft am Trampelpfad eintraf. Die Schäferhunde zerrten nervös an den Geschirren. Sie wußten instinktiv, es galt wieder einen Menschen aufzuspüren, und sie konnten deshalb den Beginn der Jagd nicht abwarten.

Die Hundeführer ließen ihre Tiere im Licht der Scheinwerfer eines Lastwagens an Kleidungsstücken schnüffeln, die ein Soldat aus Mischkas Spind geholt hatte. „Such! Such! Faß ihn!" heizten sie ihre Tiere an. Dann stoben sie mit ihnen den Pfad hinunter.

Spätestens morgen abend werden wir dich haben, dachte Litschenko zufrieden, und dann kann mir der Oberstleutnant nicht länger drohen. Vielleicht springt sogar eine kleine Beförderung heraus – vorausgesetzt, der freundliche Major aus Moskau ist noch im Lager. Katja würde sich freuen! Eine Beförderung bedeutete ein paar Rubel mehr Sold. Dann könnte er endlich einen neuen Herd kaufen und dem kleinen Nikolaj einen Metallbaukasten schenken. Früh übt sich. Er sollte ein guter Ingenieur werden und es einmal besser haben als sein Vater.

Drei der Suchhunde stürmten an der Fichte vorbei, die Mischka emporgeklettert war. Nur ein älterer, erfahrener Schäferhund zögerte und schnüffelte am Stamm herum. Jossif Karatajew zog ungeduldig am Geschirr. „Du sollst keine Eichhörnchen jagen", schimpfte er, „sondern Menschen! Blöde Töle!"

Unten am Bach kläffte inzwischen der Rest der Meute.

„Komm schon endlich, sonst verpassen wir noch was." Karatajew zerrte den widerstrebenden Hund zum Bachufer.

Iwan Litschenko, der die Szene beobachtet hatte, folgte ihnen nachdenklich. Eine dunkle Ahnung erfaßte ihn. Er konnte sie jedoch nicht in klare Gedanken kleiden.

Die Spur endete im Wasser.

„Dieser Mischka ist wirklich ein helles Köpfchen", gab Jossif zu, „aber das wird ihm nichts nützen."

„Wir teilen uns in vier Gruppen", befahl Leutnant Litschenko. „So können wir die beiden Uferseiten nach Osten und Westen gleichzeitig absuchen. Irgendwo muß der Mistkerl ja den Bach verlassen haben. Hat eine Gruppe die Spur wieder aufgenommen, gibt sie sofort über Funk eine genaue Positionsmeldung an die anderen. Alles klar?"

Die Männer nickten und rieben sich die Hände. Noch brannte auch in ihnen das Jagdfieber. Sie konnten nicht ahnen, welche Strapazen sie erwarteten. Schlamm und Gestrüpp waren im Dunkel der Nacht mitleidslose Gegner ihrer Suchaktion.

Mischka hatte schon zehn Kilometer zurückgelegt, als die Schäferhunde auf seine Spur angesetzt wurden. Er war die Strecke in einem langsamen Trab gelaufen, wachsam und immer bereit, seitwärts in die Büsche zu springen, sollte ihm jemand unerwartet begegnen.

Nun sah er in der Ferne die Scheinwerfer des Lastwagens, der seine Verfolger abgesetzt hatte. Als sie erloschen, wußte er, daß die Jagd begonnen hatte.

„Viel Spaß, Genossen", rief er halblaut in die Dunkelheit und feixte wie ein Schuljunge, der seinem Klassenlehrer einen Streich gespielt hat.

Mischka beschloß, eine kurze Pause zu machen. Er zog die Leinenstiefel von den Füßen, deren Sohlen er mit Filzeinlagen verstärkt hatte, um den Aufprall seines Körpergewichtes beim Laufen zu dämpfen. Aus einem Beutel kramte er ein Stück Butter hervor und begann, seine Füße sorgfältig einzufetten. Er mußte alles tun, um die Blasenbildung so lange wie möglich hinauszuzögern. Fett war ein gutes Mittel dafür. Dann schlüpfte er wieder in die Stiefel, öffnete Jacke und Hose, um auch die Achselhöhlen, die Brustwarzen und die Innenseite der Oberschenkel einzufetten. Er durfte sich keinen „Wolf" laufen. Wundgescheuerte Stellen konnten jeden Schritt unerträglich machen.

Es war ein seltsames Gefühl, die Kleidung über die mit Butter beschmierte Haut zu ziehen. Aber er hatte Marathonläufer gesehen, denen das Blut von der Brust lief, weil sie diese Vorsichtsmaßnahme für überflüssig hielten.

Mischka füllte seine Trinkflasche an einem Bach auf und gab eine Prise Salz hinein, um den durch Schwitzen verursachten Mineralstoffverlust auszugleichen. Ein Salzmangel konnte zu Krämpfen führen und damit den Erfolg seiner Flucht in Frage stellen. Er mußte außerdem soviel wie möglich trinken. Dann konnte er größere Leistungen vollbringen. Nur wenn man mehr trank, als der Körper eigentlich verlangte, konnte man über längere Zeit solche Strapazen durchhalten. Das hatte er schon vor Jahren im Sportunterricht gelernt. Probleme mit dem Wassernachschub gab es glücklicherweise nicht, weil ein Bachlauf den Weg begleitete.

Nachdem er seine Jacke um die Hüfte gebunden hatte, setzte Mischka den Weg fort. Er war von Kind an ein guter Sportler gewesen. Langstreckenläufe hatten ihn jedoch noch nie begeistert. Mehr als zehn Kilometer war er deshalb im Training nur selten gelaufen.

„Verrückt", dachte Mischka laut, „untrainiert, wie du bist, glaubst du einen Ultralangstreckenlauf durchhalten zu können."

Natürlich war er nicht wirklich unvorbereitet in dieses Abenteuer gestolpert. So oft er konnte, hatte er Waden und Oberschenkelmuskeln durch systematische Übungen gestärkt. Fünfhundert Kniebeugen bereiteten ihm keine Probleme. Doch Laufen war etwas anders als Gymnastik. Muskeln und Sehnen wurden allein durch die Erschütterungen des Springens stärker belastet.

Mischka beschloß, zwischen langsamem Trab und flottem Wanderschritt abzuwechseln, um so die einzelnen Muskelgruppen zu entlasten, damit sie sich erholen konnten. Sobald er in den Trab überwechselte, machte er nur kleine Schritte und zog seine Füße dicht über den sandigen Boden, um die Gelenke nicht übermäßig zu strapazieren. Er spürte schon bald, daß seine Überlegungen richtig gewesen waren, denn nach etwa zwei Stunden fühlte er sich noch ziemlich frisch.

Leutnant Iwan Litschenko fluchte, so laut er konnte. Drei Stunden hatte er mit seinen Männern das morastige Ufer des Wasserlaufs durchkämmt und keine Spur entdeckt. Über Funk teilten die anderen Gruppen mit, daß sie genauso erfolglos geblieben waren. Müde, erschöpft, schlamm- und schweißverschmiert hockten die Männer am Ufer.

„Dieser Kerl kann doch nicht stundenlang in stockfinsterer Nacht durch einen Bach waten, ohne versehentlich das Ufer zu berühren oder völlig aufzuweichen!" schimpfte einer der Soldaten.

„Vielleicht ist er gar nicht den Bach entlanggelaufen", gab Jossif Karatajew zu bedenken.

„Du hast wohl Erschöpfungshaluzinationen!" fuhr ihn der Soldat an. „Woher stammt denn sonst sein Fußabdruck im seichten Wasser am Ufer?"

„Es war nur ein Schuhabdruck", verbesserte ihn Jossif. „Das beweist aber gar nichts. Er wollte uns bestimmt auf eine falsche Fährte locken, um Zeit zu gewinnen."

„Sag das noch mal", rief Litschenko ihm zu. Ein Verdacht stieg in ihm auf. Irgendwie hatte er es schon geahnt, aber jetzt begann sich ein Bild zu formen.

„Tja, ich glaube, der Junge hat uns reingelegt“, wiederholte Jossif. Sicherlich hockt er auf einer Fichte und lacht sich ins Fäustchen, während wir wie Blödmänner durch den Morast kriechen. Mein Schuwo hat es gewußt, aber ich wollte ihm nicht glauben.“ Jossif kraulte seinem Schäferhund liebevoll die Ohren.

Litschenko sprang wie von einer Tarantel gestochen auf. „Genau das habe ich auch gerade gedacht. Los, alle Mann zurück zum Ausgangspunkt! Wir müssen Michail Wulff unbedingt noch vor dem Mittagsappell erwischen!“

Lustlos und mit steifen Gliedern erhoben sich die Soldaten. Müdigkeit hatte ihren Jagdeifer gedämpft. Sie hatten sich die Verfolgung einfacher vorgestellt: Eine kurze Hatz, das verschreckte Gesicht des Häftlings in einem Gebüsch und dann die siegreiche Heimkehr. So verlief die Jagd eines Entflohenen gewöhnlich. Diesmal jedoch artete die Suchaktion in Knochenarbeit aus.

„Wollt ihr wohl eure faulen Bäuche schneller bewegen“, fluchte Leutnant Litschenko verärgert, „Wdowetschenko hat versprochen, jeden von uns ans Ende der Welt zu versetzen, wenn wir mit leeren Händen heimkehren! Also setzt euch in Trab, wenn ihr nicht in Ostsibirien landen wollt!“

Das wirkte!

Angst motiviert doch besser als Kameradschaftlichkeit, dachte Iwan Litschenko verbittert. Ihm war bewußt, daß er damit auf Wdowetschenkos Stufe gesunken war. Aber er wollte nicht das Wohlergehen seiner eigenen Familie durch Rücksicht auf die Trägheit der Männer aufs Spiel setzen.

Kopfschüttelnd standen sie zwei Stunden später unter der Fichte, die Jossif sofort wiedererkannte, und leuchteten mit ihren Taschenlampen die Baumkronen ab. Die restlichen Suchmannschaften waren inzwischen auch zu ihnen gestoßen, nachdem man sie über Funk informiert hatte.

„Anscheinend ist dieser Kerl den Baum hinaufgeklettert, aber nicht wieder heruntergekommen“, rätselte Litschenko. „Oben ist er auch nicht mehr. Er kann sich doch nicht in Luft aufgelöst oder sich über die Baumkronen davongemacht haben!“

„Warum eigentlich nicht?“ warf Jossif Karatajew nachdenklich ein. „Vielleicht ist er von Baum zu Baum geklettert, um seine Spuren zu verwischen.“

Litschenkos Knie wurden weich. Panik stieg in ihm auf. Er hatte diesen Michail Wulff unterschätzt! Bei seiner Offiziersehre hatte er geschworen, den Sträfling wieder zurückzubringen. Bei seiner Offiziersehre! Als wenn die noch irgendeinen Wert besaß!

In den letzten Jahren war ihm nur Schmutzarbeit geblieben: Bewachen und Jagen von Menschen. Davon hatte er nicht geträumt, als er die Offizierslaufbahn einschlug. Er wollte sein Vaterland verteidigen, ein Held des Volkes werden, für die Sicherheit und das Wohlergehen seiner Volksgenossen sorgen. Doch seit Jahren schon war er nichts weiter als ein Kerkermeister und Sklaventreiber. Statt seine Mitmenschen zu schützen, mußte er sie zur Zwangsarbeit treiben, sie jagen und bestrafen. Was für eine Ehre für einen Offizier der UdSSR!

Sollte er nun diesen Mann nicht fassen und ins Lager zurückbringen, drohten ihm Degradierung, Strafversetzung und damit eine Zukunft ohne Hoffnung. Was sollte aus seiner Familie werden, aus Nikolaj und seiner Frau? Er mußte Michail Wulff finden, koste es, was es wolle. Doch wo sollte er mit der Suche beginnen?

Iwan Litschenko beschloß, mit zwei Gruppen einen großen Kreis um den Wald zu schlagen, um die Spur des Häftlings erneut aufnehmen zu können. Sie mußten weitermachen, obwohl sie erschöpft und entmutigt waren. Ein Regenschauer würde die Spur verwischen, so daß selbst ein Bluthund sie nicht wiederfinden könnte.

Und dann gnade uns Gott, dachte Litschenko, auch wenn er kein religiöser Mensch war.

Mißmutig setzten sich die zwei Gruppen mit den Hunden in Bewegung. Angst, aber auch Zorn erfüllte sie und trieb sie vorwärts.

Der „tote Punkt“ traf Mischka wie ein Schlag in die Magenkuhle. Schon drei Stunden vorher hatte er eine winzige Spannung im Unterschenkel verspürt – das erste Warnzeichen eines Muskelkrampfes. Doch durch Dehn- und Lockerungsübungen waren diese Verkrampfungen wieder abgeklungen.

Außerdem trank er von diesem Zeitpunkt an noch mehr Wasser, um die Krampfgefahr zu verringern.

Kurze Zeit danach verspürte er einen stechenden Schmerz im Knie. Doch die Angst vor seinen Häschern trieb ihn vorwärts. Genauso unerwartet, wie diese Beschwerden aufgetreten waren, verschwanden sie wieder. Dafür spürte er seine Fuß- und Hüftgelenke, von dem Druckschmerz unter den Fußsohlen ganz zu schweigen. Aber auch diese Beschwerden klangen soweit ab, daß er sie ertragen konnte. Ein Hochgefühl erfaßte Mischka. Tief sog er die kühle Nachtluft ein, ballte die Faust und rief halblaut in die Dunkelheit: „Ich schaffe es! Ich schaffe es!“

Wahrscheinlich hatte sein Gehirn unter dem Streß der körperlichen Belastung begonnen, Endorphine auszuschütten – morphiumähnliche Stoffe, die alle Schmerzen dämpften und seine Euphorie steigerten.

Doch um zwei Uhr morgens war es dann soweit. Einen solchen Tiefpunkt hatte Mischka noch nie erlebt! Bleierne Müdigkeit legte sich über sein Bewußtsein und lähmte jeden Gedanken. Ihm flimmerte vor Augen. Die Füße wurden so schwer, daß er sie nur in kleinen Schritten schlurfend über den Boden ziehen konnte. Er atmete schnell und stoßweise, ohne das Gefühl zu haben, Sauerstoff in seinen Körper pumpen zu können.

Mischka wischte sich den Schweiß von der Stirn. Trotz der körperlichen Anstrengung zitterte er vor Kälte. Am liebsten würde er sich jetzt auf den Boden fallen lassen, um zu schlafen oder sich wenigstens ein paar Minuten auszuruhen. Doch er wußte, er würde sich nicht wieder erheben können.

Nein, nicht aufgeben! schrie es in ihm. Halte durch! Sonst bist du erledigt! Wenn sie dich erwischen, werden sie dich fertigmachen.

Obwohl er die Grenze seiner Leistungsfähigkeit erreicht hatte, schleppte sich Mischka weiter. Eine heiße Wut stieg in ihm hoch. Hätte ihn jemand nur berührt, er wäre regelrecht explodiert. Er haßte die Regierung, das politische System, die Lagerverwaltung, die Soldaten, die ihn verfolgten. Er war wütend über sich selbst, über seine vorlauten Bemerkungen, seinen Freiheitsdrang und seine Entscheidung, die Flucht zu wagen.

Aber er schleppte sich weiter, Schritt für Schritt, Atemzug um Atemzug. Noch lagen etwa vierzig Kilometer vor ihm, und er konnte sich nicht vorstellen, wie er diese Strecke bewältigen sollte. Doch mit jedem Schritt zischte er halblaut: „Ich will! Ich kann! Ich muß! Ich will! Ich kann! Ich muß! ...“

Sie hatten Glück – oder Michail Wulff war doch nicht so gerissen und vorsichtig, wie sie inzwischen befürchtet hatten. Einer der Schäferhunde nahm schon bald nach Ausschwärmen der Soldaten erneut die Spur des Flüchtlings auf. Eigentlich hätten sie es sich gleich denken können, daß er über die Baumkronen auf den Weg nach Surgut zurückkehren würde, um in der Spur der Sträflingskolonne zurückzulaufen. Aber die Hunde ließen sich nicht täuschen!

Leutnant Litschenko schöpfte neue Hoffnung. Über Funk forderte er einen neuen Suchtrupp an und schickte seine übermüdeten Soldaten zurück ins Lager. Jetzt war es nur noch eine Frage von ein paar Stunden, bis sie den Entflohenen einholen würden. Wahrscheinlich versuchte er, sich in zwei Tagesmärschen zur Eisenbahnstrecke durchzuschlagen, um mit einem Güterzug seine Flucht fortzusetzen.

Gar nicht so dumm! dachte Litschenko befriedigt, aber sollten wir dich nicht schon vorher erwischen, werden wir jeden Zug in allen Bahnhöfen der Umgebung bis auf die letzte Schraube kontrollieren. Du kannst uns nicht entkommen, Michail Wulff!

Inzwischen war ein Lastwagen mit der Ablösung eingetroffen. Während zwei Hundeführer mit ihren Tieren vorausliefen, fuhr der Rest der Mannschaft auf dem Lastwagen hinterher. Müde lehnte sich Iwan Litschenko auf dem Beifahrersitz zurück. Das eintönige Brummen des Motors ließ seine Augenlider schwer wie Blei werden. Er spürte weder das Rütteln und Stoßen des Fahrwerks noch die strapazierten Muskeln und seine durchnäßte Kleidung.

Es war ein warmer Frühlingstag. Mit dem kleinen Nikolaj auf dem Rücksitz tuckerte er mit seiner Ural über Feld- und Waldwege rund um die kleine Siedlung am Lager. Jedesmal, wenn das Motorrad durch ein Schlagloch sprang, jauchzte Nikolaj vor Freude hell auf. Es war ein herrlicher Spaß für ihn!

Plötzlich stand ein junger Mann in Häftlingskleidung auf dem Weg – blond, blauäugig und mit einem breiten Grinsen auf dem Gesicht.

Michail Wulff! durchfuhr es ihn. Na warte, jetzt kriege ich dich, Bürschchen!

Ruckartig drehte er den Gasgriff bis zum Anschlag. Der 750 ccm-Motor heulte auf. Die Maschine schoß mit einem Satz nach vorne. Er hörte nicht den ängstlichen Aufschrei seines Sohnes. Er hatte nur noch Augen und Ohren für den Entflohenen. Doch bevor er ihn erreichte, sprang dieser seitwärts in den Wald.

Er ließ die Bremsen kreischen. Das Hinterrad schlitterte herum und wühlte den Sand auf. Dann duckte er sich hinter den Lenker und gab erneut Gas. Zweige klatschten ihm um die Ohren. Aber er spürte keinen Schmerz. Das Jagdfieber machte ihn gefühllos und blind für alle Gefahren. Er mußte diesen Wulff um jeden Preis erwischen! Es ging um die Zukunft seines Sohnes, seines Nikolaj!

Das Motorrad brach durch die Büsche und schlitterte auf eine Koppel. Weit entfernt, am anderen Ende der Weide, sah er Wulff. Er winkte ihm zu, als wollte er ihn foppen. Wütend gab er Gas. Erde und Fetzen von Grassoden spritzten durch die Luft. Mit heulendem Motor jagte er die Koppel entlang.

Am Ende angelangt, hörte er jemanden hinter sich seinen Namen rufen. Er drehte sich um. Michail Wulff stand am Waldrand, gerade dort, von wo er eben gestartet war.

„Zum Teufel!" schrie er auf. „Kannst du denn fliegen? Deine Tricks werden dir nichts helfen. Ich werde dich erwischen und wenn ich dir durch ganz Sibirien folgen müßte!"

Während er die Maschine wendete, verschwand Wulff wieder zwischen den Büschen. Ohne abzubremsen, schoß er hinter ihm her. Als er wieder auf den Weg einbiegen wollte, rutschte die Ural seitwärts weg. Er überschlug sich, schlitterte über den Weg und blieb mit verkrampften Gliedern liegen.

Schritte näherten sich ihm, und er schaute auf. Vor ihm stand Michail Wulff. Auf den Armen trug er ein lebloses Bündel. Blut sickerte durch den zerrissenen Stoff. Er beugte sich über ihn.

„Schauen Sie sich ihn genau an, Genosse Leutnant. Schauen Sie sich ihn genau an, Ihren Sohn!"

Er blickte erstarrt in das blutüberströmte Gesicht seines Sohnes. Ein Stöhnen entrang sich seiner Brust, ein Aufschrei: „Nikolaj, was hat er dir angetan?"

„Wachen Sie auf, Genosse Leutnant!" befahl Michail Wulff. „Merken Sie nicht, daß Sie ihn selbst umgebracht haben?"

Verwirrt schaute er auf, unfähig, etwas erwidern zu können.

„Jawohl, Sie haben ihn getötet – durch Ihren Haß, Ihre Blindheit, Ihren Fanatismus! Wachen Sie auf, und schauen Sie der Wirklichkeit ins Gesicht! Sie verfolgen den Falschen und ruinieren damit Ihr eigenes Leben! Wachen Sie endlich auf, Litschenko!"

„Wachen Sie auf, Genosse Leutnant!" Der Lastwagenfahrer rüttelte Litschenko kräftig an den Schultern. „Mann, Sie schlafen ja wie ein Bär! Wohl erschöpft von der langen Jagd, was?"

Litschenko fuhr von seinem Sitz empor und schaute verständnislos durch die Windschutzscheibe auf die Straße. Einige Soldaten diskutierten mit den Hundeführern und deuteten immer wieder auf den Waldrand.

„Was ist los, Juri? Was ist geschehen?" fragte Iwan Litschenko heiser, immer noch benommen von den schrecklichen Bildern des Alptraumes. Doch schon klärten sich seine Gedanken, und er wußte instinktiv, daß dieser Michail Wulff sie schon wieder an der Nase herumgeführt hatte. Die Spur des Flüchtlings führte ein zweites Mal zu einer Fichte, diesmal genau an einer Wegkreuzung, und verschwand in der Krone des Baumes.

Also, noch einmal das Ganze von vorn! Iwan Litschenko spürte eine seltsame Lähmung, die von seinen Beinen her durch den ganzen Körper zog. Die Bilder seines Traumes mischten sich mit seinen Ängsten. Er hörte Michail Wulff aus der Dunkelheit des Waldes rufen: „Sie jagen den Falschen, Genosse Leutnant! Ruinieren Sie nicht Ihr Leben!"

Eine Stunde später hatte Mischka seinen toten Punkt überwunden. Zwar spürte er bei jedem Schritt seine Hüft- und Fußgelenke und auch im unteren Lendenwirbelbereich und zwischen den Schulterblättern schmerzten verspannte Muskeln, aber die bleierne Schwere seiner Glieder und seine Benommenheit waren wie weggeblasen. Offensichtlich hatte sich sein Körper jetzt endlich auf die übermäßige Belastung eingestellt. Auch wenn ihn Blasen unter Ballen und Fersen quälten und noch etwa dreißig Kilometer vor ihm lagen, war er nun felsenfest überzeugt, daß er den Güterbahnhof schon am frühen Morgen erreichen würde.

Mischka lachte in die beginnende Dämmerung. Um seine Häscher endgültig zu verwirren, war er ein zweites Mal auf eine Fichte gestiegen, hatte sich jedoch nicht wieder über die Baumkronen davongemacht. Man soll immer das Unerwartete tun, wenn man jemanden verwirren will, dachte er schadenfroh.

Mit Nikitas vor Schweiß stinkenden Socken über den Filzstiefeln war er auf den Weg zurückgekehrt, ein Stück in der alten Spur gelaufen und hatte dann seine Flucht fortgesetzt. Bis sie seine Fährte wiederfinden würden, war er schon längst über alle Berge.

Die Sonne stand schon am Horizont, als Michail Wulff den Güterbahnhof erreichte. Geduckt, um nicht einem der Arbeiter aus der Frühschicht in die Arme zu laufen, schlich er von Busch zu Busch, bis er die Rückseite eines Schuppens erreichte. Er spähte durch eines der Fenster. Niemand war zu sehen. Die Frühschicht war wohl noch nicht eingetroffen. Wie ein Schatten drückte er sich an der Wand entlang und schlüpfte durch eine Seitentür ins Innere.

Mischka ließ seinen Blick durch den Raum schweifen, griff nach einem Overall und einer Jacke und stopfte sich danach rasch ein paar brauchbare Kleinigkeiten in die Tasche: ein rostiges Messer, Bindfäden, zwei Kerzen, eine leere Konservendose, eine Handvoll Nägel und eine Schachtel Streichhölzer. Vorsichtig spähte er aus der Tür und humpelte so schnell wie möglich zu einem dichten Buschwerk.

Nur wenige Augenblicke später bog eine Gruppe schwatzender Bahnarbeiter um die Ecke des Schuppens und verschwand in der

Tür. Lachen erscholl durch das offene Fenster, das Klirren von Gläsern und Flaschen, deftige Trinksprüche und Flüche. Offensichtlich machte Wodka die Runde.

Was habt ihr aus unserem Volk gemacht, dachte Mischka bitter. Statt motivierte, zukunftsorientierte Menschen sind wir ein Haufen von Tagedieben und Säufern geworden. Mit Wodka am Morgen, Pfusch und Faulenzerei hat unsere Gesellschaft keine Zukunft.

Ihr Funktionäre seid blind für die Tonnen verfaulender Lebensmittel und den minderwertigen Schrott, den unsere Arbeiter produzieren. Ihr seht nur die Leistungsfähigkeit eurer Waffen und freut euch wie Kinder über die technischen Spielzeuge der Raumfahrt. Daran meßt ihr die Brauchbarkeit des Sozialismus. Euer ursprüngliches Ziel, den Lebensstandard des Volkes zu heben und Menschen zu eigenmotivierten Persönlichkeiten zu erziehen, dieses Ziel habt ihr aus den Augen verloren!

Mischka entfernte sich weiter vom Schuppen, obwohl er nicht befürchten mußte, von den Männern entdeckt zu werden. Die nächste Stunde war er bestimmt vor ihnen sicher. Trotzdem zog er sich weiter in ein Dickicht zurück. Man konnte nie wissen. Nur einmal leichtsinnig sein, nur einmal nicht aufpassen hat schon manchem Unglück gebracht oder sogar das Leben gekostet!

Mit steifen Gliedern streifte er seine durchschwitzte Sträflingskleidung ab, wusch sich mit einer Handvoll Wasser den Schweiß aus den Augen und versuchte, den Overall überzuziehen. Es war fast ein Kraftakt. Nachdem sein Körper ein wenig Ruhe gefunden hatte, spürte er schlagartig die Folgen der Strapaze. Die Schmerzsignale des Körpers ließen sich nicht länger unterdrücken.

Die aufgeplatzten Blasen an den Füßen brannten wie Feuer. Jede Muskelfaser schrie nach Ruhe und drohte zu verkrampfen. Seine Fuß- und Hüftgelenke schmerzten bei jeder Bewegung. Er brauchte unbedingt ein paar Tage Erholung. Aber noch war er nicht in Sicherheit.

Mischka stopfte die verschwitzten Kleider in seinen Beutel, warf sich die Jacke über die Schultern und humpelte mit steifen Gliedern zurück zum Güterbahnhof. Eine Reihe Waggons stand auf den Abstellgleisen und wartete darauf, mit neuer Fracht beladen zu werden. Mischka wußte, daß jeden Morgen Güterzüge vom Bahnhof abfuhren, denen eine Reihe neubeladener Waggons angehängt wurden.

Nach allen Seiten spähend, versuchte er einen Waggon zu finden, der noch diesen Morgen nach Südwesten ging. Zehn Minuten später atmete er auf. Swerdlowsk stand auf dem Schild, die Stadt am Fuße des Urals. Termin und Ort stimmten. Noch an diesem Vormittag ging der Transport ab, immer in Richtung Zivilisation und Heimat. Gute Karten für ihn und schlechte für seine Verfolger, denn sie würden mit Sicherheit vermuten, daß er zurück nach Rußland wolle, wenn er ihnen nur eine deutliche Spur hinterlassen würde.

In Wirklichkeit wollte er für einige Monate in der Wildnis Sibiriens untertauchen, bis sich Staub über seine Akte gelegt hatte. Er wollte wie die Ureinwohner dieses Erdteils leben und dadurch auch Erfahrungen und Kenntnisse sammeln. Später – als Archäologe und Historiker – würde er dieses Wissen sicherlich verwerten können.

Hör auf zu träumen! riß er sich selbst aus seinen Gedanken. Dein Weg ist noch weit, bis du wieder normal leben kannst.

Mit aller Kraft schob er die Tür des Waggons einen Spalt auf. Bis knapp unter die Decke stapelten sich Säcke mit Zement. Kein idealer Reisezug für einen erschöpften Flüchtling! Aber er hatte keine Wahl. Mühsam zog Mischka sich in den Wagen und drückte die Schiebetür zurück ins Schloß. Dann kletterte er an den Säcken empor. Plötzlich zuckte ein Krampf durch seine rechte Wade. Vor Schmerzen schrie er auf.

Um den Krampf zu lösen, stemmte er die Zehenspitzen gegen die Säcke und versuchte, das Bein zu strecken. Wie ein Messerstich schoß dabei ein zweiter Krampf durch den Oberschenkel. Verzweifelt klammerte er sich an einem Sack fest und biß die Zähne so stark zusammen, daß sie knirschten. Schweiß stand in dicken Tropfen auf seiner Stirn.

„Entspann dich, Junge“, keuchte er, „entspann dich.“

Mit aller Macht versuchte er, sich auf das Lösen des Krampfes zu konzentrieren. Sein Geist mußte den Körper kontrollieren, nicht die verkrampften Muskeln und irritierten Nerven seinen Geist. Während er sich bildlich vorstellte, wie sauerstoffhaltiges Blut in seine Beinmuskeln floß, sie erwärmte und lockerte, bemühte er sich, sein Bein so entspannt wie nur möglich hängen zu lassen.

Nach ein paar Minuten spürte er, wie sich die Krämpfe zu lösen begannen. Ohne das rechte Bein weiter zu belasten, zog er sich endgültig an den Säcken empor und kroch zwischen Decke und Fracht tiefer in den Waggon hinein.

„Das habe ich mir doch gedacht“, lachte er halblaut auf, „vorne hui, hinten pfui.“

Im Schimmer des durch die Ritzen der Wagenwand fallenden Sonnenlichts erblickte er das Markenzeichen des kommunistischen Wirtschaftssystems. Nach der dritten Reihe Zementsäcke klaffte ein Lücke. Etwa zwanzig bis dreißig Säcke fehlten, so daß Mischka genug Platz hatte, um es sich einigermaßen bequem zu machen.

Wenn Marx und Lenin recht haben, daß ein korruptes politisches System die Menschen zu Dieben und Betrügern macht, dann gehört ihre Staatsform auch dazu. Die Geschichte hat wieder mal das Urteil über euch gesprochen, meine Herren! Aber, so dachte er weiter, vielleicht machen weder Staat noch Gesellschaftsform einen Menschen zum Halunken. Vielleicht steckt tief in unserem Inneren eine dunkle Macht, die uns trotz aller guten Absichten steuert und bestimmt.

Mischka breitete seine naßgeschwitzte Kleidung zum Trocknen aus und rückte ein paar Zementsäcke zurecht, so daß eine bequeme Kuhle entstand. Dann nahm er noch einen Schluck aus seiner Wasserflasche und sank mit einem Seufzer zurück.

Endlich Ruhe! Erst in drei Tagen würde der Güterzug in Swerdlowsk eintreffen. Das bedeutete einige Zeit Erholung für ihn. Erholung, die er dringend benötigte. Mischka schloß die Augen und versuchte, sich trotz zuckender Muskelfasern zu entspannen.

In Gedanken war er immer noch auf dem Weg, lief mit schweren Gliedern und brennenden Füßen durch das Dunkel der Nacht, lief der Freiheit entgegen, verbissen, die Furcht im Nacken und doch voll Hoffnung.

Wie lange er geschlafen hatte, konnte er nicht sagen. Aber er erwachte durch das Kreischen der Zugbremsen. Es war stockfinster. Etwas Schweres fiel auf ihn und drückte seinen Brustkorb zusammen. Keuchend versuchte er, sich zu befreien. Aber seine Beine waren wie gelähmt. Jede Bewegung schmerzte. Sein Denken war träge, benebelt und verwirrt. Panik stieg in ihm auf, während er nach Luft rang und sich von der Last auf seiner Brust zu befreien versuchte.

Langsam klärten sich seine Gedanken wieder. Er lag im Waggon eines Güterzuges. Zwei Zementsäcke waren während des Bremsmanövers auf ihn gerutscht und nahmen ihm den Atem.

Mischka drückte mit aller Kraft gegen die Säcke und drehte sich ächzend unter ihnen hervor. Er rieb die schmerzenden Rippen und versuchte, sich zu orientieren. Es war inzwischen Nacht geworden, denn durch die Ritzen der Wagenwand schimmerte kein

Licht. Nach vorsichtiger Schätzung mußte er mindestens fünfzehn Stunden fest geschlafen haben, ohne das Ankoppeln des Waggons und die Abfahrt des Zuges bemerkt zu haben.

Mischka fror. Er fühlte sich wie ein Schwindsüchtiger. Er mußte unbedingt etwas essen. Nachdem er im Dunkeln seine Tasche wiedergefunden hatte, kramte er ein Stück klebriges Schwarzbrot hervor und kaute es langsam, um es gut einzuspeicheln und es so schneller verdaulich zu machen.

Ein entgegenkommender Zug donnerte vorbei. Danach setzte sich die Lokomotive wieder in Bewegung. Mischka nahm noch einen Schluck aus seiner Wasserflasche und fühlte neue Kräfte durch seinen Körper strömen.

Ein menschliches Bedürfnis brachte ihn auf die Idee, wie er seine Verfolger weiter in die Irre führen könnte. Er kroch in den hinteren Teil des Waggons und urinierte großflächig über die Zementsäcke. „Hier habt ihr meine Duftmarke, Genossen, damit eure Hunde wissen, wo mein Revier ist."

Zufrieden kauerte er sich wieder in seine Kuhle, um noch ein paar Stunden zu schlummern. Am frühen Morgen wollte er den Zug verlassen, um seine Flucht in Richtung Osten fortzusetzen.

Immer der Sonne entgegen, während ihr im Westen vergeblich nach mir sucht, dachte Mischka zufrieden, während ihm die Augen wieder zufielen.

Oberstleutnant Wdowetschenko tobte. Michail Wulff war ihnen entkommen. Das war im Grunde nicht so tragisch. Ausbruchsversuche von Häftlingen gab es in allen Besserungsarbeitskolonien. Die meisten wurden innerhalb weniger Stunden oder Tage wieder eingefangen. Das wußte man auch in Moskau. Aber hier ging es um seine Beförderung!

Er hatte versucht, Major Kurbanow ein mustergültig geführtes Lager vorzuzeigen, um seine eigene Fähigkeit zu demonstrieren – und nun dieser peinliche Zwischenfall! Hätte Leutnant Litschenko wenigstens innerhalb der nächsten zehn Stunden einen völlig erschöpften Wulff durchs Lagertor geschleppt, hätte dies vielleicht noch als ein Zeichen einer gut ausgebildeten Mannschaft gewertet werden können. Aber dieser Versager war am frühen Morgen mit leeren Händen zurückgekehrt.

Wdowetschenko gab sofort den Befehl, auf dem Gelände des Güterbahnhofs in Surgut Wachposten aufzustellen. Er ließ sich nicht täuschen. Die Eisenbahnstrecke war die einzige Möglichkeit, schnell aus dem Nahbereich des Lagers zu entkommen. Soviel er wußte, war dieser Wulff ein sportlicher Mann. Er hielt es durchaus für möglich, daß der Sträfling die knapp hundert Kilometer in 16 Stunden marschieren konnte. Daß durchtrainierte Sportler nur etwa die Hälfte der geschätzten Zeit benötigen, wußte Wdowetschenko nicht, und auch wenn er schon einmal davon gehört hätte, so traute er eine solche Leistung keinem Strafgefangenen zu.

Zur Sicherheit ließ er am Vormittag die Miliz aller Stationen an der Strecke von Surgut bis Tjumen alarmieren. Sollte sich Michail Wulff trotz seiner Vorsichtsmaßnahmen in einem Güterzug verstecken, würde man ihn spätestens am nächsten Tag entdecken.

Wdowetschenko konnte nicht wissen, daß Mischka um diese Zeit schon in einem Zug der Freiheit entgegenfuhr, der die Fahrt nach Swerdlowsk nur zu einem kurzen Zwischenaufenthalt in Tjumen unterbrach.

Als man dort einen Tag später die Waggons dieses Zuges kontrollierte, wurde nichts Verdächtiges festgestellt. Erst am übernächsten Morgen meldete ein Arbeiter in Swerdlowsk seinem Vorgesetzten eine Unregelmäßigkeit im Waggon Nr. 27. Eine darüber verfaßte Notiz gelangte auf den Schreibtisch des völlig überlasteten KGB-Offiziers und operativen Beamten Moissejew, der sie erst drei Tage später las und sich dunkel an die Nachricht eines Oberstleutnants in Djatlowo erinnerte, daß sich möglicherweise ein entlaufener Sträfling in einem der nach Südwesten fahrenden Güterzüge befände.

Moissejew gab deshalb seiner Sekretärin den Auftrag, dem Lagerkommandanten telegraphieren zu lassen, man habe die Spur in Swerdlowsk aufgenommen, könne aber noch keine genauen Angaben machen. Weitere Informationen würden folgen, wenn eine detaillierte Beschreibung des Strafgefangenen in seiner Dienststelle einträfe. Das Telegramm wurde erst am Nachmittag abgeschickt, weil die Sekretärin nicht auf ihre Mittagspause verzichtete. Aber dies interessierte Moissejew nicht mehr. Er hatte andere Sorgen, als den Laufjungen irgendeines Lagerkommandanten zu spielen.

Von Moskau war vor ein paar Stunden der Auftrag gekommen, eine gezielte Aktion gegen die nicht-registrierten Christen seines Bezirkes zu starten. Er hatte also alle Hände voll zu tun. Es mußten Spitzel rekrutiert werden, die sich in die verschiedenen Gruppen einschleichen und Anklagepunkte sammeln sollten. Keine leichte Aufgabe, denn die Strafaktionen Nikita Chruschtschows gegen die christlichen Freikirchen waren noch nicht vergessen und hatten ihre Mitglieder vorsichtig gemacht. Er mußte sich also etwas einfallen lassen, wollte er erfolgreich sein.

Die Wildnis

Michail Wulff kämpfte sich durch das dichte Unterholz eines verwachsenen Waldes. Jeder Schritt war eine Qual. Muskeln, Fuß- und Hüftgelenke schmerzten bei jeder Bewegung. Die wundgescheuerte Haut zwischen den Beinen und unter den Armen brannte wie Feuer, dazu kamen noch die aufgeplatzten Blasen an den Füßen. Trotzdem fühlte er sich gut. Seine Flucht war gelungen – bis jetzt jedenfalls.

Noch im Morgengrauen war er vom Zug abgesprungen, als dieser an einer Steigung das Tempo verringert hatte. Nach Westen dehnte sich eine mit Büschen durchsetzte Steppenlandschaft, während auf der anderen Seite der Schienen ein dichter Wald lag. Dort wollte er sich verstecken, um sich von den Strapazen des Laufes zu erholen.

Am Bahndamm entdeckte er einige Nachtkerzen, deren blaßgelbe Blüten sich abends öffnen und schon am nächsten Morgen verwelken. „Das fängt ja gut an", ermunterte Mischka sich selbst, während er die rübenförmigen, fleischigen Wurzeln ausgrub. „In Salzwasser gekocht und mit Butter gedünstet, soll Rapunzel mehr Kraft als ein Zentner Ochsenfleisch geben. Mal seh'n, ob das stimmt."

Sorgfältig alle Spuren vermeidend, war er danach im Wald untergetaucht. Er hatte sich die Wanderung einfacher vorgestellt, aber Unterholz und umgestürzte Bäume machten seinen Weg beschwerlich. Immer wieder lehnte sich Mischka gegen einen Baumstamm, schloß kurz die Augen und atmete tief durch. Er brauchte Ruhe und Entspannung. Sein Körper war ausgelaugt.

Nach etwa einer Stunde lichtete sich der Wald unverhofft. Die Morgensonne brach mit silbernen Strahlen durch die Baumkronen. Millionen von Tautropfen hingen an Gräsern und Spinnenweben und glitzerten im Sonnenlicht wie lupenreine Diamanten. Letzte Schwaden des Morgennebels schwebten gleich zerzausten Watteböllchen zwischen den Baumstämmen. Vögel zwitscherten in den Zweigen, ein Specht klopfte unermüdlich sein „Tock, Tock", und Insekten huschten brummend durch das Wechselspiel von Licht und Schatten.

Mischka stand minutenlang neben einer bemoosten Baumwurzel und versuchte mit allen Sinnen, die Schönheit der unberührten Wildnis in sich aufzunehmen. Er war kein emotionaler Typ, aber dieser Anblick ließ seine Stimmung in die Höhe schnellen. Schon allein dafür hatten sich alle Strapazen seiner Flucht gelohnt!

Er konnte sich schon jetzt nicht mehr vorstellen, im stacheldrahtumzäunten Lager leben zu müssen, mit seinen grauen Baracken und lehmigen Wegen, mit dem festgeschriebenen, gleichförmigen Tagesablauf und den barschen Stimmen der Wachsoldaten. Er war endlich frei, und die Freiheit war unbeschreiblich schön! Nie wieder würde er zurückkehren in die Sklaverei des kommunistischen Systems! Das schwor er sich jetzt aufs neue.

Mischka mußte sich fast gewaltsam von dem Bild losreißen, das die Natur ihm bot. Er hätte es am liebsten in ein Gemälde gefaßt. Aber sein zerschundener Körper erinnerte ihn daran, daß er schnellstens einen Platz finden mußte, an dem er sich für mehrere Tage unentdeckt ausruhen und seine weitere Flucht vorbereiten konnte. Er setzte seinen Weg fort, müde und hungrig, doch mit dem Einsatz seiner ganzen Willenskraft.

Drei Stunden später sah er Wasser zwischen den Bäumen schimmern. So schnell er konnte, humpelte er darauf zu. Doch dann zwang er sich zur Vorsicht. Er durfte nicht wie ein dummer Schuljunge auf die Lichtung laufen. Immerhin war es möglich, daß sich dort Menschen aufhielten. Nach allen Seiten spähend, schlich er weiter, bis er den Waldrand erreicht hatte.

Vor ihm breitete sich ein See aus, etwa so groß wie zwei Fußballfelder, mit klarem, grün schimmerndem Wasser und weißgelbem Sand, umsäumt von kleinen Grasflächen, Büschen und Mischwald. Mischkas Herz schlug höher. Was da vor ihm lag, war das reinste Ferienparadies – dieser See war einfach traumhaft! Hinter einem Busch geduckt, prüfte er sorgfältig die Ufer, doch nichts wies darauf hin, daß sich hier Menschen aufhielten. Damit nicht zufrieden, kletterte er eine Fichte empor und ließ seinen Blick über die Baumkronen schweifen. So weit das Auge reichte, sah er nur Wald. Kein Anzeichen einer menschlichen Siedlung war auszumachen, kein verräterischer Rauch, keine gradlinige Schneise, die einen Holzweg verriet. Er war allein in der Wildnis, weit von der Zivilisation, weit von den Sklaventreibern des Lagers.

Er rutschte an den Zweigen der Fichte hinunter. Inzwischen bekam er wieder Übung darin. Danach gab es für ihn kein Halten mehr. Er streifte seine Kleider ab, humpelte zum Ufer und sprang mit einem flachen Kopfsprung in das klare Wasser. Prustend tauchte Mischka wieder auf, holte Luft und verschwand wieder. Das kühle Naß war eine Wohltat. Es spülte den brennenden Schweiß von der wundgescheuerten Haut und belebte den ganzen Körper.

Wieder an der Wasseroberfläche angelangt, trank Mischka mit gierigen Zügen, bis er sich satt und zufrieden fühlte. Dann drehte er eine Rolle und ließ sich wieder in die Tiefe sinken. Auch der Grund des Sees war mit Sand bedeckt, so daß man unter Wasser weit sehen konnte. Ein silberner Schatten huschte vorbei.

Fische! schoß es Mischka durch den Kopf. Hier gibt es Fische!

Wenn er einige von ihnen fangen konnte, würden seine Mahlzeiten bestimmt nicht eintönig werden! Mit kräftigen Stößen schwamm er auf die andere Seite des Sees und ließ sich am Ufer entlangtreiben. Hinter einer schmalen Landzunge öffnete sich das Buschwerk und gab den Blick auf einen Bach frei, der sich weiter nach Osten durch den Wald schlängelte.

Mischka lachte auf. Es war wie Weihnachten und Ostern zugleich. Der See wurde von unterirdischen Quellen gespeist, deshalb die erstklassige Wasserqualität. Der Bach verband ihn aber mit anderen Gewässern, so daß Fische eingewandert waren. Außerdem konnte er später selbst dem Bachlauf folgen und brauchte sich so nicht um Trinkwasser zu sorgen.

Unbeschwert und glücklich schwamm Mischka wieder zum Ufer zurück und ließ sich in den warmen Sand fallen. Er schloß die Augen und träumte. So konnte man das Leben genießen. Doch dann trieb ihn sein Pflichtbewußtsein wieder hoch. Zuerst mußten seine verschwitzten Kleidungsstücke ausgewaschen werden, damit sie bis zum Abend in der Nachmittagssonne trocknen konnten. Sonst würde er eine kalte Nacht erleben.

Er raffte sich wieder auf, nahm seine Kleidung – bis auf die Bahnarbeiterjacke – und wusch sie sorgfältig am Ufer des Sees. Immer wieder drehte er sie zusammen, schlug sie kräftig in das flache Wasser und spülte sie danach aus. Nachdem er sie ausgewrungen hatte, spannte er einen der gestohlenen Bindfäden zwischen zwei Bäume und hängte die Wäsche auf.

„Du wirst noch eine gute Hausfrau werden", sagte Mischka zu sich selbst, während er die im Sommerwind flatternde Wäsche betrachtete. Danach wusch er auch seine Segeltuchstiefel aus und hängte sie mit herausgenommenen Sohlen über zwei in den Sand gesteckte Äste, so daß auch sie in der Sonne trocknen konnten.

Erst jetzt war er zufrieden und zog sich in den Halbschatten eines Baumes zurück. Er konnte sich keinen Sonnenbrand leisten. Seine wundgescheuerte Haut und die Blasen reichten ihm schon. Mischka lehnte sich auf der ausgebreiteten Bahnarbeiterjacke zurück und versuchte, sich zu entspannen. Kaum hatte er die Augen geschlossen, sank er auch schon in einen tiefen, traumlosen Schlaf.

Er erwachte durch ein leichtes Frösteln. Die Sonne stand schon tief über den Baumkronen. Zeit für ein ausgiebiges Abendbrot. Außerdem mußte er ein geeignetes Plätzchen für die Übernachtung finden und einrichten.

Mischka räkelte sich wohlig, gähnte ungeniert wie ein Nilpferd und erhob sich von seinem Lager. Er kratzte sich am Bauch und an den Beinen und gähnte wieder. Der Juckreiz ließ nicht nach. Neugierig betrachtete er die Stellen, an denen er sich gekratzt hatte. Kleine rote Quaddeln bedeckten die Haut. Mücken! Daß er daran nicht gedacht hatte! Den ganzen Nachmittag über war er für diese Plagegeister ein bereitwilliges Opfer gewesen. In Zukunft mußte er sich vor ihnen besser schützen, wollte er nicht bald wie ein Pokkenkranker aussehen.

Rasch streifte er sich Unterwäsche und Overall über und rollte die Lagerkleidung zusammen. Sie durfte in der Abendkühle nicht feucht werden, damit er für die Nacht etwas Trockenes anzuziehen hatte. Denn neben Kälte und Wind würde die Feuchtigkeit seinen Körper sehr schnell auskühlen lassen. Deshalb brauchte er für die Übernachtung im Freien trockene Kleidung.

Einige Meter weiter fand Mischka einen umgestürzten Baum, dessen Stamm und Wurzel einen ausgezeichneten Windschutz boten. Mit den Händen grub er eine flache Kuhle, die ungefähr seinen Körpermaßen entsprach. Danach brach er nadelfeine, trokkene Zweige von einer Fichte, drehte sie zu einem festen Bündel zusammen und legte sie neben der Kuhle über zwei armdicke Buchenäste. Pyramidenförmig schichtete er danach fingerdünne, später immer dicker werdende Äste über dieses Anzündfeuer, ließ aber eine schmale Öffnung, durch die das Bündel Tannenzweige angezündet werden sollte. Zum Schluß bohrte er einen kräftigen Ast in den Sand, an dem er die mit Wasser gefüllte Konservendose aufhängte.

Das Feuer brannte schon mit dem ersten Streichholz, kein Wunder bei dem trockenen und durchdacht aufgeschichteten Holzstoß. Neben die züngelnden Flammen gehockt, schälte Mischka zwei der rübenförmigen Wurzeln der Nachtkerzen, schnitt sie in kleine Stücke und warf sie in die Konservendose. Während die Wurzeln kochten, wusch er noch junge Brennesselblätter, immer darauf bedacht, mit dem Strich über die Blätter zu fahren, so daß sich die Nesselhärchen nicht in seine Haut bohren konnten.

Nachdem er die Brennesseln zu den kochenden Wurzel gegeben hatte, entdeckte er die weißen Dolden einer Bärlauchkolonie mit ihren maiglöckchenähnlichen Blättern und den dreieckigen Stengeln. Eilig grub er eine der dünnen Zwiebeln aus und schnitt sie in die Konservendose. Ein feiner Knoblauchgeruch zog durch den Wald und ließ Mischka das Wasser im Munde zusammenlaufen. Zufrieden schmeckte er sein erstes warmes Gericht mit ein wenig Salz ab und machte sich über die Suppe her.

„Besser als die dünnen Wassersuppen in der Besserungsarbeitskolonie", munterte er sich selbst auf, während er die ersten Bissen kaute. Der Geschmack war etwas seltsam, aber daran würde er sich mit der Zeit gewöhnen. Nahrhaft war es auf jeden Fall. Sollte die Natur sich nicht gegen ihn verbünden, hatte er gute Chancen, bei Kräften zu bleiben.

Behaglich räkelte sich Mischka am warmen Feuer und betrachtete den sich rotfärbenden Abendhimmel und seine Spiegelungen auf der Oberfläche des Sees. Die Vögel hatten sich schon zur Ruhe begeben. Nur ein Käuzchen schrie sein „Huh, Huuh" in der Dämmerung der Nacht, während zahlreiche Frösche am Seeufer ihren Abendgesang anstimmten.

„Ihr Untersuchungsrichter ist heute verhindert. Deshalb bin ich beauftragt, Sie mit dem Haftbefehl des Staatsanwaltes bekanntzumachen."

Die Erinnerung an die Worte des Justizbeamten rissen Mischka aus seinen Träumen und holten ihn zurück in die Wirklichkeit. Man hatte ihn vor den Augen aller Studenten aus den Vorlesungen am archäologischen Institut der Universität in Moskau herausgeholt. Die beiden KGB-Beamten hatten ihn wie einen Verbrecher abgeführt.

Er kannte inzwischen die Anklagepunkte zur Genüge. In den Verhören der Geheimpolizei wurde er wegen seiner regimekritischen Äußerungen beschuldigt, er sei ein Kollaborateur und Handlanger westlicher Spionageorganisationen. Lächerlich! Sie vertrugen einfach kein offenes Wort. Mißstände mußten im Dunkeln bleiben, und jeder, der es wagte, ein kritisches Wort in der Öffentlichkeit zu äußern, wurde mundtot gemacht: Ausschluß aus dem

Komsomol, dem kommunistischen Jugendverband der UdSSR, danach Verlust des Studienplatzes und Verweis von der Universität; schließlich Besserungsarbeitskolonie, wenn die beiden ersten Maßnahmen den unbequemen Mahner nicht zum Schweigen brachten.

Bei ihm hatte man gleich Nägel mit Köpfen gemacht. Sein Nachname verriet seine Deutschstämmigkeit. Für die Politkommissare lag es deshalb auf der Hand, daß Michail Wulff ein subversives Element war und deshalb aus der sowjetischen Gesellschaft entfernt werden mußte.

Der Justizbeamte begann, die Anweisungen vorzulesen. Mischkas Gedanken schweiften wieder ab. Sie machten sowieso, was sie wollten. Das Urteil stand schon lange fest. Die heutige Vorverhandlung hatte nur Alibifunktion. Ob er seinen Freund Aljoscha noch einmal sehen konnte? Er mußte unbedingt seiner Tante mitteilen, daß er verhaftet worden war. Die Behörden würden das mit Sicherheit nicht tun.

Ach, Tante Lena, dachte er wehmütig, du hast mich nach dem Tod meiner Eltern unter vielen Opfern großgezogen. Du hast alles eingesetzt, damit ich studieren konnte. Ich war für dich wie ein eigener Sohn. Du wolltest mir den Glauben an den Kommunismus vermitteln, die Hoffnung auf eine bessere Gesellschaft durch die Lehren von Marx, Engels und Lenin. Nun habe ich dich enttäuscht. Aber ich habe zu viele Mißstände gesehen, zuviel Elend. Deshalb konnte ich nicht schweigen.

„Bürger", hörte Mischka den stellvertretenden Untersuchungsrichter sagen, „unterschreiben Sie, daß Sie von der Sanktion des Staatsanwaltes informiert worden sind!" Er erwachte wieder aus seinen Gedanken.

„Hat es denn einen Sinn, daß ich dieses Dokument unterzeichne? Es ändert doch nichts an meiner Verhaftung oder dem schon feststehenden Urteil."

Der Justizbeamte schwieg verlegen. Er kannte diese Verhandlungen zur Genüge. In keinem der Fälle blieb den Angeklagten der Weg nach Sibirien oder – noch schlimmer – in eine psychiatrische Spezialklinik erspart. Mischka wurde daraufhin mutiger und fragte: „Erlauben Sie mir, meinen Freund Aljoscha noch einmal zu sehen, der draußen auf dem Korridor wartet?"

„Hinausgehen dürfen Sie nicht mehr, aber wir lassen ihn hereinkommen", gestand der Beamte zu.

So fängt es an, dachte Mischka, man läßt mich spüren, daß ich keine Rechte mehr habe, sondern jetzt ein Häftling bin.

Aljoscha erschien in der Tür. Der sonst so fröhliche und ausgelassene Studienkamerad mit den pechschwarzen Haaren und dem gezwirbelten Oberlippenbart schien ernst und besorgt. Mischka erhob sich und faßte seinen Freund bei den Schultern: „Ich bin tatsächlich verhaftet worden, Aljoscha. Man wird mich sicherlich nach Sibirien schicken. Kritiker werden hierzulande als Feinde betrachtet. Wann ich zurückkehre, weiß ich noch nicht. In zehn oder zwanzig Jahren möglicherweise. Die Hauptverhandlung wird das festlegen. Vielleicht wird Sibirien auch mein Schicksal."

Aljoscha schluckte. Vor Erregung fehlten ihm die Worte. Er drückte seinem Freund nur fest die Hand.

„Es war eine aufregende und schöne Zeit, unsere Jugend, Aljoscha", fuhr Mischka fort. „Ich werde sie immer im Herzen bewahren."

Ein Leutnant der Miliz erschien in der Tür. „Wen soll ich abführen?"

Der Justizbeamte zeigte auf Mischka.

„Den hier!"

Der Offizier ergriff den jungen Mann am Arm. „Gehen wir!" sagte er knapp und befehlsgewohnt.

„Aljoscha, grüße alle unsere Freunde, und schreib Tante Lena, daß man mich verhaftet hat, daß ich sie liebe und ihr für alles dankbar bin", rief Mischka über die Schulter seinem Freund zu. „Vergeßt nicht: Ich werde immer frei sein!"

Dann schloß sich die Tür.

Er konnte das Bild Aljoschas nicht vergessen, wie er verloren im Raum stand mit hängenden Schultern und Tränen in den Augen. Mit einem Schlag war die unbekümmerte Jugendzeit vorbei. Alles war anders geworden, weil man junge Menschen nicht sagen ließ, was sie dachten, auch wenn es gut gemeint war.

Mischka starrte gedankenverloren in die Glut seines Feuers. Ein grimmiges Lächeln spielte plötzlich um seinen Mund. „Mein Freund", sagte er halblaut, „wenn du mich jetzt sehen könntest! Du würdest wieder daran glauben, daß man einem Volk nicht für alle Zeit die Freiheit rauben kann."

Das letzte Sonnenlicht war inzwischen verblaßt. Unzählig viele Sterne schimmerten am blauschwarzen Firmament und gaben Mischka das Gefühl, im weiten, grenzenlosen Universum zu schweben, frei von den Begrenzungen der Erde und den Herrschaftssystemen, mit denen ihre Bewohner versklavt wurden.

Schon mit den ersten Sonnenstrahlen erwachte Mischka. Er fröstelte ein wenig. Trotz trockener Kleidung und der Glut des Lagerfeuers war er in der Nacht immer wieder aufgewacht, weil ihm kalt war. Mit ein paar Ästen entfachte er jedesmal das Feuer neu. Aber das war keine Lösung. Für die nächste Nacht mußte er sich etwas Besseres einfallen lassen. Außerdem hatte der Morgentau seine Kleider durchnäßt, so daß er sich jetzt unbehaglich fühlte.

Mischka sprang auf seine Füße und versuchte, die steifen Glieder durch Gymnastik zu beleben. Danach sammelte er einen Armvoll Buchen- und Birkenäste und entfachte die Glut des nächtlichen Lagerfeuers zu neuen Flammen. Die Wärme tat ihm gut. So wartete er zusammengekauert, bis die Sonne Luft und Erde neu erwärmt hatte. Niemand trieb ihn. Er hatte genügend Zeit. Deshalb ließ er den neuen Tag langsam angehen.

Zum Frühstück kochte er sich den gleichen Eintopf wie am Abend zuvor. Danach nahm er ein ausgiebiges Bad im kühlen See und machte einige Turnübungen, bis er trocken war. Seine Zähne putzte er mit einem weichen Pflanzenstengel. Er wollte keine Risiken eingehen. Starke Zahnschmerzen konnten ihm das Leben hier draußen zur Hölle machen. Außerdem wollte er nicht verwildern, sondern versuchen, sich so gut wie möglich zu pflegen. Er brauchte feste Grundsätze und Lebensgewohnheiten, wollte er nicht auf die Stufe von Landstreichern absinken.

Nachdem er einen Teil seiner Kleider zum Lüften und Trocknen aufgehängt hatte, machte er sich auf die Suche nach eßbaren Pflanzen und Wurzeln. Die Naturkenntnisse, die er im Komsomol erworben hatte, halfen ihm dabei genauso wie die ausgefallenen Kochrezepte seiner Tante Lena. Sie hatte durch die Kriegsjahre gelernt, mit Hilfe von Wildpflanzen jeden Tag eine schmackhafte Mahlzeit auf den Tisch zu bringen. Auch später, als es wieder alle Grundnahrungsmittel zu kaufen gab, brachte sie noch Salate und Gemüsesuppen auf den Tisch, die nur aus wildwachsenden Pflanzen bestanden – oder aus Unkräutern, wie die Nachbarn spöttisch zu sagen pflegten.

Mischka entdeckte ein Feld mit Vogelmiere, grub Kletten- und Kalmuswurzeln aus und erntete einige Büschel Löwenzahn, deren Wurzeln er entbittern und wie Spargel kochen wollte, während die Blätter zu Salat verarbeitet werden sollten. Auch isländisches Moos, das durch Kochen und Spülen ebenfalls erst entbittert werden mußte, sammelte er, um daraus einen nahrhaften, teigartigen Brei herzustellen. Für die nächsten Tage hatte er zwar ausgesorgt, aber er wollte immer ein wenig Vorrat bei sich haben, um für alle

Fälle gerüstet zu sein. Als nächstes errichtete er aus Ästen, Gras und Blättern ein dichtes Schutzdach über seiner Schlafkuhle, das ihn nicht nur vor Tau, sondern auch vor Regenschauern schützen würde. Schließlich wollte er so lange an diesem See bleiben, bis seine Füße geheilt waren und die Gelenke nicht mehr schmerzten. Er schätzte, daß dies ungefähr zwei Wochen dauern würde.

Den Nachmittag verbrachte er mit Schwimmen und Faulenzen. Zum Abendessen kochte er sich eine Gemüsesuppe aus Vogelmiere und Klettenwurzeln, die er wieder mit ein wenig Salz und Bärlauch würzte. Er hatte nämlich festgestellt, daß die Mücken den Knoblauchgeruch nicht mochten und ihn deshalb meistens in Ruhe ließen. Den Löwenzahnsalat, den er sich zum Mittagessen gemacht hatte, hatte er wieder ausgespuckt, weil er den bitteren Geschmack nicht mochte. Brennesselsalat mit Bärlauch war dagegen fast so etwas wie eine Delikatesse. Natürlich durfte man nur die jungen Blätter nehmen und mußte sie kräftig zerdrücken, so daß keine Nesselhärchen einem den Mund verbrennen konnten.

Nach dem Abendessen baute er um die zwei Außenseiten seiner Schutzhütte ein Raupenfeuer: Über ein querliegendes Holzstück wurden vier Äste gelegt. An ihrem Ende kam wieder ein querliegendes Holzstück, auf das Mischka weitere Äste legte. So baute er eine sechs Meter lange Holzraupe. Wenn er sie vor dem Schlafengehen an einem Ende anzündete, würde das Feuer sich langsam an ihr entlangfressen und ein dauerhafter Schutz vor Mücken und Kälte sein. Außerdem konnte er mit der Glut des Raupenendes sein morgendliches Lagerfeuer entfachen, ohne eines der kostbaren Streichhölzer opfern zu müssen.

Vor dem Schlafengehen verteilte Mischka zusätzlich die Glut des Lagerfeuers in der Schlafkuhle und bedeckte sie mit einer dikken Sandschicht. Aus trockenem Gras und Moos, das er in seine Umhängetasche gestopft hatte, war am Nachmittag ein bequemes Kopfkissen entstanden. Diesmal war er auf die Nacht gut vorbereitet und schlief auf seinem warmen Lager rasch ein.

Am nächsten Morgen erwachte er erst, als die Sonne schon hoch am Himmel stand. Er hatte tief und traumlos geschlafen und fühlte sich frisch und voller Tatendrang. Nach seiner Morgentoilette und einem Frühstück aus Moosbrei mit winzigen Walderdbeeren machte er sich auf den Weg, den Bachlauf zu erkunden.

Oberstleutnant Wdowetschenko hatte zwar alle Hebel in Bewegung gesetzt, um den Flüchtigen wieder einzufangen, aber es trafen keinerlei Erfolgsmeldungen ein. Mißmutig hockte er an seinem Schreibtisch und sog an einer kalten Zigarre. Sollten seine Männer diesen Michail Wulff nicht bald wieder durch das Lagertor schleifen, würden alle Freigeister in der Kolonie Auftrieb bekommen. Weitere Fluchtversuche würden nicht ausbleiben. Nur harte Maßnahmen und abschreckende Beispiele konnten diesen Haufen in Schach halten.

Der Politvize hatte alle Häftlinge verhört, mit denen der Flüchtling Kontakt gehabt hatte. Aber sie schwiegen wie eine Mauer. Nur Nikita hatte aufgelacht und den verunsicherten Offizier gefragt: „Meinst du, Michail Wulff ist so blöd, daß er seine Fluchtroute ausposaunen würde? Er weiß doch selbst, daß ihr Helden des Sozialismus jeden wie eine Zitrone ausquetscht. Nein, Michail ist keine Tratschtante gewesen. Der hat seine Zähne zusammengehalten. Um den wieder einzufangen, müßt ihr schon früher aufstehen. Der hat mehr Grips, als wir alle zusammen!"

Wdowetschenko warf den Zigarrenstummel ärgerlich in den Aschenbecher, erhob sich und starrte durch die verschmierten Scheiben des Barackenfensters. Draußen schlurften einige Männer vorbei, die für Ordnung und Sauberkeit im Lager verantwortlich waren. Sie schienen weder motiviert zu sein, noch zeigte ihre Arbeit irgendeinen Erfolg.

Warum auch, dachte Wdowetschenko, sie haben keinen Anreiz für Einsatzfreude und Sorgfalt. Weshalb sollten sie motiviert sein?

Er brauchte unbedingt einen Fährtenleser, einen ausgekochten Spürhund, der sich in der Wildnis auskannte und klug genug war, die nächsten Schritte des Gejagten vorherzusehen. Dieser Litschenko hatte sich zwar ehrlich bemüht, das mußte er widerstrebend zugeben, aber er war zu unerfahren und einfältig, um es mit so einem klugen Kopf aufnehmen zu können.

Oberstleutnant Wdowetschenko schlug mit der Faust gegen die Bretterwand der Baracke. Das war's! Chrapow mußte her! Chrapow war der Mann, den er suchte. Mit drei Schritten eilte er zu Tür, öffnete sie und rief ins Vorzimmer: „Lisa! Ich brauche unbedingt Olejnik Chrapow. In spätestens drei Tagen muß er hier sein und wenn er aus dem hintersten Winkel Kasachstans eingeflogen werden müßte. Setz dich sofort ans Telefon, und mach ihn ausfindig. Die Sache ist eilig!"

Lisa nickte unterwürfig und griff sofort zum Hörer. Sie kannte ihren Chef und seine Neigung zum Jähzorn. Wenn er in diesem Tonfall seine Aufträge erteilte, gab es nichts Wichtigeres auf der Welt, als seinem Befehl umgehend zu gehorchen. Sie seufzte und drehte die Wählscheibe. Hoffentlich konnte sie Chrapow bald aufspüren. Für Überstunden hatte sie nichts übrig, jedenfalls nicht bei dieser miesen Bezahlung.

Wdowetschenko kehrte ans Fenster zurück. Chrapow war sein Mann. In einem kleinem Dorf an der Adytsscha am Fuß des Tscherski-Gebirges geboren, war er ein Naturbursche und Jäger, dem keiner das Wasser reichen konnte. Der Mann war schon zu Lebzeiten eine Legende. Man erzählte sich, daß er ohne Waffen und Feuer ein Jahr in der Wildnis Sibiriens gelebt habe und auch im Winter draußen bei Minus vierzig Grad überleben konnte. Ein eisenharter Kerl! Einmal auf eine Fährte gesetzt, gab er nicht auf, bis er sein Opfer gefaßt hatte. Er war ein Raubtier, gnadenlos und unbarmherzig. Chrapow würde diesen Michail Wulff aufspüren, da hatte Wdowetschenko keine Zweifel, und diesen Versager Litschenko würde er in Chrapows harte Schule schicken. Ein bißchen Sumpf und Mücken konnten ihm bestimmt nicht schaden.

Außerdem war Chrapow der Stiefbruder von Pankratow, einem seiner besten Männer, der leider vor einigen Wochen durch einen Unfall schwer verletzt worden war. Wdowetschenko war sich nicht mehr ganz sicher. War es wirklich ein Unfall gewesen? Soviel er sich erinnerte, hatte sich Pankratow durch einen Sturz Unterkiefer und Nasenbein gebrochen, als er mit Michail Wulff allein unterwegs gewesen war. Man hatte diesem Häftling damals nichts anhängen können. Trotzdem würde er Chrapow den Eindruck vermitteln, daß der Entflohene Schuld an Pankratows Verletzungen hatte. Das würde den Jäger erst richtig motivieren, sein Opfer zur Strecke zu bringen!

Oberstleutnant Juri Wdowetschenko ließ sich wieder in seinen Schreibtischsessel fallen. Seine schlechte Laune war verflogen. Zufrieden zündete er sich eine neue Zigarre an, inhalierte tief und stieß den Rauch genüßlich in kleinen, runden Wölkchen aus.

„Das Spiel ist noch lange nicht zu Ende, Michail Wulff", zischte er, während er den blaßblauen Rauchkringeln nachschaute, „Chrapow wird dir schon bald an den Fersen kleben, und dann hast du nichts mehr zu lachen!"

Der Bach war knietief und wurde nach etwa fünfzig Metern so breit, daß man sich auf einem kleinen Floß bequem treiben lassen konnte. Mischka wurde vom Jagdfieber erfaßt, als er einen silbernen Schatten unterhalb der Böschung durch das Wasser gleiten sah. Mit der bloßen Hand konnte er keine Fische fangen, und eine Angel besaß er auch nicht. Also mußte eine Reusenanlage gebaut werden.

Er suchte einen Armvoll Äste und rammte sie in den Bachgrund, so daß sich ein „V" ergab, dessen bachabwärts liegende Spitze eine fünfzehn Zentimeter breite Öffnung besaß. Er verstärkte diese Konstruktion mit Steinen, so daß sie dem Druck des gestauten Wassers standhalten konnte. In Abständen von etwa zwei Metern errichtete er zwei weitere dieser Konstruktionen.

Danach flocht Mischka aus den biegsamen Zweigen einer Birke eine korbähnliche Reuse, hängte sie vor die Öffnung des letzten Wehrs und beschwerte und verkeilte sie mit Kieselsteinen. Zufrieden betrachtete er sein Werk. Alle bachabwärts schwimmenden Fische würden nun durch die künstlich verstärkte Strömung in die Reusenanlage gesogen. Nur wenige würden den Weg zurückfinden. Der Erfolg der Jagd war also vorprogrammiert und das Abendessen gesichert.

Mischka wanderte vom Bachufer weg in den Wald hinein, um nach eßbaren Pflanzen Ausschau zu halten. Er wollte so wenig Spuren wie möglich am Wasserlauf hinterlassen, um Verfolgern die Suche zu erschweren, sollten sie das Waldgebiet nach ihm durchkämmen.

Von einigen Birkenstämmen entfernte er die spröde Außenhaut und schnitt große Stücke der darunterliegenden feinen Rindenschicht ab. Später würde er auch die Rinden von Weiden, Espen, Fichten und Buchen probieren. Aber heute wollte er sich erst einmal Nudeln aus Birkenrinde kochen. Er war auf ihren Geschmack gespannt.

Er hatte schon feststellen müssen, daß manche Pflanzen eine unangenehme Wirkung auf seinen Körper ausübten. Nach dem Verzehr von jungen Brennessel- oder Taubnesselblättern steigerte sich beispielsweise sein Harndrang. Es war deshalb besser, nicht zuviel davon zu verzehren, wollte er sich nicht eine Blasenentzündung zuziehen.

„Und dann behaupten unsere Naturheiler, pflanzliche oder natürliche Medikamente hätten keine Nebenwirkungen", dachte Mischka laut. Er war fast erschrocken über seine eigene Stimme, nachdem er schon seit Tagen mit niemanden hatte reden können. „Aber damit wollen sie sicherlich nur die Wirksamkeit und Gefahrlosigkeit ihrer Heilmethoden unterstreichen. Wahrscheinlich hat eine Pflanze nur dann keine Nebenwirkungen, wenn sie auch keine Wirkung hat."

Er grub noch die Wurzeln von Disteln aus, erntete ein wenig Grassamen und pflückte eine Handvoll Heidelbeeren, die er an Ort und Stelle verspeiste. An den Bach zurückgekehrt, schnitt er mehrere Büschel Seegras ab und bedeckte die Schnittflächen mit Sand und Steinen, um die Spuren zu verwischen. Getrocknet war das Seegras ein nahrhafter Reiseproviant. Er würde nicht mehr lange an diesem paradiesischen See bleiben können. Die Suche nach ihm lief sicherlich auf vollen Touren. Er mußte deshalb bereit sein, jederzeit seinen Weg fortzusetzen.

Hundert Meter bachabwärts entdeckte er eine Tonschicht. Erfreut grub Mischka eine größere Menge dieses kostbaren Materials aus dem Boden und tarnte die Grabungsstelle, so gut er konnte. Die Konservendose war bisher sein einziges Gefäß. Jetzt aber konnte er sich weitere Schüsseln und Töpfe herstellen. Hier draußen in der Wildnis gab es immer etwas zu tun. Deshalb litt er auch nicht unter Einsamkeit und Langeweile.

Am späten Nachmittag kehrte Mischka zur Reuse zurück. Tatsächlich hatten sich zwei Fische darin verirrt: eine silbrig glänzende Plötze, etwa fünfundzwanzig Zentimeter lang, mit orangeroten Flossen und ein dreißig Zentimeter langer Flußbarsch.

Mischka hielt eine Hand vor die Öffnung der Reuse und kippte sie mit der Öffnung nach oben. Dann griff er hinein und warf die beiden Fische nacheinander an Land. Es kostete ihn einige Überwindung, sie zu töten. Besonders der Flußbarsch war ein hübsches Tier. Sie liebten sicherlich wie er die Freiheit und das Leben. Weiter mochte Mischka nicht denken, bevor er die Fische mit einem Stein betäubte, um sie danach zu schlachten und auszunehmen. Die Innereien vergrub er am Bachufer.

Wieder im Lager angekommen, schnitt er einen Teil der Birkenrinde in feine Streifen und warf sie in kochendes Wasser. Danach hängte er das Seegras zum Trocknen auf die Leine und briet die beiden Fische auf zwei Stöcke gespießt über dem Lagerfeuer. Inzwischen waren die Birkenrindenspaghetti im Topf aufgequollen und konnten abgegossen werden. Nachdem Mischka sie mit ein wenig Salz abgeschmeckt hatte – noch konnte er sich diesen Luxus leisten –, machte er sich mit Appetit über das Nudelgericht her. Es schmeckte besser, als er es sich vorgestellt hatte. Nur die Tomatensoße fehlte. Aber damit konnte er sich in seiner Situation durchaus abfinden. Die Nahrungssuche hatte ihn hungrig gemacht, deshalb aß er von den beiden Fischen jeweils die Hälfte. Die Plötze schmeckte nicht schlecht, hatte aber viele Gräten, während der Flußbarsch glücklicherweise nur sehr wenig davon besaß. Mischka hoffte, noch mehr von diesen Fischen fangen zu können, um sie geräuchert und getrocknet als Reiseproviant mitzunehmen.

Satt und zufrieden saß er nun am Lagerfeuer und versuchte, aus dem Ton eine Schüssel, einen Becher und ein krugähnliches Gefäß zu kneten. Es sollten keine primitiven Tonwaren werden. Er wollte sein Leben in der Wildnis wenigstens durch einen Hauch von Kultur bereichern. Aber es war gar nicht so einfach, ohne Drehscheibe kreisrunde Gefäße zu formen.

Der Becher platzte in der Glut des Feuers in zwei Teile. Er war offensichtlich zu dünn gewesen. Aber die Schüssel und der Krug sahen recht passabel aus. Stolz betrachtete Mischka seine Kunstwerke. Mit ein bißchen Übung würde er den Ureinwohnern dieses Landes bald das Wasser reichen.

Bevor er sich zum Schlafen niederlegte, schaufelte er eine Handvoll Glut in den Tonkrug, legte kleine Buchenholzstücke darüber und bedeckte das Ganze mit einer dicken Moosschicht. Zur Sicherheit stülpte er über die Öffnung des Kruges die Tonschale. Der Krug war seine Wärmflasche für kalte Nächte, und außerdem konnte er am nächsten Morgen mit der Glut ein neues Lagerfeuer entfachen – ein wichtiges Hilfsmittel, weil seine Streichhölzer zur Neige gingen.

Nach einem Frühstück aus Birkenrinde, Moosbrei mit Grassamen und dem restlichen Fisch suchte Mischka am nächsten Morgen wieder die Reuse auf. Drei schlanke Elritzen schwammen im zweiten Staubecken. Ihre goldenen Oberseiten hoben sich leuchtend von den dunkelgrünen Körpern ab. Sie waren für eine Mahlzeit einfach zu klein. Deshalb setzte sie Mischka wieder in die Freiheit.

Im Reusenkorb und in der dritten Wehranlage befanden sich dagegen zwei Flußbarsche und drei bläulich-grüne Maränen mit silbernen Flanken, die sich gut zum Räuchern eigneten. Nachdem er sie geschlachtet hatte, holte Mischka sich noch einmal einen Klumpen Ton, um den mißratenen Becher neu zu formen. Er brauchte ein solches Gefäß nicht nur zum Trinken, sondern auch zum Auffangen vom Saft junger Birken, der ein ausgezeichneter Ersatz für Zuckersirup war. Sein Gaumen sollte nicht zu kurz kommen. Er hatte sich zwar schon an den Geschmack der neuen Nahrung gewöhnt, aber warum sollte man das Leben nicht so angenehm wie möglich gestalten?

Mischka fühlte sich rundum wohl, als er abends wieder am Lagerfeuer saß, den sternenklaren Himmel betrachtete und den Geräuschen der Nacht lauschte. Der wohlvertraute Ruf eines Käuzchens, das Rascheln des Laubes und das Quaken der Frösche am Ufer des Sees – alle diese Laute waren für ihn Zeichen der Freiheit.

Der Isolator, in den man Michail Wulff sperrte, war dunkel und feucht. Er stammte noch aus der zaristischen Zeit. Damals saßen hier Revolutionäre auf den harten Pritschen, um auf ihre Aburteilung zu warten.

Offensichtlich haben die Kommunisten aus ihren eigenen Hafterfahrungen nicht gelernt, mit ihren Kritikern besser umzugehen, dachte Mischka traurig.

Nikolaus II. hatte den Blick für die Bedürfnisse und Nöte seines Volkes verloren und dadurch zur Revolution und dem Untergang seines Hauses beigetragen. Seine Nachfolger waren keinen Deut besser. Sie wollten zwar die Lage des Volkes verbessern und eine gerechte Gesellschaft bauen, aber Macht verdirbt auch Idealisten. Das lehrte die Geschichte immer wieder. Staatskapitalismus, Korruption, Vetternwirtschaft und Bereicherung auf Kosten des Volkes waren Krebsgeschwüre des Systems, ganz zu schweigen von der allgegenwärtigen Unfreiheit, die einem wachen Geist unerträglich schien. Ein politisches System, das eine diktatorische Monarchie stürzte, um die ideale Staatsform durchzusetzen, müßte menschlicher und barmherziger mit den Bewohnern des Landes umgehen. Aber die weitere Verwendung zaristischer Verließe wurde zum Symbol der Regierung und ihrer Weltanschauung.

Seine Zellengenossen schienen keine brutalen Schwerverbrecher zu sein. Sie begrüßten ihn jovial und boten ihm sofort ein wenig zu essen an: Brot, ein Stück Käse und eine Blechtasse mit Wasser. Dabei bestürmten sie ihn mit Fragen: „Na, Kumpel, weshalb hat man dich eingelocht? Bist du ein Politischer, ein Christ oder ein Krimineller?“

„Ich habe mich zu oft über Mißstände beklagt“, antwortete Mischka kauend. „Aber warum fragt ihr, ob ich Christ sei? Wir haben in der UdSSR Religionsfreiheit. Wegen seines Glaubens wird hier doch niemand bestraft!“

„Die Kirche kannst du tatsächlich ungestraft besuchen“, dröhnte ein wild aussehender Hüne mit Namen Nikita. „Aber Tima Bekow, der schmächtige Junge dahinten, fühlte sich gedrungen, anderen mitzuteilen, was er in der Kirche gehört hat. Dafür sitzt er nun mit uns im gleichen Loch.“

„Das war religiöse Propaganda“, gab Tima zu. „und die ist in der Sowjetunion verboten.“

„Tja“, meinte Mischka, „Nikita Chruschtschow, dein lieber Namensvetter, hat vor Jahren gesagt, daß in unserem Land nur eine Freiheit gilt: Die Freiheit, den Kommunismus im Lichte des zeitgenössischen Marxismus-Leninismus zu propagieren.“

Der Hüne spukte verächtlich auf den Boden, als er den Namen Nikita hörte. „Der Kerl soll in der Hölle schmoren, vorausgesetzt, es gibt sie wirklich! Und alle seine Nachfolger mit ihren Schergen dazu!"

Die anderen murmelten beifällig. Nur Tima Bekow schwieg. Schließlich sagte er leise, doch für alle verständlich: „Wenn wir ihnen nicht vergeben können, sind wir nicht besser als sie."

Diese Worte trafen Mischka wie ein brennender Pfeil. Immer wieder klangen sie ihm später in den Ohren, wenn er angeschrien, getreten und verprügelt wurde, wenn er bis zum Umfallen unter den Augen seiner Wächter schuften mußte, während sie höhnische Witze rissen oder ihm drohten.

„Vergib ihnen, denn sie wissen nicht was sie tun." Hatte das nicht dieser Mann aus Nazareth ausgerufen, als man ihn quälte und schließlich umbrachte? Wissen diese Funktionäre und ihre Handlanger wirklich nicht, was sie uns, ihren Brüdern und Schwestern, antun? Sind sie so blind, so von ihrer Weltanschauung benebelt, daß sie nicht mehr die Wirklichkeit sehen? Haben sie aus den Fehlern der Zaren nichts gelernt?

Der nächste Tag zog schwül und mit fahlem Licht herauf. Im Laufe des Vormittags stieg die Luftfeuchtigkeit weiter an. Mischka mochte dieses tropenähnliche Klima nicht, das bei jeder Bewegung Schweiß auf die Stirn trieb und zur Trägheit führte. Er liebte die klare, kühle Luft. Trotzdem raffte er sich auf, um die Reuse zu leeren und einige Pflanzen zu sammeln.

Am Nachmittag zogen weiße Wolken auf, die von starken Aufwinden turmartig in den Himmel getrieben wurden. Offensichtlich nahte ein Gewittersturm. Mischka grub eine Abflußrinne um die Außenseite seiner Schutzhütte, bedeckte das Dach mit einer weiteren Blätterschicht, beschwerte sie mit Ästen und Steinen und sammelte ausreichend Feuerholz. Er wollte für eine längere Regenzeit gerüstet sein. Außerdem brachte er seine Habseligkeiten unter dem Stamm des entwurzelten Baumes in Sicherheit.

Am Abend stand die Luft. Kein Windhauch bewegte die Blätter. Die Vögel waren verstummt, als wüßten sie um das heraufziehende Gewitter. Über den bleiernen Himmel schob sich eine schwarze Wolkenwand. Blitze zuckten am Horizont und fernes Donnergrollen ließ die Luft erzittern. Erste Tropfen klatschten durch das Laub und zerstörten die glatte Oberfläche des Sees. Dann brach das Unwetter los. Eine Windböe zog über die Baumkronen, wühlte das Wasser auf und peitschte den Regen durch die

Luft. Blitze schossen über den dunklen Himmel, und Donnerschläge krachten wie Explosionen.

Mischka zuckte immer wieder erschreckt zusammen. Das Zentrum des Gewitters schien direkt über ihn hinwegzuziehen. Blitz und Donnerschlag folgten ohne meßbare Zwischenpause. Er fühlte sich wie in einem Hexenkessel.

Plötzlich war ihm, als wäre er elektrisch aufgeladen. Eine ungeheure Spannung knisterte in der Luft. Seine Haare richteten sich auf. Dann hörte er es kommen. Es zischte, als wenn eine Rakete zu Boden ginge. Ein ohrenbetäubender Knall zerriß Mischka beinahe das Trommelfell! Brandgeruch erfüllte die Luft. Das Brechen und Bersten von schwerem Holz dröhnte in seinen Ohren.

Mischka rollte sich instinktiv in die Ecke seiner Schutzhütte und drückte sich an den Stamm des entwurzelten Baumes. Über seinem Kopf rauschte es, dann schlug der vom Blitz getroffene Baum auf das Dach seiner Hütte. Holz splitterte, ein Ast bohrte sich direkt vor seinem Gesicht in den Boden und füllte seinen Mund mit Sand und Staub.

Zitternd kroch Mischka unter dem Baumstamm hervor, spuckte den Sand aus und wischte sich über das Gesicht. Im Schein der Blitze betrachtete er die Krone der alten Buche, die seine Unterkunft zerdrückt hatte. Regen prasselte auf seine Haut und ließ ihn frösteln. Die Kräfte der Natur waren ihm diesmal nicht freundlich gesinnt. Aber sie hatten sein Leben verschont. Sein Weg war noch nicht zu Ende.

Mischka kroch wieder unter den schützenden Stamm, um nicht völlig durchweicht zu werden. Seine Hände tasteten durch die Dunkelheit. Er spürte die rauhe Oberfläche des Tongeschirrs. Er zog den warmen Krug an sich und preßte ihn an die Brust. Wohlige Wärme zog durch seinen Körper und gab ihm das Gefühl, diesem Unwetter nicht völlig hilflos ausgeliefert zu sein.

Der neue Tag begann mit warmem Sonnenschein. Die schwere Wolkendecke hatte sich nach Osten verzogen. Nur ein paar weiße Schleier zogen träge über den Himmel. Mischka kroch unter dem Stamm hervor und reckte seine steifen Glieder. Kurz vor Morgengrauen, nachdem der Wind endlich nachgelassen hatte, war er eingeschlummert. Aber er fühlte sich noch müde und benommen von den Schrecken der Nacht. Der Sturm hatte ganze Arbeit geleistet. Die Krone der alten Buche hatte seine Schutzhütte vollständig zerstört. Zersplitterte Äste bedeckten den Waldboden, als wenn eine Horde Wilder ihre ungezügelten Aggressionen in der Nacht ausgetobt hätte.

Mischka entfachte mit der Glut des Tonkruges und dünnen, trockenen Tannenzweigen ein neues Feuer, um sein Frühstück zu kochen. Weil das Buchenholz feucht war, dauerte es lange, bis die Flammen loderten. Weißer Rauch stieg durch die Blätter der Baumkronen zum Himmel empor.

Ein kaum wahrnehmbares Brummen drang plötzlich von Norden durch die Stille des Waldes. Mischka horchte auf. Das Brummen wurde lauter. Ein Flugzeug näherte sich! Erschrocken warf Mischka Sand auf das lodernde Feuer. Es schien eine Ewigkeit zu dauern, bis die Flammen erloschen waren und kein Qualm mehr emporstieg. Inzwischen war das Flugzeug näher gekommen. Es schien eine zweimotorige Maschine zu sein, eine IL18. Ob der Pilot die Rauchfahne des Feuers gesehen hatte? Mischka zog sich unter die Krone der Buche zurück und beobachtete durch das Laubwerk den Himmel.

Die Propellermaschine flog über den See hinweg. Mischka atmete auf. Ein Routineflug, nichts Besorgniserregendes. Doch dann hörte er, wie das Flugzeug eine Kurve zog und wieder zurückkehrte. Dreimal kreiste es über dem See, ehe es wieder nach Norden abdrehte.

Sie hatten ihn aufgespürt! Der Rauch des Feuers hatte ihn verraten! Schon bald würden die Suchmannschaften nach ihm ausschwärmen. Es wurde sowieso Zeit, sich wieder auf den Weg zu machen! Wer auf der Flucht ist, darf sich nicht zu lange an einem Ort aufhalten. Er muß in Bewegung bleiben und seine Verfolger immer wieder von neuem verwirren. Und er würde es ihnen bestimmt nicht leicht machen.

Zuerst hatte es Solojew, der Pilot der IL18, nur für einen Nebelschwaden gehalten, doch dann erkannte er deutlich die Rauchfahne eines Feuers. Als er sich dem grünschimmernden See näherte, verschwand die Rauchfahne, aber er konnte noch deutlich den Geruch verbrannten Holzes durch die Lüftung seines Flugzeuges riechen. Offensichtlich versuchte jemand am Ufer des Sees, seine Anwesenheit zu verbergen. Das war mehr als verdächtig.

Solojew zog eine Kurve und kreiste über dem See. Er konnte jedoch niemanden entdecken. Ein Jäger würde aus seiner Gegenwart kein Geheimnis machen. Es lag auf der Hand, daß hier jemand unentdeckt bleiben wollte.

Der Pilot las die Koordinaten seiner Position von den Instrumenten ab und meldete seine Beobachtung über Funk an die Flughafenbehörde mit der dringenden Bitte, sie sofort dem KGB weiterzuleiten. Sollte es sich bewahrheiten, daß hier jemand auf der Flucht war, würde ihm die prompte Meldung sicherlich Vorteile bringen. Zufrieden zog Solojew das Flugzeug wieder in den Himmel, um zum Flughafen zurückzukehren. Sein Tag hatte gut begonnen.

Oberstleutnant Juri Wdowetschenko erhielt das Telegramm des hoffnungslos überlasteten Moissejef aus Swerdlowsk und die Meldung des Piloten Solojew fast gleichzeitig. Prüfend glitt sein Blick von einem Zettel zum anderen, während er an seiner kalten Zigarre kaute. Er brauchte nicht lange zu überlegen. Swerdlowsk war eine falsche Spur. Offensichtlich wollte Michail Wulff doch nicht so schnell wie möglich nach Westen. Die Flucht über die Balkanländer war in den letzten Jahren ja auch sehr schwer geworden. Es sah eher so aus, als wenn er im Osten untertauchen wollte. Die Grenze nach China war nicht so gut gesichert wie die der verbündeten Ostblockstaaten. Aus Angst vor dem großen sowjetischen Bruder lief deren Sicherheitsapparat wie ein gut geöltes Räderwerk. Man konnte sich auf die Stasi oder den bulgarischen KDS verlassen.

Nein, Michail Wulff saß sicherlich an dem kleinen See, an dem Solojew die Rauchfahne eines Feuers entdeckt hatte, und packte eilig seine Habseligkeiten zusammen. Darauf könnte er, Juri Wdowetschenko, ein Monatsgehalt verwetten.

Zwanzig Minuten später landete ein Helikopter. Drei ausgewählte Soldaten, ein Suchhund und Leutnant Litschenko eilten mit Marschgepäck in den Hubschrauber. Dann stieg die Maschine mit knatternden Rotoren wieder in die Luft auf, drehte nach Süden ab und folgte der Bahnlinie.

Der Flug dauerte ungefähr fünf Stunden, bis sie die angegebenen Koordinaten erreicht hatten.

Viel zuviel Zeit, um Michail Wulff noch zu erwischen, dachte Litschenko unruhig. Bestimmt hatte er Verdacht geschöpft, nachdem das Flugzeug dreimal über dem See gekreist war, und war schon längst über alle Berge. Der junge Mann hatte sie bisher stets an der Nase herumgeführt. Warum sollte es diesmal anders sein?

Der Copilot öffnete die große Seitentür, während der Hubschrauber über dem nördlichen Seeufer schwebte. Nacheinander schnallten sich die Männer das Gurtsystem um, hakten das Stahlseil in die Sicherheitsöse und ließen sich mit der Motorwinde abseilen. Als letztes wurde der Schäferhund heruntergelassen. Sofort schwärmten die Männer aus und suchten den Boden nach Spuren ab. In der Zwischenzeit flog der Hubschrauber zum Militärstützpunkt in Tjumen, um wieder aufzutanken. Sollte die Suche zu keinem Ergebnis führen, würde er die Männer am nächsten Morgen wieder abholen.

Die Sonne stand schon am Horizont, als die Soldaten von Litschenko zur Lagebesprechung zusammengerufen wurden. Ihre Suche war bisher ergebnislos verlaufen. Sollte sich Michail Wulff tatsächlich an diesem See aufgehalten haben, dann hatte der gestrige Sturm alle seine Spuren gründlich verwischt. Bruchholz und abgeknickte Pflanzen bedeckten den Waldboden, kein Fußabdruck war zu entdecken. Der Schäferhund schnüffelte zwar hier und da, konnte aber keine Fährte aufnehmen, und die einzigen Spuren eines Feuers fanden sie am Baumstamm einer alten vom Blitz gefällten Buche.

„Entweder stammt der Rauch vom Blitzschlag oder dieser Michail Wulff ist ein Meister der Tarnung", meinte einer der Soldaten mißmutig.

„Laßt uns noch ein Stück dem Bachlauf folgen, ehe wir unser Nachtlager aufschlagen", versuchte Litschenko, die Männer zu ermutigen. „Vielleicht hat er dort eine Spur hinterlassen. Jedenfalls würde ich an seiner Stelle durch den Bach waten, wenn jemand hinter mir her wäre."

Die Männer schulterten ihr Gepäck und folgten dem Leutnant. Auch hier hatten Sturm und Gewitterschauer ganze Arbeit geleistet. Fließspuren des Regenwassers und abgeknickte Äste fanden sich auf beiden Uferseiten, aber kein Zeichen das auf einen Menschen hinwies. Plötzlich beugte sich Litschenko vor. Der Bachgrund sah irgendwie anders aus. Zwar konnte er keinen Fußabdruck erkennen, aber die Ordnung der Kieselsteine erschien ihm unnatürlich. Erregung packte ihn. Vielleicht war Michail Wulff doch hier gewesen! Aber was sollte der veränderte Bachgrund bedeuten? Hatte der Flüchtling hier wie ein verspielter Junge ein Wehr gebaut? Oder täuschte er sich? Hielt er sich unter dem Erfolgszwang selbst zum Narren?

Litschenko schüttelte den Kopf. Er war kein Spurenleser. Wenn nur dieser Chrapow hier wäre! Aber wie Oberstleutnant Wdowetschenko ihm erklärt hatte, würde der berühmt-berüchtigte Waldläufer erst nächste Woche eintreffen. Bis dahin war Michail Wulff schon längst in der Taiga untergetaucht.

Als der Hubschrauber die Männer absetzte, war Michail Wulff schon seit drei Stunden unterwegs. Er hörte in der Ferne das harte

Schlagen der Rotorblätter und wußte, daß ihm zunächst keine Gefahr drohte. Trotzdem pochte ihm das Herz bis zum Hals. Sie hatten erneut die Verfolgung aufgenommen. Schon allein dieser Gedanke beunruhigte ihn. Seine Spur sollte sich in Swerdlowsk verlieren. Aber ein dummer Zufall hatte zu seiner Entdeckung geführt. Der Zufall? Oder war es seine Sorglosigkeit gewesen? Er durfte sich nicht in die Tasche lügen. Die letzten Tage hatte er sich allzu sicher gefühlt. Zu große Sicherheit macht leichtsinnig. Diesen Fehler durfte er nicht zu häufig begehen, sonst würde er seinen Häschern eines Tages blind in die Arme laufen.

So nötig Selbstkritik auch ist, um nicht von Dünkel und Selbstüberschätzung versklavt und getäuscht zu werden, man darf sich auch nicht ständig zermartern. Er hatte sich bisher tapfer geschlagen. Mischka schüttelte den Kopf und lachte leise, während er auf seinem kleinen Floß den Bach entlangtrieb. Er stellte sich vor, wie die Männer vergeblich nach seinen Spuren am Ufer des Sees suchten. Der Gewittersturm hatte ihm die meiste Arbeit abgenommen. Die Fußabdrücke waren von den Regenschauern weggewaschen, die zersplitterte Krone der Buche bedeckte seine Schutzhütte, und alle anderen Spuren waren von ihm gründlich beseitigt worden, indem er sie mit einem Tannenzweig verwischt und mit Seewasser begossen hatte. Auch die Brandspuren des Blitzschlages am Buchenstamm hatte Mischka künstlich vergrößert. Er hoffte, die Verfolger dadurch von seiner Fährte ablenken zu können. Sie sollten annehmen, daß der Pilot nicht den Rauch eines Lagerfeuers, sondern die letzten Schwaden eines vom Blitz entzündeten Brandes gesichtet hatte.

Aus dicken Ästen war danach ein schmales Floß entstanden, das er mit dem Material der Reusen verstärkt hatte. Die zur Verstärkung dienenden Kieselsteine der Wehranlagen hatte er über den Bachgrund verteilt und sich danach auf das Floß gelegt, auf dem schon seine Habseligkeiten verstaut waren. Nachdem er auch seine Fußabdrücke im Bachbett verwischt hatte, war Mischka aufgebrochen, immer dem Bachlauf folgend, fort von dem kleinen See, der ihm nach den Monaten im Lager wie ein Paradies erschienen war. Wehmütig schaute er zurück, um einen letzten Blick auf das türkisfarbene Wasser zu werfen.

Gegen Abend begann Mischka zu frieren. Wolken waren am Himmel aufgezogen und hatten die Kraft der Sonnenstrahlen geschwächt. Außerdem wurde er auf seinem schmalen Floß ständig naß. Deshalb wurde ihm immer kälter. Jetzt zitterte er am ganzen Körper. Er mußte sich unbedingt aufwärmen. Aber Mischka traute sich nicht, ein Feuer anzuzünden. Seine Verfolger waren ihm sicherlich noch nicht auf den Fersen, aber er durfte nicht unvorsichtig werden. Außerdem konnte er die verräterische Asche des Feuers im lehmigen Waldboden nicht so leicht vergraben wie am sandigen Seeufer.

Mischka band sein Floß an den Stamm einer am Ufer stehenden Birke, kletterte die Böschung empor und begann, sich warm zu turnen. Nach zehn Minuten spürte er wieder, wie das Blut in den Adern zirkulierte. Hungrig aß er einen getrockneten Fisch und einen Büschel Seegras. Nach den leckeren Gerichten der vergangenen Tage, die ihm See und Wald beschert hatten, schmeckte das Seegras recht fade. Trotzdem war ihm nach der Mahlzeit ein wenig wohler.

Er entschloß sich, bis zum Sonnenuntergang weiter den Bach hinabzutreiben, auch wenn er dabei wieder furchtbar frieren würde. Er wollte soviel Abstand wie möglich zwischen sich und die Verfolger bringen. Deshalb schwang er sich, nachdem er alle Spuren sorgfältig verwischt hatte, auf sein Floß. Es war immerhin möglich, daß man seine Anwesenheit am See entdeckt und seinen Plan durchschaut hatte. Vielleicht waren ihm seine Häscher den Bach entlang im Eilmarsch gefolgt. Nur die Dunkelheit konnte ihm Schutz bieten.

Die Nacht war trotz seines mit Glut gefüllten Tonkruges kalt und schien kein Ende zunehmen. Schon in der ersten Dämmerung zerstörte Mischka sein Floß, ließ einen Teil der Äste den Bach hinuntertreiben, verteilte den Rest im Wald, schulterte sein Gepäck und setzte seine Flucht zu Fuß fort. Die Bewegung tat ihm gut, auch wenn seine wunden Füße noch nicht ganz verheilt waren und die Hüftgelenke sich bemerkbar machten. Aber im Laufe der nächsten Tage gewöhnt er sich wieder an das Wandern.

Während er stets schon am frühem Morgen aufbrach, legte Mischka eine ausgiebige Mittagspause ein und marschierte dann so lange, bis er in der Dunkelheit nichts mehr sehen konnte. So verkürzte er die kalten Nachtphasen. Erst eine Woche später wagte er wieder, im Schutz der Dunkelheit ein Lagerfeuer zu entzünden. Die erste warme Mahlzeit seit dem hastigen Aufbruch am See erschien ihm wie ein Festessen. Behaglich streckte sich Mischka am Feuer aus. Die Furcht vor Entdeckung war von ihm gewichen. Zum ersten Mal schlief er wieder fest und traumlos.

Leutnant Litschenko brach die Suche am nächsten Vormittag ab, nachdem sie dem Bach noch drei Stunden gefolgt waren – ein anstrengender Marsch durch unwegsames Gelände und dichtes Ufergestrüpp. Das Wasser war zu tief zum Waten, deshalb mußten sie am Ufer bleiben. Obwohl sie die ganze Zeit über die Böschung sorgfältig abgesucht hatten, war keine eindeutige Spur gefunden worden. Alle Unregelmäßigkeiten konnten auch natürlich erklärt werden. Zudem hatte der Sturm im Wald ein Bild der Verwüstung hinterlassen. Ohne einen Fährtenleser war hier nichts zu machen. Sollte sich Michail Wulff wirklich am See aufgehalten haben, dann hatte er sicherlich alles getan, um seine Verfolger hinters Licht zu führen und sie abzuschütteln. Litschenko hatte seine Lektion inzwischen gelernt. Deshalb hielt er es für sinnlos, weiter dem Bach zu folgen.

„Kommt Männer", entschied er schließlich, „wir geben auf. Wer weiß, ob dieser Wulff hier war und in welche Richtung er sich abgesetzt hat. Mit einem Hubschrauber haben wir sicherlich mehr Erfolg, als wenn wir hier weiter durchs Unterholz kriechen. Irgendwann wird er wieder auftauchen, spätestens, wenn ihm beim ersten Nachtfrost die Ohren abfrieren. Ohne Ausrüstung und passende Kleidung kann niemand einen Winter in dieser Gegend überstehen."

Die Männer waren damit mehr als nur einverstanden, und sie kehrten zum See zurück, wo sie der Hubschrauber wieder aufnahm.

Axtschläge hallten durch den Wald. Eine Gruppe von Häftlingen der Besserungsarbeitskolonie Djatlowo hackte lustlos auf die zu fällenden Bäume ein, während andere ihre Sägen durch das Holz der Stämme zogen. Wachsoldaten beobachteten sie mit entsicherten Waffen. Semjon Dubitzky trieb mit seiner Axt einen Keil in den Stamm einer Eiche. Der alte Baum war äußerst stabil und wollte nicht zu Boden gehen.

„Los, Alter", Semjon begann eine richtige Diskussion mit der Eiche, „gib schon auf. Du hast hier lange genug herumgestanden. Es wird Zeit, daß du ein wenig von der Welt siehst. Vielleicht wirst du ein verschnörkelter Eichenschrank, der im Wohnzimmer eines Parteibonzen von hohen Funktionären bewundert wird. Dann kannst du ihre geheimsten Gespräche belauschen und lernst die Kunst der Politik kennen. Ist das nicht viel interessanter, als in dieser langweiligen Gegend mit den Blättern zu rauschen?"

Michail Wulff, der zehn Schritte entfernt ein Beil schärfte, richtete sich auf und lachte: „He, Semjon! Mit solchen Sprüchen kannst du die Eiche nicht überzeugen! Im Gegenteil, du wirst sie mit deinen Zukunftsaussichten noch so verschrecken, daß sie sich panisch in den Boden krallt!“

Semjon grinste verschmitzt und lehnte sich gegen den Stamm der Eiche. Schweiß stand ihm auf der Stirn. Er wischte ihn mit einem Tuch ab und lockerte die verkrampften Muskeln seiner Schultern.

„Na gut“, gab er bereitwillig zu, „es ist nicht gerade das höchste Glück, mit einem Bonzen das Zimmer teilen zu müssen.“

In diesem Moment stöhnte die Eiche wie ein Schwerverletzter, neigte sich langsam und schlug donnernd zu Boden. Instinktiv sprang Semjon zur Seite. Ein Schmerzensschrei erfüllte die Luft. Mischka schreckte hoch. Tima Bekow lag neben dem gefällten Eichenstamm. Ein Ast hatte ihn an der Schulter gestreift und zu Boden gerissen.

„Du Idiot!“ schrie einer der Wächter Semjon an. „Du hirnloser Idiot! Wie kannst du einen Baum ohne Warnung zu Boden gehen lassen!“ Drohend sprang er auf den bleichen Semjon zu.

„Ach, du gehörst zu den seltenen Exemplaren von Menschen, die niemals einen Fehler machen!“ fuhr Mischka ihn an. „Oder spielst du das alte Spiel vom Sündenbock, Genosse Pankratow?“

„Sohn einer Hure! Mistkerl! Willst du frech werden?“ brüllte der Soldat. „Dann kannst du gleich eine verpaßt kriegen!“

Mischka starrte ihm herausfordernd in die Augen, wandte sich dann den Umstehenden zu und rief: „Da seht ihr es: Genosse Pankratow nimmt sich jede Gemeinheit heraus und wirft mir vor, daß ich frech sei, nur weil ich ihm die Wahrheit gesagt habe.“

Der Soldat ballte die Fäuste und duckte sich zum Sprung.

„Zurück!“ Leutnant Litschenko sprang zwischen die beiden Kontrahenten. „Geht alle wieder an die Arbeit! Es ist nichts passiert!“ Er drängte Pankratow zurück. „Beherrsch dich Genosse! Du bist hier bei keinem Schlägertrupp.“

„Ich werde diesem Kojoten noch den Hals umdrehen!“ knurrte Pankratow böse. Sein Gesicht war rot und von Wut verzerrt.

„Das wirst du nicht tun“, wies Litschenko ihn zurecht, „und du wirst darüber auch keine Meldung machen! Hast du mich verstanden, Pankratow! Du wirst die Klappe halten! Es ist nichts passiert! Bekow ist mit einem Schreck davongekommen. Kein Grund, einen Streit vom Zaun zu brechen!“

Der Getadelte sah ihn mit zusammengekniffenen Augen an, drehte sich um und ging wortlos davon. Hilflos schaute Litschenko ihm nach. Er wußte, es würde Ärger geben, und er haßte Ärger. Aber Leute wie Pankratow geben niemals Ruhe, bis sie ihre ungezügelten Aggressionen abreagiert haben. Sie sind eine ständige Belastung für ihre Mitmenschen, besonders für Schwächere, die sich nicht wehren können. Ohne diese Pankratows hätten wir vielleicht schon Frieden auf der Welt, dachte er, auf jeden Fall aber weniger Leid und Gewalt.

Mischka wurde zu zehn Tagen Karzer verurteilt. Pankratow hatte den Vorfall noch am Abend Oberstleutnant Wdowetschenko persönlich gemeldet. Litschenko hatte seine Standpauke erhalten, ohne Möglichkeit, seine Version von dem Vorfall darstellen zu können. Der Lagerkommandant hatte ihn gar nicht erst zu Wort kommen lassen.

In der zweiten Nacht seiner Haft öffnete sich plötzlich die Tür zu Mischkas Kerker. Er konnte die gedrungene Gestalt Pankratows im fahlen Mondlicht erkennen. In der rechten Hand hielt er einen Gummiknüppel.

„Deine Stunde hat geschlagen, du Großmaul“, zischte Pankratow drohend. „Mal schauen, ob du immer noch so eine große Klappe hast.“

Der erste Schlag traf Mischka so hart am Kopf, daß er fast das Bewußtsein verlor. Er wagte nicht, sich zu wehren, aus Angst, Pankratow würde ihn dann in seiner Wut zu Tode prügeln. So gut er konnte, versuchte Mischka nur, mit den Armen Kopf und Gesicht zu schützen. Die Hiebe prasselten auf ihn nieder, trafen ihn auf die Rippen, im Unterleib und den Nieren. Mischka hörte nur das Klatschen der Schläge und den keuchenden Atem Pankratows. Dann sank er mit einem Ächzen in die Knie, kippte zur Seite und lag zusammengekrümmt auf dem Fußboden des Kerkers. Schmerz flutete durch seinen Körper, machte ihn schwach und hilflos wie ein Kind im Fiebertraum.

Pankratow stand über ihm. Sein Atem ging schwer und stoßweise, als hätte er sich körperlich überanstrengt.

„Ich bin dein Gewissen Pankratow“, flüsterte Mischka in einem letzten Aufflackern von Widerstand gegen die brutale Gewalt des Schlägers. „Ich bin dein Gewissen, das du zum Schweigen bringen willst. Du suchst das Böse, das dich beherrscht, bei anderen. Du bestrafst sie, schlägst sie nieder und glaubst, du seist frei von deinen Schatten. Aber bist du wirklich frei, Pankratow? Sag es, bist du frei?“

Pankratow spuckte verächtlich auf den Boden, machte auf dem Absatz kehrt und schritt zur Tür. Beim Hinausgehen höhnte er nur: „Jedenfalls bin ich freier als du, du Großmaul!“ Dann knallte er die Tür ins Schloß.

Mischka hörte, wie sich seine Schritte entfernten. Ein seltsames Gefühl überkam ihn. Er hatte den Eindruck, als würde er aus seinem Körper schlüpfen und sich in die Ecke des Kerkers hocken. Von dort betrachtete er sich selbst, wie er im Schmerz erstarrt am Boden lag, zusammengerollt wie ein Embryo im schützenden Leib der Mutter. Mitleid für den geschundenen Körper stieg in ihm auf. Er selbst fühlte sich dagegen leicht und unbeschwert, ja, fast euphorisch.

Später erzählte Mischka seinem Freund Semjon von diesem Erlebnis. Semjon kratzte sich am Kopf. „Weißt du, Mischka, ich habe zwar eine Ausbildung als Krankenpfleger angefangen. Aber viel ist nicht davon hängengeblieben. Soweit ich mich erinnern kann, wird das, was du erlebt hast, durch Endorphine ausgelöst."

„Von Endor ...? Was soll das sein?"

„Endorphine sind Hormone", erklärte ihm Semjon, „die unser Gehirn in Streßsituationen ausschüttet. Sie bewirken ein Hochgefühl. Man fühlt sich leicht und beinahe schwerelos, und außerdem machen sie uns unempfindlich gegen Schmerzen. Eine sinnvolle Einrichtung unseres Körpers, nicht wahr?"

Mischka hörte interessiert zu. „Deshalb spüren also Schwerverletzte oft gar keine Schmerzen! Und was ist mit dem Eindruck, ich könnte mich selbst beobachten?"

„Wird eine Situation für jemanden unerträglich, bewirken Endorphine auch manchmal Halluzinationen. Es gibt Menschen, die behaupten, daß in diesem Moment die Seele den Körper verläßt. Aber das ist Quatsch, denn diese Phänomene treten auch bei schockartigen Erlebnissen auf."

Damals, als er seinen eigenen Körper im Mondlicht zu betrachten schien, wußte Mischka jedoch nichts von Hormonen und Halluzinationen. Er wunderte sich nur über diese neue Erfahrung, die er sich nicht erklären konnte. Wenige Minuten später endete der Traum. Mischka spürte, wie die Welle des Schmerzes wieder durch seinen Körper zog und ihm fast den Verstand raubte. Arme und Beine zitterten unkontrolliert, Schweißperlen standen wie Wassertropfen auf seiner Stirn, und in seinem Mund breitete sich der süßliche Geschmack von Blut aus.

Dieses Schwein hatte ihn furchtbar zugerichtet! Das verstieß zwar gegen die Lagerordnung, aber wo keine Zeugen sind, gibt es auch keinen Kläger. Das war eine der Regeln der Besserungsarbeitskolonien, in denen schwarze Schafe der Gesellschaft zu guten Bürgern erzogen werden sollten.

„Na warte, Pankratow, eines Tages werde ich dich erwischen,

und dann kannst du was erleben!" dachte Mischka voller Haß. „Deine Stunde wird auch bald schlagen!"

In jener Nacht faßte er den Entschluß, aus dem Lager zu fliehen. Er würde sich diesem System niemals unterwerfen, einer Gesellschaftsform in der es anscheinend nur zwei Gruppen geben durfte: diejenigen, die quälen, und diejenigen, die sich widerspruchslos quälen lassen müssen.

In einer Aufwallung von Wut und Haß schwor er sich, daß kein Pankratow ihn, Michail Wulff, jemals wieder ungestraft schlagen durfte. In Zukunft würde er sich wehren!

Einen Monat war er nun schon unterwegs. Wald und Steppe wechselten mit kleineren Flecken kultivierten Landes ab, in denen Siedlungen mit einfachen Katen lagen, die er weiträumig umwanderte. Mischka hatte begonnen, einen Stock mit Kerben zu versehen, um mit der Zählung der Tage nicht durcheinander zu geraten. Er durfte nicht vom Wechsel der Jahreszeiten überrascht werden. Deshalb brauchte er einen Kalender. Jeden siebten Tag schnitzte Mischka ein X in das Holz und legte eine Ruhepause ein. Er wollte den uralten Wochenrythmus von Arbeit und Ruhe auch auf seinem Marsch beachten, um seinen Körper nicht vorzeitig zu verschleißen. Trotzdem fühlte er sich schon nach einem Monat ausgelaugt und müde. Von der überwiegend pflanzlichen Nahrung hatte er schon in der zweiten Woche nach seiner Flucht Magenschmerzen und Durchfall bekommen. Mischka aß seitdem jeden Tag ein kleines Stückchen Holzkohle, die bei der langsamen Verbrennung des Buchenholzes in seinem Tonkrug entstand.

Er führte seine Schwäche auf Eiweiß- und Eisenmangel zurück. Seit er den letzten getrockneten Fisch verzehrt hatte, war er fast jeden Tag gewandert. Er schätzte die zurückgelegte Strecke auf etwa fünfhundert Kilometer. Für solch eine Leistung brauchte der Körper auch viel Eiweiß. Wollte er in dieser Wildnis überleben, mußte er das Jagen lernen. Am nächsten Tag versuchte er, sich Pfeil und Bogen zu bauen, aber der Bogen hatte mit dem zerfransten Bindfaden zu wenig Spannkraft und leierte innerhalb weniger Stunden aus. Mit einem Speer müßte er sich gegen die Witterung nahe genug an die Tiere heranpirschen, um sie treffen zu können. Von allen Möglichkeiten schien deshalb eine Falle die sicherste Lösung zu sein. Die nächsten Tage hielt Mischka nach Tierwechseln Ausschau. Zwar hatte er schon oft Hirsche, Rehe, Hasen und Fasane gesichtet, aber sie hielten stets sicheren Abstand zu ihm.

Zwei Tage später entdeckte Mischka einen Rehwechsel, der zu

einem Tümpel führte. Damit die Tiere ihn nicht witterten, kroch er parallel zu dem Wechsel durch das Unterholz, bis er einen geeigneten Platz für eine Falle gefunden hatte. Ein Birkenstamm lag quer über dem Pfad, so daß die Tiere mit einem Satz über ihn hinwegspringen mußten.

Vorsichtig entfernte sich Mischka wieder. Sein Plan stand fest. Von einer Eiche schnitt er zwei besenstieldicke, gerade Äste – keine leichte Arbeit mit dem alten Messer. Einen der Äste spitzte er nur an, während er von dem anderen die Rinde entfernte und ihn glättete. An einem kleinen Feuer härtete Mischka den Eichenstab und bearbeitete ihn mit seinem Messer weiter, bis aus ihm ein brauchbarer Speer geworden war. Am Nachmittag ging er zum Wildwechsel zurück und näherte sich der umgestürzten Birke von der Seite. Sorgfältig prüfte er die Abdrücke der Rehhufe im feuchten Untergrund, überlegte genau, wie die Tiere wohl über den Birkenstamm springen würden und bohrte dann den angespitzten Stock schräg in den Boden. Er verstärkte seine Konstruktion mit zwei Astgabeln und zog sich auf der windabgewandten Seite hinter einem dichten Busch zurück.

Wer jagen will und auf ein Tier ansitzt, muß viel Zeit und Geduld haben, dachte Mischka und machte es sich im Moos bequem. Neben ihm lagen Messer und Speer griffbereit. Er war sich nicht sicher, ob sein Plan gelingen würde. Wenn nicht, wollte er es mit einer Schlinge versuchen oder mit einer Fallgrube.

Mischka horchte angespannt in den Wald hinein, aber außer dem Summen von Insekten und dem rauhen Geschwätz einer Weidenmeise war nichts zu hören. Wenn nur Semjon oder Nikita sehen könnten, wie er hier auf der Lauer lag! Er wünschte sich, sie wären mit ihm geflohen. Die Sicherheit des Hünen und der Witz Semjons fehlten ihm. Zwar hatte sich sein Körper an das rauhe Klima des Waldlebens gewöhnt, aber seine Seele konnte das nicht. Einsamkeit kann man gut für ein paar Tage ertragen. Man braucht sie auch hin und wieder, um im Getriebe der Zeit sich selbst finden zu können. Aber ein wochenlanges Einsiedlerleben belastet selbst starke Charaktere, was man auch an den Eigenheiten sehen kann, die manche Menschen entwickeln, wenn sie viel allein sind.

Mischka versuchte, seine Gedanken abzuschalten und sich wieder auf die Geräusche des Waldes zu konzentrieren. Grübeln bringt nichts, dachte er, es macht nur depressiv und löst selten Probleme. Grübelei würde ihn nur lähmen und gerade die Kräfte rauben, die er für das Überleben in der Wildnis nötig hatte.

Gegen Abend – er hatte die Hoffnung schon aufgegeben –

hörte er Tiere auf sich zukommen. Seine Ohren waren in den vergangenen Wochen sensibel geworden für die Geräusche der Natur. Es mußte sich um Rehwild oder um Hirsche handeln. Dann sah er die Tiere durch das Blätterwerk des Busches. Ein Rehbock und zwei Ricken standen auf dem Wildwechsel und witterten. Anscheinend hatten sie seine Gegenwart bemerkt. Mischka hielt den Atem an. Er spürte das Pochen seines Herzen bis in die Ohren. Instinktiv fuhr seine Hand zum Messer und umklammerte den Griff. Es schien, als wollten die Rehe kehrtmachen, um vor der lauernden Gefahr zu fliehen. Doch dann trieb sie der Durst weiter.

Vor dem Birkenstamm setzte der Rehbock zum Sprung an. Sein muskulöser Körper verpaßte nur knapp den tödlichen Speer. Mischka verwünschte sein Pech. Er hatte den Sprung der Tiere falsch berechnet. Auch die nachsetzende Ricke verfehlte die Falle. Das letzte Tier zögerte jedoch kurz, ehe es zum Sprung ansetzte, und das wurde ihm zum Verhängnis.

Mischka hörte den Schmerzensschrei des verwundeten Tieres, sprang auf seine Beine und stürzte zum Wildwechsel. Die Ricke torkelte mit dem Speer im Leib hilflos über den Pfad. Mischka riß das Tier zu Boden und stach ihm das Messer in die Kehle. Es seufzte noch einmal auf, ehe es verendete.

Mischka erhob sich und starrte auf das erlegte Reh. Es tat ihm leid! Es war ein anmutiges Tier. Er war sich bisher sicher gewesen, kein höheres Lebewesen bewußt töten zu können. Aber nun hatte ihn sein Selbsterhaltungstrieb dazu gezwungen.

„Du hast das Leben und die Freiheit sicherlich genauso geliebt wie ich“, sagte er leise, als wollte er sich entschuldigen, „aber ich mußte dich töten, damit ich leben kann.“

Diese Worte erschienen ihm wie eine uralte, heilige Wahrheit. Damit er leben konnte, mußte ein Unschuldiger sterben. War das nicht der Kern aller Religion? – Mischka riß sich von seinen Gedanken los. Er merkte, daß er seit seiner Flucht mehr nachdachte und träumte als in den Jahren seiner Studentenzeit. Die Einsamkeit hatte ihn sensibel gemacht.

Mit dem Rest des Bindfadens band er die Hinterläufe des Rehs zusammen, lud es auf seine Schultern und schleppte es zu seinem Lagerplatz. Dort hängte er es über einen starken Buchenast, damit er es leichter ausweiden konnte. Im ersten Moment verabscheute er diese Arbeit, aber sie mußte getan werden. Danach versuchte er, das Tier zu häuten. Es war schwerer, als er gedacht hatte.

Mischka schwitzte vor Anstrengung, während er das Fell vom Fleisch zu trennen versuchte. Nach einer Stunde hatte er es endlich geschafft! Rasch schnitt er noch einige Fleischstücke für das Abendessen ab, bevor er sich am Tümpel waschen ging.

Das Fleisch wurde in kleinen Streifen über dem Lagerfeuer gebraten. Trotz des ungewohnten Wildgeschmacks verschlang Mischka die Stücke mit Heißhunger. Er mußte sich zwingen, nicht zuviel auf einmal davon zu essen, auch wenn er noch Appetit hatte. Magenprobleme konnte er sich nicht leisten.

Noch während der Nacht briet er einen Teil des Fleisches und räucherte den Rest, um es haltbar zu machen. Was vom Reh übrigblieb, legte er auf eine Astgabel, um es vor Ungeziefer und kleinen Raubtieren zu schützen.

Als die ersten Sonnenstrahlen über den orangeroten Horizont zogen, löschte er das verräterische Feuer und hängte das Fleisch zum Trocknen auf. Am Abend wollte er es weiterräuchern. Mischka hatte keine Ahnung, wie lange so ein Räuchervorgang dauert, bis das Fleisch wirklich für längere Zeit haltbar war. Deshalb beschloß er, es möglichst lange zu räuchern und zusätzlich noch in der Sonne zu trocknen. Nach einem erfrischenden Bad im Tümpel legte er sich im Schatten einer Buche zur Ruhe. Bis zum Nachmittag schlief er tief und traumlos.

Es gab noch viel Arbeit für ihn. Er konnte die Sehnen des Rehes genausogut verwerten wie das Fell. Seine Filzstiefel waren völlig verschlissen. Er brauchte unbedingt neue Schuhe. Doch ehe er das Fell verarbeiten konnte, mußte es gegerbt werden. Am Ufer des Tümpels legte er eine Kuhle an, die sich rasch mit Wasser füllte. Er löste danach im Wasser Asche auf und gab aus dem Vorjahr stammende, zerriebene Eicheln dazu. Nachdem er sorgfältig alle Fleisch- und Fettreste vom Fell abgeschabt hatte, knetete er es in dem angerührten Sud so lange, bis es sauber war. Mischka hoffte, daß das Tannin der Eicheln das Fell gerben und haltbar machen würde. Danach rieb er es mit dem Fett des Tieres ein, bis es geschmeidig wurde. Endlich konnte er es zum Trocknen aufhängen.

Obwohl er am nächsten Tag feststellen mußte, daß seine Gerbversuche nur halb gelungen waren, konnte er das Leder trotzdem weiter verarbeiten. Mit einem Stück Kohle malte er die Umrisse seiner Füße auf das Leder, fügte Seiten- und Oberteile hinzu und begann, die Muster auszuschneiden. Da noch ein Stückchen Leder übrig war, zeichnete er auf ihm eine schmale Spirale, die er sorgfältig mit dem Messer ausschnitt, so daß er einen langen Lederstreifen erhielt. Aus ihm wollte er sich später eine Schnur flechten.

Aus kleinen Resten schnitt er weitere Lederstreifen, mit denen er seine Mokassins zusammenband. Sie paßten leidlich, waren aber besser als Barfußlaufen. Mit sich und der Welt zufrieden, legte sich Mischka an diesem Nachmittag in den Halbschatten der Bäume und döste vor sich hin.

Er erinnerte sich noch genau daran, wie er mit dem Bündel Seile durch den Wald gestolpert war. Noch einmal erlebte er die Ereignisse jenes Tages vor seinem geistigen Auge. Er sollte die Seile zur Lichtung schleppen, auf der eine Brigade der Besserungsarbeitskolonie in den vergangenen Tagen Bäume gefällt hatte. Hinter ihm schwang Pankratow seinen Schlagstock und trieb ihn zur Eile an.

„Los, schneller, Großmaul, sonst mach' ich dir Beine", fauchte sein Peiniger.

Mischka spürte den harten Schlag des Gummiknüppels auf seiner Schulter. Wut und Rachedurst stiegen in ihm hoch. Er hatte die Nacht im Kerker und seinen Schwur nicht vergessen.

Abrupt blieb er stehen, drehte sich um und blickte Pankratow direkt in die kalten Augen. Der Mann konnte seinem Blick nicht standhalten, begann zu blinzeln und schaute schließlich an ihm vorbei.

„Du schlägst mich nicht noch einmal, Pankratow!" Mischkas Stimme klang beängstigend ruhig.

Pankratow lachte nur höhnisch auf und schwang seinen Gummiknüppel: „Hast du immer noch nicht genug, Großmaul?"

Mischka warf die Seile von der Schulter. Pankratow zielte direkt auf seine Schläfe. Mischka fing den Arm ab, schlug mit dem rechten Handballen seinem Angreifer auf die Nase und riß ihm den Knüppel aus der Hand.

Pankratow heulte auf. Tränen schossen ihm in die Augen. Der Schmerz machte ihn rasend. Mit geducktem Kopf und ausgebreiteten Armen versuchte er, den jungen Mann zu unterlaufen, um ihn zu Boden zu reißen. Instinktiv glitt Mischka rückwärts in eine tiefe Grätschstellung, griff Pankratow mit der linken Hand in die Haare und schlug ihm mit dem rechten Ellbogen von oben auf den Hinterkopf.

Pankratow sackte wie ein nasser Sack zusammen. Mischka riß sein linkes Knie hoch – direkt in Pankratows Gesicht. Der Kiefer brach mit einem häßlichen Geräusch. Erst jetzt ließ Mischka den Kopf seines Gegners los und trat einen Schritt zurück. Pankratow fiel schwer zu Boden und blieb regungslos liegen. Blut sickerte aus der gebrochenen Nase und dem entstellten Mund.

„Ich habe dich gewarnt, du Menschenschinder", sagte Mischka mit rauher Stimme, „aber du hast nie deine Grenzen erkannt."

Mischka schaute sich um. Niemand war zu sehen. Er mußte sich trotzdem beeilen, um die Spuren des Kampfes zu verwischen. Er hob Pankratows Kopf an den Haaren hoch, um seine Hände nicht mit Blut zu beschmieren und schob einen mittelgroßen Stein unter den zerbrochenen Kiefer. Danach hängte er den Gummiknüppel wieder an den Gürtel des Bewußtlosen, nahm dessen Trillerpfeife und gab das Warnsignal der Wachsoldaten.

Es dauerte nur kurze Zeit, bis drei Kameraden Pankratows zwischen den Bäumen erschienen. Vorsichtig untersuchten sie den Verletzten. Kurz danach traf auch Leutnant Iwan Litschenko ein.

„Was ist passiert?" fragte er Mischka, während er sich über den bewußtlosen Pankratow beugte.

„Ich ging mit den Seilen vor ihm her und hörte nur, wie er stolperte und fluchte. Als ich mich umschaute, sah ich noch, wie er der Länge nach hinschlug und sein Kopf gegen den Stein prallte. Ich habe sofort nach seiner Trillerpfeife gegriffen, um das Signal zu geben."

Litschenko nickte wortlos. Michail Wulff hatte sich korrekt verhalten. Er hätte auch die Gelegenheit nützen und türmen können. Trotzdem beschlich den Leutnant das Gefühl, daß hier etwas nicht stimmte. Verstohlen betrachtete er die Fingerknöchel des Häftlings. Aber er konnte nichts Verdächtiges bemerken, keine Abschürfungen oder andere Zeichen, die eine Schlägerei verraten hätten! Vielleicht war Pankratow tatsächlich so unglücklich gestürzt, daß Unterkiefer und Nase zerschmettert wurden.

Litschenko wischte seine Gedanken beiseite. Er wollte sich nicht länger mit diesen Verdachtsmomenten beschäftigen. Es gab Wichtigeres zu tun. Pankratow mußte so schnell wie möglich nach Surgut ins Krankenhaus gebracht werden. Er war immer noch bewußtlos. Für Spekulationen und Verhöre war jetzt keine Zeit.

Michail Wulff wurde noch am gleichen Tag von Oberstleutnant Juri Wdowetschenko persönlich verhört. Doch auch der Lagerchef gab es auf, den Häftling mit Fangfragen in Widersprüche verstricken zu wollen. Pankratow selbst konnte während der nächsten Wochen nicht befragt werden. Er wurde bei seinem Unfall schwerer verletzt, als es im ersten Moment ausgesehen hatte. Ein unkontrolliertes Zittern durchlief immer wieder seinen Körper, so daß der Unfallarzt eine Blutung im Kleinhirn vermutete. Deshalb war Pankratow nach einer ersten Versorgung seiner Knochenbrüche in eine neurologische Klinik verlegt worden.

Wdowetschenko ließ Michail Wulff streng beobachten, aber man konnte ihm nichts nachweisen. Im Gegenteil, Wulff erwies sich als zuverlässiger Arbeiter, und auch bei der Umschulung durch den Politvizen zeigte er sich nicht mehr so regimekritisch wie früher. Schließlich wurden alle Verdachtsmomente fallengelassen.

Mischka erzählte keinem Häftling den wahren Hergang der Auseinandersetzung, auch Nikita und Semjon nicht. Er wollte sie nicht in Schwierigkeiten bringen, sollten sie verhört werden. Er meinte ihnen gegenüber nur: „Das war ausgleichende Gerechtigkeit. Jedenfalls kann er die nächsten Monate niemanden mit seinem Gummiknüppel traktieren."

„Ich hoffe, daß er hier nie wieder auftaucht, sonst werde ich ihm in einer dunklen Ecke alle Knochen brechen und nicht nur den Unterkiefer", brummte Nikita böse.

„Du willst doch damit nicht sagen, daß Mischka ihm das Gesicht lädiert hat", warf Semjon ein und schaute verschmitzt auf den jungen Mann. Doch der lächelte nur und meinte: „Wenn ich solche Bärenkräfte wie Nikita hätte, hätte ich das durchaus in Erwägung gezogen."

„Du Heuchler", antwortete Semjon und schlug ihm freundschaftlich auf die Schulter, während sie zur Schlafbaracke schlenderten.

Die Jagd

„Kein Zweifel, er ist tatsächlich hier gewesen!“ Leutnant Litschenko kratzte sich den Kopf. „Wir haben rund um den See jeden Quadratmeter gründlich abgesucht. Aber niemand ist auf die Idee gekommen, hier nachzuschauen.“

„Ein unverzeihlicher Fehler, Leutnant!“ wies Chrapow ihn zurecht. „Wer Menschen jagt, darf nicht schlampig und oberflächlich arbeiten. Jeder Zug des Entlaufenen muß einkalkuliert und durchdacht werden, wenn man ihn schachmatt setzen will! Spielen Sie Schach?“

Litschenko nickte unwillig. Das überhebliche und schulmeisterliche Verhalten des schwarzhaarigen Jägers hatte ihn von Anfang an abgestoßen. Erfolg und Ruhm waren ihm sicherlich so zu Kopf gestiegen, daß er sich wie der Kaiser von China fühlte. Er ließ alle spüren, daß sie gegen ihn Versager und Schwächlinge waren. Solche Leute sah Litschenko am liebsten von hinten. Überhaupt war der Mann keine angenehme Erscheinung. Haare, Gesichtsfarbe und das bartlose, hochwangige Gesicht verrieten mongolisches Blut in seinen Adern. Der gedrungene Körper bewegte sich katzenhaft geschmeidig. Der Mann schien ein Raubtier zu sein, mitleidlos und brutal.

Olejnik Chrapow war gestern im Lager eingetroffen, hatte seine Fragen gestellt und zynisch die linke Augenbraue hochgezogen, als er von den Fehlschlägen der Suchaktion hörte. Anscheinend belustigte ihn das laienhafte Vorgehen der Soldaten. Trotzdem hatte er bisher noch keinen deutlichen Tadel ausgesprochen. Das war auch nicht nötig, weil sein ganzes Gehabe eine einzige Zurechtweisung war! Litschenko seufzte tief, wenn er daran dachte, daß er nun die nächsten Tage und Wochen mit diesem Mann zusammenarbeiten mußte.

Auf der anderen Seite bereitete es ihm fast so etwas wie Vergnügen, wenn er daran dachte, daß er persönlich miterleben würde, wie Chrapow nun die Spur eines Mannes verfolgen mußte, der ein ausgekochtes Schlitzohr war. Jedes Versagen, jeder Fehler des Jägers würde ihm, Litschenko, Genugtuung verschaffen, und natürlich würde er alles in seinen Tagesberichten ausführlich schildern. Je schwärzer er diesen großen Chrapow malte, desto weißer würde er erscheinen. Jeder Mißerfolg des Jägers würde sein Erfolg sein! Litschenko kannte dieses Spiel inzwischen zur Genüge, und obwohl er es verabscheute, wollte er es diesmal auch spielen. Er würde jedenfalls alle Mittel einsetzen, um die Zukunft seiner Familie zu sichern.

Schon früh am Morgen hatte ein Hubschrauber Chrapow, Litschenko und Jossif Karatajew mitsamt ihrer Ausrüstung am See abgesetzt. Als Chrapow die Geschichte von der gesichteten Rauchfahne hörte, entschied sich der Jäger des KGB sofort dafür, die Suche nach dem Sträfling am Ufer des Sees zu beginnen. Die im Zug hinterlassenen Spuren waren zweifellos nur Finten, um die Verfolger zu verwirren. In Wirklichkeit wollte der Entflohene tiefer in die sibirische Wildnis eindringen, um sich dort zu verstecken. Das war Chrapow gerade recht. Taiga und Tundra waren seine Heimat, seine wohlvertrauten Jagdgebiete. Hier war er jedem anderen überlegen! Für Michail Wulff gab es deshalb kein Entrinnen!

Nun standen sie vor der vom Blitz getroffenen Buche. Das dichte Laub der Baumkrone war inzwischen verwelkt und gab den Blick auf die zertrümmerte Notunterkunft des Flüchtlings frei.

„Sie müssen jede mögliche Bewegung eines entlaufenen Sträflings wie in einem Schachspiel durchdenken, Leutnant", erklärte Chrapow gönnerisch. „Natürlich sind manche Menschen sehr einfach zu durchschauen. Sie wollen oft nur weg, zurück in die alte Heimat und zu ihrer Familie. Dabei laufen sie ziemlich geradlinig in die ersehnte Richtung und damit in die Falle. Dieser Michail Wulf dagegen scheint sich eher im Kreis zu bewegen, um seine Verfolger auf eine falsche Fährte zu locken."

Litschenko nickte wiederum wortlos. Soweit hatte er auch schon gedacht. Chrapow hatte gut reden. Aber wenn man nicht den Anfang eines Fadens in den Händen hält, kann man kein Wollknäuel aufrollen.

„Es ist anzunehmen, daß der Entflohene in Richtung Osten weitergezogen ist, um sich so lange in der Taiga zu verstecken, bis niemand mehr nach ihm sucht. Soweit ich das beurteilen kann, kennt er sich mit der Natur gut aus und weiß, welche Pflanzen man essen kann. Sonst würde er sich nicht ohne Ausrüstung und Proviant in die Wildnis wagen."

„Und wie konnte er von hier entkommen, ohne eine Spur zu hinterlassen, die die Hunde aufnehmen konnten?" fragte Jossif.

Chrapow schaute ihn nur mitleidig an und wies mit einer Handbewegung auf den See. Jossif schlug sich vor die Stirn und rief: „Jetzt verstehe ich. Er ist über den See geschwommen und hat sich den Bach hinuntertreiben lassen. Deshalb haben wir keine Fußabdrücke gefunden! Also, auf nach Osten. Irgendwo muß er ja wieder ans Ufer gekommen sein."

Jossif schulterte sein Gepäck und wandte sich zum Gehen. Doch dann hielt er inne und fragte: „Haben wir denn nach so vielen Tagen überhaupt eine Chance, seine Spur wiederzufinden?"

„Auch nach Wochen kann man eine Verfolgung aufnehmen", erwiderte Chrapow herablassend, „denn eine abgeknickte Pflanze richtet sich nicht wieder auf. Außerdem müssen wir nach abgerissenen Pflanzenstengeln und Blättern Ausschau halten, weil der Flüchtling sich wahrscheinlich davon ernährt. Also, halte deine Augen auf, Karatajew!"

Bis kurz vor Sonnenuntergang kämpften sich die Männer durch das Gestrüpp und Unterholz am Ufer des Baches. Sorgfältig hielten sie nach Unregelmäßigkeiten in der Natur Ausschau. Aber sie bemerkten nichts Verdächtiges. Schließlich rieb sich Litschenko die brennenden Augen und schlug vor, das Nachtlager zu errichten. Sogar Chrapow, der noch keine Müdigkeit zeigte, gab seine Zustimmung. In der Dämmerung konnten sie allzu leicht ein verräterisches Zeichen übersehen.

Nach einer einfachen Mahlzeit saßen sie am Lagerfeuer und starrten schweigend in die Glut. Die Nacht war kühl und voller Geräusche. Litschenko richtete seinen Blick zum Sternenhimmel empor und bewunderte die unzähligen Lichtpunkte der Milchstraße. Wie ein Schleier hingen sie am dunklen Firmament und gaben dem Betrachter das Gefühl, nur ein unbedeutendes Staubkorn in der Unendlichkeit des Weltalls zu sein.

Wir nehmen das alles viel zu wichtig, dachte Litschenko. Warum lassen wir diesen Michail Wulff nicht einfach laufen? Was hat er schon angestellt! Er hat doch nur laut gesagt, was viele in diesem Land denken! Überhaupt, warum lassen wir unseren Mitmenschen nicht die Freiheit, so zu leben, wie sie wollen? Warum müssen alle gleichgeschaltet werden? Weshalb grenzen wir uns ab vom Rest der Welt? Was haben wir davon?

Unvermittelt begann Chrapow zu sprechen, als hätte er die geheimen Fragen des Leutnants erraten. Seine Stimme klang kalt und rauh, so daß Litschenko innerlich erschauerte.

„Ich bin ein Jäger, Leutnant, mit jeder Faser meines Körpers. Schon als Kind spürte ich diesen Trieb in mir. Die Jagd ist meine

Droge. Ich brauche keinen Wodka, damit mein Blut in Wallung kommt. Ich brauche nur eine Spur, die ich verfolgen kann. Eine Fährte, an deren Ende das Opfer wartet, mit verängstigten Augen, zitternd und ohne Ausweg."

Chrapow warf einen Ast ins Feuer, so daß die Funken zum Himmel stoben, und fuhr fort: „In meiner Freizeit jage ich die Tiere der Taiga, am liebsten Wölfe, weil sie unberechenbar sind und stark. Aber wenn die Genossen mich rufen, jage ich Menschen. Ich setze ihnen nach. Ich treibe sie durch Wälder und Sümpfe. Ich hetze sie, bis sie erschöpft aufgeben und um Gnade winseln. Die Jagd gibt mir das Gefühl, daß ich lebe."

Chrapow brach ab und schwieg. Nach einigen Minuten setzte er erneut an: „Michail Wulff hat meinen Halbbruder zum Krüppel geschlagen!"

„Da bist du falsch informiert, Genosse", unterbrach ihn Litschenko, „die Untersuchung hat ergeben, daß es ein Unfall ..."

Der Jäger hob abwehrend die Hand. „Das glaubst nur du, Iwan Litschenko! Michail Wulff hat meinen Halbbruder zum Krüppel geschlagen, da bin ich mir absolut sicher. Er hat es schlau angestellt, aber nicht schlau genug, denn er hat den einzigen Zeugen am Leben gelassen. Brüderchen Pankratow wird nie wieder lachen. Er wird nie wieder tanzen und Wodka trinken. Er ist nur noch ein Nervenbündel, lebensuntüchtig und schwach, und dafür wird dieser Wulff büßen! Ich bin kein Scherge des KGB. Ich bin Chrapow, der Jäger! Ich verfolge das Raubtier, das meinen Bruder auf dem Gewissen hat. Ich werde ihn durch die Wildnis Sibiriens hetzen, bis ihm seine Haut in Fetzen von den Füßen fällt! Er soll Blut und Wasser schwitzen! Er soll unter der Kälte des Winters leiden, bis ihm die Sinne schwinden! Und dann, wenn er am Ende ist, wenn er erschöpft und voll Panik auf sein Ende wartet, dann werde ich über ihn herfallen. Ich werde ihn die Schmerzen spüren lassen, die er meinem Bruder zugefügt hat! Er soll leiden, wie er nie zuvor in seinem erbärmlichen Dasein gelitten hat! – Er wird sich wünschen, niemals geboren zu sein!"

Karatajew und Litschenko schauten gebannt auf die dunkle Gestalt des Jägers. Der Schein des Feuers beleuchtete gespenstisch sein verzerrtes Gesicht. Kein Wort kam über ihre Lippen. Auch die Stimmen der Nacht waren verstummt, als fürchteten sie, den Haß des Besessenen auch auf sich zu ziehen.

Die nächsten Tage fühlte sich Mischka leistungsfähiger als zuvor. Seine Mahlzeiten aus Wildpflanzen, Wurzeln und Beeren wurden durch kleine Portionen des Rehfleisches nicht nur geschmacklich besser, sondern auch nahrhafter. Allerdings war der Salzvorrat stark zusammengeschrumpft, so daß er damit sparsam umgehen mußte.

Um Ausrüstung und Vorräte bequem transportieren zu können, benutzte Mischka seinen Overall als Rucksack. Die Hosenbeine hatte er sich wie einen Hüftgurt um den Bauch gebunden, während die Ärmel als Schultergurte dienten. So konnte er das Gewicht tragen, ohne daß es ihn zu schnell ermüdete und schmerzte.

Er schätzte, daß er jetzt jeden Tag etwa dreißig Kilometer zurücklegte. Seine Muskeln waren durch die Anstrengungen der vergangenen Wochen gestählt und durchtrainiert. An seinen Füßen hatte sich inzwischen eine dicke schützende Hornhaut gebildet. Er hatte gute Chancen, seinen Verfolgern zu entkommen, sollten sie seine Spur doch entdeckt haben. Sie mußten sich genauso wie er durch die Wildnis kämpfen, verloren aber im Gegensatz zu ihm immer wieder Zeit mit der Spurensuche. So oft er konnte, watete Mischka deshalb durch Bäche und suchte nach festem, unbewachsenem Untergrund, um möglichst wenig Spuren zu hinterlassen.

Nach zwei Wochen erreichte er eine landwirtschaftliche Siedlung. Graue Katen und Scheunen, umgeben von Obstgärten, Wiesen und Feldern, duckten sich in einem kleinen Tal. Um etwas Abwechslung in seinen Speiseplan zu bringen, entschloß er sich, als er die Apfelbäume und Gemüsebeete sah, im Schutze der Dunkelheit einige Lebensmittel zu organisieren.

Genossen, ihr habt mir beigebracht, daß es kein Privateigentum gibt und alles dem Volk gehört, dachte Mischka, während er das Dorf, hinter einem Busch versteckt, ausspähte. Also werde ich mich heute nacht in eurem Laden bedienen. Arbeitet fleißig, damit ihr müde seid und fest schlafen könnt. Ihr sollt euch nicht gestört fühlen, wenn ich heute nacht zu euch komme.

Um nicht zufällig entdeckt zu werden, zog er sich bis etwa Mitternacht in dichtes Unterholz zurück. Er hatte inzwischen gelernt, am Stand der Sterne die Uhrzeit abzuschätzen. Im Schutz der Dunkelheit schlich er sich vorsichtig an die Gärten der Siedlung heran. Regungslos lag er für einige Minuten im Gras und horchte angestrengt in die Stille der Nacht. Kein verdächtiger Laut war zu hören.

Um zu vermeiden, daß der Diebstahl entdeckt würde, pflückte er von verschiedenen Bäumen jeweils nur wenige Äpfel und erntete hier und da einige Karotten und andere Gemüsepflanzen.

Schwerbepackt wollte er in den Wald zurückkehren, als er das Gackern von Hühnern hörte. Mischka blieb abrupt stehen. Wasser lief ihm im Mund zusammen, als er an knusprige Hähnchenschenkel dachte. Sollte er sich auf das Abenteuer einlassen? Er verwarf den Gedanken wieder. Das Risiko war zu groß! Doch gerade als er sich zum Gehen wandte, gluckste wieder eines der Hühner im nahegelegenen Stall. Es war eine echte Versuchung für ihn.

Sollte er überlegt handeln oder sich auch einmal entgegen aller Vernunft von seinen Geschmacksnerven leiten lassen? Er mußte es nur geschickt anstellen! Außerdem reizte ihn das Abenteuer.

Lautlos schlich Mischka sich an den offenen Hühnerstall heran. Er war nicht weit von einem der Häuser entfernt. Im Schimmer des Mondlichtes sah er zwei Dutzend Hühner auf ihren Stangen sitzen, den Kopf unter den Federn versteckt. Blitzschnell griff er nach einer der Hennen und drehte ihr den Hals um, noch ehe das verschreckte Tier einen Laut ausstoßen konnte.

Mischka verharrte einen Moment. Die anderen Hühner hatten nichts bemerkt und schliefen fest. Mit zusammengepreßten Fingern drückte er Fußspuren eines kleinen Raubtieres in den staubigen Boden, verteilte noch einige Halsfedern und schleifte danach die Henne über die Erde, so daß nicht nur seine eigenen Spuren verwischt wurden, sondern es auch den Anschein hatte, als wäre das Tier von einem Fuchs fortgeschleppt worden.

Zufrieden kehrte Mischka zum Weg zurück, als plötzlich ein Hund im nahegelegenen Gehöft wild zu bellen begann. Er hatte ihn gewittert! Blitzschnell sank der junge Mann in die Knie und verschmolz mit der Dunkelheit.

Blöde Töle, dachte er ärgerlich, mußt du gerade jetzt zu kläffen beginnen! Nur ein paar Minuten später und er wäre in Sicherheit gewesen. Mischka machte sich selbst Vorwürfe wegen seiner Risikobereitschaft. Es lohnt sich nicht, für ein gutes Essen die Freiheit aufs Spiel zu setzen! Doch hinterher ist man immer klüger.

Regungslos verharrte er und wartete darauf, daß sich der Hund beruhigen würde. Doch der zerrte wie ein Verrückter an seiner Kette und bellte weiter. Ein Fenster öffnete sich im Haus. Mischka stockte der Atem. Eine rauhe Männerstimme schrie einige Verwünschungen auf den Hund herab. Dann flog ein Holzschuh durch das Fenster. Der Hund jaulte auf und verkroch sich in seine Hütte.

Mischka wartete noch etwa eine Viertelstunde, ehe er vorsichtig den Rückzug antrat. Erst nachdem er einige hundert Meter vom Dorf entfernt war, wagte er, sich wieder freier zu bewegen.

Mit schwergefülltem Rucksack und der Henne in der Hand ging er einen Feldweg entlang. Seine Verfolger würden es schwer haben, hier seine Spuren zu finden, falls sie ihm überhaupt auf den Fersen waren. Gegen Morgengrauen bog Mischka in den Wald ein und wanderte bis zum Vormittag, ehe er sich eine Pause gönnte. Die Henne würde er sich zum Abendessen zubereiten. Jetzt leistete er sich erst einmal einige Äpfel, die er bis auf den Stiel verzehrte. Mit sich und der Welt zufrieden, legte er sich danach in einem Dikkicht zum Schlafen nieder.

Während er am Abend das Huhn über einem kleinen Feuer briet, dachte Mischka über seine nächtliche waghalsige Aktion nach. Er hatte den Erfolg seiner Flucht für einen Hühnerbraten aufs Spiel gesetzt. War das nicht ein Symbol seines Lebens, vielleicht des Lebens aller Menschen? Für einen kurzen Augenblick der Freude, für die Befriedigung der Geschmacksnerven, für eine kurze Erleichterung oder einen kleinen Spaß hat schon so mancher Leben, Freiheit und Wohlergehen in Gefahr gebracht oder sogar blind geopfert. Menschen handeln nicht immer logisch, streng nach den Richtlinien der Vernunft. Sie fragen oft nicht nach den Folgen ihres Verhaltens und ihrer Entscheidungen. Würden sie dies immer tun, bliebe ihnen so manches Leid erspart. Der greifbare Vorteil scheint ihnen jedoch wichtiger zu sein als eine glückliche Zukunft.

Mischka erinnerte sich daran, wie der kluge Semjon zu ihm gesagt hatte: „Gefühle und Emotionen sind wichtige Elemente des Menschseins. Sie bereichern und verschönern das Leben, aber wenn sie jemanden so sehr kontrollieren, daß sie wichtiger werden als alles andere, dann ist er ein Narr."

Ja, überlegte Mischka, es werden immer wieder Entscheidungen getroffen, die einigen Menschen Vorteile verschaffen, anderen dagegen Leid, Krankheit oder Unfreiheit bringen. Im Grunde bestand für ihn deshalb kein Unterschied zwischen einem rücksichtslosen Autofahrer, der sich und andere durch seine überhöhte Geschwindigkeit in Gefahr bringt, und den korrupten Politikern, die atomare Brennelemente und radioaktive Flüssigkeiten im Petschora-See versenken lassen.

Habe ich nicht auch meine Freiheit und das Wohlergehen meiner Freunde leichtfertig aufs Spiel gesetzt, als ich gegen Mißstände der Gesellschaft protestierte, ohne die Folgen meiner Worte zu überdenken, grübelte Mischka weiter, und hat sich mein Protest gelohnt? Hat er überhaupt etwas genützt? Hätte ich geschwiegen, wenn mir bewußt gewesen wäre, was mir alles blühen würde?

Während er das gebratene Huhn verzehrte, entschloß sich Mischka, in Zukunft noch mehr die Folgen seines Verhaltens und seiner Worte zu bedenken, statt sich von plötzlichen Impulsen und Eingebungen leiten zu lassen. Auf der Flucht vor gnadenlosen Jägern und im Überlebenskampf in der sibirischen Wildnis mußte er bedächtig und überlegt handeln. Er wollte nicht seine Zukunft durch das Verfolgen kurzfristiger Ziele gefährden.

Olejnik Chrapow hatte die Spur Michail Wulffs aufgenommen, und er folgte ihr wie ein Bluthund. Ein mit einem Messer eingekerbter Ast und zwei umgeknickte, halbvertrocknete Wasserlilien waren seinem scharfen Auge nicht entgangen, als er das Ufer des Baches untersuchte.

„Hier hat er den Bach verlassen!" stellte der Jäger fest. Er schulterte sein Gepäck und sprang an das andere Ufer. Litschenko und Karatajew folgten ihm. Tatsächlich fanden sie weitere Pflanzen, die durch einen menschlichen Fuß zerdrückt worden waren. Aber diese Spuren wären den Soldaten nicht aufgefallen, hätte sie Chrapow nicht darauf aufmerksam gemacht. In den nächsten Tagen schärften sich unter seiner Anleitung auch ihre Augen für diese Zeichen menschlicher Anwesenheit.

Sie fanden außerdem Brennesselpflanzen, denen die oberen jungen Blätter fehlten, Vogelmiere und Melde mit abgerissenen Stengeln und Birken, deren Rinde beschädigt war – alles Spuren eines Menschen, der seine Nahrung aus der Natur nimmt. Der Verfolgte kannte sich offensichtlich mit den eßbaren Pflanzen der Wildnis sehr gut aus. Sie durften also nicht erwarten, daß Michail Wulff mit der Zeit schwächer wurde, daß sie ihn eines Tages halbverhungert stellen konnten. Im Gegenteil, er würde wahrscheinlich immer besser in der Taiga zurechtkommen. Außerdem kam er schneller voran als sie, weil die Spurensuche viel Zeit kostete. Nicht selten verloren sie Wulffs Fährte und brauchten Stunden, bis sie sie wieder fanden.

Der Jäger lehrte sie in diesen Wochen, in der Wildnis zu überleben. Es war eine harte Schule für die beiden Männer, denn Chrapow nahm keine Rücksicht auf ihre Schwächen und Gefühle. Die Tagesmärsche erreichten oft die Grenze der körperlichen Belastbarkeit. Ihre Nahrung beschafften sie sich durch die Jagd. Nur selten konnten sie in den kleinen Ortschaften neuen Proviant fassen.

Nach drei Wochen kam es zur ersten Krise. Jossif Karatajew weigerte sich weiterzumarschieren. Ausgelaugt und erschöpft blieb er einfach nach der Mittagspause sitzen. Er hatte sich in der letzten

Zeit immer öfter zwingen müssen, nicht aufzugeben, auf schmerzende Blasen und wundgescheuerte Schultern nicht zu achten. Jetzt aber hatte er keine Kraft mehr. Er sehnte sich nach Ruhe und Erholung. Chrapow verzog keine Miene, machte auf dem Absatz kehrt, entsicherte seine Waffe und setzte sie dem Soldaten an die Schläfe. Jossif Karatajew verstand diese Sprache. Der Sibirier würde keine Sekunde zögern, den Zeigefinger zu krümmen! Daran war kein Zweifel! Mühsam raffte sich der Soldat auf, streckte seine schmerzenden Glieder und marschierte weiter, und bei jedem Schritt verfluchte er Chrapow und Wulff, denen er diese Strapazen verdankte.

Leutnant Litschenko reagierte mit keinem Wort auf diesen Zwischenfall. Er hatte mit sich selbst genug zu tun. Auch er verwünschte den Befehl des Lagerkommandanten, mit Chrapow auf Menschenjagd gehen zu müssen. Es war ihm von vornherein klar gewesen, daß es kein Spaziergang sein würde, aber mit einer solchen Tortur hatte er nicht gerechnet.

Auf der anderen Seite begann ihn jedoch das Leben in der Wildnis zu faszinieren. Er bewunderte diesen Chrapow genauso sehr, wie er ihn verabscheute. Seine Fähigkeit, einer Fährte zu folgen, das Wissen um eßbare Pflanzen, seine Kenntnisse über die Natur mußte Litschenko offen bewundern. Er wünschte sich selbst, die Erfahrung des Jägers zu besitzen, und versuchte, soviel wie möglich von ihm zu lernen. Vielleicht konnte er dieses Wissen eines Tages gebrauchen.

Der Flüchtling war deutlich unvorsichtiger geworden. Hatte er in der ersten Zeit kein Feuer angezündet, fanden sie jetzt häufig Aschenreste, die nur oberflächlich mit Erde bedeckt worden waren. Chrapow entdeckte sie ohne langes Suchen. Seinen scharfen Augen entging nur selten etwas. Sie konnten die Lagerplätze Wulffs fast immer in den Abständen eines Tagesmarsches in östlicher Richtung ausmachen. Offensichtlich kam er gut voran.

Eines Abends kehrte Chrapow mit einem triumphierenden Lächeln von einer kurzen Exkursion in das abendliche Lager zurück. In der Hand hielt er einen ausgeblichenen Schädel.

„Hier, Leutnant, hier haben wir einen wichtigen Hinweis." Mit diesen Worten warf der Jäger den Schädel neben das Lagerfeuer. Dann hockte er sich auf den Boden und schaute die beiden Soldaten herausfordernd an.

„Was ist das für ein Tier gewesen?" wollte Karatajew wissen.

„Das ist der Schädel eines Rehs", erwiderte Chrapow herablassend.

„Meinen Sie wirklich, Genosse Chrapow, daß Wulff dieses Tier erlegt hat?" fragte Litschenko ungläubig. „Der Mann hat doch keine Waffen. Könnte es nicht auch auf andere Weise ums Leben gekommen sein? Woher wollen Sie wissen, daß es der Häftling war?"

Der Jäger machte eine verächtliche Handbewegung: „Leutnant, man kann auch ohne Waffen jagen. Wulff hat eine Falle gebaut, unten am Tümpel auf einem Wildwechsel. Dieser Schädel liegt außerdem noch nicht lange im Wald."

„Könnte es nicht auch einer der hier lebenden Einwohner gewesen sein?" warf Jossif ein.

„Man muß immer das ganze Bild sehen, Genosse Karatajew. Die Knochenreste des Tieres und eine Reihe von Spuren deuten darauf hin, daß hier ein Mensch am Werk war, der nur primitive Werkzeuge besaß."

„Dann dürfte die körperliche Verfassung von Wulff ziemlich gut sein. Wie stehen die Chancen, ihn in den nächsten Wochen zu erwischen?" Litschenko sah Chrapow fragend an. Der Jäger zuckte nur gleichmütig mit den Schultern.

„Es interessiert mich nicht, wie lange wir ihm folgen müssen. Zeit spielt für mich keine Rolle. Ich habe genug davon. Wer sich selbst unter Zeitdruck setzt, macht Fehler. Wir werden diesem räudigen Hund also weiter folgen, bis wir ihn haben, und wenn es Jahre dauert."

Karatajew seufzte leise. Jahre, dachte er, mir reichen schon Wochen mit diesem Kerl. Um einen Menschen zu bestrafen, müssen wir selbst viel leiden. Elki palki! Blödes Spiel!

Es war ein langer, heißer Tag gewesen. Mischka sehnte sich nach einem erfrischenden Bad, um den klebrigen Schweiß von der Haut spülen zu können. Obwohl er sich inzwischen an das Wanderleben gewöhnt hatte, sehnte er sich manchmal nach dem geringen Komfort seiner Moskauer Studentenwohnung. Dusche und WC, Sessel und Bett waren für ihn beinahe zu Fremdwörtern geworden und kamen ihm wie purer Luxus vor.

Man schätzt die Errungenschaften der Zivilisation erst dann richtig, wenn man längere Zeit auf sie verzichten muß, dachte er. Wir nehmen einfach viel zuviel als selbstverständlich hin, statt dankbar zu sein für das, was wir besitzen.

Er knotete seinen provisorischen Rucksack los und legte sich ins Gras. Verträumt betrachtete er weiße Schäfchenwolken, die leicht wie Flaumfedern über den blauen Himmel zogen. So frei müßte man sein, träumte er, und so unbeschwert dahin ziehen können, wohin es einen treibt.

Zwei Grillen zirpten nicht weit von ihm, als freuten sie sich über die Sommerzeit mit ihrer Wärme und dem reichen Nahrungsangebot der Natur. Mischka lauschte ihrer hohen, eintönigen Musik. Sie ließ ihn schläfrig und träge werden. Seine Gedanken hüllten sich in Nebel. Nur verschwommen nahm er die Geräusche des Waldes wahr.

Plötzlich schreckte er hoch! Hatte er richtig gehört? Oder narrte ihn sein von Müdigkeit benebeltes Gehirn? Mischka horchte angestrengt in den Wald. – Er mußte sich getäuscht haben. Nichts Außergewöhnliches war zu vernehmen. – Doch, jetzt hörte er es wieder! Mischka war wie elektrisiert. Er hörte ein schwaches Rufen. Es klang wie der Hilfeschrei einer Frau, die mit letzter Kraft um ihr Leben kämpft!

Mit einem Satz sprang Mischka auf die Beine und rannte los. Er achtete nicht auf Zweige, die ihm ins Gesicht schlugen. Er spürte nicht, wie Brombeerdornen durch seine Schuhe drangen. Jemand kämpfte um sein Leben! Ein Mensch brauchte seine Hilfe! Das beflügelte die Schritte des jungen Mannes und ließ ihn alle Vorsichtsmaßnahmen vergessen.

Zwei Minuten später erreichte er das Ufer eines Flusses. Mit einem raschem Blick versuchte Mischka, die Situation zu erfassen. Eine ältere Frau trieb mitten in der Strömung und schlug verzweifelt um sich. Ihre Augen waren vor Angst weit aufgerissen und schauten hilfesuchend zu dem jungen Mann am Ufer. Dann versank sie in den Fluten.

Ohne zu überlegen, hechtete Mischka ins Wasser und schwamm mit kräftigen Zügen in die Mitte des Flusses. Nicht weit von ihm tauchte der Kopf der Frau kurz aus dem Wasser. Dann verschwand er wieder.

Mischka tauchte an der Stelle, an der er den Kopf gesehen hatte. Das Wasser war trüb und dunkel. Wie sollte er die Frau unter diesen Umständen finden? Er kam an die Wasseroberfläche, um Atem zu holen. Dann verschwand er wieder in der Tiefe. Nichts war zu sehen! Mischka erfaßte ein Gefühl der Panik. Er mußte die Frau finden und sie retten! Ihr verzweifelter Blick war wie ein Hilfeschrei gewesen. Alle ihre Hoffnungen hatte die Frau in letzter Minute auf ihn gesetzt. Er fühlte sich für ihr Leben verantwortlich, auch wenn er sie nicht kannte.

Immer wieder tauchte Mischka, suchte den Grund ab und tastete mit seinen Händen um sich. Er wurde kurzatmiger. Die Anstrengung verzehrte seine Kraft. Sekunden dehnten sich zu Minuten. Hatte es überhaupt noch einen Sinn, weiter nach der Frau zu suchen? War ihr Gehirn nicht schon durch Sauerstoffmangel geschädigt? Fast war Mischka versucht zu resignieren. Doch er gab nicht auf. Wieder und wieder tauchte er in die Tiefe.

Plötzlich berührte er etwas Weiches. Ein Gesicht schimmerte durch das trübe Wasser, fahl und leblos, die Augen weit aufgerissen wie in einem letzten Erschrecken. Hastig griff Mischka nach der Frau und zerrte sie an die Oberfläche. Sie hing schlaff und leblos in seinen Armen. Mit letzter Kraft brachte er sie ans Ufer und zog sie auf einen flachen Sandstrand.

Mischka drehte die Frau auf den Bauch, umfaßte ihre Hüften, hob sie an und schüttelte sie kräftig. Ein Wasserschwall schoß aus ihrem Mund und ergoß sich in den Sand. Ohne kostbare Zeit zu verlieren, drehte er sie wieder auf den Rücken, bog ihren Kopf zurück, öffnete ihren Mund und versuchte, sie durch Atemspende wiederzubeleben.

Immer wieder horchte er, fühlte mit seinen Fingern die Schlagader am Hals der Frau. Doch kein Anzeichen von Leben war zu spüren. Mischka drückte mehrmals ruckartig mit beiden Händen auf den Brustkorb der Frau, um ihr Herz zu massieren. Dann setzte er die Atemspende fort.

Minutenlang wechselte er zwischen Herzmassage und Atemspende. Plötzlich spürte er ein schwaches Pochen in der Halsschlagader. Freudige Erregung erfaßte ihn. Das Herz hatte seine Arbeit wieder aufgenommen! Es war fast geschafft. Er schlug der Frau leicht auf beide Wangen. Ein leises Stöhnen entrang sich ihrer Brust. Dann begann sie, wieder zu atmen, erst schwach, röchelnd und kaum wahrnehmbar, dann immer tiefer und kräftiger.

Mischka strich ihr liebevoll über das aschblonde Haar, als wäre sie seine Mutter. Schwerfällig öffnete sie ihre Augen und schaute um sich, als wüßte sie nicht, was mit ihr passiert war. Ihr Körper wurde von einem Hustenanfall geschüttelt. Mischka klopfte ihr leicht auf den Rücken, damit sich die Wassertröpfchen in ihren Bronchien leichter lösen konnten. Schließlich ließ der Husten nach, und der Blick der Frau wurde klarer. Sie begann, langsam zu begreifen, daß sie gerettet war.

Mischka hätte jubeln können! Sie lebte! Er hatte sie gerettet, und wenn man ihn dabei überrascht und gefaßt hätte, für das Leben eines Menschen in Not würde er wieder seine Freiheit riskieren. Plötzlich erschien ihm die Freiheit nicht mehr als höchstes Gut, für das er alles opfern würde. Es gab noch andere Werte.

„Du hast es geschafft, Mütterchen“, lächelte er der Frau zu. „Das Leben hat dich wieder.“

Er massierte ihre Arme und Beine, um die Blutzirkulation zu beschleunigen. Immer wieder prüfte er dabei ihren Puls. Er war noch schwach, aber das Herz schlug gleichmäßig. Obwohl die Suche nach ihr scheinbar eine Ewigkeit gedauert hatte, war sie nur kurz ohne Sauerstoff gewesen. Glücklicherweise war auch ihre Lunge nicht voll Wasser gelaufen, so daß sie keine Entzündung befürchten mußte. Langsam bekam ihr Gesicht wieder Farbe.

„Warte einen Moment, ich bin gleich wieder bei dir.“

Eilig lief Mischka zu seinem Rastplatz, raffte seine Habseligkeiten zusammen und kehrte zum Flußufer zurück. Die Frau lag immer noch erschöpft auf dem sandigen Ufer.

„Danke!“ flüsterte sie mit schwacher Stimme. Mehr konnte sie nicht sagen. Aber ihre Augen sprachen Bände.

Behutsam richtete Mischka sie auf und führte sie zu einer weichen Grasfläche.

„Ich werde sofort ein Feuer anzünden, damit du deine Kleider trocknen kannst“, Mischka lächelte ihr aufmunternd zu, „na, und ich selbst, ich bin ja auch pudelnaß und brauche trockene Sachen.“

Die Frau musterte ihn von oben bis unten – und ihrem Gesicht war anzusehen, daß sie Mischkas Geheimnis entdeckt hatte. Sie nickte und lächelte zurück.

Mischka bemerkte ihre Reaktion und sagte ehrlich: „Ja, ich bin ein Gesetzloser, ein Politischer. Du hast es gleich an meiner Kleidung erkannt, nicht wahr? Ich werde von der Miliz schon seit Wochen durch die Wälder gejagt. Aber ich glaube, ich habe sie jetzt abgehängt. – Du hast doch nicht etwa Angst vor mir?“

Die Frau schüttelte fast unmerklich den Kopf.

„Übrigens, ich heiße Michail Wulff“, fuhr Mischka fort und streckte ihr die Hand entgegen, „ich bin Archäologiestudent aus Moskau.“

Sie schaute ihn fragend an.

„Tja, ich habe mir den Mund verbrannt, weil ich mit meiner Meinung nicht hinterm Berg halten konnte. Deswegen hat man mich nach Paragraph achtundfünfzig verurteilt und in eine Besserungsarbeitskolonie gesteckt.“

Die Frau ergriff Mischkas Hand und zog sie an ihre Brust. „Danke“, flüsterte sie wieder, „danke, daß du mich gerettet hast. Ich werde dir das nie vergessen.“

Man konnte spüren, wie sie innerlich zitterte. Der Schock saß ihr noch tief in den Knochen.

„Schon gut, Mütterchen", erwiderte Mischka, während er ihr beruhigend über die Schultern strich, „es war doch selbstverständlich, daß ich dich aus dem Fluß gezogen habe."

„Nein, nichts ist selbstverständlich", widersprach sie sanft. „Viele denken nur an sich und kümmern sich nicht um die Not anderer. Ich bin eine alte Frau und lebe allein. Ich weiß, wovon ich rede."

Mischka erhob sich, um Feuer zu machen. Während er das Holz aufstapelte und mit trockenem Gras und dürren Tannenzweigen die Glut aus seinem Tonkrug neu entfachte, erzählte die Frau, wie es zu dem Unfall gekommen war.

Sie hieß Vera Sergejewitsch und hatte Wildpflanzen und Beeren gesucht, um ihren Speiseplan zu bereichern. Als sie sich am Ufer des Flusses gebückt hatte, um ein Büschel Wasserminze zu pflükken, war ihr plötzlich schwarz vor Augen geworden. Sie hatte das Gleichgewicht verloren und war in den Fluß gestürzt. In ihrer Verzweiflung hatte sie um Hilfe gerufen, auch wenn sie wußte, daß sie weit vom Dorf entfernt war. Dann hatte sie ihn am Ufer gesehen, kurz bevor ihr die Sinne geschwunden waren.

„Es war Fügung, daß du gerade in der Nähe warst. Vielleicht mußtest du auch aus dem Lager fliehen und so weit wandern, um mir das Leben zu retten. Gottes Wege sind manchmal sehr verworren."

Mischka zuckte die Schultern. Er fühlte sich unbehaglich bei dem Gedanken, ein höheres Wesen würde sein Leben bestimmen. Es paßte nicht in sein Konzept vom freien und ungebundenen Leben. „Ich denke es war Zufall", meinte er deshalb lakonisch, „ich hätte genausogut eine andere Richtung für meine Flucht wählen können."

Vera Sergejewitsch lächelte still. Für sie gab es nur wenig Zufälle. Ohne dieses Wissen um die Vorsehung wäre ihr das Leben oft düster und hoffnungslos erschienen. Aber das würde sie Michail Wulff erst später erzählen.

Mischka verstand sich selbst nicht mehr. Die Begegnung mit Vera Sergejewitsch hatte ihn umgewandelt. Er fühlte sich nicht mehr wie ein gehetztes Wild, das ständig nach allen Seiten wittern muß und ruhelos durch die Wildnis streift. Er vertraute Vera ohne versteckte Befürchtungen. Sie war ihm vom ersten Augenblick an sympathisch gewesen. Deshalb zögerte er keinen Augenblick, als sie ihn einlud, seine Wanderung für ein paar Tage zu unterbrechen, um sich in ihrer Kate am Rande des kleinen Dorfes Muchtuja zu erholen.

„Mich besucht sowieso niemand", versicherte sie ihm, „deshalb wird es gar nicht auffallen, wenn du dich bei mir ausruhst."

Dann musterte sie ihn mit dem gespielten Blick einer strengen Mutter und fuhr fort: „Und es würde dir gar nichts schaden, wenn du dich ein wenig der Körperpflege widmest und neue Kleidung anziehst."

Mischka lachte. Er konnte sich vorstellen, daß er nicht gerade wie ein Moskauer Student aussah. Seine blonden Haare waren nachgewachsen und konnten sicherlich einen Schnitt vertragen. Auch sein Bart mußte gestutzt werden, und über die Kleidung brauchte er erst recht kein Wort zu verlieren.

Spät am Abend, als Vera Sergejewitsch sich ein wenig erholt hatte und auch keine Gefahr bestand, daß sie einem Dorfbewohner unverhofft in die Arme laufen würden, machten sie sich auf den Weg zur Kate. Mischka stützte Vera, so gut er konnte. Er fühlte sich wie ein Sohn, der Verantwortung für seine alte Mutter übernommen hat.

Ihr Häuschen bestand aus einfachem Fachwerk, das mit geflochtenen Weidenruten und Lehm ausgefüllt war. Die ausgeblichenen Holzschindeln des Daches waren stellenweise mit einer dicken Moosschicht überwachsen. Die Kate wirkte zwar ein wenig windschief, aber sie vermittelte Mischka vom ersten Augenblick an ein Gefühl von Geborgenheit und Heimat. Um das Häuschen war ein Garten angelegt, der von der Fürsorge und Kenntnis der Besitzerin zeugte. Gemüsebeete, Obstbäume und Büsche mit verschiedenen Beerensorten waren harmonisch geordnet. Die nächsten Häuser des Dorfes lagen etwa fünfhundert Meter entfernt. Das Reich von Vera Sergejewitsch war eine einsame Idylle, und gerade das gefiel Mischka auf Anhieb.

Im Schimmer einer Petroleumlampe wusch Mischka sich von Kopf bis Fuß in einem Holzbottich mit richtiger Seife. Danach stutzte und kämmte er seinen Bart, so daß er wieder zivilisiert aussah. Obwohl Vera noch sehr schwach war, ließ sie es sich nicht nehmen, seine Haare zu schneiden. Mischka gab seinen anfänglichen Protest auf und vertraute sich ihren Friseurkünsten an. Ihre geschickten Finger zeugten von langer Erfahrung.

„Ich mußte oft die Haare meines Mannes und meines Sohnes schneiden", erklärte sie ein wenig wehmütig, „aber das ist schon ein paar Jahre her."

Mischka wagte nicht zu fragen, was mit ihnen geschehen war, weil Vera an diesem Tag schon genug durchgemacht hatte. Nachdem Vera ihm ein paar Kleidungsstücke ihres Sohnes zum Anziehen gegeben hatte, führte sie ihn vor einen Wandspiegel. „So, nun siehst du wieder wie ein zivilisierter Mensch aus. Deine Kleidung werde ich verbrennen. Sollte einer der Nachbarn mich besuchen wollen, gebe ich dich als meinen Neffen Sergej aus Moskau aus. Es wird dir sicherlich nicht schwerfallen, als Großstädter aufzutreten. Bei mir bist du erst einmal sicher."

Mischka lächelte zufrieden. Es war schön, gewaschen und gut gekleidet in einem festen Haus leben zu können. Er genoß es mit allen Sinnen. Doch er wußte auch, daß er sich nicht allzu lange aufhalten durfte, um Vera nicht in Gefahr zu bringen. Seine Häscher würden bestimmt keine Ruhe geben.

Nach einer Mahlzeit mit Brot, Tee und Käse, fiel Mischka ins Bett. So wohl hatte er sich schon lange nicht mehr gefühlt. Er war sauber, satt und hundemüde. Trotzdem konnte er nicht sofort einschlafen. Zu viele Gedanken schwirrten ihm durch den Kopf. Sollte er seine Flucht zu Fuß durch die Wildnis fortsetzen? Oder konnte er es wagen, ein Verkehrsmittel zu benutzen? Suchte man ihn steckbrieflich? Wie weit mußte er noch wandern, bis er sich sicher fühlen konnte, und wohin würde seine Reise ihn führen? Würde er den freien Westen jemals erreichen?

In dieser Nacht träumte Mischka von Wachsoldaten und abgerichteten Hunden, die vor der Mensa der Moskauer Universität patrouillierten, während drinnen Studenten stumm eine wäßrige Kartoffelsuppe löffelten. Immer, wenn die Teller leer zu werden drohten, tauchten Politkommissare auf und füllten sie bis zum Rand nach. Mischka selbst saß mit einem vollen Teller unter den jungen Leuten und probierte einen ersten Löffel. Die Suppe schmeckte anfangs zwar angenehm, doch schon bald breitete sich ein bitterer Nachgeschmack in seinem Mund aus. Voller Ekel spuckte er auf den Boden und rief: „Bah! Dieses Zeug kann kein Mensch essen!"

Plötzlich war es totenstill im Raum. Alle Studenten starrten mit verzerrten Gesichtern auf ihn, ihre Löffel wie Schwerter erhoben. Ein KGB-Beamter tauchte auf. Seine mit Eisen beschlagenen Stiefel klirrten auf dem Steinboden der Mensa. Es war Oberstleutnant Juri Wdowetschenko persönlich. Seine Uniform war schwarz wie die eines Faschisten. In der Hand schwang er einen Gummiknüppel.

„Weiter essen!" befahl er mit eiskalter Stimme, so daß Mischka das Blut in den Adern gefror. „Hier wird nicht gestreikt! Und kein Wort mehr!"

Die stechenden Augen Wdowetschenkos ließen erraten, was jedem drohte, der sich dem Befehl widersetzen sollte. Folter, Prügel und Einzelhaft waren nur der Beginn der Umerziehung von Rebellen. Ohne Widerworte beugte sich Mischka wieder über seinen Teller. Angst verkrampfte die Muskeln seines Magens und lief wie ein Schauer seinen Rücken hinunter. Er wollte keine Schmerzen mehr erleiden. Deshalb griff er gehorsam zum Löffel. Wie die anderen Studenten begann er, immer schneller zu essen, damit die angenehme Würze der Suppe ihren bitteren Nachgeschmack überdecken konnte. Verstohlen schaute er dabei durch das Fenster der Mensa. Eine Schwalbe stieg von einer Birke auf und segelte unbeschwert der untergehenden Sonne entgegen. Mischka starrte ihr nach, bis sie mit dem roten Feuerball zu verschmelzen schien. Hoffnung flammte in seinem Herzen auf. Auch er würde eines Tages so frei sein.

Erst am späten Vormittag weckte ihn das Rauschen eines schweren Regenschauers. Verdutzt schaute Mischka auf und wunderte sich im ersten Moment darüber, daß er nicht naß wurde. Doch dann dämmerte ihm, wo er war. Diese Nacht hatte er ja nicht im Wald verbracht. Wohlig räkelte er sich im Bett und wälzte sich auf den Bauch. Es war herrlich, sich in ein sauberes Kissen kuscheln zu können. Er lauschte auf das Pochen der Tropfen an den Fensterscheiben und träumte noch ein bißchen vor sich hin.

Doch als er Vera Sergejewitsch in der Küche mit Töpfen und Pfanne klappern hörte, sprang er aus dem Bett, wusch sich in einer Schüssel auf der Kommode, schlüpfte in seine neuen Kleider und ging zu seiner Gastgeberin. Sie wirkte noch blaß und schwach. Trotzdem war sie schon wieder auf den Beinen. Ihr ganzes Leben hatte sie hart arbeiten und sich immer wieder zusammenreißen müssen. Deshalb glaubte sie auch jetzt, ihren Pflichten nachkommen zu müssen.

„Ich bin eine schlechte Gastgeberin", lächelte sie, als der junge Mann in der Küchentür erschien. „Es ist schon fast Mittagszeit, und ich habe dir noch kein Frühstück gemacht."

Mischka hob abwehrend die Hand: „Ich bin es nicht mehr gewohnt, soviel zu essen. Deshalb mach dir keine Gedanken, Vera Sergejewitsch. Zwei Mahlzeiten am Tag mußten in den letzten Wochen reichen."

„Deshalb siehst du auch wie ein orthodoxer Asket aus, Michail. Ich bin gerade dabei, dir einen kräftigen Borschtsch zu kochen. Das wird dich wieder aufpäppeln."

„Den habe ich schon lange vermißt. Niemand konnte ihn so gut zubereiten wie meine Tante Lena. Aber seit ich auf das Mensaessen angewiesen war, bin ich nicht mehr verwöhnt, was das Essen anbelangt."

Mischka schauderte bei dem Gedanken an seinen nächtlichen Traum, als er die Mensa erwähnte. Doch dann schaute er interessiert zu, wie Vera Weißkraut und Rote Bete zerschnitt und zusammen mit kleinen Stücken Rindfleisch in einen mit Wasser gefüllten Kochtopf warf. Während der Borschtsch kochte, erzählte seine Gastgeberin ein wenig von ihrem Leben.

Ihr Mann Alexej war ein Querkopf gewesen. Die Kolchosleitung hatte mit ihm so manchen Kleinkrieg führen müssen. Er konnte es einfach nicht mit ansehen, wenn Ernten auf den Feldern verfaulten, weil die Planwirtschaft Wetterumschwünge und fehlende Arbeitskräfte nicht einkalkulieren konnte. Nie hatte er mit seiner Meinung hinter dem Berg halten können. Deshalb war die Familie von den Dorfbewohnern oft geschnitten worden.

Ihren einzigen Sohn hatte das Militär mit achtzehn Jahren eingezogen. Nur drei Monate später wurde ihnen schriftlich mitgeteilt, daß ihr Dimitrij bei einem Manöver unter einen Panzer geraten war. Die Beerdigungsfeier hatte im kleinsten Familienkreis stattgefunden.

Seitdem war ihr Mann sehr schweigsam geworden. Alle seine Hoffnungen hatten Dimitrij gegolten. Er hatte es einmal besser haben sollen als sie. Doch nun schien sein Leben leer und sinnlos. Zwei Jahre später hatte Alexej einen Schlaganfall erlitten, der seine rechte Seite lähmte. Sie hatte ihn fünf Jahre lang oft unter großen Schwierigkeiten pflegen müssen, bis er an einem Novemberabend für immer die Augen schloß. Seitdem war sie allein.

Mischka schwieg betroffen, als er Veras Lebensgeschichte vernahm. Er hatte schon manchmal gemeint, alles Unglück der Welt träfe immer nur ihn. Aber im Vergleich zum Schicksal dieser Frau waren seine Verluste und die Belastungen der letzten Monate beinahe bedeutungslos. Ihm wurde bewußt, daß ein Vergleichen der eigenen Lebenssituation mit dem Wohlergehen der Unangefochtenen depressiv stimmt, während der Blick nach unten, auf das millionenfache Leid von Menschen die nötige Kraft schenken kann, unter der eigenen Last nicht zu zerbrechen.

Als hätte Vera Sergejewitsch seine Gedanken erraten, fuhr sie fort: „In all diesen Jahren habe ich versucht, dankbar auf die guten Tage meines Lebens zu schauen, meine Hoffnungen auf die Zukunft zu richten und aus meinen Schwierigkeiten das Beste zu machen. Mit Gottes Hilfe ist mir das auch gelungen. Deshalb bin ich an meinem Leid nicht verzweifelt."

Ohne eine Antwort zu erwarten, wandte sie sich wieder dem Kochtopf zu und schmeckte den Borschtsch mit Salz und Gewürzen ab. Dann deckte sie den Tisch und trug das Essen auf. Mischka genoß die Mahlzeit. Vera Sergejewitsch war eine ausgezeichnete Köchin, und das ließ er sie mit seinem zufriedenen Lächeln und einem guten Appetit auch wissen.

In den nächsten Tagen half Mischka seiner Gastgeberin im Haushalt, spaltete Feuerholz, grub einen Teil des Gartens um und reparierte Türen, Fenster und undichte Stellen im Dach. Abends saßen sie zusammen unter den tief herabhängenden Zweigen eines Walnußbaumes und sprachen von ihren Erlebnissen und Hoffnungen. Mischka spürte, wie ihre Beziehung enger wurde. Zwei einsame Menschen hatten sich gefunden: Er seine verstorbene Mutter, sie ihren verunglückten Sohn. Das schmiedete sie zusammen. Mit einem kleinen Stich im Herzen dachte er daran, daß er sich schon bald wieder auf den Weg machen mußte. Vera spürte, was ihn bewegte und versuchte, es ihm leicht zu machen: „Du muß weiter, nicht wahr, Mischka?"

„Ja", nickte der junge Mann, „ich bin schon viel zu lange hier. Sollte man mich wirklich verfolgen, bringe ich uns beide nur in Gefahr. Ich sollte schon längst wieder unterwegs sein."

„Wo willst du überhaupt hin", wollte Vera wissen. „Du kannst dich doch nicht jahrelang im Wald verstecken, bis dich niemand mehr sucht."

Mischka schüttelte den Kopf: „Ich will meine Verfolger nur ein wenig irreführen, bevor ich mich nach Westen wende. Ich hoffe über die Balkanländer nach Westeuropa zu entkommen. Mein Vater hat mir oft von Onkel Karl erzählt, der nach dem Zweiten Weltkrieg aus einem sibirischen Arbeitslager geflohen ist. Zweimal hat man ihn kurz vor der Grenze wieder gefaßt. Aber beim dritten Mal hat er es geschafft. Er soll heute in Westdeutschland, in Hanoversch-Münden leben. Ihn will ich als erstes aufsuchen."

„Ein weiter Weg, Mischka", gab Vera zu Bedenken. „Wirst du es schaffen? Hast du den Willen und die Kraft dazu?"

„Ich werde frei sein, Vera Sergejewitsch", erwiderte Mischka fest. „Eines Tages werde ich frei sein, und nichts wird mich auf dem Weg dorthin aufhalten. Verstehst du: Nicht der KGB und auch kein Politkommissar!"

„Dann werden meine Gedanken und Gebete dich begleiten. Ich bitte dich nur, schreibe mir, wenn du es geschafft hast."

„Das kann viele Monate, vielleicht auch Jahre dauern, Vera", lächelte Mischka wehmütig, „aber ich werde dir schreiben."

„Ich werde warten. Ich habe genug Zeit, mein Sohn."

Am nächsten Tag packte Mischka den Rucksack, der früher Dimitrij gehört hatte. Vera gab ihm neben ein paar Lebensmittel auch Kleidung, Schuhe, ein Kochgeschirr, zwei Messer, eine Schere, Nadel und Faden, Taschentücher, Salz, wasserfest verpackte Streichhölzer, Kerzen, Seife, Handtücher, einen Spiegel, Verbandsmaterial, eine Wolldecke, ein Seil, Bindfäden und eine Zeltplane mit. Der Rucksack wog nun über zwanzig Kilo, aber sein Inhalt würde das Leben im Wald komfortabler gestalten.

In der Dämmerung der Nacht verabschiedete sich Mischka von seiner Gastgeberin. Sie hielten sich lange im Arm, denn sie wußten, es gab für sie kein Wiedersehen.

„Ich werde deine Tante Lena benachrichtigen, daß du lebst", versprach Vera Sergejewitsch dem jungen Mann, „und ich werde ihr sagen, daß du dich melden wirst, wenn du eine neue Heimat gefunden hast."

„Danke für alles", sagte Mischka rauh und drückte Vera einen Kuß auf die Stirn. Dann wandte er sich zum Gehen. Immer wieder blickte er zurück, um der Frau zu winken, die ihn tief beeindruckt hatte. Tränen standen ihm in den Augen, und er schämte sich ihrer nicht, als er Vera Sergejewitsch mit ihrer Kittelschürze am Eingang der windschiefen Kate stehen sah. Er konnte ihre Einsamkeit und Trauer spüren. Sie hatte ihm ihre ganze Liebe und Fürsorge geschenkt. Sie war wie eine Mutter gewesen. Deshalb würde er sie für immer in seinem Herzen tragen.

Um das nächste Waldstück ohne Umwege erreichen zu können, mußte er das Dorf durchqueren. Mischka hoffte, daß sich zu dieser späten Stunde niemand mehr auf den Straßen aufhielt. Viele Lichter in den Häusern waren schon erloschen. Nur wenige Einwohner Muchtujas schienen noch wach zu sein.

Plötzlich stockte Mischka der Atem. Zwei Männer bogen nicht weit vom Dorfende aus einer Seitengasse auf die Hauptstraße. Sie kamen direkt auf ihn zu. Im Schein einer Straßenlaterne sah er, daß es Soldaten waren.

Ruhig Blut, versuchte Mischka, sich selbst Mut zu machen, und nicht auffällig benehmen. Dann wird nichts passieren.

Mit festem Schritt ging er weiter in Richtung Ortsausgang. Die beiden Männer sollten meinen, er sei ein Bewohner Muchtujas. Als sie nur noch wenige Meter von ihm entfernt waren, schaute er an ihnen mit gespielter Langeweile vorbei.

„Na, Bürschchen, wohin zu so später Stunde?“ wollte einer der Soldaten wissen. Er baute sich direkt vor Mischka auf und drängte ihn gegen eine Hecke, während der zweite Mann die Seite versperrte. Der Atem des Fragers roch nach Wodka und Zigarettenrauch. Sein Gesicht war fett und ungepflegt. Angst stieg in Mischka auf und lähmte seine Glieder. Trotzdem versuchte er, so ruhig wie möglich zu bleiben: „Ich heiße Aljoscha. Aljoscha Chmaras. Bin auf dem Weg nach Kargasok, um Freunde zu besuchen. Wandere gerne, am liebsten nachts, wenn es nicht so heiß ist.“

„So, so – ein Nachtwanderer bist du“, grinste der alkoholisierte Soldat. „Und das sollen wir dir glauben? Kannst du dich denn ausweisen, Genosse Nachteule?“

Sein Kollege, ein dürrer Mann, mit eckigen Bewegungen, lachte meckernd auf und packte Mischka am linken Arm.

„Los, zück mal deinen Ausweis, Nachteule“, er schüttelte ihn grob. „Laß uns nicht so lange warten. Wir wollen mit Genosse Wolodja noch ein wenig feiern. Also beeil dich!“

Mischka spürte, wie seine Angst plötzlich in Aggression umschlug. Ruckartig riß er sich los und stach dem Soldaten mit Zeige- und Mittelfinger in die Augen. Der Mann heulte auf und schlug die Hände vors Gesicht. Mit voller Wucht trat Mischka daraufhin dem zweiten Soldaten in den Unterleib. Der stöhnte nur kurz auf und klappte wie ein Taschenmesser zusammen. Ohne eine Sekunde zu zögern, sprang Mischka über ihn hinweg und rannte, so schnell er konnte, in Richtung Wald.

Als er den Waldrand erreichte, hörte er, wie ein Motorrad angeworfen wurde. Wahrscheinlich nahm jemand die Verfolgung auf! Mischka lief, so schnell er konnte. Aber er spürte, wie die Angst ihn erneut zu lähmen begann. Der Rucksack lag schwer auf seinen Schultern. Sein Atem ging keuchend und stoßweise. Im Schimmer des aufsteigenden Mondes sah er einen kräftigen Stock auf dem Weg liegen. Mischka packte den Knüppel und rannte weiter. Er würde sich verteidigen. So leicht sollten sie ihn nicht bekommen!

Der Scheinwerfer eines Motorrads tauchte auf. Es war zu spät, um durch das Dickicht in den Wald zu springen, denn die Maschine war bereits neben ihm.

„Schneller, Genosse“, höhnte der Soldat auf dem Motorrad, „vielleicht kannst du mich ja noch abhängen. Mit deiner Kondition hast du bestimmt gute Chancen. Oder willst du stehenbleiben und mich mit deinem Stöckchen verhauen?“

Wut stieg in Mischka auf. Wut auf diesen Soldaten, das politische System, ja, auf alle Schergen und Folterknechte dieser Welt.

Blitzschnell stieß er seinen Knüppel zwischen die Speichen des Vorderrads und ließ sich seitwärts fallen.

Die 750er Dnepr bäumte sich auf wie ein wildes Pferd. Der Soldat flog im hohen Bogen über den Lenker, überschlug sich mehrmals und krachte gegen einen Baum. Mit heulendem Motor schlitterte die Maschine über den Weg und rutschte in einen Graben.

Mischka erhob sich. Auf alles gefaßt, ging er auf den verunglückten Soldaten zu. Der Mann lag stöhnend und vor Schmerzen gekrümmt neben dem Stamm einer Fichte. Sein rechtes Schienbein war seltsam verrenkt, offensichtlich gebrochen. Aus einer Platzwunde auf der Stirn lief Blut über das Gesicht des Verletzten.

„Siehst du, so schnell kann sich das Blatt wenden", sagte Mischka rauh, „und aus dem Jäger wird ein Gejagter."

Der Soldat antwortete nur mit einem Stöhnen. Dann verlor er das Bewußtsein. Mischka beugte sich über ihn und löste den Gürtel mit Pistole und Patronentasche. Er würde die Makarow in der Wildnis gut brauchen können.

„Man wird dich bald finden und versorgen, Genosse Soldat", versicherte Mischka dem Verletzten, der ihn allerdings nicht hörte.

Dann eilte er zum Motorrad und drehte den Gasgriff zurück. Das Heulen des Motors verwandelte sich in ein gleichmäßiges Tukkern. Offensichtlich war es durch den Sturz nicht beschädigt worden. Mischka richtete die Dnepr auf und schob sie aus dem Graben. Er bewegte sie hin und her. Ein leises Gluckern verriet ihm, daß der Tank gut gefüllt war. Einige Speichen waren zwar gebrochen, doch das Motorrad war fahrbereit.

Mischka schwang sich in den Sattel, gab Gas und fuhr vorsichtig den Waldweg entlang. Das Vorderrad schlackerte ein wenig, aber es hielt die Spur. Einer plötzlichen Eingebung folgend, machte er kehrt, fuhr in Richtung Dorf zurück und bog dann auf die Landstraße ein. Er ließ den Motor kräftig aufheulen und jagte mit quietschenden Reifen in Richtung Kargasok. Doch schon hinter der nächsten Kurve bremste er die Maschine ab, stellte den Motor aus und schob die Dnepr über einen Feldweg zum Wald zurück. Dort versteckte er sie zusammen mit seinem Rucksack in einem dichten Gebüsch.

Bestimmt würde man innerhalb der nächsten zwanzig Minuten nach ihm fahnden und Straßensperren errichten. Der Versuch, mit dem Motorrad das Weite zu suchen, hatte also wenig Aussicht auf Erfolg. Es war also das Beste, seinen Verfolgern den Eindruck zu vermitteln, er sei in wilder Flucht davongestürmt. Später, wenn niemand ihn hier in der Gegend mehr vermutete, konnte er sich immer noch mit dem Motorrad aus dem Staub machen.

„Ich muß herausfinden, was sie vorhaben", sagte Mischka zu sich selbst.

Wie eine Katze schlich er durch die Büsche, bis er auf den Waldweg traf. Reglos verharrte er, alle Sinne in Alarmbereitschaft. Kein verdächtiger Laut war zu hören. Nur der Wind raschelte in den Zweigen der Birken und Föhren. Mischka schätzte, daß der verletzte Soldat etwa fünfhundert Meter von seinem jetzigen Standort entfernt lag. Sicherlich würde man in den nächsten Minuten nach ihm suchen. Deshalb mußte er sehr vorsichtig sein.

Mischka war noch nicht weit gekommen, als er einen Geländewagen hörte. Scheinwerfer drangen durch die Blätter der Bäume. Wie ein Schatten glitt er zurück in den Wald. Der Motor verstummte, und zwei Männer begannen, aufgeregt zu diskutieren. Auf alles vorbereitet, schlich Mischka weiter. Bis auf fünfzig Meter arbeitete er sich an die Männer heran. Es waren zwei Soldaten. Einer von ihnen forderte gerade über Funk Sanitäter für ihren verletzten Kameraden an. Der andere versuchte sich in Erster Hilfe.

Mischka duckte sich in den Schatten einer Buche, verschmolz regelrecht mit der Nacht und beobachtete die Szene, die sich direkt vor ihm abspielte. Vielleicht erhielt er hier wichtige Informationen, die ihm halfen, seine weitere Flucht erfolgreich zu planen.

Ein zweiter Geländewagen, ein Uas, erschien auf dem Weg. Drei Männer stiegen aus. Sie schienen keine Soldaten zu sein, sondern waren wie Jäger gekleidet. Als sie vor das Scheinwerferlicht ihres Wagen traten, erkannte Mischka zwei von ihnen sofort. Es waren Leutnant Iwan Litschenko und der Wachsoldat Jossif Karatajew. Den dritten Mann hatte er noch nie gesehen, aber sicherlich war diese kräftige Gestalt ein Fährtenleser.

Mischka spürte, wie Angst seinen Puls beschleunigte. Er hatte in den letzten Wochen viel Erfahrung in der Wildnis gesammelt. Die Soldaten hätte er mit Leichtigkeit täuschen können. Aber von sibirischen Fährtenlesern hatte er unglaubliche Geschichten gehört. Gegen einen solchen Mann hatte er wenig Chancen. Schon allein die Tatsache, daß sich die drei Häscher hier befanden, bewies, daß sie seiner Spur ohne größere Schwierigkeiten folgen konnten. In Zukunft mußte er noch vorsichtiger, noch gerissener sein, wollte er sie abschütteln. Lautlos zog Mischka sich tiefer in das Dunkel des Waldes zurück, blieb aber in Sicht- und Hörweite.

„Das sieht ganz nach Michail Wulff aus, nicht wahr Chrapow?" Litschenko blickte fragend auf den Sibirier.

„Hmm!“ war dessen ganze Antwort.

„Sergeant“, wandte sich der Leutnant nun an einen der Soldaten, „es war also ein blonder Mann, Mitte dreißig, der ihrem Kameraden so übel mitgespielt hat?“

„Jawohl, Genosse Leutnant. Die beiden im Dorf sind nicht so schlimm dran. Der eine hat eine leichte Augenverletzung und der andere Schmerzen im Unterleib. Das werden die beiden in zwei bis drei Tagen vergessen haben. Aber Wolodja hat es übel erwischt.“

In diesem Moment erschien auch der Wagen mit den Sanitätern. Routiniert hoben sie den Schwerverletzten auf eine Trage, schnallten ihn fest, schoben ihn in ihren Wagen und fuhren sofort los, um Wolodja ins nächste Krankenhaus einzuliefern.

„Und dieser Michail Wulff ist mit dem Motorrad in Richtung Kargasok entkommen?“ wollte Litschenko nun vom Sergeanten wissen.

„Ja, aber wir haben sofort die Errichtung von Straßensperren im Umkreis von fünfzig Kilometern angeordnet.“

„Besser wäre es, eine zweite Straßensperre im Umkreis von hundert Kilometern zu veranlassen und auch alle Brücken über den Ob zu kontrollieren. Der Entflohene versucht sicher, möglichst weit von hier wegzukommen, und noch ehe die erste Sperre steht, ist er mit dem Motorrad schon über den Fluß. Das macht für uns die Verfolgung noch schwieriger werden, nicht wahr, Genosse Chrapow?“

Der Jäger verzog keine Miene, innerlich aber kochte er. Im Wald konnte Wulff ihm nicht entkommen, aber auf Straßen und in Städten halfen dem Sibirier seine Kenntnisse keinen Schritt weiter. Jetzt waren Polizei und KGB an der Reihe. Er, Chrapow, aber würde sich bereithalten und warten – mit der Geduld einer Spinne, die ihre Fäden aufspannt, damit sich ihr Opfer darin verfängt. Er kannte diesen Michail Wulff inzwischen sehr genau. Er hatte ihn anhand seiner Spuren studiert, seinen Charakter, sein Verhalten, seine Vorgehensweise. Wenn ihn nicht alles täuschte, würde der Flüchtige schon bald wieder in der Wildnis Sibiriens unterzutauchen versuchen. Dort kannte er sich aus. Dort fühlte er sich sicher, und dort würde er in die Falle des Jägers laufen!

„Es hat keinen Zweck, hier weiter herumzudiskutieren“, stieß Chrapow nun endlich hervor. „Wenn Wulff nicht blind in eine Straßensperre fährt – und dafür halte ich ihn für zu gerissen –, dann wird er sich in den nächsten Tagen wahrscheinlich weiter nach Osten durchschlagen.“

„Ich kann dem nur zustimmen, Genosse Chrapow. Noch weiß

er nicht, daß wir ihm auf den Fersen sind, und bisher hat er diese Richtung bevorzugt", pflichtete ihm Litschenko bei. „Ich schätze, er will über die südliche Landesgrenze in eines der asiatischen Länder. Nach Norden wird er sich sicherlich nicht wenden, weil er damit dem Lager von Djatlowo gefährlich nahe kommt."

„Legen Sie sich nicht zu fest, Leutnant. Der Junge hat Sie bisher ganz schön an der Nase herumgeführt. Aber mich wird er nicht abschütteln können!"

„Und wie wollen Sie seine Spur wieder aufnehmen? Haben Sie schon einen Plan?"

„Ich werde nach Zeichen Ausschau halten. Sie dagegen werden seinen Steckbrief in der ganzen Gegend bis zum Jenisei verbreiten. Jede Unregelmäßigkeit, jeder Diebstahl, jeder Aschehaufen und jeder Fasanenknochen muß mir sofort gemeldet werden. Also, setzen Sie Ihren Polizei- und Spitzelapparat in höchste Alarmbereitschaft. Vielleicht hilft den trägen Genossen die Meldung auf die Beine, daß Wulff ein gefährlicher Schwerverbrecher ist!"

Mit diesen Worten machte Chrapow auf dem Absatz kehrt und ging zum Wagen zurück. Die anderen folgten ihm zögernd. Zwei Minuten später waren die Geländewagen aus dem Wald verschwunden.

Mischka atmete auf. Er hatte gehört, was er hören wollte. Sein Plan stand fest. Er würde sich noch ein paar Tage im Wald verstekken, um danach im Schutz der Nacht seinen Weg mit dem Motorrad fortzusetzen. Welche Richtung er einschlagen wollte, konnte er noch nicht genau sagen. Für diese Entscheidung mußte er sich etwas Zeit lassen. Seine Lage war ernst, sehr ernst.

„Keine Bewegung! Sonst bist du ein toter Mann!"

Mischka schreckte empor. Er mußte gegen Morgen eingenickt sein. Wie lange er in seiner Kauerstellung geschlafen hatte, wußte er nicht. Jetzt aber bohrte sich etwas Spitzes zwischen seine Schulterblätter.

„Rühr dich nicht vom Fleck, und wag nicht, deinen Kopf zu drehen! Wir machen mit dir kurzen Prozeß!"

Mischkas Wahrnehmungen wurden klarer. Die Stimme hinter ihm klang wie die eines Zwölfjährigen. Was der sibirische Fährtensucher nicht geschafft hatte, war anscheinend Kindern gelungen. Sie hatten ihn gestellt!

„So, jetzt nimmst du langsam deine Hände hinter den Kopf. Versuch ja keine Tricks, wenn Pjotr dich fesseln wird, sonst stoße ich dir meine Lanze direkt ins Herz!"

Mischkas erster Schrecken war verflogen. Er fand es geradezu komisch, daß er von Kindern überwältigt worden war. Auf der anderen Seite beunruhigten ihn ihre brutalen Drohungen. Anscheinend war ihre Phantasie schon gründlich verdorben worden.

Langsam hob er seine Hände bis in Höhe seiner Schulterblätter. Dann lehnte er sich unmerklich nach vorn. Im gleichen Augenblick, als der Druck der Lanze aus seinem Rücken verschwand, wirbelte Mischka blitzschnell herum. Seine linke Hand drückte den Lanzenschaft zur Seite und riß sie zu Boden. Eine schmale Gestalt flog durch die Luft und überschlug sich zweimal. Erschrocken schaute der blonde Junge auf und starrte den Mann an, der ihn so unerwartet zu Boden geschleudert hatte und nun mit der Lanze auf seinen Bauch zielte.

„Booh!" hörte Mischka Pjotr neben sich sagen. Der braune Wuschelkopf blickte fast ehrfürchtig zu ihm empor. „Mann, wie hast du das gemacht?"

Mischka lächelte ihm zu, wirbelte die Lanze einmal über seinem Kopf und stieß sie in den Boden.

„Dein Freund ist eben ein wenig unvorsichtig gewesen. Er hat mit aller Kraft in eine Richtung gedrückt, in der niemand war. Deshalb hat er sein Gleichgewicht verloren und ist hingefallen. Es ist im Leben immer wichtig, sein Gleichgewicht zu behalten."

„Wo hast du das alles gelernt?"

„Während meiner Ausbildungszeit habe ich viele Jahre Jiu-Jitsu trainiert. Das kann ich jetzt gut gebrauchen, wenn ich mich mit den Bösewichtern unserer Gesellschaft herumschlagen muß."

„Aber du siehst gar nicht wie ein KGB-Beamter aus", warf Pjotr ein.

„Der KGB hat andere Aufgaben als ich. Mein Auftrag ist viel geheimer. Aber darüber darf ich nicht sprechen."

Der blonde Junge rappelte sich hoch und rieb sich ächzend seinen Rücken.

„Na, Boris, damit hast du nicht gerechnet", grinste ihn Pjotr an.

„Nein, woher sollte ich auch wissen, daß er nicht der gesuchte Verbrecher ist, sondern ein Spezialagent."

Sie setzten sich gemeinsam ins Gras, um ein wenig zu plaudern.

„So, ihr wolltet also ganz allein diesen Michail Wulff jagen", fragte Mischka die beiden Jungen.

„Ja", erwiderte Boris kleinlaut, „wir haben gehofft, daß wir ihn fangen und dafür eine Belohnung kassieren können."

„Aha, ihr seid also moderne Kopfgeldjäger!"

„Nicht ganz, aber uns hat das Abenteuer gereizt."

„Sind die anderen Dorfbewohner auch auf der Suche nach diesem Wulff?"

„Nein!" schüttelte Pjotr den Kopf. „Die glauben, daß er schon längst über alle Berge ist."

„Ich selbst bin auch auf der Suche nach Michail Wulff. Ich kenne ihn. Deshalb warte ich hier. Nur hier kann ich ihn finden. Aber – darüber dürft ihr mit niemandem reden. Das ist streng geheim!"

Boris und Pjotr nickten. Ihnen war der blonde Spezialagent von Anfang an sympathisch. Einen KGB-Beamten hatten sie bisher nur einmal in ihrem Leben von ferne mit leichtem Erschauern betrachten können. Aber dieser Mann war freundlicher als ihr Dorfpolizist. Deshalb fiel ihnen die Entscheidung nicht schwer, ihm zu helfen.

„Ihr könnt also schweigen?"

„Wir werden schweigen wie ein Grab", antworten beide wie im Chor.

„Großes Jakuten-Ehrenwort?"

„Großes Jakuten-Ehrenwort!"

„Noch etwas", Mischka schaute die beiden etwas ernster an. „Legt euch nicht mit Verbrechern an. Schaut mal, wenn ich einer wäre, würdet ihr jetzt nicht mehr am Leben sein."

Boris und Pjotr blickten betreten zu Boden.

„Die Jagd von Kriminellen ist kein Kinderspiel. In euren Jugendbüchern werden zwar Abenteuergeschichten erzählt, in denen Kinder erwachsene Verbrecher austricksen und überwältigen. Aber das sind alles nur gefährliche Märchen, die bei den jungen Lesern zur falschen Selbsteinschätzung führen. In Wirklichkeit hätten die jugendlichen Romanhelden keine Chance gegen einen echten Verbrecher. Die sind nicht so vertrottelt, wie sie in den Büchern dargestellt werden. Und was ihr mit einer Waffe gegen einen Erwachsenen ausrichten könnt, habt ihr ja gerade selbst erlebt."

Die beiden nickten zustimmend.

„Also versprecht mir: Jagt keine Verbrecher mehr! Überlaßt das lieber den Beamten und Behörden. Es wäre deshalb auch gut, wenn ihr dieses Waldstück in den nächsten Tagen meidet. Bringt euch nicht in Gefahr. Wollt ihr mir das versprechen?"

„Alles klar, das versprechen wir. Du hast recht. – Aber werden wir dich noch einmal wiedersehen?" fragte ihn Boris.

„Tut mir leid. Ich glaube nicht." Mischka lächelte die beiden wieder an. „Ihr seid zwei mutige Burschen. Ich mag euch wirklich.

Ich würde euch auch gerne etwas über das Leben im Wald beibringen und mit euch echte Abenteuer bestehen. Aber ich weiß nicht, wohin mich mein Weg führen wird."

Pjotr schaute ein wenig enttäuscht. Er wäre brennend gern bei dem Spezialagenten in die Schule gegangen, und auch Boris hätte am liebsten sofort bei ihm Jiu-Jitsu gelernt.

Mischka erahnte ihre Gedanken. „Na, ein bißchen Zeit bleibt uns ja noch. Nutzen wir sie. Ein klein wenig kann ich euch schon noch zeigen."

Den ganzen Tag über brachte Mischka ihnen bei, wie sie sich aus Umklammerungen, Schwitzkästen und Haltegriffen befreien konnten, zeigte ihnen, wie man eine Lanze härtet und verziert oder einen Bogen baut, der nicht am zweiten Tag ausgeleiert ist.

„Besorgt euch beim Schlachter Sehnen. Die sind stabiler als Bindfäden. Umwickelt den Griff in der Mitte des Bogens so, daß oben auf der linken Seite eine gerade Pfeilauflage entsteht. Am besten setzt ihr dort ein glattes Holzstückchen ein. Wenn ihr einen Pfeil auf die Sehne setzt, muß er genau im rechten Winkel zur Sehne stehen. Markiert diese Stelle auf der Sehne mit Farbe, so daß ihr die Pfeile schnell und sicher abschießen könnt."

Boris und Pjotr waren gelehrige Schüler. Wie ein trockener Schwamm saugten sie alles Wissen auf. In diesen wenigen Stunden lernten sie mehr über Abenteuer, Selbstverteidigung und Waldläuferei, als in allen Jahren vorher. Ihr Lehrer versuchte sie aber auch dafür zu begeistern, die Schwachen zu schützen und alten, alleinstehenden Menschen zu helfen.

„Eines Tages könnte es euch wie ihnen gehen. Vielleicht werdet ihr Freunde brauchen, die zu euch stehen, wenn man Schlechtigkeiten und Lügen über euch verbreitet. Oder ihr seid alt und krank und habt niemanden, der für euch Holz hackt oder euch im Garten hilft. Stellt euch vor, in einem solchen Moment klopften ein Boris und ein Pjotr an eure Tür und sagten: Ruh dich aus Opa. Du hast genug geschuftet. Wie helfen dir. – Wäre das nicht toll?"

Der Abschied am Abend machte die beiden Jungen traurig. Sie hatten den Spezialagenten fest in ihr Herz geschlossen. Deshalb fiel es ihnen leicht, ihr Versprechen einzuhalten, niemandem etwas über ihre geheimnisvolle Begegnung zu erzählen. Um nichts zu vergessen, schrieben sie ihr neues Wissen in ein Schulheft, und auch ihre Jiu-Jitsu-Techniken übten sie heimlich. Die neuen Kenntnisse gaben Boris und Pjotr ein größeres Selbstbewußtsein, als sie vorher hatten. Schon allein dies führte dazu, daß ihre Kameraden ihnen in Zukunft mehr Achtung zollten.

Als sie sich in der darauffolgenden Woche wieder in das Waldstück wagten, fanden sie ein Waldläuferzeichen, das auf ein beschriebenes Rindenstück zwischen den Ästen einer Birke wies.

„Vergeßt nicht, was ihr gelernt habt. Euer Mischka. Noch etwas: Freiseinwollen ist kein Verbrechen", lasen sie mit großen Augen.

„Er war es also doch!" rief Boris heftig aus, als er den Namen las.

„Er war es, aber er war kein Verbrecher", erwiderte Pjotr.

„Stimmt, ein Verbrecher hätte sich anders verhalten. Michail Wulff bleibt unser Freund. Wahrscheinlich erzählt man über ihn Lügen und jagt ihn zu Unrecht. Wenn er nur frei sein will, hat er nichts Böses getan."

„Wir haben ihm unser Ehrenwort gegeben, nichts über ihn zu erzählen. Bleiben wir dabei, obwohl er uns nicht die Wahrheit gesagt hat?" wollte Pjotr nun wissen.

Boris nickte bestimmt. „Genaugenommen hat er uns nicht angelogen. Er hat nur nicht alles gesagt. Konnte er auch nicht, sonst hätten wir ihm gleich von Anfang an mißtraut. Nachdem wir ihn aber kennengelernt haben, wissen wir es besser als der KGB. Sie jagen den falschen Mann. Komm Pjotr, wir schauen mal bei der alten Vera Sergejewitsch vorbei. Vielleicht kann sie unsere Hilfe gebrauchen. Seid ihr Sohn und ihr Mann tot sind, kümmert sich niemand aus dem Dorf um sie."

Noch in derselben Nacht – er schätzte die Uhrzeit nach den Sternen auf zwei Uhr – war Michail Wulff aufgebrochen. Zwar mißtraute er den beiden Jungen keineswegs, aber sie konnten sich verplappern, und dieses Risiko wollte er nicht eingehen.

Das Motorrad hatte er bis zur Straße geschoben und es zunächst einfach bergab rollen lassen. Erst als er weit genug vom Dorf entfernt war, hatte er den Motor gestartet und die Maschine die Straße entlangrollen lassen. Er wollte so wenig Lärm wie möglich verursachen.

Nach einigen Kilometern bog er in einen Feldweg ab. Um seine Reifenspuren zu verwischen, band er an den Gepäckträger der Dnepr einen Busch, der den Weg fegte. Während er nun seine Fahrt fortsetzte, schaltete Mischka das Funkgerät ein. Vielleicht konnte er so etwas über die Maßnahmen seiner Verfolger in Erfahrung bringen.

Nach etwa zehn Minuten kam die Meldung über Funk, daß die Suche nach dem flüchtigen Schwerverbrecher noch keine Ergebnisse gebracht hätte und die Fahndung nun weiter nach Osten und Süden ausgeweitet würde, weil er sich wahrscheinlich schon jenseits des Ob befände.

Vielleicht ist das nur eine Finte, schoß es Mischka durch den Kopf, ein Versuch, mich in Sicherheit zu wiegen. Aber darauf falle ich nicht rein, Genossen.

Minuten später stieß Mischka auf ein Waldstück. In der Ferne entdeckte er einen halbkreisförmigen Schimmer am tiefschwarzen Firmament, in dessen Schein die Sterne der Nacht verblaßten. Es konnte noch nicht das Morgengrauen des neuen Tages sein. Dafür war es noch zu früh. Wahrscheinlich war er nur wenige Kilometer von der Stadt Kargasok entfernt, deren künstliche Lichter den Himmel erhellten und die Zivilisation mit ihrer Industrie und ihren Menschenansammlungen verrieten.

Ursprünglich wollte er diese Stadt südlich umgehen. Jetzt aber war er verunsichert. Er mußte seine Route noch einmal gründlich überdenken. Um ungestört nachdenken zu können, schob Mischka die Dnepr in den Wald, versteckte sie in einem dichten Gebüsch und lehnte sich nicht weit davon an eine umgestürzte Buche. Doch nach wenigen Minuten des Grübelns war er bereits eingenickt.

Am nächsten Morgen erwachte er durch das Geräusch von Regentropfen, die auf die Blätter der Bäume klatschten. Es war ein grauer Tag ohne Hoffnung auf Wetterbesserung, unangenehm für ihn, aber gut für seine Flucht. Bei diesem Schmuddelwetter verloren die Soldaten bestimmt die Lust, Feld und Wald nach Spuren abzusuchen. Ihre Oberflächlichkeit war vorprogrammiert, und außerdem würde es sie bald nach Hause ziehen.

Mischka fröstelte leicht. Trotz des dichten Blätterdaches war der Regen bis zu ihm vorgedrungen und hatte seine Kleidung durchfeuchtet. Um nicht pudelnaß zu werden, kramte er Veras Schirm aus dem Rucksack und spannte ihn auf.

„Na also, so schlimm ist es ja gar nicht“, munterte Mischka sich auf. Dann suchte er sich sein Frühstück zusammen. Eine Schwanzmeise schaute interessiert zu, wie er einige Heidelbeeren und Wegerichblätter kaute. Ihr kleiner kugeliger Körper hopste von einem Birkenast zum anderen, während sie ein helles „zirr“ ausstieß, als wollte sie sagen: „Laß meine Beeren in Ruh!“

„Du wirst schon nicht verhungern, Schwesterchen“, lachte Mischka. „Sibirien ist groß, und wir beide brauchen so wenig. Es ist genug für alle da.“

Nach dem Frühstück kehrte er zum Waldrand zurück und beobachtete die weit entfernte Straße und den Feldweg, auf dem er gestern hierher gekommen war. Die Wolken hingen grau und schwer über der Landschaft. Der Wind wehte so schwach, daß sie kaum vorwärts getrieben wurden. Regenschleier zogen über die Felder und verwischten den Übergang zwischen Himmel und Erde.

Bei einem solchen Wetter schickt man keinen Hund vor die Tür, dachte Mischka und kauerte sich hinter zwei Büschen auf einen Baumstumpf, so daß er etwas sehen konnte, ohne selbst gesehen zu werden. Der Verkehr auf der weit entfernten Landstraße bestand aus wenigen landwirtschaftlichen Fahrzeugen und einigen Autos, unter denen er jedoch kein Militärfahrzeug ausmachen konnte. Wahrscheinlich suchte man ihn woanders und vermutete nicht, daß er keine fünf Kilometer von Muchtuja entfernt war.

Er würde sich hier noch einen Tag verstecken. Aber dann wollte er versuchen, nach Nordosten zu fahren. Dort mußte er auf den Ob treffen, einen breiten Fluß, der sich mit zahlreichen Nebenflüssen und -armen nach Nordwesten zog und nicht weit von der Besserungsarbeitskolonie in Surgut vorbeifloß. Weil seine Verfolger es als unwahrscheinlich ansahen, daß er diese Richtung wählte, würde er genau diesen Weg nehmen. Bisher war es richtig gewesen, stets das Unerwartete zu tun.

Mit einem Floß aus Birkenstämmen und den Motorradschläuchen wollte er etwa 200 Kilometer den Ob entlangtreiben, um dann seinen Weg nach Osten über den Jenisei in das mittelsibirische Bergland fortzusetzen. Dort mußte er sich dann schnellstmöglich Vorräte und eine Unterkunft suchen, um den strengen sibirischen Winter überstehen zu können.

Mischka gab sich keinen Illusionen hin: Die nächsten Wochen und Monate würden hart werden, sehr hart! Aber er würde diese Zeit durchstehen und an den Schwierigkeiten wachsen. Jede Blase, jedes Hunger- oder Kältegefühl würde eine Schule seines Charakters werden. Im Schutz der sibirischen Wildnis würde er sich fit machen für das eigentliche Ziel seiner Wanderung.

„Eines Tages werde ich bereit sein, nach Westen aufzubrechen und die 3.500 Kilometer in die Freiheit marschieren, und niemand wird vermuten, daß ich lebe und noch immer unterwegs bin!"

Die Höhle

Bremsen kreischten, Reifen radierten über den rauhen Asphalt. Litschenko trat den Bremshebel des Uas bis zum Anschlag durch, aber der Geländewagen schleuderte und schlitterte genau auf den Lastwagen zu.

Er war gegen Mitternacht mit Chrapow zur Kaserne in Kargasok unterwegs gewesen, als der Lastwagen wie ein böser Schatten aus einer Seitenstraße aufgetaucht war und die Fahrbahn versperrte.

Der linke Vorderreifen des Uas platzte unter der Belastung der Vollbremsung mit einem dumpfen Knall. Funken sprühten auf, als der Wagen herumgerissen wurde und seitwärts gegen den Lastwagen prallte. Litschenko hörte die Geräusche von splitterndem Glas und berstendem Metall nicht mehr. Er spürte nur noch, wie eine Riesenfaust ihn gegen Chrapow schleuderte. Dann schwanden ihm die Sinne.

Das nächste, was in sein Bewußtsein drang, war der kalte Lauf einer Waffe an seiner Schläfe. Benommen blickte er auf und sah in das maskierte Gesicht eines Mannes.

„Keinen Laut, Genosse, sonst blase ich dir dein armseliges Hirn aus dem Schädel!“

Eine drohende Handbewegung unterstrich die Worte des Maskierten. Litschenko wagte nicht, sich zu rühren. Sein ganzer Körper schmerzte, als hätte ein Ringer ihn stundenlang auf der Matte herumgeschleudert. Neben ihm stöhnte Chrapow leise, bewegte sich aber nicht. Etwas Warmes tropfte dem Leutnant auf die Stirn und lief ihm an der Wange hinunter. Offensichtlich war der Jäger bewußtlos und blutete am Kopf.

„Her mit den Waffen“, zischte der Maskierte, „und versucht ja nicht, die Helden des Volkes zu spielen!“

Langsam löste Litschenko seinen Koppel und reichte ihn zusammen mit der Waffe aus dem zertrümmerten Wagen.

„Die Waffe deines Kameraden auch, wenn ich bitten darf!“

Während er Chrapows Koppel löste, bemerkte Litschenko, daß

ein zweiter Maskierter die beiden AK 47 und eine Munitionskiste vom Rücksitz des Wagens zerrte.

Kriminelle! fuhr es dem Leutnant durch den Kopf. Um an Waffen zu kommen, überfallen sie Militärs. Dabei behaupten wir immer, in der Sowjetunion gäbe es keine Schwerverbrecher. Unsere Ideologie verändert die Menschen also genausowenig zum Guten wie die Weltverbesserer der Vergangenheit.

„Und nun die Brieftasche, Genosse, aber ein bißchen schnell!" mahnte ihn der Maskierte ungeduldig.

Litschenko reichte sie ihm. Der Mann riß sie ihm aus der Hand und verschwand mit seinem Kameraden in der Dunkelheit. Sofort richtete sich Litschenko auf und begann, Chrapow zu untersuchen. Der Jäger hatte eine Platzwunde an der Stirn. Sein rechter Arm war seltsam verdreht. Ob auch seine Rippen angebrochen oder seine Beine verletzt waren, konnte der Leutnant nicht feststellen. Er griff zum Funkgerät. Es blieb tot. Sicherlich war es beim Aufprall zerstört worden.

Mit schmerzenden Gliedern kroch er aus den Trümmern des Wagens. Außer Prellungen und Zerrungen konnte er bei sich keine Verletzungen entdecken. Chrapow hatte ihn beim Aufprall mit seinem Körper aufgefangen und geschützt.

Die Nacht war stockfinster. Schwere Wolken hatten sich über den Himmel geschoben und verdeckten das Funkeln der Sterne. Nur eine Laterne am Ende der Straße und die Scheinwerfer des Uas erhellten die gespenstische Szene.

Litschenko blickte zu den Fenstern der umliegenden Häuser. Ein neugieriges Gesicht nach dem anderen verschwand im dunklen Schatten der Fensteröffnungen. Alle diese Leute würden später behaupten, sie hätten fest geschlafen. Sie lebten eben in einem Staat, in dem es besser war, nicht alles zu sehen, zu hören, zu wissen und zu sagen.

Er klopfte an verschiedenen Haustüren. Aber nur zwei öffneten sich, und verschlafene Stimmen verneinten, im Besitz eines Telefons zu sein. Litschenko spürte, wie Wut das Blut in seinen Adern zum Wallen brachte. Er hatte gehört, daß in kapitalistischen Ländern die meisten Haushalte Fernsprechapparate besaßen, so daß man im Notfall innerhalb weniger Minuten Hilfe herbeirufen konnte. Sie aber lebten praktisch noch im neunzehnten Jahrhundert!

Ein Jugendlicher, der mit seinen Eltern an der nächsten Straßenecke wohnte, bot ihm an, mit seinem Fahrrad zum Krankenhaus zu fahren. Litschenko atmete auf. Er suchte in den Trümmern des Uas nach dem Verbandskasten, um Chrapow Erste Hilfe zu leisten.

Dreißig Minuten später traf der Rettungswagen ein. Vorsichtig hoben die Sanitäter den Verletzten aus dem Sitz und legten ihn auf eine Trage. Chrapow erwachte dabei aus seiner Bewußtlosigkeit und schrie vor Schmerzen auf. Wahrscheinlich war sein rechtes Schienbein zertrümmert worden. Litschenko spürte ein wenig Mitleid. So eingebildet und kalt der Jäger auch war, er hatte ihn beim Aufprall mit seinem Körper geschützt, wenn auch ohne Absicht.

Kurz nach den Sanitätern war auch die Miliz am Unfallort eingetroffen. Leutnant Litschenko gab den Diensthabenden einen knappen Bericht und fuhr mit dem Rettungswagen zum Krankenhaus. Es hatte keinen Zweck, länger hier herumzustehen. Die Mistkerle waren schon längst über alle Berge, und auch die Miliz würde in diesem Fall nicht viel ausrichten können. Der Überfall war so gekonnt durchgeführt worden, daß die Männer mit Sicherheit keine Spuren finden würden.

„Ich bin ganz schön übel zugerichtet, Leutnant", knurrte Chrapow, als Litschenko ihn am nächsten Tag besuchte. „Zwei Rippen sind angebrochen, der rechte Arm war ausgekugelt, und das rechte Fußgelenk ist zertrümmert – von blauen Flecken und Prellungen ganz zu schweigen."

Litschenko zog einen Stuhl ans Krankenbett und setzte sich ächzend. Er fühlte sich immer noch wie ein zusammengeschlagener Jahrmarkt-Boxer.

„Ich bin glimpflich davongekommen. Außer Prellungen und einer leichten Gehirnerschütterung ist mir zum Glück nichts passiert."

„Schwein gehabt!" brummte Chrapow. „Haben die Nachforschungen der Miliz schon was ergeben?"

„Nein, nichts! Ich glaube auch kaum, daß die Genossen etwas herausfinden werden. Da waren Profis am Werk: keine Fingerabdrücke, keine zurückgelassenen Gegenstände, nicht der geringste Hinweis!"

„Und der Lastwagen?" wollte der Jäger wissen.

„Gestohlen!"

„Natürlich, hätte ich mir denken können. Waren es ausländische Agenten?"

„Unwahrscheinlich." Litschenko zog eine Grimasse. „Was sollen ausländische Agenten mit unseren Waffen und unserem Geld?

Im Gegenteil zu dem, was man uns erzählt, sind westliche Agenten bestens ausgerüstet. Ich habe einmal eine Walther P 88 in der Hand gehabt. Das ist eine Waffe, Genosse Chrapow! Dabei soll sie schon veraltet sein. Nein, Ausländer würden es auch nicht wagen, durch einen Überfall die Aufmerksamkeit des KGB auf sich zu lenken."

„Also Kriminelle, die ihr Waffenarsenal auffüllen wollten", murmelte der Jäger. „Solche Typen könnte ich wie Läuse zerquetschen!"

„Dazu muß man sie erst einmal in die Finger bekommen", seufzte Litschenko. Er starrte durch das Fenster auf die graue Stadt. Regen nieselte vom verhangenem Himmel und ließ die Häuser trostloser erscheinen, als sie ohnehin schon waren. Es war wie ein böses Zeichen.

„Wie soll es jetzt weitergehen, Genosse Chrapow?"

Der Jäger hob resignierend die Hand. „Die nächsten Wochen bin ich außer Gefecht gesetzt. Sie müssen allein weitermachen. Trotzdem möchte ich Kopien aller Berichte haben – auch von der Untersuchung des gestrigen Überfalls! Sobald ich laufen kann, werde ich die Verfolgung wieder aufnehmen – vorausgesetzt, Sie haben bis dahin nichts erreicht."

„Ich werde mein Bestes tun, aber ohne Ihre Hilfe werden wir wahrscheinlich keine großen Fortschritte machen. Also, kommen Sie schnell wieder auf die Beine, Genosse!"

Litschenko schüttelte dem Jäger die Hand. Nach dem Unfall fand er ihn sympathischer und umgänglicher.

Leid verbindet Menschen mehr als die gleiche Weltanschauung, dachte er, während er die Tür des Krankenzimmers schloß und den nach Urin, Schweiß und Desinfektionsmitteln riechenden Korridor hinunterschritt. Es holt auch manchen von seinem hohen Roß herunter und macht ihn menschlicher.

Litschenko kehrte in die Kaserne zurück und suchte das Büro der Kommandantur auf. Kalter Zigarettenrauch hing im Raum und erweckte in ihm Gefühle des Ekels. Nach den Wochen im Wald mit seiner sauberen, klaren Luft spürte er einen starken Widerwillen gegen diese Gerüche der sogenannten Zivilisation. Er unterdrückte jedoch seine Abneigung, lächelte der Sekretärin zu und ließ sich einen Bericht über den Stand der Fahndung nach den beiden Maskierten geben. Die Miliz tappte nach wie vor im Dunkeln. Auch von Michail Wulff hatte man bisher keine Spur gefunden, wie ihm Karatajew kurz darauf mitteilte. Ihnen blieb also nichts übrig, als immer wieder bei allen Dienststellen und Behörden nachzufragen. Besonders die Mitarbeiter der Forstkombinate diesseits und jenseits des Ob, erhielten Weisung, ihre Augen offen zu halten und alles Verdächtige sofort zu melden. Litschenko blieb nichts anderes übrig, als sich zu gedulden, auch wenn er unter Erfolgszwang stand. Er hoffte, daß der Flüchtling bald einen Fehler machte – einen kapitalen Fehler, so daß seine Verfolger sich wieder an seine Fersen hängen konnten.

Michail Wulff war fast einen Monat unterwegs gewesen. Am Ob hatte er eine Reihe Birken gefällt und aus den Stämmen zusammen mit den Schläuchen des Motorrads ein Floß gebaut. Nachdem er die Maschine ausgeschlachtet und alles Nützliche abmontiert hatte, wurde sie im Ob versenkt. Er konnte vieles gebrauchen: Benzinschlauch und Bowdenzüge, Reifengummi für Schuhsohlen und auch die beiden Satteltaschen, in der er Werkzeug und ein dünnes, aber haltbares Seil gefunden hatte.

Eine Woche lang war er nachts den Fluß hinuntergetrieben und hatte sich tagsüber im Dickicht oder Schilf versteckt. Nach etwa zweihundert Kilometern war er am Ostufer an Land gegangen und in Richtung Jenissei und dem Bergland von Krasnojarsk aufgebrochen. Zweieinhalb Wochen später war er auf einen schmalen Nebenfluß des Jenissei gestoßen, der fast schnurgerade nach Osten floß.

Mischka hatte während seiner Studienzeit an der Moskauer Universität von einem deutschen Archäologiestudenten gehört, der mit einem Beil innerhalb von achtundvierzig Stunden aus einer Buche einen Einbaum gebaut hatte. Das wollte er jetzt auch versuchen. Nachdem er einen passenden Stamm gefällt und die Krone abgetrennt hatte, spürte Mischka jedoch jeden Knochen in seinem Körper. Seine Hände waren voller Blasen, und die Muskeln schrien nach Ruhe. Sicherlich hatte der deutsche Student für sein Experiment vorher wochenlang trainiert und die Hände durch schwere Arbeit abgehärtet. Wollte er es schaffen, mußte er sich das Aushöhlen des Einbaums mit einem Eingeborenentrick erleichtern.

Am Abend stapelte Mischka auf der Oberseite des Stammes Feuerholz. Er wartete, bis die Sonne wie ein roter Lampion am Horizont versunken war und die Nacht sich von Osten her über den Himmel geschoben hatte, ehe das er das Holz entzündete. Er durfte nicht noch einmal riskieren, daß Rauchschwaden ihn verrieten. Immer wenn das Feuer erloschen war, entfernte er mit dem Beil die verkohlten Holzreste vom Baumstamm und entzündete genau an der gleichen Stelle ein neues Feuer. Auch die beiden Enden des Stammes wurden mit Feuer und Beil bearbeitet, bis sie eine strömungsgünstige Form hatten.

Der nächste Morgen dämmerte herauf und färbte den Himmel orangerot. Vögel huschten durch das Laub und begannen ihren Morgengesang, als wären sie dankbar für das neue Licht des Tages. Mischka lehnte sich an eine Birke, nahm den Kopf zurück und zog die frische Luft tief in seine Lungen. Er roch das Moos, die taunasse Erde, den Duft frischgeschlagenen Holzes und den würzigen Rauch seines Feuers. Trotz aller Strapazen fand er dieses freie Leben in der Wildnis unvergleichlich schön. Auch jetzt bereute er seine Entscheidung mit keinem Wimpernschlag.

Im Dämmerlicht des frühen Tages betrachtete er seine Arbeit mit kritischem Auge. Das Boot hatte Form angenommen, aber er brauchte noch einen weiteren Tag, bis der Einbaum fertig sein würde. Müde und erschöpft legte Mischka sich zum Schlafen auf eine dicke Schicht aus Fichtenzweigen, über die er eine Decke gebreitet hatte. Nur wenige Minuten später schlief er tief und traumlos. Am Abend weckte ihn das Rascheln eines Waldlaubsängers, der neben ihm sorglos den Boden nach Käfern und Würmern absuchte. Mischka blieb regungslos liegen und beobachtete den kleinen Vogel mit seiner schwefelgelben Brust, bis dieser mit einem „sip-sip-sip" davonschwirrte.

Nachdem er sich gestärkt hatte, ging er wieder an die Arbeit. Unermüdlich glitt sein Beil über den Baumstamm, der so langsam die typischen Rundungen eines Bootes annahm. Die Arbeit ließ ihn Zeit und Ort vergessen. Bis zum Morgengrauen gelang es ihm, mit Ausbrennen und Glätten des Holzes einen passablen Einbaum herzustellen. Aus einem dicken Ast war ein Paddel entstanden. Außerdem schnitzte er noch eine Stange, mit der er im flachen Wasser das Boot staken konnte.

Nachdem er bis zum Mittag geschlafen hatte, schob Mischka den Einbaum über Äste, die als Rollen dienten, zum Flußufer und belud es mit seinen Habseligkeiten. Es hatte zwar einen leichten Linksdrall, lag aber ansonsten gut im Wasser. Für seine Zwecke würde das Boot reichen. Schließlich wollte er damit ja kein Rennen fahren.

Der Versuch, die Spuren seiner Arbeit verdecken zu wollen, war zwecklos, und deshalb machte er sich in der Hoffnung auf den Weg, daß in der nächsten Zeit niemand in diese Gegend kam. Es blieb ihm nichts anderes übrig, als dieses Risiko einzugehen.

Die nächsten zwei Wochen paddelte Mischka wie gewohnt nachts den Fluß entlang, bis er schließlich den Jenissei erreichte.

Er überquerte den breiten Strom an einem späten Abend und bog zwei Tage später in einen Nebenfluß ein, von dem er annahm, daß es die Steinige Tunguska war.

Gegen den Strom paddeln zu wollen, wäre reine Knochenarbeit gewesen, weil die Überwindung der Strömung zuviel Kraft erforderte. Deshalb beschloß Mischka, seinen Einbaum in der Nacht vom Ufer aus stromaufwärts zu ziehen, bis er den Tunguska erreichte. Er wollte das Boot mitnehmen, weil er plante, eines Tages auf dem gleichen Weg nach Westen zurückzukehren. Außerdem war es einfacher, das Gepäck im Boot zu ziehen, als es auf dem Rücken zu tragen. Kam er an Ortschaften vorbei oder versperrten Büsche seinen Weg, stakte er das Boot am Ufer entlang. Dabei stellte er fest, daß sich am Flußufer durch die Bunen Wirbel bildeten, die es leicht machten, den Einbaum entgegen der Strömung flußaufwärts zu staken.

Eine Woche später lagerte er den Einbaum gut versteckt in dichtem Weidengestrüpp auf zwei dicken Ästen, schulterte sein Gepäck und machte sich auf den Weg in die Berge. Es wurde Zeit, daß er einen Ort fand, an dem er gefahrlos überwintern konnte. Genauso dringend mußte er sich einen ausreichend großen Vorrat an Lebensmitteln anlegen, um den strengen sibirischen Winter überleben zu können. Ihm blieb dafür nicht mehr viel Zeit. Eine neue Herausforderung wartete auf ihn, und er hoffte, daß er seine Verfolger abgeschüttelt hatte, so daß er sich dieser Aufgabe ungestört widmen konnte. Klirrender Frost, dunkle, einsame Monate in einer Erd- oder Felsenhöhle und ständig nagender Hunger warteten auf ihn. Aber er würde diese Zeit durchstehen, und sie würde seinen Überlebenswillen nur stärken.

Mischka ballte seine rechte Hand zur Faust und stieß sie in Richtung Himmel. Er würde es schaffen!

Sie hatten Glück! Unverschämtes Glück. Ein Jäger war zufällig an einem Flußlauf östlich des Ob entlanggewandert, als er die Reste einer gefällten Buche, Unmengen von Asche und ein Bett aus Tannenzweigen gefunden hatte. Pflichtbewußt hatte dieser Mann die ungewöhnliche Entdeckung zwei Wochen später der Miliz seines Heimatortes mitgeteilt. Er war ein aufrichtiger Bürger der Sowjetunion, der sich Sorgen machte, daß ausländische Agenten und Kollaborateure seine Heimat in den Ruin treiben könnten. Deshalb informierte er die Behörden über alle Unregelmäßigkeiten, die er innerhalb der hundert Quadratkilometer entdeckte, in denen sein Leben sich abspielte.

Leutnant Iwan Litschenko und auch Olejnik Chrapow waren sich sicher, daß hier jemand versucht hatte, ein Boot zu bauen, um bequemer voranzukommen und möglichst wenig Spuren zu hinterlassen. Auch die Richtung stimmte mit der überein, die Michail Wulff bisher eingeschlagen hatte. Der Gejagte versuchte also doch, im mittleren Sibirien unterzutauchen, um nach Anbruch des Frühjahrs seinen Weg fortzusetzen.

Ein Gefühl freudiger Erregung erfaßte Litschenko, als er seine Meldung an Oberstleutnant Wdowetschenko abfaßte. Die Jagd war noch nicht zu Ende, und er war noch nicht aus dem Spiel. Aus der nächsten Runde wollte er jedenfalls als Sieger hervorgehen

Zunächst mußte er darüber nachdenken, in welchem Gebiet sich Michail Wulff wahrscheinlich versteckt hielt. Er brauchte dringend für den Winter einen sicheren Unterschlupf. Dafür bot sich natürlich das Mittelsibirische Bergland an. Im Norden gab es zu wenig Wald, während der Süden zu stark besiedelt war. Deshalb kam nur die Gegend im Umkreis von etwa siebenhundert Kilometern von Baikit in Betracht – ein riesiges, unübersichtliches Gebiet mit dichten Wäldern und tiefen Schluchten, mit Höhlen und steilen Felsen.

Litschenko stützte sich mit beiden Armen auf die Tischplatte und starrte die Karte an. Wo steckst du, Michail Wulff? In welchem Winkel wirst du dich verkriechen, um zu überwintern? Mach noch einen Fehler, damit ich deine Spur aufnehmen kann.

Er hoffte, den Flüchtigen zu fassen, solange der Sibirier im Krankenhaus lag. Dann könnte er endlich heimkehren zu seiner Katja und dem kleinen Nikolaj. Sie vermißten ihn sicherlich genauso wie er sie. Litschenko spürte eine leichte Melancholie tief im Innern seiner Seele. Er brauchte den Erfolg, um seine berufliche Zukunft und das Glück seiner Familie zu sichern. Würde Chrapow den Mann fassen, hätte er nichts davon.

Litschenko atmete schwer. Dann riß er sich von der Karte los, trat an das Fenster seines Zimmers und starrte hinaus in den spätsommerlichen Nachmittag. Wolkenfetzen hingen wie zerzauste Wattebällchen am stahlblauen Himmel. Eine Schar Wildgänse zog in V-Formation in Richtung Süden, als wären sie eine Vorhut der Zugvögel, die im Süden Schutz vor der strengen Kälte des sibirischen Winters suchen. Schon bald würden die Temperaturen sinken und erste Nachtfröste einsetzen. Er mußte schleunigst einen Steckbrief von Michail Wulff in dem eingekreisten Gebiet verbreiten lassen, wenn er ihn noch vor Wintereinbruch fassen wollte.

Leutnant Litschenko wandte sich wieder seinem Schreibtisch

zu, nahm den Telefonhörer von der Gabel und wählte die Nummer des örtlichen KGB.

Mischka entdeckte die Höhle mehr durch Zufall als aufgrund seiner scharfen Augen. Er hatte sich am Abend unter den schützenden Zweigen einer Fichte niedergelassen, um sich auszuruhen. Es war ein langer Tag gewesen. Der Aufstieg in dieses einsame Tal hatte an seinen Kräften gezehrt. Hier wollte er die Nacht abwarten, um am Morgen weiter nach einer Höhle oder einer Felsspalte zu suchen, die er zu einer versteckten Schutzhütte umbauen konnte. Mischka gähnte gerade herzhaft, als er unterhalb der Kante der gegenüberliegenden Felswand Fledermäuse aufsteigen sah.

Fledermäuse! Ein untrügliches Zeichen für eine Höhle! Vielleicht war sie groß genug, um ihm als Unterkunft zu dienen. Angestrengt spähte er hinüber. Aber keine Ritze, kein Schatten einer Höhlung war im Felsen zu entdecken. Nur ein dichter Strauch wuchs zwei Meter unter dem Abbruch, klammerte sich wie ein Ertrinkender in die Felswand. Weiter rechts schäumte ein kleiner Wasserfall aus einem Spalt, stürzte zwanzig Meter tief in das Tal und erfüllte die Luft mit Gischtfahnen, in denen sich das Sonnenlicht brach und kleine Regenbögen zauberte.

Auf der linken Seite ging die Felswand in einen mit Felsbrokken übersäten Abhang über, zwischen denen Birken und Fichten sich in den mageren Boden krallten, um nicht von den Polarwinden des Winters entwurzelt zu werden. Darüber thronten die Gipfel einer Bergkette, die sich in der Abendsonne allmählich rot färbten. Schneereste klebten in schattigen Felsrinnen wie Sahnereste auf einer angeschnittenen Torte.

Mischka genoß diesen Anblick. Unwillkürlich stiegen Heimatgefühle in ihm auf, während er die Idylle des Tales bewunderte. Hier fühlte er sich auf Anhieb wohl, und die Natur hielt für ihn einen reichgedeckten Tisch bereit. Beeren und Pilze, Wurzeln, wohlschmeckende Kräuter und Wild gab es in Hülle und Fülle. Weiter unten im Tal hatte er am Ufer eines Sees Unmengen von Eicheln entdeckt, die er durch Weichkochen und Wässern entbittern mußte, so daß daraus neutral schmeckender Brei entstand, den er mit Beigaben zu nahrhaften Mahlzeiten verwandeln konnte. Aus den Speichen des Motorrads, würde er Angelhaken herstellen, um sich einen großen Vorrat von getrocknetem und geräuchertem Fisch anzulegen, während er dem Reh- und Gamswild und den Fasanen mit Schlingen aus den Bowdenzügen der Dnepr nachstellen wollte. Die Munition der Makarow wollte er für den Notfall aufbewahren. Sollten seine Vorräte nicht reichen, und damit war zu rechnen, würde er auch im Winter auf die Jagd gehen müssen.

Am nächsten Morgen schulterte Mischka sein Gepäck und stieg in Serpentinen den Abhang hinauf. Mit Tau überzogene Spinnennetze glitzerten im Morgenlicht. Insekten huschten durch das noch feuchte Gras, während die Vögel mit ihrem Gesang die Sonne begrüßten.

Am Ende des Abhanges reckten sich zwei mächtige Felsblöcke wie Torbögen einer antiken Stadt in den Himmel und ließen einen schmalen Durchgang frei, durch den man auf eine Wiese oberhalb der Felswand gelangen konnte. Nur vereinzelt wuchsen hier Fichten und verkrüppelte Birken. Eine jahrhundertealte Buche versteckte sich im Windschatten eines der Felsblöcke. Ihr Stamm glich einem Mammutbaum und war innen morsch und hohl. Ihre knorrigen Wurzeln liefen wie Muskelstränge eines Body-Builders über Steine und Felsplatten und gaben ihr Halt und Sicherheit.

Weiter oben ging die Wiese in eine Geröllhalde über, die unterhalb eines Felsengrates lag. Mischka stellte die Himmelsrichtungen anhand des Sonnenstandes und der bemoosten Bäume fest und atmete auf. Der Grat schützte den Platz vor den Oststürmen, während die zwei Felsblöcke den Nordwind abwehrten. Sollte er hier keine Höhle entdecken, wäre dieser Ort auch für die Errichtung einer Schutzhütte geeignet, die er natürlich gut tarnen mußte, damit sie nicht zufällig aus der Luft oder von einem Bergkamm aus entdeckt wurde.

Nachdem er sein Gepäck abgelegt hatte, massierte er die verkrampften Muskeln von Schultern und Nacken und kramte dann das Seil aus dem Rucksack. Er legte es doppelt und knotete zähe Birkenäste zwischen die beiden Seilenden, so daß eine Strickleiter entstand. Mischka spähte an verschiedenen Stellen über die Felskante, konnte jedoch nicht den Strauch entdecken, den er am Abend vorher zwei Meter unter dem Abbruch ausgemacht hatte, weil die Felswand einen Überhang bildete. Nur der Wasserfall war zu sehen, dessen Gischtfahnen vom Wind bis zur Wiese emporgetrieben wurden. Mischka schätzte in Gedanken die Entfernung zwischen Busch und Wasserfall, band seine Strickleiter an einen Fichtenstamm, ließ sie über die Kante gleiten und begann hinunterzuklettern.

Es war ein seltsames Gefühl, über dem Abgrund zu hängen, angstmachend und erregend zugleich. Tief unter ihm suchte der Bach seinen Weg zwischen bemoosten Felsbrocken ins Tal. Bäume und Steine wirkten wie die Dekorationen einer Modelleisenbahn.

Die Strickleiter war eine wackelige Angelegenheit, so daß sich seine Finger unwillkürlich fest um die Birkenstäbe krallten, bis die Knöchel weiß wurden. Eigentlich war es Wahnsinn, mit einem solch primitiven Hilfsmittel in eine Felswand zu steigen!

Nach wenigen Sprossen entdeckte Mischka den Strauch. Es war eine verkrüppelte Birke, die etwa fünf Meter links von ihm auf einer Felsnase wuchs. Mischka wunderte sich, wie dieser Baum es geschafft hatte, hier seine Wurzeln zu schlagen. Vorsichtig stieg er wieder nach oben, befestigte die Strickleiter an einem anderen Baum und kletterte noch einmal nach unten. Diesmal traf er direkt auf die Felsnase. Sie bildete eine schmale Plattform, an deren Rückseite ein mannsbreiter, niedriger Spalt die Felswand teilte, der durch die buschigen Zweige der Birke verdeckt wurde.

Mischka preßte sich mit dem Rücken an die Felswand und rüttelte am Stamm der Birke. Sie saß bombenfest. Ihre zähen Wurzeln hatten sich tief in Rillen und Felsspalten gekrallt, so daß sie allen Stürmen hatte trotzen können. Mischka band das Ende seiner Strickleiter an die Birke. So würde sie beim Auf- und Abstieg nicht mehr schaukeln wie die Rahe eines leckgeschlagenen Schiffes. Danach zwängte er sich durch den Spalt in das Innere der Höhle. Dort wartete, bis sich seine Augen an die Dunkelheit gewöhnt hatten.

Dann kroch er vorsichtig auf Händen und Füßen weiter. Dabei tastete er ständig den Höhlenboden ab, um nicht in eine versteckte Felsspalte zu stürzen. Nach wenigen Metern weitete sich der Gang und öffnete sich zu einem wohnzimmergroßen Raum. Die Höhle gefiel ihm. Nur der Eingang war schwer zu erreichen. Im Winter wäre es eine halsbrecherische Kletterei, über eine Strickleiter hineinzugelangen. Er mußte sich etwas ausdenken.

Am Ende des Raumes öffnete sich ein Gang, der tiefer in den Berg führte. Mischka beugte sich hinein, als ihm plötzlich hunderte schwarzer Schatten, um den Kopf schwirrten. Voll Panik ließ er sich auf den Boden fallen und versuchte, seinen Kopf mit Armen und Händen zu schützen. Doch dann mußte er laut auflachen. Es waren Fledermäuse, die rechtmäßigen Bewohner dieser Höhle! Sie hatten ihm einen gehörigen Schreck versetzt! Dabei waren sie völlig harmlos. Er mußte sich mit ihnen arrangieren oder sie vertreiben, wollte er hier sein Winterquartier errichten.

Kurz hinter der Wohnhöhle teilte sich der Gang. Ein Tunnel wand sich tiefer in den Berg hinab, während eine breite Spalte sich nach oben zog. Mischka entschloß sich, zuerst die Spalte zu erkunden, ehe er sich weiter in die Tiefe wagte. Außerdem brauchte er unbedingt eine Fackel, weil das Tageslicht hier von der Dunkelheit des Berges verschluckt wurde. Nach allen Seiten tastend, stieg er die Spalte empor. Sie verengte sich nach zwei Metern und schien dann zu enden.

Sackgasse, dachte Mischka, während er seine Finger über den Fels gleiten ließ. Plötzlich berührte er Holz, fauliges Laub und Erde. Eine freudige Erregung erfaßte ihn. Die Spalte hatte offensichtlich einen Ausgang! Während er sich mit der linken Hand abstützte, zerrte er mit der rechten an dem Holzstück. Erde und Laub fielen ihm auf Kopf und Schultern, während kleine Steine und Holzstücke nach unten polterten. Tageslicht fiel grell wie der Scheinwerfer eines Motorrads in die Höhle und blendete Mischka für einige Sekunden. Er wandte den Blick ab, um sich an die Helligkeit zu gewöhnen, und schaute dann nach oben. Über ihm war ein Rahmen aus morschem Holz, durch den gleißendes Sonnenlicht fiel. Ihm dämmerte allmählich, wo er sich befand. Die Spalte endete direkt im Stamm der hohlen Buche, die neben dem Steinblock wurzelte.

Mischka zog sich hoch und kletterte durch die schmale Öffnung in der Mitte des Baumstamms ins Freie. Die Höhle war ein Volltreffer! Zwei Eingänge, die gut getarnt ins Innere des Berges führten. Damit stand fest, daß er hier überwintern würde. Die Felsspalte im Buchenstamm sollte sein Haupteingang werden, den er mit einer Tarnvorrichtung versehen mußte, falls man ihm hier auf die Spur kam. Die Öffnung in der Felswand war nicht nur ein verstecktes Fenster, er konnte sich aus ihr auch abseilen und ins Tal hinunter fliehen, sollte man seinen Haupteingang entdecken. Bis dann die Häscher den Abhang wieder hinuntergestiegen waren, würde er einen ausreichenden Vorsprung haben, um ihnen entkommen zu können. Eine weitere Fluchtmöglichkeit war vielleicht ein Weg über den Felsgrat. Er würde ihn in den nächsten Tagen erkunden müssen.

Mischka suchte sich ein paar trockene, harzige Kiefernäste und warf sie in die Spalte hinunter. Dann kletterte er hinterher, entzündete einen von ihnen, um tiefer in den Berg hinabzusteigen. Der Gang wand sich mal nach rechts, mal nach links, öffnete sich zu kleinen Höhlen, in denen vereinzelt Stalagmiten und Stalagtiten aus Decke und Boden wuchsen und märchenhafte Figuren und Gebäude formten. Feuchtigkeit sickerte von den Wänden und bildete ein kleines Rinnsal klaren Wassers, das den Gang hinunterlief und ein wenig eisenhaltig schmeckte.

Schon bald hörte Mischka ein leichtes Rauschen, das mit jedem

Schritt lauter wurde. Plötzlich öffnete sich der Gang zu einer weiten Höhle mit zahllosen Tropfsteingebilden, deren Schönheit Mischka den Atem nahm. Sie waren weiß, rostbraun und bernsteinfarben und bildeten Burgen, eingefrorene Wasserfälle, Mondlandschaften und erstarrte Figuren. Ein Bach floß durch die Höhle, wand sich durch Kanäle, schäumte über Kaskaden und verschwand schließlich in einer Öffnung am Ende des Raumes.

Mischka konnte sich von diesem Anblick kaum losreißen, aber die Länge seiner Fackel mahnte ihn, sich auf den Rückweg zu begeben. Er fühlte sich, als hätte er das große Los gezogen. Jemand hatte es wohl gut mit ihm gemeint. Trotzdem war ihm bewußt, daß in den nächsten Tagen und Wochen harte Arbeit auf ihn wartete. Träumereien und romantische Gefühle konnte er sich erst wieder in den Wintermonaten leisten, in den langen und dunklen Nächten, wenn die Zeit still zu stehen schien und alles Leben auf der Oberfläche der Erde unter Eis und Schnee erstarrt war.

Mischka stattete seine Wohnhöhle mit einem Bett aus federnden Tannenzweigen und trockenem Gras aus, verstaute seine Habe und entfernte die verräterische Strickleiter wieder vom Eingang an der Felswand. Er hatte später noch genügend Zeit, um sein neues Zuhause mit allen notwendigen Gegenständen und Möbelstücken zu versehen, die ihm die lange Winterzeit angenehmer machen würden.

In den nächsten Tagen begann er, Lebensmittelvorräte für den Winter anzulegen. Er grub Wurzeln verschiedener Wildpflanzen aus dem Boden: Bärlauch, Disteln, Kletten, Löwenzahn, Taubnessel und Wegwarte. Auch Isländisch Moos, verschiedene Steinflechten, Gras- und Tannenzapfensamen, Eicheln, getrocknete Pilze, Wildpflanzen und Beeren kamen in seine Vorratskammer.

Daneben widmete er sich auch der Jagd und dem Fischfang, wobei ihm Schlinge und Angel gute Dienste leisteten. Er räucherte das Fleisch der Tiere nach Einsetzen der Dunkelheit und trocknete es tagsüber im Sonnenlicht. Um nicht jedesmal in die Höhle klettern zu müssen, errichtete er, gut getarnt zwischen dem Buchenstamm und dem Felsklotz, eine einfache Schutzhütte, in der er in warmen Nächten schlief. Sein arbeitsreiches Leben glich dem eines sibirischen Sammlers und Jägers der Frühzeit, aber er genoß es in vollen Zügen und freute sich über jeden Tag in der Freiheit. Zufrieden betrachtete er seine wachsenden Vorräte. Mit ihnen konnte er zwar keine Festessen veranstalten, aber sie würden ihm helfen, den Winter zu überstehen.

In seiner Freizeit übte er mit zwei siebzig Zentimeter langen Eichenstöcken philippinische Stockkampf-Techniken, die er im Jiu-Jitsu-Training gelernt hatte. Mischka machte es Spaß, die Stöcke um Kopf und Körper wirbeln zu lassen. Er betrachtete sie nicht unbedingt als Waffen für den Ernstfall, sondern freute sich an der sportlichen Übung und dem Spiel der Muskeln und Kräfte. Schon bald erreichte er die Geschwindigkeit von fünf bis sechs Schlägen in der Sekunde, eine ganz ordentliche Leistung also.

An warmen Herbsttagen schwamm und tauchte er im See am Ende des Tales. Oft lag er minutenlang völlig bewegungslos im Wasser, atmete durch den Benzinschlauch des Motorrads, den er hinter das rechte Ohr geklemmt hatte, und beobachtete die Gründlinge und Maränen. Mischka genoß dieses schwerelose Schweben im Wasser, bei dem er sich vollkommen entspannen und alle Probleme vergessen konnte. Es erinnerte ihn an den Flug der Schwalbe in seinem Traum.

Trotz seines unbeschwerten Lebens mußte er sich Gedanken über den Schutz seiner Behausung machen. Sollte man ihn entdekken, würde er alle seine Wintervorräte verlieren, und außerdem mußte er sich verschiedene Fluchtwege offenhalten.

Am nächsten Tag schleppte er eine bemooste Steinplatte herbei, die er neben den Stamm der hohlen Buche legte. Sie paßte genau auf die Öffnung des Höhleneingangs. Im Ernstfall würde er diesen Eingang mit der Steinplatte verdecken, trockenes Laub darüberstreuen und sich über die Felskante in die Höhle abseilen. Außerdem errichtete er einige Fallen, die möglichen Verfolgern den Aufstieg zu seinem Versteck erschweren und ihm Zeit zur Flucht geben würden.

Nikita, der Hüne mit den breiten Schultern und mächtigen Oberarmen, hatte ihm Anfang des Jahres geraten: „Du kannst nicht immer fliehen, Mischka! Manchmal mußt du auch standhalten und kämpfen. Weglaufen erscheint vielen als der leichtere Weg, aber manchmal ist er auch der schwerere. Wer abhaut, die Arbeit hinschmeißt, seine zeternde Alte im Stich läßt oder sich durch Suff aus dem Leben stiehlt, findet sich manchmal in einer Sackgasse wieder. Ich hab's erlebt. Glaube mir, Junge. Deshalb werde ich bleiben und meine Zeit hier absitzen, und auch du wirst eines Tages kein Loch mehr finden, durch das du dich verkrümeln kannst."

Diese Zeit war nun gekommen. Der Winter hatte sich mit erstem Nachtfrost angekündigt. Die Vogelschwärme waren schon vor Wochen nach Süden gezogen, und das Laub der Bäume schimmerte rot, gelb und braun. Hier würde er bleiben müssen, wollte er nicht in den beißenden Nordstürmen verhungern oder erfrieren.

Aber er betrachtete seine Höhle nicht als Sackgasse. Immerhin hatte er sich einige Türen offengelassen.

Zwei Wochen später spürte Mischka, daß sich etwas verändert hatte. Er konnte es nicht in Worte fassen, aber ein Gefühl, das er nicht genau beschreiben konnte, sagte ihm, daß etwas nicht stimmte. Die Morgensonne zog einen lavendelfarbenen Pinselstrich über den Himmel. Ein Bussard kreiste unruhig in der Luft, und Elstern flatterten wie aufgescheuchte Hühner über die Wipfel der Bäume im Tal.

Mischka spähte über den Felsabbruch. Schweiß stand ihm auf der Stirn, obwohl der Morgenwind kühl über die Bergkämme fiel. Dann hörte er in der Ferne das Bellen von Hunden. Er versuchte, sich zu beruhigen. Aber irgendwie konnte er es selbst nicht glauben, daß die Hunde zu einer Jagdgesellschaft gehörten, die sich in dieses menschenleere Gebiet gewagt hatte. Instinktiv spürte er, daß man ihm auf der Spur war und ihn zur Strecke bringen wollte.

Er holte Wolodjas Fernglas und beobachtete das Tal. Das Bellen und Jaulen der Hunde wurde lauter. Zweifellos hatten sie eine seiner zahlreichen Fährten aufgenommen. Dann sah er sie zwischen den Bäumen auftauchen. Ein Licht blitzte auf. Mischka sah die Reflexion der Morgensonne in dem Feldstecher eines Soldaten, der die Felsen absuchte. Er duckte sich tiefer ins Gras, doch der Mann wies plötzlich direkt auf ihn und schien etwas zu rufen. Man hatte ihn entdeckt! Es hatte keinen Zweck, sich jetzt verstecken zu wollen. Die Zeit zum Kampf war gekommen, und er war gut darauf vorbereitet.

Weitere Uniformen tauchten zwischen den Bäumen auf und vier Schäferhunde, die von einer Gestalt geführt wurden, die Mischka nur zu gut kannte. Deutlich sah er den grobschlächtigen Körper Karatajews.

So, du bist auch noch dabei, dachte Mischka mit zusammengekniffenen Lippen. Dann wird ja Leutnant Litschenko auch nicht weit sein. Braucht wohl eine Beförderung, wenn er mir immer noch auf den Fersen ist.

Doch dann durchfuhr es Mischka, als hätte man ihn mit kochendem Wasser übergossen. Der Fährtenleser, der Sibirier, würde mit Sicherheit auch unter den Häschern sein! Ob er ihn täuschen konnte, wagte Mischka zu bezweifeln. Doch, wie Nikita es gesagt hatte, jetzt mußte er standhalten. Es waren zehn Männer, aber er hatte noch ein paar Joker im Ärmel! Mischka richtete sich auf und winkte mit den Armen.

„Hier bin ich! Fangt mich, wenn ihr könnt, ihr hohlköpfigen Befehlsempfänger."

Er bezweifelte, daß man ihn auf diese Entfernung verstehen konnte, aber dann sah er das Aufblitzen eines Gewehrlaufes. Blitzschnell warf er sich auf den Boden. Ein Schuß peitschte durch das Tal. Mischka hörte, wie die Kugel von einem Felsblock abprallte und sirrend über seinen Kopf flog. Mindestens einer der Soldaten war Scharfschütze. Sein Leichtsinn hätte seiner Flucht beinahe ein Ende gesetzt.

Mischka spähte noch einmal nach unten, sah wie die Männer sich dem Berg zuwandten und robbte auf dem Bauch von der Felskante zurück. Er verstaute alle wichtigen Gegenstände in der Höhle, steckte die Makarow in seinen Gürtel und legte die beiden Eichenstöcke bereit.

Dann versperrte er den Höhleneingang mit der Felsplatte, warf eine Handvoll Laub darauf und verstreute wie unabsichtlich ein paar trockene Ästchen um die Höhlung der Buche. Nur ein gewiefter Fährtensucher könnte jetzt noch den Eingang entdecken, falls er nicht mit einer offensichtlichen Spur abgelenkt würde – und genau das hatte Mischka vor.

Er wischte sich den Schweiß von der Stirn, band die Strickleiter mit einem Abseilknoten an eine Fichte, wobei er die Rinde deutlich sichtbar beschädigte, und legte die Sprossen an der Felskante bereit. Sie würden ungefähr dreißig Minuten brauchen, bis sie den Durchgang zur Wiese erreicht hatten. Aber mit Sicherheit würden sie vorher die Hunde auf ihn hetzen. Doch er war bereit zum Kampf!

Karatajews Gesicht leuchtete wie eine reife Tomate. Schweißperlen zogen salzige Bahnen über sein Gesicht. Litschenko mußte unwillkürlich lächeln, als er auf den Soldaten blickte, der sich mit den Hunden an der Leine den Berg hochkämpfte. Aber auch sein eigenes Herz hämmerte wie die Kolben einer Dampflock. Sie waren diese Bergtouren einfach nicht gewohnt.

„Laß sie laufen, Genosse", rief er dem Hundeführer zu. „Sie sind schneller als wir. Bis wir oben sind, hat sich Michail Wulff vielleicht schon über den Bergkamm davongemacht. Er ist ausgeruht, während wir schon auf dem letzten Loch pfeifen."

„Hast recht", knurrte Karatajew, heizte die Hunde an und klinkte ihre Leine aus. Sie stoben davon, als wären sie eine Horde ausgehungerter Wölfe, die das Blut eines angeschossenen Hirsches gerochen haben.

„Viel Spaß!" rief Jossif Karatajew ihnen hinterher. „Aber laßt uns noch was übrig."

Die beiden Männer blieben schweratmend stehen und ließen die acht Soldaten vorbei. Sie stammten aus einer Einheit, die in Baikit stationiert war, berggewohnte, durchtrainierte Männer, die sich in dieser Gegend auskannten. Zwei von ihnen hatten während eines Manövers die abgeschälten Stämme von Birken entdeckt und dies sofort ihrem Kommandeur gemeldet. Über den örtlichen Parteisekretär ging diese Meldung sofort nach Kargasok, und Litschenko hatte sich, ohne Zeit zu verlieren, mit seinem Hundeführer auf den Weg gemacht. Nun standen sie kurz vor ihrem Ziel. Die Jagd würde bald zu Ende sein.

Plötzlich stürzte der erste der Soldaten zu Boden, als hätte ein Beil ihn gefällt. Er schrie gellend auf, versuchte, sich hochzustützen, und sank wieder zurück. Litschenko stürmte den Trampelpfad hinauf. Der Mann lag ausgestreckt in einem flachen Laubhaufen. Ein Zittern lief durch seinen Körper, dann streckte er sich und blieb bewegungslos liegen. Blut färbte den Boden unter ihm rot.

Zwei seiner Kameraden hoben ihn vorsichtig an und versuchten, ihn auf den Rücken zu drehen. Acht dünne Holzspieße steckten in Bauch, Hals und Brust des Gestürzten, rot vom Blut, das aus den Wunden floß. Seine Augen waren seltsam verdreht, so als wolle er noch einmal das Sonnenlicht sehen, bevor er für immer in der Dunkelheit versank. Er war tot.

Litschenko verlor alle Farbe aus dem Gesicht. Seine Lippen und Hände zitterten, und ein flaues Gefühl stieg aus seinem Magen empor und würgte in seiner Kehle. Er hatte sich bisher immer auf der Siegerseite gefühlt.

Michail Wulff war für ihn nur ein jugendlicher Sträfling gewesen, der sie mit seinen Pfadfinderspielen hinters Licht geführt hatte. Jetzt traf er auf einen Mann, der mit ganzer Härte um Leben und Freiheit kämpfte und dabei keine Mittel scheute. Aber Litschenko mußte zugeben: Sie hatten ihn herausgefordert! Sie hatten ihm den Fehdehandschuh hingeworfen und ihn durch die Taiga gejagt! Nun durften sie sich nicht wundern, wenn er sich zu wehren begann und zurückschlug.

„Laßt den Mann hier liegen. Wir müssen uns erst um seinen Mörder kümmern. Aber paßt auf! Sicherlich ist dies nicht die einzige Falle! Dieser Hund ist mit allen Wassern gewaschen. Also, weiter geht's!" befahl er mit rauher Stimme.

Mörder hatte er ihn genannt. In Wirklichkeit hatten sie zuerst auf ihn geschossen. Wer Michail Wulff so bezeichnete, müßte auch alle Soldaten dieser Welt als Mörder sehen. Im Grunde hat jeder Mensch ein Recht auf Selbstverteidigung.

Litschenko wischte seine Gedanken beiseite. Er hatte einen Auftrag, von dessen erfolgreicher Durchführung seine Existenz abhing. Deshalb durfte er sich nicht mit schweren Gedanken quälen, sondern mußte die Männer motivieren, damit sie ihre Pflicht erfüllten.

Vorsichtig kletterte die Gruppe weiter den Abhang hinauf. Ein Windzug trug das wilde Kläffen der Hunde zu ihnen hinunter. Wahrscheinlich hatten sie Michail Wulff gestellt. Die Männer beschleunigten ihren Aufstieg. Wut und Haß auf den Mörder ihres Kameraden beflügelte ihre Schritte.

Mischka hörte die Hunde kommen. Er stand drei Meter von dem Spalt zwischen den beiden Felsblöcken entfernt. In den Händen hielt er die beiden Kampfstöcke aus Eichenholz. Er spürte, wie Schweiß seine Achseln hinunterrann und Angst seine Muskulatur verhärtete. Er atmete tief aus, um sich zu entspannen, lockerte seine Arme und versuchte, sich zu konzentrieren.

Die Meute tauchte zwischen den Bäumen auf, ihnen voran der Leithund, ein Rüde mit massigem Körper und muskulösem Nakken. Unvermittelt bremste der Hund ab und blieb stehen, obwohl sein Opfer nur wenige Meter von ihm entfernt stand. Instinktiv spürte er Gefahr für sich und die anderen. Doch zwei seiner Genossen achteten nicht auf die Warnung und sprangen zähnefletschend auf Mischka zu. Geifer spritzte aus ihrem Maul.

Mischka lachte ihnen höhnisch entgegen, sah wie die im Laub versteckten Holzspieße ihren Körper durchbohrten und ihre Läufe ein letztes Mal zuckten, ehe sie mit einem Stöhnen ihr Leben aushauchten, als würde ein Mühlstein ihre Lungen zerquetschen.

„Kommt schon, ihr Biester!“ schrie er den beiden abwartenden Schäferhunden zu, die ihn mit bösen Augen anfunkelten. „Kommt, greift mich an! Oder hat euch der Mut verlassen?“

Mischka spürte, wie seine Angst in Wut umschlug. Ein Kampfstock lag schlagbereit auf seiner rechten Schulter, der andere wies provozierend auf die Hunde, die unruhig und kläffend vor der Felsspalte herumliefen, als überlegten sie, was zu tun sei. Plötzlich sprang der Leithund auf Mischka zu, benutzte den Körper seines toten Kameraden als Sprungbrett und hechtete sich auf sein Opfer.

Blitzschnell drehte Mischka sich zur Seite und schlug mit dem rechten Schlagstock zu, als wollte er einen Eichenkloben spalten. Der Knüppel traf den Schäferhund direkt hinter dem Ohr.

Mischka hörte das Knacken der Wirbelsäule, sah wie der Hund über den Boden rollte und über die Felskante in die Tiefe stürzte.

Im gleichen Moment spürte er den heißen Atem des letzten Hundes, der seinem Kameraden gefolgt war. Blitzschnell drehte er sich um, doch der Angreifer war schon über ihm, warf ihn zu Boden und schnappte nach seinem Hals.

Mischka ließ den linken Schlagstock fallen, griff dem Hund an die Kehle und versuchte, ihn zurückzudrücken. Doch der schüttelte sich, schnappte nach dem Handgelenk seines Opfers und versuchte, dessen Hals zu fassen. Mit dem Butt des Schlagstockes in seiner rechten Faust schlug Mischka immer wieder auf den Kopf des Schäferhundes. Blut spritzte aus einer Platzwunde an dessen Stirn, dann traf er das Tier am Auge. Die Schmerzen steigerten nur die Wut des angreifenden Hundes.

Voll Verzweiflung schlug Mischka noch einmal auf den Schädel seines Angreifers. Er spürte, wie er dessen Nasenbein traf, hörte das häßliche Geräusch des brechenden Knochens, der sich in das Gehirn des Hundes schob, und sah, wie sich die gelben Augen brachen, als würde das Licht im Inneren des Hundes ausgeschaltet.

Mischka schob den Kadaver zur Seite, erhob sich und spähte den Pfad hinunter. Er hatte noch genügend Zeit, um sich in der Höhle zu verkriechen. Mit eingeübten Bewegungen ließ er die Strickleiter über die Felsenkante und kletterte zum Vorsprung hinunter. Dann löste er den Abseilknoten, zog die Strickleiter zu sich herab und kroch durch den Spalt in die Höhle.

Schweratmend lehnte er sich an die Felsenwand. Sein Puls raste, und er hatte das Gefühl, als schwebe er auf einer Wolke aus Wasserdampf. Den ersten Kampf hatte er gewonnen. Nun mußte er abwarten, ob er seine Verfolger weiter täuschen konnte oder sie in eine seiner Fallen tappten. Er hatte begonnen, mit harten Bandagen zu kämpfen. Sie hatten ihn dazu gezwungen.

Wieder schrie ein Soldat auf. Er war auf eine Steinplatte getreten, die unter ihm nachgegeben hatte, und in ein Loch gestürzt war. Der Mann rieb sein Schienbein. Ihm war nichts passiert! Litschenko atmete auf.

Doch dann hörte er sie kommen. Steine polterten den Abhang herunter wie eine Lawine losgetretenen Schnees. Sie waren faustgroß bis zentnerschwer. Der Soldat hatte den Mechanismus ausgelöst, der die von Wulff aufgeschichteten Steine in die Tiefe riß. Litschenko sah noch im Moos die fast durchsichtige Schnur aus aneinandergebundenen Sehnen, ehe er sich zu Boden warf, sich hinter einen Felsblock duckte, die Hände schützend um den Kopf geschlungen. Er hörte das Donnern der Steinlawine, die Schreie getroffener Männern und roch seinen eigenen Angstschweiß in der staubgeschwängerten Luft.

Auch wenn es nur wenige Minuten gedauert hatte, erschien es Litschenko, als sei eine Stunde vergangen, bis der letzte Stein den Abhang hinuntersprang, gegen einen Birkenstamm prallte und dann friedlich vor seine Füße kullerte.

Der Leutnant richtete sich auf und klopfte sich wie die anderen Männer den Staub aus der Kleidung. Er machte Bestandsaufnahme. Karatajew blutete am Kopf. Ein Stein hatte ihn gestreift. Das war keiner Diskussion wert. Zwei der Soldaten hatte es schwerer getroffen. Schulterbruch und ein zertrümmertes Schienbein konstatierte Litschenko. Die anderen hatten eine Menge blauer Flekken. Schon wollte er aufatmen, als er vor einer Fichte den leblosen Körper eines Soldaten sah, den die Steinlawine mit sich gerissen hatte. Sein Kopf war zerschmettert. Beine und Arme standen unnatürlich vom Körper ab.

Litschenko wandte den Kopf ab und ballte die Fäuste. Was stand ihnen noch auf dieser Menschenjagd bevor? Wie viele Männer mußten noch sterben oder zu Krüppeln werden? Männer, die nur Befehlen gehorchten und versuchten, ihre Pflicht zu tun. Warum wird alles nur auf dem Rücken des kleinen Mannes ausgetragen? Warum lag hier nicht Oberstleutnant Juri Wdowetschenko mit verschwitztem Gesicht und zertrümmertem Schlüsselbein? Oder der feine Major aus Moskau, dem er diesen Schlamassel verdankte? Warum hielten die sich immer raus?

Wortlos bedeutete er Karatajew und drei der Soldaten, mit ihm weiterzugehen, während einer sich um die beiden Verletzten kümmern sollte. Sie sahen den Schmerz in Litschenkos Augen, aber auch den Willen, seine Pflicht zu erfüllen, und schulterten ihre Gewehre. Sie hatten gelernt, keine Fragen zu stellen und blind zu gehorchen, aber in ihren Herzen brannte Rachedurst wie Höllenfeuer.

„Mann, wenn ich den in die Finger kriege! Dem knipse ich das Lebenslicht aus! Ein für allemal!“ hörte Jossif Karatajew einen der Männer hinter sich schimpfen.

„Das habe ich auch anfangs gedacht, als er uns durch die Sümpfe getrieben hat“, antwortete ihm der Hundeführer und wandte sich kurz um. „Aber dann habe ich es aufgegeben. Fünf Monate renne ich schon hinter dem her, und wetten: Wenn wir oben sind, ist er schon auf und davon.“

Der Soldat spuckte nur verächtlich auf den Boden. „Mann, der ist doch kein Halbgott. Den haben die Hunde doch schon längst zu Hackbraten verarbeitet."

„Oder er sie!" warf Iwan Litschenko ein und stieg über einen umgestürzten Baum, nicht ohne sich zu vergewissern, daß er nicht in eine weitere Falle Wulffs tappte. Er hatte inzwischen dazugelernt und empfand etwas wie Achtung vor dem Verfolgten. Auch wenn er jetzt scheinbar in der Falle saß, der Leutnant bezweifelte, daß sie dort oben den Gesuchten noch vorfinden würden.

Und so war es auch. Sie entdeckten die Kadaver der Hunde, stiegen durch den Felsspalt und fanden sich auf einer Bergwiese wieder, auf der nur vereinzelt Bäume standen. Keine Spur von Michail Wulff!

Litschenko zog seinen Feldstecher hervor und suchte den Felsgrat ab. Nichts zu sehen! Michail Wulff war wie vom Erdboden verschluckt. Er ließ die Männer ausschwärmen und suchte zusammen mit Jossif Karatajew nach verdächtigen Hinweisen. Sie hatten in der Schule Chrapows viel gelernt und deuteten die Spuren des Kampfes, blickten in die Höhlung der morschen Buche und versuchten, aus der Schutzhütte Schlüsse zu ziehen.

„Das hier ist bestimmt nicht sein Winterlager", murmelte Litschenko. „Sicherlich hat er uns entdeckt und deutliche Spuren gelegt, um uns von seinem Hauptquartier abzulenken und uns in seine Fallen zu locken."

„Glauben Sie, daß er nur zwei davon errichtet hat?" wollte Karatajew wissen.

„Nein, wahrscheinlich hatten wir Glück. Auf dem Rückweg müssen wir noch vorsichtiger sein, wenn wir hier heil wieder rauskommen wollen."

„Mich würde es auch nicht wundern, wenn jetzt von einem der Felsen ein riesiger Steinbrocken auf uns herunterstürzte."

„Mir geht es ähnlich", gab Litschenko zu. „Aber sag mal Jossif, wo kann er sich versteckt haben, nachdem er die Hunde erledigt hat."

„Genosse Leutnant, ich hab' da so 'ne Idee. Also, er hat die Hunde zu Brei geschlagen ... Ach, übrigens, wo ist denn der vierte? Hier liegen nur drei. Ist der ihm nachgelaufen?"

„Nachgelaufen?" merkte Litschenko auf, der sich gerade vorsichtig über die Felskante beugte. „Komm mal her, Jossif. Schau dir das an. Hier findest du den vierten Schäferhund."

Der Soldat legte sich auf den Bauch und spähte ängstlich hinunter. „Bin nicht schwindelfrei, Genosse Leutnant. Habe immer das

Gefühl, als hätte ich Bleiplatten verschluckt, wenn ich an einem Abgrund stehe."

Litschenko rieb sich nachdenklich die Stirn. „Du sagtest vorhin, der Hund sei Michail Wulff nachgelaufen. Vielleicht hast du recht damit."

Jetzt dämmerte es auch Jossif Karatajew. Er zog sich von der Felskante zurück und begann, die in der Nähe stehenden Bäume zu untersuchen. Dann entdeckte er die verräterischen Zeichen. Inzwischen hatten die Soldaten ihre Suche abgebrochen und waren zurückgekehrt.

„Seht euch das an, Männer!" rief Karatajew erregt. „Die Abscheuerung in der Rinde dieser Fichte beweist, daß jemand hier ein Seil angebunden hat."

Er kroch auf Händen und Füßen zur Felskante und wies auf die Spuren des Seiles im Gras hin, als hätte er die Entdeckung seines Lebens gemacht. „Hier, schaut her, hier hat er sich abgeseilt, dieser Mistkerl. Man kann deutlich die Spuren seines Seiles sehen. Und während wir uns den Berg hochgequält haben, in seine Fallen getappt sind wie dumme Kinder, hat er sich durchs Tal aus dem Staub gemacht. Genauso hat er's bisher immer mit uns gemacht, und wir sind auch immer wieder darauf hereingefallen. Bestimmt hat er sein Winterquartier in einem anderen Tal, weit entfernt und gut versteckt, ohne Spuren, wo ihn niemand finden kann. Was für ein gerissener Hund!"

„Kommt Männer, wir gehen", befahl Leutnant Litschenko „Hier gibt es nichts mehr für uns zu tun. Unten warten die Verletzten und Toten. Wir haben noch einen weiten Weg vor uns."

Die Männer gehorchten mechanisch. Alle Wut war in ihnen abgeflaut und hatte einer Depression Platz gemacht, die an ihren Seelen nagte und alle Kräfte lähmte. Ihre Mission war ein Schlag ins Wasser gewesen. Sie hatten gelernt mit Waffen gegen Waffen zu kämpfen. Gegenüber den Methoden von Partisanen aber fühlten sie sich hilflos. Vorsichtig, um nicht in eine letzte Falle zu treten, machten sie sich auf den Rückweg.

Mischka hatte im Höhleneingang die Worte seiner Häscher mitverfolgt. Er wußte, Karatajew war knapp dem Tode entgangen. Nur wenige Zentimeter weiter links wäre er mit einer Felsplatte in den Abgrund gestürzt. Der Befehl Litschenkos zum Rückzug hatte dem Soldaten das Leben gerettet.

Er atmete tief auf. Die letzten zwanzig Minuten mußte er voller Anspannung im Höhleneingang warten, immer bereit, sich bis aufs Blut zu verteidigen. Soweit hatten sie ihn schon gebracht! Er war kein Mensch der Gewalt. Ja, er verabscheute sie sogar. Aber diesmal war es um seine Freiheit und sein Leben gegangen. Sie hatten ihm keine Möglichkeit zur Flucht gelassen. Also waren Kampf oder Aufgabe die einzigen Möglichkeiten gewesen.

Nikita hatte Recht behalten. Menschen, die wie sie Unschuldige jagen, geben nicht auf, bis man ihnen Grenzen setzt, und das hatte er heute zum ersten Mal getan. Die verletzten und getöteten Soldaten taten ihm leid, und er spürte, wie Schuldgefühle in ihm aufkeimten. Aber es gibt ein Recht auf Selbstverteidigung für jeden Menschen. Wer meint, er könne jemanden in die Ecke drängen, um ihn fertigzumachen, muß mit Verzweiflungstaten und unkalkulierbaren Reaktionen des anderen rechnen. Das hätten die Männer wissen müssen.

Mischka lachte trocken auf. Unten im Tal hatte er vor einiger Zeit eine deutliche Spur gelegt, die nach Süden führte. Eine Woche später würden seine Verfolger wieder vor einem Rätsel stehen, denn die Spur endete in einem ausgedehnten Sumpfgebiet.

Der Wolf

Der Winter brach mit eisigen Nordstürmen und anhaltenden Schneefällen herein. Die Temperatur fiel auf unter fünfundzwanzig Grad Celsius. Mischka war froh, daß der Platz vor seiner Höhle geschützt war, denn er wußte, daß nicht nur Minusgrade, sondern auch Wind und Luftfeuchtigkeit dem Körper Wärme entziehen.

Mischka verbrachte die meiste Zeit in seiner Höhle, um sie wohnlich einzurichten. Aus Birkenholz entstanden beim Schein eines Talglichtes Tisch, Stühle und Regale für seine Vorräte. Dann begann er, aus Hirschfellen einen Poncho zu schneidern, den er mit einer Kapuze und Lederriemen versah, um die Seitenteile zusammenbinden zu können. Aus den Resten nähte er zweilagige Fausthandschuhe, Stiefel, deren Sohlen und Seitenteile er mit Heu auspolsterte, eine einfache Mütze, die auch Ohren und Nacken bedeckte, und Leggins, wie sie die nordamerikanischen Prärieindianer getragen hatten.

Mischka lächelte, als er die selbstgeschneiderten Kleidungsstücke bei Tageslicht betrachtete. Sie entsprachen zwar nicht der Moskauer Mode, aber wirkten praktisch und hielten ihn warm. Später würde er sich noch eine Weste und Jacke aus Rehleder schneidern, um auch stärkeren Minusgraden trotzen zu können.

Jetzt brauchte er aber erst einmal Abwechslung in seiner Tätigkeit. Deshalb begann er, aus einem Birkenstamm einen Jagdbogen anzufertigen. Die Birke, die er dazu auswählte, war hoch oben an der Baumgrenze gewachsen und hatte viele Jahre den Herbst- und Winterstürmen trotzen müssen. Deshalb war der Stamm dünn und zäh. Nachdem Mischka ihn geschält und in Form geschnitzt hatte, spannte er ihn zum Bogen, der am Lagerfeuer getrocknet wurde. Jeden Tag strich er ihn mit Hirschfett ein, damit er nicht spröde wurde. Dann schnitt er auf seiner Außenseite eine Längskerbe, in die er Hirschsehnen einlegte. Sie bildeten einen Gegenzug zur Sehne, auf der die Pfeile aufgesetzt wurden. So wurde verhindert, daß der Bogen frühzeitig ausleierte, und außerdem erhielt er dadurch eine höhere Zugkraft. Nach ersten Schußversuchen schätzte Mischka die Durchschlagskraft der Pfeile auf vierzig Kilogramm bei fünfzig Meter Entfernung. Das entsprach den Werten eines modernen Jagdbogens. Nachdem er Griff und Pfeilauflage fertiggestellt hatte, fettete er die Bogenenden noch einmal ein und umnähte sie mit nassem Rehleder, das später die Enden fest umspannte und auch gefettet wurde. Mischka war stolz auf das Ergebnis seiner Arbeit. Mit diesem Jagdbogen würde er auch größere Tiere erlegen können.

Die Herstellung einer ausreichenden Anzahl von Pfeilen, deren Knochenspitzen mit Widerhaken versehen waren, benötigte viel Zeit und Geduld, während er den ledernen Köcher innerhalb einer Stunde fertig hatte.

Die ersten Übungsschüsse auf eine Schneekugel, die als Zielscheibe diente, waren nicht besonders ermutigend für Mischka. Die Pfeile trafen nur selten das Ziel. Bogenschießen war eine Kunst, die wochenlanges Üben erforderte. Aber Zeit hatte er ja zur Genüge.

Noch einmal zog sich der Winter zurück, als hätte er sich anders besonnen. Ein warmer Wind zog von Süden über die Berge und ließ den Schnee schmelzen. Die Sonne zog ihre Bahn über einen strahlendblauen Himmel und weckte Mischkas Lebensgeister. Er wollte diese Zeit nutzen, um seine Wintervorräte weiter zu ergänzen. Deshalb machte er sich auf den Weg in ein entferntes Tal, in dem er Rehe und Karibus vermutete. Zum ersten Mal hatte er neben seinen Schlingen auch Pfeil und Bogen um die Schultern hängen. Vielleicht war ihm das Jagdglück in den nächsten Tagen hold.

Fast wäre er über den Wolf gestolpert, als er auf eine Lichtung im Birkenwald trat, der sich am Ufer des Gebirgssees entlangzog. Das Tier sprang auf und versuchte, nach Mischka zu schnappen, aber ein rostiges Fangeisen krallte sich erbarmungslos in die Muskeln seines linken Hinterlaufs. Instinktiv zog Mischka seinen Schlagstock, um den Schädel des Wolfes zu zertrümmern. Doch eine innere Stimme ließ ihn innehalten. Er steckte den Schlagstock wieder zu den Pfeilen im Köcher zurück und betrachtete den Wolf genauer. Es war ein starkes Tier mit gleichmäßig grauem Fell und einem weißen Fleck auf der Stirn. Die gelben Augen verrieten Stolz und Klugheit, und sein wildes Knurren zeigte die Entschlossenheit, sich bis zum letzten Atemzug zu verteidigen.

Mischka verspürte Mitleid, als er den geschwollenen und blutverschmierten Hinterlauf betrachtete. Er schätzte anhand der

Wunde, daß der Wolf mindestens schon zwei Tage im Fangeisen lag. Offensichtlich litt er unter starken Schmerzen, so wild wie er sich gebärdete. Irgendwie fühlte sich Mischka mit dem Tier verbunden. Der Wolf war ein Leidensgenosse, der sich wie er nach Freiheit sehnte.

Deshalb drängte es Mischka, ihm zu helfen. Er wollte es nicht wahrhaben, aber tief in seiner Seele gärten noch immer Schuldgefühle. Würde er den Wolf von seinen Qualen erlösen und ihm die Freiheit schenken, wäre das für ihn wie eine Wiedergutmachung für die getöteten Soldaten und Hunde.

Er zog eine flache Schüssel aus seiner Umhängetasche, füllte sie mit Wasser aus dem nahegelegenen See und schob sie vorsichtig in die Reichweite des Wolfes. Der zog sich zuerst knurrend zurück und schnappte dann nach der Hand des jungen Mannes. Doch die rostige Kette des Fangeisens hielt ihn zurück. Mit gefletschten Zähnen stand das Tier vor der Schüssel, als fürchte er einen unerwarteten Angriff des Zweibeiners, während es seinen Durst stillte.

Mischka drehte ihm den Rücken zu, ging zu dem Stamm einer umgestürzten Birke und setzte sich dort so, daß er den Wolf aus den Augenwinkeln beobachten konnte. Das Tier wartete noch eine Weile, dann begann es das Wasser aus der Schüssel zu schlürfen, war dabei aber immer in der Kampfbereitschaft eines erfahrenen Kriegers. Nachdem er den letzten Tropfen aufgeleckt hatte, legte sich der Wolf auf seine Vorderpfoten und beobachtete den Zweibeiner aus halbgeschlossenen Augen.

Um ihn an seine Stimme zu gewöhnen, begann Mischka, leise zu sprechen. Er sah, wie der Wolf seine Ohren spitzte und dem Klang der Worte lauschte, als versuchte er zu verstehen, was der Fremde ihm mitteilen wollte.

„Hörst du, ich werde dich Aljoscha nennen. Das erinnert mich an meinen Freund in Moskau. Aljoscha war immer zuverlässig. Man konnte auf ihn zählen. Wenn man ihn um Hilfe bat, war er zur Stelle, und er wußte, wann man schweigen muß. – Vielleicht hat man ihn auch schon in ein Arbeitslager gesteckt. Wer weiß? – Aljoscha klingt gut. Doch, ich werde dich Aljoscha nennen. Laß uns Freunde sein. Du brauchst vor mir keine Angst zu haben. Ich werde dir nichts tun. Also hör auf, mich so böse anzustarren."

Mischka blickte dem Wolf direkt in die Augen und lächelte ihm zu: „Ich schätze, dir knurrt gehörig der Magen. Wenn man hungrig ist, wird man aggressiv. Ich kann dich verstehen. Mir geht es genauso. Also werde ich jetzt für dich ein Mittagessen jagen. Vielleicht wirst du dann freundlicher."

Mit diesen Worten schulterte er seinen Bogen, griff nach dem Speer und machte sich auf den Weg. An diesem Tag hatte er wenig Glück mit der Jagd. Zwei Fasane stiegen so unerwartet vor ihm auf, daß er keine Zeit zum Spannen seines Bogens fand. Er verfehlte auch einen Rehbock, der zum Trinken an den See gekommen war. Erst am späten Nachmittag, als er schon aufgeben wollte, konnte er ein Bergkaninchen mit einem Speerwurf erlegen.

„Ich bin etwas spät dran", entschuldigte sich Mischka, als er dem Wolf seine Beute zuwarf, „aber ich bin kein so erfolgreicher Jäger wie du."

Der Wolf zuckte zurück, als das Kaninchen vor seine Pfoten rollte. Noch immer mißtraute er diesem Zweibeiner. Aber dann ließ ihn der Hunger seine Vorsicht vergessen. Gierig machte er sich über die Beute her und verschlang sie in wenigen Minuten. Dann legte er seinen Kopf wieder auf die Vorderpfoten, leckte sich das Maul und blinzelte in die Abendsonne, die Himmel und Seeoberfläche in orangerotes Licht tauchte.

„So gefällst du mir schon viel besser, Aljoscha, vielleicht können wir doch noch Freunde werden. Aber jetzt wird es Zeit, daß ich mein Lager aufschlage. In wenigen Minute wird es dunkel sein, und ich möchte es mir doch ein wenig bequemer machen."

Mit diesen Worten begann Mischka, sein Biwak einzurichten. Er spannte seinen Poncho mit zwei Stöcken und einem Band zu einem Zelt auf und schob eine dicke Schicht Birkenlaub darunter, auf die er eine Decke breitete. Seine Waffen legte er griffbereit neben die Schlafstelle, während die Tasche zum Kopfkissen wurde. Inzwischen war es dunkel geworden. Mischka ließ sich auf seiner Decke nieder und zog eine Mundharmonika aus der Jackentasche. Vera Sergejewitsch hatte sie ihm geschenkt. Früher hatte ihr Sohn darauf gespielt. Es waren immer wehmütige Lieder gewesen, die von verlorener Liebe und unerfüllten Träumen gesprochen hatten, von der Weite der Taiga und den alten Zeiten.

Der Wolf sprang auf, als Mischka die ersten Töne spielte. Ein Wimmern stieg aus seiner Kehle empor, als verstünde er die Sprache der Musik, deren Melodie eintönig und traurig durch die Dunkelheit klang. Dann hob er seinen Kopf zum Nachthimmel und stieß einen klagenden Laut aus, der Mischka tief berührte. Er unterbrach sein Spiel und versuchte, den Wolf zu trösten: „Ich kann dich verstehen, Aljoscha. Du hast Schmerzen. Du sehnst dich nach Freiheit und nach deinen Freunden. Mir geht es wie dir. Deshalb möchte ich dir helfen. Vielleicht vertraust du mir morgen schon so sehr, daß ich dich aus dem Fangeisen befreien kann, ohne daß du mir an die Kehle fährst. Also, sei nicht traurig. Es hängt von dir ab, ob du bald wieder frei sein kannst."

Der Wolf wurde still und lauschte den Worten des jungen Mannes, als könne er sie verstehen. Dann legte er sich wieder im Gras nieder. Mischka konnte seine Silhouette trotz der Dunkelheit sehen. Er klopfte die Mundharmonika aus und steckte sie wieder in die Jackentasche. Dann wickelte er sich in die Decke und machte es sich im Blätterhaufen bequem.

„Gute Nacht, Aljoscha, schlaf gut. Morgen werde ich mich um deine Wunde kümmern."

Es war für ihn irgendwie beruhigend, den Wolf in seiner Nähe zu haben, auch wenn sie noch keine Freunde waren. Die Einsamkeit der letzten Wochen hatte an seiner Seele genagt, und er hoffte, daß dieses Tier sich ihm anschließen und die Menschen ersetzen würde, deren Verlust ihn stets melancholisch stimmte, wenn er an sie dachte. Er konnte nun verstehen, weshalb Menschen sich von einem Haustier abhängig machen und eine Zeit echter Trauer durchleben, wenn der Tod ihren Liebling trifft.

Als Mischka von den ersten Sonnenstrahlen geweckt wurde, richtete er sich auf und schaute nach Aljoscha. Der Wolf lag auf der Seite und rührte sich nicht. Erschreckt sprang Mischka auf. Angst, das Tier könne in der Nacht an Blutvergiftung gestorben sein, packte ihn, als ginge es um einen nahen Verwandten. Er vergaß alle Vorsicht, eilte zu dem Tier und kniete sich neben ihm nieder.

Mischka fiel ein Stein vom Herzen. Die Flanken des Wolfes hoben und senkten sich im schnellen Wechsel oberflächlicher Atmung. Aljoscha lebte! Doch seine Augen waren nur halb geöffnet, glänzten fiebrig und starrten ausdruckslos in die Ferne. Über Nacht war Wundfieber ausgebrochen und hatte dem Tier allen Lebenswillen geraubt.

„Gib nicht auf, Aljoscha!" redete Mischka auf ihn ein. „Du wirst wieder auf die Beine kommen. Dafür werde ich sorgen. Jetzt kümmere ich mich erst einmal um die Falle und versorge deine Wunde."

Er mußte mit aller Kraft an den Backen des Fangeisen ziehen, um sie erneut zu spannen. Die rostigen Zähne hatten sich tief in das Fleisch des Hinterlaufs gegraben und eine eitrige Entzündung verursacht. Mischka löste die Falle mit einem Stock aus, damit sie niemandem mehr gefährlich werden konnte, und warf sie zur Seite. Dann machte er sich auf die Suche nach Kamille. Er fand in der Nähe des Seeufers ein paar vertrocknete Stengel, zündete ein kleines Feuer an, kochte die Kamille in einem Topf auf und ließ sie ziehen. In der Zwischenzeit grub er Lehm aus dem Boden, knetete ihn gründlich durch und erhitzte ihn in einem zweiten Gefäß, um Krankheitserreger abzutöten. Dann kniete er sich neben dem Wolf nieder.

„Du hast ganz ordentliches Fieber. Aber du wirst sehen: Bald geht es dir wieder besser."

Mischka badete den Hinterlauf des Wolfes ausgiebig im Kamillentee. Das Tier hob nur einmal schwach den Kopf und ließ sich dann willenlos behandeln. Natürlich hatte das Kraut nicht mehr die Heilkraft, als wäre es im Frühling gesammelt worden. Aber es war besser als nichts. Nachdem er die Wunde gesäubert und allen Tee verbraucht hatte, strich Mischka den vorbereiteten Lehm auf den verletzten Hinterlauf. Der Lehm würde Gifte aus der Wunde saugen, sie gegen Infektionen schützen und die Schwellung zum Abklingen bringen.

Zufrieden mit seiner Arbeit ging Mischka zum Seeufer, wusch sich und trank ein paar Schluck Wasser. Das Versorgen der Wunde hatte ihn so sehr in Anspruch genommen, daß er darüber seine eigenen Bedürfnisse vergessen hatte. Er spürte seinen Magen knurren und aß ein wenig getrocknetes Fleisch aus seinem Vorrat. Dann setzte er sich neben den Wolf wie ein Krankenpfleger ans Bett eines Schwerverletzten.

Das Tier begann, ruhiger und gleichmäßiger zu atmen. Anscheinend hatten die Schmerzen durch den kühlenden Lehm nachgelassen. Schließlich schloß es seine Augen ganz und sank in einen tiefen Schlaf.

Mischka erhob sich leise und entfernte sich auf Zehenspitzen. Er hatte nun Zeit, um auf die Jagd zu gehen. Aljoscha würde die nächsten Stunden schlafen. Er durfte nur nicht zu lange fortbleiben. Wenn der Wolf erwachte, wollte er wieder im Lager sein. Er mußte ihn dann mit Wasser und Nahrung versorgen, um die Beziehung zwischen ihnen weiter zu vertiefen. Gut gelaunt griff er seine Waffen und machte sich auf den Weg.

Als er von der Jagd zurückkehrte, sah Mischka sofort, daß sich der Gesundheitszustand des Wolfes wieder verschlechtert hatte. Das Tier lag auf der Seite und starrte mit glasigen Augen ins Leere. Wundfieber hatte ihm erneut alle Lebenskraft genommen.

Mischka beugte sich über den Wolf und streichelte das dichte Fell. Trotz der kühlen Herbstluft glühte der Körper des Tieres wie ein Backofen. Er mußte unbedingt den Lehmumschlag entfernen und die Wunde neu versorgen!

Um sich selbst zu schützen, band er die Läufe des Wolfes mit Lederriemen locker zusammen und schob auch eine Schlinge wie einen Maulkorb über dessen Schnauze. Dann entfernte er vorsichtig den Lehmverband. Der Wolf wimmerte dabei wie ein krankes Kind. Mischka konnte seine Schmerzen nachempfinden.

„Sei tapfer, Junge. Ich bringe dich durch!“ versuchte er dem Tier Mut zuzureden.

Eiter quoll aus der Wunde. Sie mußte unbedingt desinfiziert werden! Mischka entzündete ein Feuer, kochte erneut Kamillentee und erhitzte danach sein Messer.

„Jetzt wird es ein wenig weh tun“, sagte er wie ein erfahrener Arzt gegenüber einem verängstigten Patienten, „aber es muß sein, sonst stirbst du an einer Blutvergiftung.“

Kurz entschlossen zog Mischka das rotglühende Messer über die Wunde. Das Tier jaulte auf und sackte bewußtlos zusammen. Nachdem er die Wunde ausgebrannt und mit Kamillentee gründlich ausgewaschen hatte, zerrieb er Holzkohle und wickelte sie mit einem Lederfetzen um den Hinterlauf. Er hatte von Tante Lena gelernt, daß Holzkohle nicht nur bei Magen-Darm-Störungen hilft, sondern auch Gifte aus infizierten Wunden aufsaugt.

Drei Tage schwebte der Wolf zwischen Leben und Tod, und Mischka wich kaum von seiner Seite. Am Morgen des vierten Tages aber war die Wasserschüssel leer, die er ihm hingestellt hatte. Aljoscha schlief fest und friedlich. Das Fieber war überstanden.

Mischka setzte sich neben ihn und summte ein altes Volkslied. Plötzlich öffnete Aljoscha ein Auge und blinzelte ihn an, als wollte er sagen: „Nun mach schon. Mir knurrt der Magen. Bring mir endlich mein Essen!“ Mischka lachte ihn an, erhob sich und holte ein großes Stück Karibufleisch. Er hatte das Tier zwei Tage zuvor erlegt. Gierig machte sich der Wolf über die Mahlzeit her.

„Man sieht, das Leben hat dich wieder“, lächelte ihm Mischka zu. „Deine Wunde ist schon wieder verheilt. Trotzdem mußt du dich noch schonen.“

Als hätte Aljoscha ihn verstanden, legte er sich wieder nieder und entspannte sich. Offensichtlich war seine Angst vor dem Zweibeiner gewichen und hatte Vertrauen und Zuneigung Platz gemacht.

Mischka blieb noch zwei weitere Tage am See. Als aber das Wetter umschlug, machte er sich auf den Weg zurück zur Höhle. Wie er es sich erhofft hatte, folgte ihm der Wolf – zuerst zögernd, dann immer entschlossener. Unterwegs belohnte Mischka ihn immer wieder mit kleinen Stücken Karibufleisch.

Aljoscha hinkte leicht, aber dies würde für ihn kein Nachteil sein. Er war ein außergewöhnlich kräftiger Bursche, der trotz der Verletzung die Führung eines Rudels übernehmen konnte.

Mischka brauchte eine Woche, bis er Aljoscha so weit hatte, daß er mit ihm in die Höhle zog. Den letzten Anstoß gab ein schwerer Schneesturm, der mit eisigem Wind die Berge hinunterfegte. Der Wunsch nach Nahrung, Wärme und Schutz wurde größer als die Angst vor der dunklen Höhle des Menschen.

Seinen eigenen Schlafplatz baute Mischka vorsichtshalber zu einer Art Gitterbett aus. Aljoscha war kein zahmer Hund, sondern immer noch ein Raubtier. Er konnte ihm nicht voll vertrauen, noch nicht.

In den dunklen Wintertagen war er froh, ein Lebewesen um sich zu haben, mit dem er sprechen konnte, auch wenn sein Gegenüber den Sinn der Worte nicht verstand. Die langen sibirischen Winter hatten schon manchen einsamen Jäger in den Wahnsinn getrieben. Ein Jakute hatte beispielsweise alle Munition ins Moor geworfen, als seine Nerven durchdrehten. Dabei hätte er sie dringend gebraucht, um sich Nahrung zu schießen. Ein anderer Jäger war in seinem Wahn ohne Kopfbedeckung bei minus vierzig Grad in die Winternacht hinausgestürmt. Man fand ihn kurz darauf in der Nähe seiner Hütte. Sein Gehirn war eingefroren.

Während der kalten und stürmischen Tage versuchte Mischka, die Höhle wohnlicher zu gestalten oder schnitzte Jagdpfeile. Dabei erklärte er Aljoscha jeden Handgriff. Der Wolf hörte ihm geduldig zu. Nicht selten schlief er dabei ein – wie ein Schüler, dem der Unterricht zu langweilig wurde.

„Weißt du, Aljoscha, ich denke gerade über die Menschen der Vorzeit nach. Ich frage mich, wie sie gedacht und gefühlt haben. Waren sie wirklich primitive Monster, die sich mit Grunzen und Urlauten verständigten?"

Mischka warf eine mißratene Pfeilspitze ins Feuer und suchte nach einem anderen passenden Knochenstück. „Ich sitze hier in einer Höhle und schnitze Pfeilspitzen aus Tierknochen. Ich nähe mir primitive Kleidung aus Fellen und ernähre mich wie ein Steinzeitmensch, während gleichzeitig Astronauten in Raumkapseln um die Erde kreisen und wissenschaftliche Experimente durchführen. Vielleicht war es früher ganz ähnlich?"

Aljoscha legte seinen Kopf schief und blinzelte ihn an.

„Ja, ich meine es ernst. Vielleicht bestanden damals Steinzeitalter und Zivilisation nebeneinander? Nehmen wir einmal an, ich sterbe hier in dieser Höhle, und zweihundert Jahre später findet ein Paläontologe meine Knochen und Werkzeuge. Was meinst du, welche Theorie wird er über mich aufstellen? Ein Rückfall in die Steinzeit? Was wird er über meinen Intelligenzquotienten, meine Fähigkeiten und mein Wissen aussagen? Wird er nicht seinen Fund falsch interpretieren müssen?"

Mischka legte ein paar Holzscheite auf die Glut des Feuers und begann, die Spitze des Pfeils zu glätten. „Auch damals könnten doch Neandertaler und zivilisierte Menschen nebeneinander existiert haben. Während meines Studiums habe ich mich mit den Kulturen des Vorderen Orients beschäftigt. Mich haben besonders die Stadtstaaten Mari, Uruk, Lagas und Ur interessiert. Die Menschen dieser Kulturen kannten schon vor fünftausend Jahren Banken und Bierbrauereien. In Ur hatten die wohlhabenden Bürger sogar Fußbodenheizungen! Frauen und Männer schminkten sich. Sie besaßen Pinzetten, Zahnstocher und Nagelhautentferner. Man fertigte kunstvolle Gegenstände oder Schmuck aus Gold und Edelsteinen an, besaß Spielbretter mit Perlmutteinlagen und stellte auch Glasgefäße her.

Natürlich konnten die Menschen schreiben und lesen. Die Kinder gingen zur Schule und ärgerten sich genauso wie heutige Schüler über ihre Lehrer. Man hat damals die Schriftzeichen mit einem Griffel in Tontafeln eingedrückt, die später gebrannt wurden, so daß sie haltbar wurden. Unter dem Wüstensand in Mesopotamien fand man Tausende dieser Tafeln. Man nennt diese Zeichen Keilschrift, weil der Griffel keilförmige Zeichen in den Ton drückte. Die Archäologen haben herausgefunden, daß die Menschen damals richtig schreibwütig waren. Sie schrieben alles auf, was mit ihrem Leben zu tun hatte. Kinder schrieben sogar Briefe an ihre verreisten Väter. Was mich besonders fasziniert, sind die Ausgrabungen in Ur. Dort hat man in allen Schichten Tontafeln gefunden – bis hinunter zum Urgestein. Weißt du, was Urgestein ist?"

Aljoscha schaute ihn gelangweilt an und gähnte herzhaft.

„Ja, ja, ich sehe, du interessierst dich nicht für Archäologie. Aber ich werde es dir trotzdem erzählen. Ich habe ja sonst niemanden, mit dem ich reden kann. Im Urgestein findet man keine Fossilien. Deshalb geht man davon aus, daß sich dieses Gestein vor der Entstehung des Lebens gebildet hat. Direkt auf diesem Urgestein finden wir in Mesopotamien schon eine Schicht mit Resten einer menschlichen Kultur, die schreiben und lesen konnte. Die Bewohner Europas lebten dagegen zur gleichen Zeit in primitiven Behausungen und jagten mit Faustkeilen und Steinäxten. Ich frage mich nun: Wie lebten die Vorfahren beider Kulturen? Waren sie zivilisiert, so daß die Menschen Europas zurückgefallen und degeneriert sind? Oder waren sie primitiv? Dann müßten die Menschen in Mesopotamien einen plötzlichen, unerklärlichen Entwicklungssprung durchgemacht haben, der ihnen innerhalb weniger Jahrzehnte Zivilisation und Schrift bescherte, während ihre Verwandten im Norden von dem, was wir als Zivilisation bezeichnen, noch weit entfernt waren? Das sind für mich ungeklärte Fragen. Deshalb möchte ich später meine Studien in diesem Bereich fortsetzen."

Mischka erhob sich und reckte seine Arme.

„Übrigens, so dumm waren die Neandertaler auch nicht. Sie hatten ein größeres Hirn als heutige Menschen, und ob sie wirklich wie Affen behaart waren und platte Nasen besaßen, wird heute schon stark bezweifelt. Wahrscheinlich würden sie in unserer Zeit nicht besonders auffallen, wenn wir sie in moderne Kleidung steckten. In Le Tuc d'Audoubert in den Pyrenäen hat man Kunstgegenstände in einer Höhle gefunden, die von einer außergewöhnlichen Geschicklichkeit und Intelligenz zeugen. Die Nachbildungen von zwei sechzig Zentimeter großen Wisentfiguren sind so gelungen, daß sie einem heutigen Künstler alle Ehre machen würden. Dabei wurden sie bei Fackelschein mit einfachsten Werkzeugen angefertigt. Vielleicht waren diese Höhlenbewohner auch nur Ausgestoßene einer halbwegs zivilisierten Gesellschaft, deren Überreste noch nicht entdeckt wurden. In Humusschichten verwesen Körper und Naturmaterialien vollständig, während sie im idealen Höhlenklima teilweise erhalten bleiben. Was damals wirklich geschah, werden wir also nie ganz herausfinden. Vieles wird immer nur Hypothese und Spekulation bleiben."

Aljoscha antwortete seinem Lehrer nur mit einem leisen Schnarchen. Er lebte in der Gegenwart. Das Gestern und Morgen interessierte ihn nicht.

Einen Monat später, ein Sturm heulte wieder einmal über die Bergkämme hinweg und begrub alles unter einer dicken Schneedecke, kam Mischka eine Erleuchtung.

„Oh, Aljoscha", rief er dem Wolf zu, der gerade an einem Knochen nagte, „warum habe ich nicht schon vorher daran gedacht? Unsere Vorfahren haben eine bahnbrechende Erfindung gemacht, und ich habe sie bisher nicht genutzt! Weißt du, wovon ich spreche? Von der Speerschleuder! Sie ist wahrscheinlich die erste große Erfindung der Menschheit."

Mischka begann in einem Holzstapel zu kramen, um einen geraden Stab zu finden.

„Mit einer Speerschleuder erhöht sich die Flugweite und Aufprallwucht eines Speeres ganz erheblich. Ein durchtrainierter Sportler erreicht mit dem Speer knapp hundert Meter. Mit einer Schleuder könnte er sogar zweihundert Meter werfen. Das liegt an den besseren Hebelverhältnissen. Der menschliche Arm ist nicht so sehr für das Werfen und Schleudern ausgelegt."

Inzwischen hatte er einen geraden und zähen Birkenast mit einem Durchmesser von etwa zwei Zentimetern gefunden. „Daraus schnitze ich mir einen Wurfspeer, der noch auf fünfzig Meter einen Hirsch zur Strecke bringt", erklärte er begeistert seinem Freund.

Er suchte noch einen zweiten etwa sechzig Zentimeter langen Birkenast, dessen Ende leicht gekrümmt war, und nahm eines der kleinen Hirschgeweihe vom Regal. Die nächsten Stunden verbrachte Mischka damit, eine steinzeitliche Speerschleuder anzufertigen, wie er sie im Museum gesehen hatte. Aus dem Geweih schnitzte er einen kräftigen Haken, den er mit dem Birkenast verbinden mußte. Dazu schrägte er beide Teile an, klebte sie mit Kiefernharz zusammen und umwickelte sie mit kräftigen Sehnen. Das leicht gekrümmte Ende des Birkenastes wurde zu einem Griff geformt und sorgfältig geglättet. Zum Schluß durchbohrte Mischka das Endstück und versah es mit einer Lederschlinge. So konnte er die Schleuder am Handgelenk tragen.

„Siehst du, Aljoscha, genauso haben es die Jäger damals auch gemacht. Hier siehst du eine echte steinzeitliche Speerschleuder."

Nach einer knappen Mahlzeit setzte der junge Mann seine Arbeit fort. Er glättete den Speer, versah ihn mit einer scharfen Knochenspitze, die er mit Harz und Sehnen befestigte, und schnitzte am anderen Ende eine Nut für den Haken der Schleuder. Zum Schluß befestigte er Federstreifen am Ende des Speeres, um ihm Flugstabilität zu geben.

Zufrieden wog er ihn in seiner Hand. Gewicht und Stärke stimmten. Der Speer würde – mit der Schleuder geworfen – einen Rehbock auf vierzig Meter tödlich durchbohren. Jetzt fehlte ihm nur noch das Training und die Treffsicherheit. Aber dafür hatte er ausreichend Zeit, wenn das Wetter sich besserte. Bis zum Frühjahr würde er mit seiner neuen Waffe genügend Erfahrung besitzen, um sie auf der Jagd einsetzen zu können.

Trotz der Hitze des Holzofens waren die Fenster der Baracke zugefroren. Eisblumen verzierten die Scheiben mit kunstvollen Mustern und versperrten den Blick auf das verschneite Lager.

Oberstleutnant Juri Wdowetschenko versuchte, mit seinem Zeigefinger ein Loch in die Eisschicht zu tauen. Schon als Junge hatte er solche Gucklöcher in die zugefrorenen Fenster der elterlichen Wohnung geschmolzen. Er erinnerte sich genau an seine Kindheit, die strenge Mutter und den Vater, der nie Zeit für ihn gehabt hatte. Er sah wieder die schlichte Wohnstube vor sich mit dem abgewetzten Sofa und den durchgetretenen Dielen. Schon damals hatte er es nicht ertragen können, wenn Eisblumen den Blick nach draußen versperrten. Juri Wdowetschenko wollte nie blind dastehen, nie den Überblick verlieren. Er wollte immer wissen, was um ihn herum geschah, wollte immer informiert sein. Das war schon damals so gewesen.

Er räusperte sich. „Nun, Leutnant, was haben sie zu ihrer Verteidigung zu sagen? Bisher sind Sie nicht gerade besonders erfolgreich gewesen. Wie viele Monate brauchen Sie eigentlich noch, bis der Flüchtige wieder im Lager sitzt? Wie viele Tote und Verletzte soll es noch geben?"

Wdowetschenko drehte sich abrupt um und starrte Litschenko kalt an. „Moskau hat angedeutet, daß die Flucht von Michail Wulff sehr ernst genommen wird. Er ist sozusagen zum Testfall für die Fähigkeit sibirischer Lagerleitungen geworden, ausgebrochene Sträflinge wieder einzufangen. Sollten Sie und Chrapow weiter versagen, wird das für alle Konsequenzen haben – ausnahmslos für alle! Also, nehmen Sie Ihre Aufgabe ernster als bisher. Auch wenn es Monate kostet, Wulff muß gefaßt werden!"

Litschenko nickte stumm. Er konnte sich vorstellen, welchen Druck Major Kurbanow auf Wdowetschenko ausübte, den dieser nun an ihn weitergab. Insgeheim freute es ihn, daß auch sein Vorgesetzter nicht ungeschoren davonkommen würde, sollte er Wulff nicht erwischen.

Man darf diese Leute einfach nicht so tierisch ernst nehmen, dachte Litschenko, und dabei fühlte er, wie ein Gefühl der Erleichterung ihn durchflutete. In Wirklichkeit sind sie auch nur kleine Geister, die ihre selbstsüchtigen Interessen verfolgen und von Ängsten und Sorgen geplagt werden. Ihnen geht es nicht besser als mir. Ihre Drohgebärden sind nichts anderes als Zeichen der eigenen Schwäche. – Wenn man angegriffen wird, muß man das also nicht immer gleich persönlich nehmen und mit Angst oder Wut reagieren.

Dieser Gedanke faszinierte Litschenko. Wer sich nicht angegriffen oder getroffen fühlt, kann mit Druck und Aggression seiner Mitmenschen gelassener umgehen. Plötzlich erschien ihm sein

Vorgesetzter wie ein schlechter Schauspieler in einem billigen Film.

„Was grinsen Sie so?“ fuhr Wdowetschenko ihn an.

Litschenko riß sich zusammen und setzte wieder ein förmliches Gesicht auf.

„Ich dachte nur gerade daran“, log er ungeniert, „wie sich der Politvize freuen wird, wenn er wieder mit Wulff diskutieren darf.“

„Dazu müssen Sie ihn erst haben. Also hören sie mit dem Träumen auf! – Welche Maßnahmen haben Sie inzwischen eingeleitet, und wie wollen Sie weitermachen, wenn Chrapow wiederhergestellt ist?“

„Alle Dienststellen der Miliz im Umkreis von siebenhundert Kilometern um Nakama sind informiert worden. Außerdem haben sämtliche Kolchosen und Sowchosen – besonders die Genossen der Jagd und Holzwirtschaft – eine genaue Beschreibung des Flüchtigen erhalten. Für die Ergreifung von Michail Wulff wurde ein Kopfgeld ausgesetzt.“

Oberstleutnant Wdowetschenko nickte, aber ihm war anzumerken, daß er nur halb zufrieden war. „Und was sonst noch?“

„Sobald Chrapow wieder einsatzfähig ist, werde ich mit ihm ins Gebirge fliegen. Er will sich unbedingt die Stelle anschauen, an der wir die Männer verloren haben. Außerdem planen wir, trotz der Kälte mit kleineren Suchmannschaften das Gebiet zwischen Krasnojarsk und Irkutsk zu durchkämmen. Bestimmt hat sich Wulff nach Süden abgesetzt. Vielleicht will er dort im Frühjahr über die Grenze.“

„Sibirien ist unendlich, und dieser Mann hat gezeigt, daß er in kurzer Zeit große Entfernungen zurücklegen kann.“ Wdowetschenko schnipste geringschätzig mit den Fingern. „Wahrscheinlich hat er noch vor Wintereinbruch fünfhundert Kilometer hinter sich gelassen, falls er nicht erfroren ist oder von Wölfen gefressen wurde.“

„Ich denke, er weiß genau, wie man einen sibirischen Winter überstehen kann“, gab Litschenko zurück. „Bisher hat er jedenfalls immer ganz genau gewußt, was zu tun war. Sogar Chrapow hat Hochachtung vor seinen Fähigkeiten.“

Juri Wdowetschenko knurrte ein knappes „Mag sein“ und wandte sich wieder dem Fenster zu. Litschenko stand unentschlossen im Raum und wartete auf ein Zeichen, daß er gehen konnte. Doch sein Vorgesetzter setzte das Gespräch unvermittelt fort, ohne sich dabei umzudrehen. „Wir haben diesen Mann bisher unterschätzt. Setzen Sie in Zukunft Himmel und Hölle in Bewegung, damit Sie diesen Burschen hier bald durch das Lagertor schleifen können. Sie wissen, was Ihnen sonst blüht! Ich stehe zu meinen Versprechungen."

„Ich werde alles tun, was in meinen Kräften steht, Oberstleutnant. Aber auch ein erfahrener Mann wie Chrapow hat bisher keine Erfolge aufweisen können."

Wdowetschenko schwieg und bedeutete dem Leutnant zu gehen. In ihm kochte es. Er spürte, wie er an Einfuß gegenüber seinen Mitarbeitern verlor. Macht stützt sich auf Einschüchterung und Angst. Dieser Litschenko hatte sich inzwischen verändert. Auf Drohungen reagierte er gelassener als vor einem Jahr. Anscheinend hatte er sich damit abgefunden, möglicherweise strafversetzt zu werden. Es schien ihn nicht mehr zu schrecken. Damit verlor er, Wdowetschenko, jedoch die Macht über den Leutnant, und genau das gefiel ihm überhaupt nicht.

Sein Selbstwertgefühl hing davon ab, daß andere zu ihm aufschauten und vor seinem Zorn zitterten. Er mußte darauf achten, nicht die Autorität zu verlieren. Irgendwie spürte er, daß dieser Michail Wulff sein Schicksal war. Er hatte mit seiner Flucht eine Lawine losgetreten, die alle in den Abgrund reißen konnte, die darin verwickelt waren.

Als Litschenko sich der Wohnbaracke für Offiziere näherte, lief ihm der kleine Nikolaj durch den Schnee entgegen. Seine Wangen waren durch Kälte und Aufregung gerötet.

„Papa, Papa! Mama, schau, Papa ist wieder da!" Überglücklich sprang der Junge seinem Vater in die Arme. Marina erschien in der offenen Haustür und strahlte ihren Mann an. Sie war keine Schönheit, aber ihre blonden Haare und ihr fröhliches Lachen machten sie für Iwan Litschenko zur hübschesten Frau auf der Welt.

Sie eilte ihm entgegen, fiel ihm um den Hals und preßte ihn fest an sich. Iwan Litschenko spürte die Wärme ihres Körpers. Erregung stieg in ihm auf. Er hatte sie schon lange vermißt.

„Komm, Marina, laß uns ins Haus gehen. Ich habe dich schon lange nicht mehr in meinen Armen gehalten."

Sie küßte ihn zärtlich und flüsterte: „Geh schon voraus. Ich bringe Nikolaj noch schnell zu seinen Spielkameraden."

Litschenko strich seinem Sohn über das Gesicht und zog ihm die Kapuze zurecht. „Wenn du zurückkommst, gehen wir zusammen Schlittenfahren. Willst du das?"

Nikolaj klatschte in die Hände und sprang vor Freude in die Höhe. „Oh ja, Papa!"

Dann hüpfte er an der Hand seiner Mutter durch den Schnee davon. Iwan Litschenko sah den beiden nach. Sie waren für ihn das Wichtigste auf der Welt, und kein Michail Wulff oder Oberstleutnant Wdowetschenko sollte die beiden mit ihren Entscheidungen unglücklich machen dürfen. Dafür würde er sorgen, und wenn er mit harten Bandagen kämpfen müßte.

Er wandte sich dem Haus zu. Zwei Soldaten und ein Strafgefangener mit einer Werkzeugkiste traten gerade aus der Tür. Es war Semjon mit zwei Wächtern.

„Hallo Leutnant", rief der Strafgefangene ihm zu, „wir haben Sie hier lange nicht gesehen. Mischka Wulff hat Sie wohl die ganze Zeit in Atem gehalten! Der Junge ist ganz schön ausgekocht, nicht wahr?"

„Noch haben wir ihn nicht. Aber der Frost wird ihn mürbe machen, und im Frühjahr werden wir ihn einsammeln wie Fallobst."

Semjon schüttelte seinen Kopf, nahm die Werkzeugkiste in die andere Hand und antwortete: „Ich glaube, da unterschätzen Sie den Jungen! Der hat mehr auf dem Kasten, als die meisten hier im Lager! Der wird Sie noch oft aufs Kreuz legen."

Semjon wandte sich zum Gehen, besann sich und sagte über die Schulter: „Ich wünsche Ihnen kein Glück, Leutnant! Michail Wulff ist für uns alle zum Symbol der Freiheit und des Widerstandes geworden. Er ist unser Mann! Die Wetten stehen hoch darauf, daß er niemals wieder seinen Fuß in dieses Lager setzen wird, und sogar Nikita betet für den Erfolg seiner Flucht. Also, machen Sie Ihre Sache schlecht, Leutnant!"

Litschenko antwortete nicht auf diese Provokation. Im Grunde hatte Semjon recht. Er konnte ihn und seine Freunde verstehen. Wenn es nicht um Marinas und Nikolajs Zukunft ginge, würde er genauso denken. So weit war er schon.

Es war ein harter Winter. Obwohl Mischka den Eingang an der Steilwand verschlossen und auch den Zugang zu den unterirdischen Wasserfällen mit einem Rentierfell abgedichtet hatte, zog es in der Höhle. Auch das Lagerfeuer und die dicke Bekleidung ließen an manchen Tagen kein Gefühl der Wärme oder Behaglichkeit aufkommen. Draußen gefror ihm innerhalb weniger Minuten der Bart, und ohne Gesichtsmaske aus weichem Rehleder wagte er sich nicht in die eisige Kälte.

Natürlich gab der harte sibirische Winter ihm auch ein Gefühl der Sicherheit. Bei den extremen Minustemperaturen würde wohl kaum jemand wagen, diese menschenfeindliche Gegend aufzusuchen. Schon nach wenigen Stunden Fußmarsch durch die Schneeverwehungen bestünde die Gefahr schwerer Erfrierungen an Gesicht, Händen und Füßen. Deshalb fühlte Mischka sich relativ sicher vor unliebsamen Überraschungen.

Die Anwesenheit von Aljoscha machte ihm die Tage leichter. Trotzdem zerrten Einsamkeit und Dunkelheit an seinen Nerven. Manchmal begann er, am Erfolg seiner Flucht zu zweifeln, verwünschte seine Entscheidung und träumte von den warmen Baracken und den harten Kerlen der Besserungsarbeitskolonie. Einmal waren sie über Tima Bekow, den Frommen, hergefallen, als er gerade in seiner Bibel las.

„He, Tima, bist wohl gerade wieder auf Pilgerreise ins Gelobte Land", grölte Igor Lukin, ein grober, ungeschlachter Bursche mit schwarzen Haaren und rotem Gesicht. Er rempelte den Jungen an, so daß er vom Hocker fiel und die Bibel über den Dielenboden schlitterte.

„Fromm, aber kein Mumm in den Knochen", lästerte Wolodin Moisejew. Er selbst war ein hagerer, mittelgroßer Mann, der fehlende Intelligenz und Körperkraft durch sein Mundwerk wettzumachen suchte. Er starrte den Jungen mit seinen wäßrigen Augen an, als wollte er ihn einschüchtern.

Die Männer in der Baracke lachten laut auf. Auch Tima versuchte zu lächeln, obwohl er nicht verbergen konnte, daß der Sturz ihm weh getan hatte.

Igor streckte ihm die Hand entgegen, als wollte er ihm bei Aufstehen helfen. Doch als Tima schon fast wieder auf den Füßen war, stieß Igor ihn zurück. Der Junge prallte mit dem Hinterkopf gegen eine Bettkante und stöhnte auf. Doch immer noch lächelte er.

„Hör auf, so blöd zu grinsen, Schwächling!" pöbelte Wolodin ihn an. Dann trat er mit dem Fuß gegen die Bibel, so daß sie quer durch den Barackenraum flog.

„Nein!" schrie Tima Bekow auf. „Nein, nicht."

Die umstehenden Männer grölten.

„Was hast du gesagt, Schwächling?" wollte Wolodin wissen. Er beugte sich zu dem Jungen hinunter und entblößte seine gelben Zähne. „Willst du mir etwa Vorschriften machen?" Er trat gegen Tima Bekows Ellbogen, so daß der Junge wieder zurückfiel.

Jetzt reichte es Mischka. Wenn Männer faire Kämpfe austrugen oder sich gegenseitig ins Lächerliche zogen, hatte er nichts dagegen. In einem solchen Lager brauchte man einfach ein Ventil für Aggression oder Langeweile. Es war außerdem ihre Sache, wie sie miteinander umgingen. Aber wenn jemand über einen Schwächeren herfiel, stieg sein Blutdruck.

„Genug Männer!“ rief er, und seine Stimme verriet Autorität. „Ihr habt euren Spaß gehabt. Laßt den Jungen jetzt zufrieden!“

Erstaunt wandten sich ihm Igor und Wolodin zu.

„Gehörst du jetzt etwa auch zum Club der Frommen?“ wollte Igor wissen. „Wie kannst du uns Vorschriften machen wollen. Du brauchst wohl eine Abreibung!“

Mischka blickte ihn nur verächtlich an und wandte sich an die umstehenden Männer, die gespannt darauf warteten, wie er reagieren würde.

„Leute“, sagte er, „ich werde den Verdacht nicht los, daß wir ein oder zwei Spitzel unter uns haben. Jedesmal, wenn mich der Politvize durch die Mangel dreht, erzählt er mir, was hier unter uns gesprochen wurde. Von wem weiß er das nur? Wo ist hier die undichte Stelle?“

Er machte eine bedeutungsvolle Pause, um die Männer aufzuheizen. „Welcher gemeine Hund verpfeift uns bei diesem Mistkerl?“

Mischka schaute in die Runde. Die Männer starrten ihn an und warteten auf seine nächsten Worte. In ihren Gesichtern sah er Fragen, Ärger und Abscheu.

„Wer ist es, Mischka?“ ließ Nikita sich aus dem Hintergrund hören. „Sag es uns, damit wir diesem Schwein für immer das Maul stopfen können.“

„Ich weiß es selbst nicht, Freunde. Eins aber weiß ich. Hier wurde gerade von Igor und Wolodin ein Junge fertiggemacht, gegen den der Politvize machtlos ist, den er bisher nicht umdrehen und auf Parteikurs bringen konnte. Das stinkt doch ganz gewaltig!“

„Hurensohn!“ schrie Wolodin ihn an, und auch Igor ballte die Fäuste und machte Anstalten, sich auf Mischka zu stürzen.

„Seht ihr, Männer, jetzt wollen sie auch über mich herfallen, den Lieblingsfeind des Politvizen. Also, wenn das kein Zufall ist!“

Igor holte zum Schlag aus. Mischka wich nur leicht zur Seite, so daß die Faust des Angreifers gegen den Bettpfosten knallte. Dann stieß er ihm mit der flachen Hand ins Gesicht und schlug ihm gleichzeitig das vordere Bein weg. Igor fiel wie ein nasser Sack auf den Boden. Seine Nase begann zu bluten. Er rappelte sich auf und stierte seinen Gegner an. Wolodin trat an seine Seite.

„Mann, macht nicht noch alles schlimmer, als es schon ist!" wies Mischka die beiden zurecht. „Ihr habt hier nicht mehr viele Freunde. Schaut euch nur um."

Wolodin und Igor blickten in die Runde. Die Männer um sie herum machten ernste Gesichter. Fäuste waren geballt. Drohungen erfüllten die Luft.

Wolodin versuchte zu lächeln. Es mißlang ihm.

„Nun mal keine Panik, Leute", versuchte er die Umstehenden zu beschwichtigen und hob beschwörend die Hände. „Wir stecken mit niemandem von der Lagerleitung unter einer Decke. Wir wollten nur ein bißchen Spaß haben."

Er wirkte nicht sehr überzeugend.

„Das werden wir noch herausbekommen", ließ sich nun auch Semjon vernehmen.

Die Männer murmelten zustimmend und schauten fragend auf Mischka. Igor und Wolodin nutzten diesen Moment und verschwanden eilig aus der Baracke. Mischka blickte in die Runde und sagte: „Laßt sie gehen. Spätestens übermorgen werden wir Bescheid wissen."

Noch am selben Tag wurden Igor Lukin und Wolodin Moissejew auf Befehl Oberstleutnant Wdowetschenkos in einer anderen Baracke am Ende der Lagerstraße untergebracht.

Mischka erinnerte sich noch genau an diesen Vorfall, so als wäre seither nur ein Monat vergangen. Ja, die Männer waren rauh gewesen. Aber die meisten erschienen ihm ehrlicher als diejenigen, die sie bewachten.

Drei Wochen später stiegen die Temperaturen leicht an. Der Wind hatte sich gelegt, und die Sonne stahl sich im Südosten über den Horizont. Nach der beißenden Kälte der vergangenen Tage erschien die Luft in der Windstille fast frühlingshaft. Mischka entschloß sich deshalb, auf die Jagd zu gehen. Seine Fleischvorräte neigten sich dem Ende zu. Aljoscha hatte mit seinem großen Appetit die Essensplanung für die Wintertage durcheinandergebracht.

Mischka griff seine Waffen, nahm auch Speer und Schleuder mit und kletterte aus der Höhle. Aljoscha folgte ihm sofort. Er war ein außergewöhnlich kluges Tier und wußte, was sein Freund vorhatte. Draußen tollte er wie ein Schäferhund durch den Schnee. Mischka grinste breit. Er konnte das Tier verstehen. Auch er fühlte sich nach den Tagen in der dunklen Höhle wie befreit. Zwar blendeten ihn Sonnenlicht und Schneelandschaft, aber die klare, trockene Luft gab ihm ein Gefühl der Frische.

Er setzte seine selbstgemachte lederne Schneebrille auf, stieg den Berg hinunter und stapfte durch das Tal zum See. Seine Beine sanken nur knietief in den Pulverschnee ein. Mischka war froh, daß in diesem Teil Sibiriens das Klima trocken war und nur wenig Schnee fiel. Das machte seinen Weg weniger beschwerlich.

Am Ufer fand Mischka frische Hufspuren. Von der Größe her mußte es sich um Elche handeln. Aljoscha nahm sofort die Spur auf und verschwand zwischen den Fichten. Mischka folgte ihm mit eingenocktem Pfeil.

Er war noch keine fünf Minuten gegangen, als er zwischen den Bäumen die Geräusche eines Kampfes hörte, das Scharren von Hufen, Schnauben und wildes Knurren. Aljoscha mußte die Elche gestellt haben.

Mischka pirschte sich näher heran. Plötzlich brach eine Elchkuh aus dem Fichtenbestand und jagte zum Seeufer – an ihren Fersen Aljoscha. Geistesgegenwärtig hob Mischka den Bogen, zog den Pfeil bis zum Mundwinkel, zielte und ließ den Pfeil schnellen.

Die Vorderläufe des Tieres knicken ein, als der Pfeil in die Seite fuhr. Trotzdem erhob es sich wieder und versuchte zu flüchten. Mischka stürmte los, griff den Speer, hakte ihn in die Schleuder und warf ihn mit all seiner Kraft in die Flanke der Elchkuh. Zwei Sekunden später hing ihr auch der Wolf am Hals.

Mit einem kehligen Laut stürzte das Tier zu Boden. Noch einmal zuckten die Läufe in einem letzten Aufbegehren. Dann streckte sich der Körper und lag still. Mischka zückte sein Messer, um das Tier auszuweiden. Aber Aljoscha wandte sich ihm zu und knurrte ihn warnend an, als wollte er sagen: „Halte dich zurück! Das ist meine Beute. Du kommst nach mir.“ Dann machte er sich über das Tier her.

Mischka akzeptierte den Willen des Wolfes und begann in der Zwischenzeit, Feuerholz zu sammeln. Während Aljoscha sich den Bauch vollschlug, zündete er auf dem See ein Feuer an, um die Eisdecke zu schmelzen. Eine Viertelstunde später konnte er ein Loch schlagen, das groß genug war, um Angelhaken mit kleinen Fleischstückchen auszulegen.

Schon bald war Aljoscha satt und überließ seinem Freund den Rest der Beute. Mischka beeilte sich, die Elchkuh zu enthäuten und auszuweiden, ehe sie steif fror. Aus dem Fell würde er sich einen warmen Schlafsack schneidern können. Dann zerteilte er das Tier in vier Teile und hängte es über die starken Äste einer Buche.

In der Zwischenzeit hatte auch eine große Maräne angebissen. Mischka zog den bläulichgrünen Fisch mit seinem silbrigen Bauch aus dem Wasser und warf den Haken erneut aus. Die Arbeit hatte ihn hungrig gemacht. Deshalb briet er den Fisch sofort und aß ihn zum Mittagessen.

Während Aljoscha durch die Gegend streifte, baute sich Mischka eine Schneehöhle, deren Öffnung er mit der inzwischen steifgefrorenen Elchdecke verschloß. Mit einem Talglicht würde die Lufttemperatur in der Schneehöhle auf Null Grad ansteigen, so daß er keine Angst vor dem Frost haben mußte. Zwischendurch angelte er noch andere Fische aus dem Eisloch, die er an Ästen aufhing, um sie vor Raubtieren zu schützen.

Kurz vor dem Dunkelwerden ging er noch einmal auf die Pirsch. Das Jagdglück war ihm an diesem Tag hold, denn er erlegte in der Dämmerung einen zweijährigen Hirsch. Auch ihn weidete er aus, zog ihm das Fell ab und hängte die Fleischstücke an seinem Lagerplatz an Buchenästen auf. Müde, aber zufrieden mit dem Jagdergebnis legte sich Mischka in seiner Schneehöhle schlafen, ohne auf Aljoscha zu warten. Er mußte sich erst einmal austoben und würde sicherlich am nächsten Morgen zurückkehren.

Mischka schlief trotz der Kälte tief und traumlos und erwachte erst in der Morgendämmerung. Aljoscha war noch nicht zu sehen. Deshalb machte er sich nach einer knappen Mahlzeit mit einem Teil seiner Jagdbeute auf den Weg zur Höhle. Um sich die Arbeit zu erleichtern, transportierte er das Fleisch auf der gefrorenen Elchhaut wie auf einem Schlitten. Oben auf dem Berg lagerte er seine Vorräte wieder auf den Ästen einer Buche. Solange der Frost anhielt, konnte das Fleisch nicht verderben. Er brauchte es also nicht wie im Sommer zu trocknen oder zu räuchern, um es haltbar zu machen.

Unten am See traf er wieder auf Aljoscha. Er hatte wahrscheinlich selbst eine Beute erlegt, denn er lag wie ein Tagedieb am Ufer des Sees und blinzelte seinen Freund träge an. Nachdem er seinen Schlitten ein zweites Mal beladen hatte, hackte Mischka das Eisloch auf und legte erneut Angeln aus.

Am Nachmittag konnte er kein weiteres Tier erlegen, dafür aber mehrere Fische fangen, die an das Luftloch geschwommen und hungrig über die ausgelegten Köder hergefallen waren.

Als die Temperaturen wieder fielen und neue Stürme über die Bergkämme heulten, hatte Mischka genügend Vorrat. Aljoscha kehrte zwar mit ihm in die Höhle zurück, verschwand aber immer wieder zur Jagd auf Schneehasen und andere Kleintiere. Mischka war dies nur allzu recht, weil dadurch seine Vorräte länger reichten.

Die Wintermonate waren lang und einsam, und oft fühlte er die Grenzen seiner seelischen Belastbarkeit. Aber die Anwesenheit Aljoschas, die Arbeit, die Jagd und der Gedanke an seine Zukunft halfen Mischka, diese Tage durchzustehen. Schon bald würde er weiterziehen müssen. Spätestens mit der Schneeschmelze würden nämlich Litschenko und seine Männer die Verfolgung fortsetzen. Die Zeit der Ruhe näherte sich ihrem Ende.

Im Grunde war Mischka froh darüber, weil das Höhlenleben ihn und seine inzwischen geschärften Sinne abzustumpfen begann. Er sehnte sich wieder nach dem frischen Grün der Bäume, dem Duft der Blumen und dem „wutiwu" der Trauerschnäpper.

Der Frühling kam genauso überraschend, wie der Winter hereingebrochen war. Ein lauer Wind zog über die Berge und schmolz den Schnee wie Sahne im Ofen. Lawinen donnerten zu Tal, und der unterirdische Bach schwoll zu einem ohrenbetäubenden Rauschen an. Es war Zeit weiterzuziehen.

Mischka packte seine Habseligkeiten auf ein Holzgestell aus Birkenästen, das er mit Schulter und Hüftgurten versehen hatte. Besonders der breite Hüftgurt würde ihm das Tragen erleichtern. Sein Gepäck wog sicherlich fünfunddreißig Kilogramm. Aber er wollte lieber gut ausgerüstet sein und nahm dafür in Kauf, langsamer voranzukommen.

Wehmütig schaute sich Mischka in der Höhle um. Sie hatte ihm nicht nur Schutz geboten, sondern war so etwas wie eine Heimat gewesen. Er konnte jetzt die Menschen der Vorzeit besser verstehen, die wie er im Schutz der Höhlen gelebt hatten. Die Spuren seiner Anwesenheit versuchte er erst gar nicht zu verwischen. Jeder Jäger würde mit einem Blick erkennen, daß hier jemand gehaust hatte. Es würde ihm auch nichts schaden, sollten Chrapow und Litschenko die Höhle entdecken. Er mußte sie nur darüber im unklaren lassen, in welche Richtung er weitergezogen war. Deshalb wollte er in den nächsten zwei Tagen alle Spuren so weit wie möglich vermeiden.

Nach einem letzten Blick schulterte er sein Gepäck und kletterte aus der Höhle. Aljoscha wartete schon draußen und folgte ihm, als er den Berg hinunterstieg. Wie gewohnt, verschwand der Wolf immer wieder zwischen den Büschen, um zu jagen.

Mischka wandte sich nach Osten. Er wollte einen weiten Bogen schlagen, um seine Verfolger zu umgehen und so nach Westen zu entkommen. Weil der Norden von Tjumen aus Sümpfen, Seen und baumlosen, aber mückenverseuchten Ebenen bestand, mußte er dieses Gebiet von etwa tausenddreihundert Kilometern entweder im Winter durchqueren oder weiter nach Süden ausweichen. Dabei würde er aber Gefahr laufen, von Jägern, Siedlern, Erdöl- oder Sowchosenarbeitern entdeckt zu werden. Vielleicht konnte er einem Tungusen Rentiere und Schlitten abkaufen. Er brauchte nur noch ein geeignetes Tauschobjekt dafür.

Zwei Wochen wanderte Mischka nach Osten. Durch das schwere Gepäck kam er nur langsam voran. Er schätzte die Strecke auf hundertfünfzig Kilometer. Dann änderte er die Richtung und marschierte am Ufer eines schnellfließenden Flusses in Richtung Nordosten.

Er konnte nur ahnen, wo er sich befand. Er hätte viel für eine Landkarte gegeben. Doch er würde es auch ohne Hilfsmittel schaffen. Die Himmelsrichtung bestimmte er nach der mit Moos bewachsenen Wetterseite von alleinstehenden Bäumen oder nach dem Sonnenstand. Nachts korrigierte er seinen Weg anhand der Sterne. Mit diesen Hilfsmitteln konnten sich Einheimische überraschend gut orientieren, und inzwischen beherrschte er diese Kunst auch ganz gut.

Nachdem seine letzten Vorräte aufgezehrt waren, war er gezwungen, wieder zu jagen, um nicht allein von den jungen Pflanzen des Frühsommers leben zu müssen. Aljoscha versorgte sich dagegen die meiste Zeit selbst. Zwar ist ein Wolf bei der Jagd von größeren Tieren auf sein Rudel angewiesen, aber als Einzelgänger kann er sich auch von kleineren Tieren gut ernähren. Deshalb brauchte Mischka seinen Freund bei der Nahrungsplanung nicht ständig zu berücksichtigen. Das sparte Zeit und half ihm, schneller voranzukommen.

Der Helikopter zog eine Kurve über das Tal, ehe er zur Landung auf dem Hochplateau ansetzte. Litschenko war mit Chrapow, Karatajew und einigen Soldaten sofort aufgebrochen, als der Winter sich zurückzog. Aber während in Mittelsibirien schon der Frühling eingekehrt war, hatte der Winter sich im Westen ein letztes Mal aufgebäumt und mit Schneestürmen den Flugverkehr lahmgelegt. So wurde die Abreise der Verfolger um eine Woche verzögert. Litschenko ahnte, daß diese Verzögerung dem Flüchtling einen Vorteil verschaffte. Nun aber waren sie endlich in das Gebiet ihrer Niederlage zurückgekehrt.

„Da!“ rief Karatajew, als sie auf das Hochplateau zusteuerten. Er zeigte auf das Loch in der Steilwand, das nun nicht länger von den Blättern des Birkenstrauches verdeckt wurde. „Ich habe es doch geahnt. Eine Höhle! Er ist vor unseren Augen in eine Höhle geklettert und hat sich totgelacht, während wir wie dumme Jungen wieder abgezogen sind."

Litschenko schaute verbissen auf den Höhleneingang, während Chrapow schadenfroh grinste. Als hätte der Leutnant die Gedanken des Jägers erraten, sagte er: „Er hatte uns mit dem Tod der Männer zornig gemacht – bestürzt und zornig. In einer solchen Situation wird man blind und sieht nur noch das Vordergründige. Genau das hat er gewollt."

„Bestimmt ist er jetzt schon über alle Berge", sagte Jossif.

„Daran besteht kein Zweifel", stimmte ihm der Leutnant zu.

Nachdem der Helikopter gelandet war, untersuchten sie kurz das Gelände. Während Litschenko und Karatajew sich noch über die Felskante beugten, entdeckte der Jäger den zweiten Eingang im hohlen Baum. Michail Wulff hatte sich offensichtlich nicht mehr bemüht, seine Spuren zu verwischen. Warum sollte er auch? Er würde die Höhle nie wieder benutzen.

Das Innere der Höhle war für die Männer eine Offenbarung. Sogar Chrapow zeigte offenes Erstaunen.

„Mann, dieser Wulff hat sich gut eingerichtet!" rief Jossif aus.

„Ja, man sieht, daß sein Studienfach die Archäologie war", stimmte ihm Litschenko zu und betrachtete Regale, Bettstelle und andere Einrichtungsgegenstände. „Mit seinem Lehrbuchwissen hat er sogar die Steinzeitmenschen übertroffen."

Chrapow kniete nieder und untersuchte die Feuerstelle. Seine Finger fuhren durch die Asche. Dann richtete er sich auf und betrachtete zwei Pfeilspitzen im Licht der Taschenlampe. „Gute Arbeit!" sagte er anerkennend.

Litschenko wandte sich ihm zu und meinte: „Wir haben ihn tatsächlich unterschätzt. Spätestens jetzt sollte uns klar sein, daß wir keinen verweichlichten Großstädter oder Intellektuellen jagen, sondern einen Eingeborenen, jemand, der sich in der Wildnis behaupten und in ihr überleben kann."

Er nickte den Männern zu. „Genossen, machen wir uns auf den Weg. Es wird bestimmt kein Spaziergang werden. Wir haben es mit jemandem zu tun, der hart gegen sich selbst ist und immer einen Schritt weiterdenkt als all die anderen Entflohenen, die wir bisher gejagt haben."

„Nun übertreiben sie mal nicht, Genosse Leutnant", warf Chrapow ein. „Wulff ist auch nur ein Mensch und genauso verletzlich wie jeder andere. Wir müssen nur seine schwachen Stellen finden und seine Pläne durchkreuzen. Dann werden wir ihn bald stellen."

„Das ist leichter gesagt als getan", gab Litschenko zurück.

Chrapow antwortete ihm nicht und kletterte mit säuerlichem Gesicht aus der Höhle. Er spürte, daß der Erfolg des Gejagten nicht nur die Hochachtung der anderen vor seinem Können schwächte, auch er selbst begann, mit sich unzufrieden zu werden. Selbstzweifel jedoch war die erste Stufe in den Keller des Mißerfolgs. Ihm gefiel dieser Gedanke überhaupt nicht. Es wurde Zeit, daß diese Jagd ein Ende nahm.

Drei Tage suchten sie die Gegend nach Spuren ab, aber außer den Hinweisen, daß Michail Wulff ein erfolgreicher Jäger gewesen sein mußte, fanden sie nichts, das Auskunft über seinen Fluchtweg gab. Auch Oljenik Chrapow gab sich schließlich geschlagen. Die Schneeschmelze hatte alle Spuren verwischt.

Nach einer kurzen Beratung entschlossen sich Leutnant Litschenko und Chrapow, die Suche an diesem Ort abzubrechen und erst nach Information und Befragung der wenigen Einwohner des Gebietes weitere Schritte zu erwägen. Sie standen also wieder ganz am Anfang. Wenn sie wenigstens herausgefunden hätten, in welche Richtung sich Michail Wulff gewandt hatte! So aber war alles möglich.

Es war ein warmer Frühlingstag, als Mischka mit seinem Gepäck eine Bergwiese hinaufstieg. Aljoscha war im Wald zurückgeblieben. Wahrscheinlich spürte er gerade Mäusen und anderem Kleingetier nach. Er war seit einigen Tagen ständig hungrig und fraß alles, was ihm in die Fänge fiel.

Plötzlich kullerten zwei Pelzkugeln den Abhang hinunter. Nur wenige Schritte von ihm entfernt blieben sie liegen, rollten sich auseinander und rannten den Berg wieder hinauf. Mischka lachte laut auf, als er den beiden Jungbären zusah. Sie schienen ihn nicht zu bemerken und balgten sich wie Straßenjungen, schlugen Purzelbäume, rutschten die Abhänge hinunter, als befänden sie sich auf einer Rodelbahn und jagten mit schrillem Gekreisch die Wiese hoch.

Mischka konnte sie verstehen. Nach dem langen Winterschlaf hatte die Frühlingssonne ihre kindliche Lebensfreude geweckt. Sie genossen wie er die laue Luft und das frische Grün der wiedererwachten Natur.

Einer der Bären begann, einen Schmetterling zu jagen. Immer wieder versuchte er, das flatternde Wesen mit Tatzenhieben zu treffen. Als ihm das nicht gelang, schnappte er mit seinem Maul nach dem Schmetterling. Er benahm sich dabei so tolpatschig, daß er über seine eigenen Beine stolperte, einen Purzelbaum schlug und den Berg hinunterrollte. Mit lautem Gequieke prallte er gegen Mischka und riß ihn mit seinem Körpergewicht beinahe zu Boden.

Erschrocken blickte er auf und starrte den jungen Mann mit seinen schwarzen Knopfaugen an.

„Nur keine Angst", lachte Mischka, während er mühsam sein Gleichgewicht hielt, „ich tu dir nichts. Mann, du bist schon ein ganz schöner Brocken. Beinahe wären wir beiden zusammen den Abhang hinuntergekullert."

Beim Klang der Stimme machte der Jungbär auf dem Absatz kehrt und rannte mit lautem Gezeter den Abhang hoch, von wo aus sein Bruder die Szene anscheinend belustigt beobachtete hatte. Seine erste Begegnung mit einem Zweibeiner hatte ihn in Panik versetzt. Brüllen antwortete dem Kleinen aus einem Gehölz oberhalb der Wiese. Die Mutter war im Anmarsch! Mischka mußte sich schleunigst in Sicherheit bringen! Mit einer zornigen Bärenmutter war nicht gut Kirschen essen.

Er machte kehrt und begann, zum nahen Wald zurückzulaufen. Als er über die Schulter blickte, sah er die Bärin den Abhang hinunterstürmen. Er beschleunigte seine Schritte, aber das Gepäck behinderte ihn beim Laufen. Deshalb riß er sich den Rucksack von den Schultern und schleuderte ihn zur Seite. In diesem Moment glitt er auf einem Moosballen aus, schlug auf den Rücken, rutschte einen Abhang hinunter, überschlug sich und blieb auf dem Gesicht liegen.

Es war zu spät, sich in den Wald zu retten. In wenigen Sekunden würde die Bärenmutter ihn eingeholt haben und mit einem Prankenhieb zu Boden strecken. Das wäre sein Ende, das Ende seiner Flucht. Irgendein Jäger würde seine Gebeine vielleicht Jahre später entdecken, sich fragen, wer dieser Unglückselige wohl gewesen sein mochte und dann kopfschüttelnd seinen Weg fortsetzen. Niemand würde jemals erfahren, was aus ihm, Michail Wulff, geworden war.

Mischkas Hirn arbeitete fieberhaft. Unvorstellbar, dachte er, was man in Bruchteilen von Sekunden alles bedenken und verarbeiten kann, wenn Gefahr droht! Es gab nur eine Chance, eine winzig kleine Hoffnung für ihn: Er mußte sich tot stellen! Eine Leiche würde die Bärin desinteressiert liegenlassen. Das hatte er von seinem Onkel gehört.

Mischka schloß die Augen und versuchte, bewegungslos liegenzubleiben und trotz der Anspannung nur langsam und flach zu atmen. In den langen Wintermonaten hatte er dieses Sich-tot-Stellen öfter geübt. Dabei mußte er an indische Gurus denken, die sich durch Konzentration sogar in den Zustand des Scheintodes versetzen konnten. So weit hatte er es nicht bringen wollen. Aber nun betete er, daß es ihm gelang, das wütende Tier zu täuschen.

Er hörte die Bärin kommen. Sie schoß an ihm vorbei, machte kehrt und fiel über ihn her. Ein Prankenhieb sauste auf ihn nieder. Schmerz verdunkelte seine Sinne. Dann spürte er, wie sie seine Schulter packte, als wollte sie ihn umdrehen. Ihre Krallen drangen durch die Lederkleidung und rissen die Haut auf. Er wollte aufschreien, aber unterdrückte mit aller Macht seine Gefühle. Nur ein Gedanke kreiste in seinem Hirn: Du mußt überleben!

Die Bärin hielt inne. Verwundert beschnüffelte sie ihren Gegner. Er regte sich nicht.

Mischka spürte ihren heißen, fauligen Atem im Nacken. Seine Muskeln verkrampften sich unwillkürlich. Wenn er sich jetzt bewegte, würde sie zupacken und sein Genick zertrümmern!

Plötzlich hörte er ein wildes Knurren. Die Bärin wandte sich von ihm ab und fauchte bösartig zurück. Ein neuer Feind drohte ihr und ihren Jungen.

Fast unmerklich drehte Mischka seinen Kopf und schielte aus den Augenwinkeln in die Richtung, aus der das Knurren kam. Aljoscha stand nur wenige Meter von der Bärin entfernt und starrte sie mit seinen gelben Augen giftig an. In einem günstigen Augenblick stieß er vor, schnappte nach ihrer Seite und sprang zurück, ehe seine Gegnerin ihn mit einem Prankenhieb erwischen konnte. Die Bärin richtete sich zu voller Größe auf und stieß ein markerschütterndes Brüllen aus. Doch Aljoscha ließ sich davon nicht einschüchtern und schnappte erneut nach ihrer Seite. Blitzschnell drehte sich die Bärin um ihre eigene Achse, erwischte den Wolf auch diesmal nicht, der inzwischen einige Schritte zurückgewichen war. Sie setzte ihm nach, doch Aljoscha war schneller, schlug einen Haken und lockte sie weiter von seinem Freund weg.

Mischka atmete auf, wagte aber nicht, sich zu rühren. Die aufgerissene Schulter brannte wie Feuer. Er biß die Zähne zusammen und versuchte, nicht an den Schmerz zu denken.

Aljoscha jagte inzwischen den Berg hinauf, als wollte er den Jungbären ans Fell. Das ließ die Bärenmutter endgültig ihr Opfer vergessen. Sie setzte dem Wolf nach, der nun an den Bärenjungen vorbeistürmte, sich umdrehte und die Bärenfamilie anknurrte, als wollte er sagen: Angsthasen! Laßt euch von einem Wolf ins Bockshorn jagen.

Noch einmal richtete sich die Bärenmutter auf und stieß ein zorniges Brüllen aus, während ihre Jungen sich ängstlich quiekend an ihr Fell klammerten. Dann ließ sie sich wieder auf ihre Tatzen nieder, trottete mit den beiden Kleinen davon und würdigte ihren Gegner keinen Blickes mehr.

Mischka erhob sich stöhnend. Vorsichtig bewegte er Arme und Schultern, aber er hatte sich nichts gebrochen. Trotzdem fühlte er sich wie nach einer Schlägerei. Die Schulterwunde war nur oberflächlich, weil die Lederkleidung ihn geschützt hatte. Trotzdem mußte er sie so schnell wie möglich auswaschen und einen Holzkohlenverband anlegen. Die Krallen der Bärin waren bestimmt nicht sauber gewesen.

Aljoscha kam wieder den Abhang herunter und schmiegte sich an sein Knie. Mischka kraulte seinen Kopf. „Danke, Kamerad, danke, daß du mir geholfen hast. Wenn du nicht gewesen wärst, hätte mich die Bärin übel zugerichtet. Es ist gut, wenn man in dieser Gegend nicht allein ist."

Zwei Wochen später war die Wunde einwandfrei verheilt. Der Holzkohlenverband hatte zwar schwärzliche Narben hinterlassen, aber dafür eine Entzündung verhindert. Mischka übte wieder mit der Speerschleuder. Inzwischen erreichte er mit ihr eine Weite von über hundertsiebzig Metern. Auch seine Treffsicherheit hatte sich verbessert. Auf etwa vierzig Meter Entfernung konnte er mit dem gefiederten Speer sogar ein Ziel von der Größe eines Hirsches treffen. Dabei war die Aufprallwucht noch so groß, daß die Waffe dreißig bis vierzig Zentimeter in den Tierkörper eindringen würde.

„Du siehst, Aljoscha, ein Speer kann eine effektive und gefährliche Langstreckenwaffe sein", erklärte Mischka dem interessiert zuschauenden Wolf. „Unsere Vorfahren waren also gar nicht so dumm."

Am Nachmittag hatte Mischka Gelegenheit, seine Speerschleuder an einem Damhirsch auszuprobieren. Er verletzte ihn jedoch nur am Hinterlauf. Aljoscha setzte dem Tier nach und riß es zu Boden. Mischka beobachtete den Wolf, während er den Speer aus dem Boden zog und reinigte. Sie hatten ein stillschweigendes Abkommen getroffen, daß derjenige, der ein Tier erlegte, auch zuerst seinen Anteil nehmen konnte, um danach den Rest seinem Partner zu überlassen.

Die nächsten Wochen wurde Aljoscha von Tag zu Tag unruhiger. Immer öfter streifte er allein durch die Wildnis und kehrte erst spät zurück. Mischka ahnte, was seinen Freund trieb.

Auch wenn ihm der Gedanke nicht gefiel, er mußte damit rechnen, daß Aljoscha ihn in den nächsten Wochen verlassen würde. Der Lockruf der Natur war stärker als die Bindung an einen Menschen.

Drei Tage später hörte Mischka spät in der Nacht das Heulen eines Wolfsrudels. Er richtete sich auf und schaute zum Hügel hinüber, hinter dem der Mond wie eine silberne Scheibe emporstieg. Die Silhouette Aljoschas hob sich scharf vom Nachthimmel ab. Es war ein Bild, wie von einem Starfotografen geschossen.

Der Wolf lauschte. Dann hob er die Schnauze zum Himmel und stieß einen klagenden Laut aus. Mischka ging es durch und durch. Der Ruf des Wolfes wühlte seine Gefühle auf und brachte seine Seele zum Schwingen.

„Komm her, Aljoscha", rief Mischka sanft.

Der Wolf spitzte die Ohren.

„Komm zu mir."

Der Wolf kam angetrottet, legte seine Schnauze auf die Vorderpfoten und wimmerte leise. Mischka kraulte ihm den Kopf.

„Ich kann dich verstehen, Aljoscha. Deine Freunde rufen dich. Du mußt gehen und möchtest doch bleiben."

Der Wolf fiepte wie ein Welpe, der seine Mutter vermißt.

„Geh nur, Aljoscha, geh nur. Sibirien ist deine Heimat. Ich bin hier nicht zu Hause. Unsere Wege müssen sich doch eines Tages trennen."

Mischka nickte dem Wolf zu. „Deine Sippe ruft dich. Laß sie nicht länger warten. Vielleicht begegnen wir uns noch einmal. Mach dich auf den Weg."

Aljoscha erhob sich zögernd, blaffte kurz auf und trottete davon. Noch einmal wandte er sich um, als bedauere er seine Entscheidung.

„Ich wünsche dir allezeit eine gute Jagd!" rief Mischka ihm hinterher. Dann sah er Aljoscha zwischen Fichten und Kiefernstämmen verschwinden.

Ein Kloß stieg in seiner Kehle auf. Der Wolf war mehr für ihn gewesen als nur ein Haustier. Er empfand wie jemand, der seinen Freund verloren hat. Eine Lücke klaffte nun in seinem Leben, und nach den langen Wintermonaten packte ihn wieder die Einsamkeit.

Mischka konnte diese Nacht nicht mehr schlafen. Er setzte sich auf den Hügel und schaute gedankenverloren auf die Taiga, auf die im Mondlicht glänzenden Seen und die schwarzen Silhouetten der Nadelbäume. Ein Käuzchen rief in der Ferne sein „Huuhu", das sich mit dem Heulen der Wölfe vermischte. Der Nachtwind war außergewöhnlich warm, als wäre es Hochsommer. Es war einer dieser Augenblicke, die ein Mensch niemals vergessen kann.

Auf den Fersen

Schon beim ersten Morgengrauen zog Mischka weiter nach Nordosten. Seine Stimmung war gedrückt. Noch nie hatte er das Gewicht des Rucksacks als so schwer empfunden wie jetzt. Gegen Mittag zogen Wolken auf. Ein scharfer Wind blies von Nordwest über die Berge und lies ihn frösteln. Schon bald fielen erste Tropfen vom Himmel. Um nicht bis auf die Knochen durchnäßt zu werden, zog er sich unter die tiefhängenden Zweige einer Fichte zurück, breitete eine Lederdecke wie ein Zeltdach über einige Äste und lehnte sich gegen den Baumstamm. Regenfahnen zogen inzwischen über den Himmel und ließen die Landschaft grau und eintönig erscheinen. Das Wetter paßte zur Stimmung des jungen Mannes. Er zog seine Knie an die Brust, verschränkte die Arme und döste vor sich hin.

Gegen Abend aß Mischka getrocknetes Fleisch. Es schmeckte ihm nicht, stillte aber den Hunger. Danach brach er Zweige von einer Fichte und schichtete sie zu einer Matratze auf. Müde rollte er sich in seine Elchlederdecke und schlief wenige Augenblicke später ein.

„Es wird Zeit, daß wir umkehren."

Mischka schreckte hoch. Er fühlte sich müde und zerschlagen. Sein Kopf war wie benebelt. Verwirrt schaute er sich um. Er lag immer noch unter der Fichte.

„Du hast recht, Pjotr. Mit der Jagd wird es heute nichts. Haste noch'n Schluck Wodka?"

Mischka hörte, wie jemand eine Flasche öffnete und daraus trank.

„Aaah, das tut gut."

Er konnte die Männer zwar nicht sehen, aber ihren Stimmen nach zu urteilen, waren sie nicht weit von seinem Versteck entfernt. Er zwang sich, reglos liegen zu bleiben, doch sein Puls hämmerte so laut in seinen Ohren, daß er meinte, die beiden Jäger müßten ihn hören.

Zweige knackten unter den Schritten schwerer Lederstiefel.

Mischka hielt den Atem an. Zwei Paar Beine erschienen auf der anderen Seite der Fichte und bewegten sich in Richtung Tal.

„Die anderen sind sicherlich schon beim Frühstück. Machen wir, daß wir nach Haus kommen."

Mischka konnte die beiden nun von hinten sehen: ein kleiner, dicker und ein hagerer Mann in Arbeitskleidung mit Jagdgewehren auf den Schultern. Sicherlich gehörten sie zu einer Waldarbeiterbrigade, die am frühen Morgen ihr Jagdglück versucht hatte. Mischka betete, daß sie sich nicht umdrehten. Zweifellos würden sie sofort seinen Regenschutz sehen, möglicherweise ihn auch für Wild halten und auf ihn feuern. Schließlich sah er in seinen Pelzen unter der Fichte nicht gerade wie ein menschliches Wesen aus.

Glücklicherweise drehten sich die Männer nicht um, sondern schritten plaudernd den Berg hinunter. Mischka atmete auf. Er mußte sich in der Nähe von Menschen befinden. Das war ein Risiko. Schließlich konnte man ihn durch Zufall entdecken, wie es jetzt beinahe geschehen war. Auf der anderen Seite war er hier vor seinen Verfolgern sicher, weil Chrapow und Litschenko ihn eher in der menschenleeren Wildnis suchen würden als am Rande der Zivilisation.

Er zwang sich, noch eine Weile zu warten, ehe er aus seinem Versteck kroch. Wie ein Raubtier witterte er nach allen Seiten. Niemand war zu sehen. Hastig raffte er seine Sachen zusammen und band sie auf das Tragegestell seines Rucksacks.

Unten im Tal wurden Motoren angeworfen. Es mußte sich um schwere Dieselmaschinen handeln. Mischka hörte die Rufe von Männerstimmen. Sie waren rauh und befehlsgewohnt. Er kroch zum Rand des Abhangs und schaute in das Tal hinunter. Vor seinen Augen breitete sich der größte Kahlschlag aus, den er je gesehen hatte. Bis zum Horizont waren alle Bäume abgeholzt worden. Es sah aus, als hätte man der Erde ihr Kleid ausgezogen. Nackt und ihrer Schönheit beraubt lag sie in der Morgensonne, und erste Narben der Erosion zeigten sich an ihren Hängen.

Mischka schüttelte den Kopf. Er konnte so etwas nicht verstehen. Sie haben uns das Paradies auf Erden versprochen, dachte er, aber durch solchen Raubbau werden uns nur Berge von Giftmüll und eine Wüste bleiben, in der Versklavte ihr erbärmliches Leben fristen.

Bitterkeit füllte sein Denken, als er, zwischen Fichten versteckt, die Zerstörung der Taiga betrachtete. Zwei Kettenfahrzeuge fraßen sich wie gierige Insekten in das Dickicht des Waldes. Ihre mit Sägen bewaffneten Greifarme packten die Bäume an den Wurzeln, trennten sie in Sekundenschnelle ab, hoben die Stämme empor und entasteten und zersägten sie in nur einem Arbeitsgang. In weniger als einer Minute zerstörten sie, was in fünfzig bis hundert Jahren gewachsen war. Zurück blieben nackte Stümpfe, die anklagend aus der von Ketten zerwühlten Erde starrten.

Ein Schlag wie von einer Riesenfaust warf Mischka zu Boden, dann erst hörte er das Peitschen des Schusses. Brennender Schmerz bohrte sich in seine linke Schulter. Panik riß ihn auf die Füße. Wie ein verwundeter Elchbulle stürmte er durch das Dickicht des Waldes, den rechten Arm zum Schutz vor das Gesicht gehoben.

Plötzlich fand er sich auf einem Holzweg wieder. Gehetzt schaute er nach links und rechts und entschied sich, den Weg zu benutzen. Er mußte seinen Vorsprung vergrößern. Trotz des Schmerzes in der Schulter flogen seine Füße über den Waldboden. Die Angst gab ihm die Kraft weiterzulaufen, auch wenn die Lunge zu bersten drohte.

Er hörte Motorgeräusche. Geistesgegenwärtig hechtete er in ein Gebüsch seitlich des Weges. Ein Lastwagen tauchte auf und holperte vorbei. Drinnen hockte der Fahrer mit gleichmütigem Gesicht am Steuer, eine Zigarette im Mundwinkel. Er hatte keine Augen für das, was um ihn herum vorging.

Mischka erhob sich und kletterte wie eine Katze einen Abhang hinauf. Sein Herz hämmerte bis zum Hals. Die Schulter fühlte sich taub an, und seine Beine drohten unter der Anstrengung zu verkrampfen. Trotzdem kletterte er weiter. Oben angekommen, mäßigte er seinen Schritt. Er durfte sich nicht total verausgaben, wenn er dem Jäger entkommen wollte.

In einem dichten Fichtenbestand setzte er das Gepäck ab und versuchte, seinen Atem zu beruhigen. Dabei spähte er immer wieder zwischen den Zweigen hervor, ob man ihm folgte. Doch niemand war zu sehen. Schließlich zog er seine Hirschlederjacke aus, um die Wunde an der Schulter zu versorgen.

Die Kugel war durch den Rucksack eingetreten, hatte das Tragegestell durchschlagen und war danach in seine Schulter gedrungen. Es mußte ein kleinkalibriges Jagdgewehr gewesen sein. Leder und Birkenholz hatten die Energie der Kugel aufgezehrt, so daß sie nicht tief in seinen Körper eingedrungen war. Sie mußte im Muskelgewebe oberhalb des linken Schulterblattes sitzen.

Mischka überlegte fieberhaft. Hier war er erst einmal sicher, aber nicht lange. Vielleicht würde man ihm folgen oder den KGB informieren. Spätestens nachdem er aufgesprungen und davongestürmt war, hatte der Jäger sehen müssen, daß er auf einen Menschen angelegt hatte, einen abenteuerlich aussehenden und in Fellen gekleideten Mann.

Mit Sicherheit hatte man überall in diesem Gebiet seinen Steckbrief verteilt, vielleicht sogar ein Kopfgeld auf ihn ausgesetzt. In diesem Fall mußte er damit rechnen, daß der Schütze seiner Spur folgen würde, um sich die Belohnung zu verdienen.

Trotzdem wollte er es wagen, hier die Schußverletzung zu versorgen. Wenn sie sich erst einmal entzündet hatte, würde das Wundfieber die weitere Flucht vereiteln. Kurz entschlossen zog Mischka sein Messer, reinigte es, blies die Glut in seinem Tongefäß an und erhitzte die Klinge. Mit der linken Hand über der Schulter tastete er nach dem Eintrittsloch der Kugel, dann nahm er das Messer und schnitt tief in das Muskelgewebe.

Schmerz verdunkelte seinen Blick. Er wollte aufschreien, zwang sich aber zum Schweigen. Mit gesenktem Kopf und zitternden Fäusten lehnte er an einem Birkenstamm. Die Kühle des Holzes tat gut.

Mischka richtete sich auf. Er versuchte, ruhiger zu atmen, hob die Hände über die Schultern und ertastete die Kugel und schnitt sie aus dem Muskelgewebe. Warm strömte das Blut über seinen Rücken. Dann erhitzte er das Messer ein zweites Mal und brannte die Wunde aus.

Wieder schoß der Schmerz durch seinen Körper, benebelte sein Denken und verkrampfte die Muskeln. Sein Atem flog. Er umklammerte den Stamm der Birke wie ein Ertrinkender. Langsam ebbte der Schmerz ab.

Als er wieder klar denken konnte, preßte Mischka ein weiches Stück Leder auf die Wunde und zog die Hirschlederjacke darüber. Dann setzte er den Rucksack auf. Sein Rücken brannte wie Feuer, als das Gewicht des Gepäcks auf die Wunde drückte. Aber darauf konnte er keine Rücksicht nehmen, denn jede Verzögerung verschlechterte die Chancen seiner Flucht.

Nachdem er einen Schluck Wasser getrunken hatte, setzte er seinen Weg fort. Er spürte die Anstrengung des Laufens in seinen Beinen. Der Schmerz in der Schulter versuchte immer wieder, Kontrolle über sein Bewußtsein zu erlangen. Aber er durfte sich davon nicht beeinflussen lassen. Er mußte weiter. Es gab für ihn keine Pause, kein Ausruhen, um die Wunde heilen zu lassen, und er hoffte, daß sich das nicht später rächte.

Die Telefone des KGB klingelten heiß. Ein Arbeiter der Holzfällerbrigade von Strelka Tschunja hatte einen Mann angeschossen, einen Unbekannten, der in Fellen bekleidet durch den Wald gestreift war. Der Arbeiter hatte ihn zuerst für Wild gehalten, aber als der Fremde nach dem Schuß aufsprang und im Unterholz verschwand, war er beinahe hysterisch geworden. Er habe bisher keinem Menschen ein Leid angetan. Ein Mörder sei er nun. Nie wieder würde er ruhig schlafen können.

Doch als der örtliche KGB-Beamte ihm wiederholt erklärt hatte, noch habe man keine Leiche gefunden, er habe dem Fremden wahrscheinlich nur einen Streifschuß versetzt, hatte sich der Unglückliche langsam wieder beruhigt. Später zeigte er sogar patriotische Gefühle, weil er einen Staatsfeind der sozialistischen Republik gejagt hatte. Es mußte sich um einen Staatsfeind gehandelt haben. Daran bestand kein Zweifel. Ein Jäger oder lizensierter Goldsucher wäre nicht Hals über Kopf davongestürmt.

Oberstleutnant Wdowetschenko erhielt die Nachricht von diesem Vorfall noch am gleichen Tag. Er hatte in den letzten Wochen selbst alle KGB-Stellen in Mittelsibirien über Michail Wulff eingehend informiert. Er wollte sich nicht allein auf Litschenko und Chrapow verlassen. Die beiden hatten zu viele Fehler gemacht. Daß der Leutnant bisher nur Mißerfolge verzeichnen konnte, war nichts Außergewöhnliches. Er war eben der geborene Versager. Die Fehler des Jägers jedoch enttäuschten ihn. Wdowetschenko hatte mehr von ihm erwartet. Aber der Mann war inzwischen auch nicht mehr der Jüngste. Nun wollte er die Sache selbst in die Hand nehmen.

Eine Stunde nach Eintreffen der Nachricht war Juri Wdowetschenko in einem Helikopter unterwegs nach Strelka Tschunja. Das Gebiet war zwar nur dünn besiedelt, aber nicht so unwegsam wie das Gebirge, in dem Wulff überwintert hatte. Mit ein bißchen Glück müßte man ihn dort aufstöbern können.

Einen Tag nach seinem Abflug erhielt seine Sekretärin die Nachricht, Chrapow, Litschenko und Karatajew seien schon am Lager der Holzfällerbrigade eingetroffen. Der Jäger habe inzwischen die Spur aufgenommen. Wulff müsse verletzt sein, denn Chrapow habe Blut entdeckt. Pflichtbewußt legte sie ihm einen Zettel auf den Schreibtisch, so daß er ihn sofort finden konnte, wenn er wieder zurückkehrte. Sie war eben eine gut organisierte und tüchtige Sekretärin.

Mischka wußte, daß er deutliche Spuren hinterlassen hatte, zu deutliche. Ein Mann wie Olejnik Chrapow würde sie lesen können wie ein Kartograph seine Landkarten. Er konnte im Moment nichts daran ändern. Der Waldboden war weich. Jeder Fußabdruck zeichnete sich deutlich im Moos ab. Er mußte sich etwas einfallen lassen. Aber die Schmerzen in seiner linken Schulter machten es ihm schwer, sich zu konzentrieren.

Inzwischen blutete die Wunde wieder. Er brauchte dringend Ruhe, wenn sie ohne Komplikationen heilen sollte. Aber hier konnte er sich weder verstecken noch seinen Fluchtweg tarnen. Ihm blieb nur der Versuch, durch lange Tagesmärsche Abstand zwischen sich und die Verfolger zu bringen. Doch er fühlte deutlich, wie seine Kräfte schwanden.

Chrapow folgte Mischkas Fährte wie ein Bluthund. Sogar Litschenko und Karatajew konnten die Fußabdrücke des Flüchtigen im Waldboden leicht ausmachen. Die Schrittlänge verriet, daß die Kräfte des Mannes nachließen. Der Gedanke, ihn spätestens in zwei Tagen ergreifen zu können, trieb sie vorwärts.

Sie fanden seinen Lagerplatz. Er verriet, daß Michail Wulff nur kurz und unruhig geschlafen hatte. Anscheinend ahnte er, daß man ihm auf den Fersen war. Das bedeutete für sie einen Vorteil, denn Panik erzeugt Fehlentscheidungen und lähmt Muskeln und Verstand.

Jagdeifer erfaßte die Männer. Sie vergaßen alle Müdigkeit. Im Licht ihrer Taschenlampen liefen sie weiter. Erst gegen Morgengrauen gönnten sie sich eine kurze Pause. Nach einem eiligen Frühstück setzten sie die Verfolgungsjagd fort. Die Fußabdrücke waren deutlicher als je zuvor. Wulff konnte nicht mehr weit entfernt sein.

Plötzlich hielt Chrapow an. Er hob die Nase wie ein Jagdhund, der etwas Ungewohntes wittert. Jetzt rochen es auch Litschenko und Karatajew. Ihnen schlug der Rauch eines Holzfeuers entgegen. Sollte Michail Wulff gewagt haben, ein Lagerfeuer anzuzünden, obwohl er in Gefahr war? Fragend schauten sich die Männer an.

„Vielleicht wähnt er sich nach diesem Gewaltmarsch in Sicherheit“, flüsterte Karatajew. „Vielleicht ist er aber auch durch Blutverlust und die Überanstrengung nicht mehr ganz bei Sinnen.“

„Es kann aber auch eine seiner Fallen sein“, gab Litschenko zu bedenken. „Es wäre nicht das erste Mal.“

„Psst!“ zischte Chrapow ihnen zu. Mit einer Handbewegung forderte er sie zum Weitergehen auf.

Vorsichtig schlichen die Männer weiter. Der Jäger entsicherte sein Gewehr und machte es schußbereit. Zwischen den Bäumen tauchte ein silbriger Schimmer auf. Es mußte einer der Zuflüsse der Tschunja sein. Der Geruch von verbranntem Holz verstärkte sich. Rauchschwaden hingen wie Spinnfäden zwischen den Stämmen der Fichten.

Jeden trockenen Zweig vermeidend, arbeiteten sich die Verfolger näher heran. Dann sahen sie den Mann. Er lag in Fellen gewikkelt am Ufer des Flusses. Neben ihm schwelte die Glut eines Holzfeuers. Er schien tief und fest zu schlafen. Offensichtlich war er am Ende seiner Kräfte angelangt.

Litschenko und Karatajew sahen sich bedeutungsvoll an. Die Jagd war zu Ende. Noch heute würde es nach Hause gehen. Endlich war es geschafft!

Chrapow bedeutete ihnen, sich zu verteilen, um den Gejagten einzukreisen. Er wollte kein Risiko eingehen. Dann sprang der Jäger wie eine Raubkatze auf den Schlafenden zu und richtete sein Gewehr direkt auf dessen Brust.

„Komm hoch Wulff!“ brüllte er. „Dein Ausflug ist zu Ende. Es geht zurück ins Lager!“

Wie von einer Tarantel gestochen fuhr der Schlafende hoch und starrte mit weit aufgerissenen Augen in die Mündung des Jagdgewehrs. Keuchen entrang sich seiner Brust. Dann hob er zitternd die Hände, als wolle er um Gnade flehen.

Lachen hallte durch den Wald, schrill und hysterisch. Es war Karatajew. Er stützte sich auf seine AK-47 und zeigte auf Chrapow, während sich sein Körper vor Lachen schüttelte. Leutnant Litschenko betrachtete die Szene, als sähe er den surrealistischen Streifen eines modernen Filmemachers. Ein aus dem Schlaf gerissener Tunguse mit wirren Haaren und vor Schreck verdrehten Schlitzaugen, die Hände zum Himmel gestreckt, Chrapow, mit einem Gesicht, als wäre er am hellichten Tag gegen einen Baum gerannt, und Karatajew, der abwechselnd von Wein- und Lachkrämpfen geschüttelt wurde.

Er konnte sich nicht helfen. Auch in ihm stieg Heiterkeit auf. Sie mischte sich mit einem bitteren Geschmack im Mund. Litschenko schloß die Augen. Die ganze Zeit hatten sie einen tungusischen Herumtreiber und Jäger verfolgt. Sie waren sich so sicher gewesen, der Angeschossene sei Michail Wulff, daß niemand dies in Frage gestellt hatte. Was für Helden sie doch waren!

Chrapow erwachte aus seiner Erstarrung. Fluchend trat er gegen die Ledertasche des Tungusen, warf das Gewehr über die Schulter und wandte sich zum Gehen. Karatajew folgte ihm, immer noch lachend. Verdutzt schaute ihnen der Tunguse hinterher und ließ langsam die Hände sinken. Litschenko trat auf ihn zu und sagte entschuldigend: „Es war ein Mißverständnis, Genosse. Wir sind auf der Suche nach einem Kriminellen und haben geglaubt, du wärst es. Aber wir sind dem Falschen nachgerannt. Verzeih uns, daß wir dich so brutal aus dem Schlaf gerissen haben. – Übrigens, wie geht es deiner Wunde?“

Der Tunguse schaute ihn mit offenem Mund an, als hörte er zwar die Worte, aber verstände nicht ihren Sinn.

„Also, dann erhol dich von deinem Schock, und nichts für ungut.“ Mit diesen Worten wandte sich auch Litschenko zum Gehen. Er konnte den armen Kerl verstehen. Chrapow hatte ihn nicht gerade sanft geweckt. Ihm wäre sicherlich auch das Herz stehengeblieben, wenn er schlaftrunken in den Lauf einer Büchse gestarrt hätte.

Er war noch nicht weit gekommen, als der Tunguse aus seiner Erstarrung erwachte. „Und, und was ist mit meinem Kanu?“

Litschenko wirbelte herum. „Deinem Kanu?“

„Verdammt!“ fluchte Chrapow. „Ich habe es doch gewußt!“

Wie ein Besessener rannte er zum Ufer des Flusses. Zuerst konnte er nichts entdecken, doch dann sah er zwei unterschiedlich große Fußabdrücke. Er hatte sich also doch nicht getäuscht!

„Wo ist er hin?“ schrie er den Tungusen an und schüttelte ihn an der Felljacke. „Wo ist der Mistkerl hin?“

Der Gefragte starrte ihn nur an und schaute dann hilfesuchend zu Litschenko hinüber. „Lassen Sie den Mann los, Chrapow! Sie sehen doch, er weiß von nichts.“

Widerwillig lockerte der Jäger seinen Griff. Man spürte, daß er den Tungusen am liebsten niedergeschlagen hätte, um seine Wut und Enttäuschung abzureagieren, auch wenn den Mann keine Schuld traf.

„Wir dürfen keine Zeit mit Streitigkeiten verlieren“, gab der Leutnant zu bedenken. „Wulff kann mit dem Kanu noch nicht weit gekommen sein. Er ist verletzt. Wir haben eine Menge Blut gefunden. Ich glaube nicht, daß er mit seiner Schußverletzung stromaufwärts gepaddelt ist. Entweder läßt er sich augenblicklich noch den Fluß hinuntertreiben, oder er ist auf der anderen Seite ans Ufer gegangen, um sich in Sicherheit zu bringen.“

In diesem Moment hörten sie die Motorgeräusche eines Helikopters. Karatajew schaltete das Funkgerät ein, um den Piloten in die Suche miteinzubeziehen. Der Hubschrauber könnte in wenigen Minuten eine Flußstrecke abfliegen, für die ein Kanufahrer viele Stunden braucht. Vielleicht hatten sie Glück.

Der Pilot meldete sich. Karatajew gab seine Meldung durch: Sie verfolgten einen Flüchtigen, der ihnen leider mit einem Kanu entkommen sei.

Plötzlich knackte das Funkgerät und eine vertraute Stimme meldete sich. Jossif stand sofort stramm, als Oberstleutnant Juri Wdowetschenko aus dem Lautsprecher dröhnte. „Sagen Sie das noch einmal, Karatajew. Wulff ist Ihnen schon wieder entwischt?"

„Jawohl, Genosse Oberstleutnant!" antwortete der Soldat dienstbeflissen.

„Wo sind der Leutnant und Genosse Chrapow?"

„Sie stehen neben mir, Genosse Oberstleutnant."

„Was können Sie zu Ihrer Verteidigung sagen, Leutnant?"

Litschenko griff zum Mikrofon. „Wir hatten ihn fast gehabt, aber er ist leider in letzter Minute mit einem Kanu entwischt."

„Wohin? Stromauf- oder flußabwärts?"

„Gerade das wissen wir nicht, Genosse Oberstleutnant. Aber weil er eine Schußverletzung hat, nehmen wir an, daß er sich mit der Strömung davongemacht hat. Um das abzuchecken, wollten wir Sie bitten, dem Flußverlauf in beiden Richtungen zu folgen."

„Gut!" Wdowetschenkos Stimme klang entschlossen. „Wir fliegen erst stromaufwärts, denn bisher hat Wulff immer das Gegenteil von dem getan, was Sie erwartet haben. Er kennt Sie wahrscheinlich besser als Sie sich selbst. Wenn wir nichts entdecken können, drehen wir um und suchen flußabwärts. Verstanden?"

„Jawohl, Genosse Oberstleutnant", antwortete Litschenko. Die Überheblichkeit seines Vorgesetzten wurmte ihn. Insgeheim wünschte er ihm einen gehörigen Reinfall.

Der Helikopter zog eine Kurve über den Himmel und folgte dem Fluß nach Nordosten. Wenige Minuten später war das Motorengeräusch hinter den Hügeln verklungen. Litschenko und Karatajew ließen sich auf einem umgestürzten Birkenstamm nieder, während Olejnik Chrapow mit verbissenem Gesicht das Ufer absuchte. Schließlich gab er auf, hockte sich auf einen Stein und starrte über das Wasser auf die andere Seite des Flusses.

„Glauben Sie, Genosse Chrapow, daß unser Mann nur übergesetzt hat, um seine Flucht zu Fuß fortzusetzen?" fragte Litschenko den Jäger. Chrapow antwortete nur mit einem Grunzen. Man spürte, daß er mit sich selbst unzufrieden war.

„Also, wissen Sie, Leutnant", antwortete Karatajew anstelle des Jägers, „wenn ich Wulff wäre, würde ich erst einmal viele Kilometer zwischen mich und meine Verfolger bringen. Er weiß, daß wir kein Kanu mitgeschleppt haben, und einen Helikopter hört er früh genug, um sich rechtzeitig im Uferdickicht verkriechen zu können. Wenn er das Kanu mit Birken- und Brombeergestrüpp tarnt, kann man es von oben sowie kaum entdecken."

Er warf einen Kiefernzapfen nach dem Tungusen, der immer noch unentschlossen vor seinem Lager stand, traf ihn aber nicht, weil der Mann geschickt auswich, und fuhr fort: „Mit seiner Verletzung kann er nur flußabwärts schnell vorankommen, und vielleicht denkt er tatsächlich, daß wir ihn nach allen seinen Täuschungsmanövern zunächst einmal flußaufwärts suchen. Auf jeden Fall muß er seinen Vorsprung ausbauen, um dann einen sicheren Ort zu suchen, an dem er sich von seiner Verletzung erholen kann."

Litschenko nickte. Er hatte auch schon daran gedacht. Was, aber, wenn Wulff wieder einmal einen Bogen geschlagen hatte, um in der alten Spur zurückzukehren? Vielleicht lag er in der Nähe gut getarnt auf Lauer und beobachtete sie mit hämischem Grinsen? – Er wischte diesen Gedanken wieder fort.

„Woher wissen wir überhaupt, daß der angeschossene Mann Michail Wulff ist?" fragte er einer plötzlichen Eingebung folgend. „Was macht uns so sicher?"

Ruckartig hob Chrapow den Kopf und starrte den Leutnant an, als sei ihm nicht mehr zu helfen.

„Ich folge seiner Spur jetzt schon über Wochen", zischte er. „Ich kenne seine Schuhgröße. Ich weiß, wie er die Füße setzt, wie er sich vom Boden abstößt. Ich habe ihn studiert, Genosse Leutnant. Er ist unser Mann! Es gibt keinen Zweifel!"

Er wandte sich wieder dem Fluß zu und sagte über die Schulter: „Gehen Sie doch zurück und schauen sich noch einmal die Spur an. Seine Füße sind immer leicht einwärts gedreht. Er geht wie eine Katze, wohingegen Karatajew mit O-Beinen durch den Wald stampft."

Litschenko mußte grinsen, während der Beleidigte mit verdutzten Augen auf seine Füße starrte.

„Ärgere dich nicht, Jossif", versuchte Litschenko ihn zu trösten, „dafür bist du ein guter Fußballspieler."

Der Tunguse kam plötzlich einige Schritte auf sie zu, hielt aber gebührenden Abstand, als fürchte er Handgreiflichkeiten.

„Wollen Sie meine unmaßgebliche Meinung hören, verehrte Genossen?" Der Mann rieb sich die Hände wie ein chinesischer Kaufmann, der ein Geschäft wittert. „Ich möchte Ihnen nicht dazwischenreden. Ich bin nur ein einfacher tungusischer Jäger."

Litschenko winkte ihn näher heran. „Laß hören. Vielleicht hilft es uns."

Der Mann warf einen schnellen Blick auf Chrapow, dann sagte er in vertraulichem Ton: „Stromabwärts, etwa sieben Kilometer von hier, teilt sich der Fluß in mehrere Arme. Dort gibt es viele Inseln, Sümpfe und dichtes Gestrüpp. Man kann sich dort gut verstecken. Wäre ich verwundet und könnte nicht weiter, ich würde dorthin gehen."

Wieder schaute der Tunguse zu Chrapow hinüber, als erwarte er dessen Anerkennung. Aber das Gesicht des Jägers blieb ausdruckslos.

Litschenko sprang auf. „Gut, Mann, versuchen wir's. Schaden kann es nicht. Vielleicht hat sich Michail Wulff dort tatsächlich verkrochen. Karatajew, schau mal, ob du Oberstleutnant Wdowetschenko über Funk erreichen kannst. Bitte ihn, mit dem Helikopter das Sumpf- und Inselgebiet abzusuchen. Wir werden in der Zwischenzeit ein kleines Floß bauen, damit wir an beiden Uferseiten nach Spuren Ausschau halten und zu den Inseln übersetzen können."

Mischka gab dem Kanu einen Stoß, so daß es einige Meter in den Fluß hinaustrieb. Zufrieden beobachtete er, wie das mit Felsbrokken gefüllte und durchlöcherte Boot im Strom versank. Dann kletterte er im Bett des Gebirgsbaches von Stein zu Stein den Abhang hinauf. Er bewegte sich langsam in der Dämmerung des frühen Morgens, um keine Spuren zu hinterlassen.

Der schlafende Tunguse mit seinem Kanu war für ihn die Rettung gewesen. Das kommende Verwirrspiel würde ihm sicherlich einen Vorsprung verschaffen. Die letzten Stunden hatte ihn immer stärker das Gefühl erfaßt, daß seine Verfolger ihm direkt auf den Fersen waren. Angst und Wut hatten seine letzten Energiereserven mobilisiert und ihn vorwärts getrieben.

Auf dem Fluß war ihm sofort klar geworden, daß er mit seiner verletzten Schulter nicht gegen die Strömung paddeln konnte. Das mußten die Verfolger auch wissen. Deshalb würden sie ihn wahrscheinlich zuerst flußabwärts suchen. Seine Erfolgsaussichten, mit dem Kanu zu entkommen, waren gering. Außerdem lebten an den Ufern von Flüssen oft Menschen, die ihn erkennen und verraten konnten.

Mischka entschied sich, den Fluß zu überqueren, um – trotz seiner Schwäche – die Flucht an Land fortzusetzen. Kurz darauf hatte er das mit Geröll angefüllte Bachbett entdeckt. Wenn er von Stein zu Stein sprang, würde man keine Spuren entdecken können.

Nach einer halben Stunde anstrengender Kletterpartie erreichte er ein Felsenmeer, an dessen Fuß der Bach unter einer Steinplatte hervorsprudelte. Mischka betrachtete staunend dieses Naturwunder. Riesige Felsbrocken lagen wie verschüttete Kieselsteine am Abhang des Berges. Sie türmten sich übereinander, bildeten Treppen, Nischen und Höhlen. Wahrscheinlich hatten Gletscher der Eiszeit dieses Meer von abgeschliffenen Felsbrocken wie einen Sandhaufen zusammengeschoben.

Hochgewachsene Fichten umrahmten das Naturwunder und verbargen es vor den Blicken am Ufer stehender Menschen. Eine Suchmannschaft würde Tage brauchen, um hier jemanden aufzuspüren. Mischka entschloß sich, einen Unterschlupf zu suchen. Er war am Ende seiner Kräfte und brauchte dringend Ruhe, damit die Wunde ausheilen konnte. In diesem Gewirr von Felsen hatte er eine reelle Chance, Verfolgern auch dann noch zu entkommen, wenn sie ihn entdecken sollten.

In der nächsten Viertelstunde suchte er das Felsenmeer nach einer Spalte oder Höhle ab. Schon bald entdeckte er einen passenden Unterschlupf, dessen Eingang er von innen mit einem Stein verschließen und verkeilen konnte. Niemand würde hier eine Höhle vermuten.

Erschöpft zog Mischka seine durchnäßte Kleidung aus. Die Wunde blutete immer noch. In seinem Rucksack fand er ein Stück Stoff, einen Rest seines Hemdes, das er für solche Fälle aufbewahrt hatte. Er verknotete es zu einem Beutel, füllte es mit Holzkohle und band es mit zwei Lederstreifen fest auf die Wunde. Die Holzkohle würde – wie bei Aljoscha – alle Gifte aus der Wunde saugen und eine Eiterung verhindern. Alles andere mußte er den Selbstheilungskräften seines Körpers überlassen.

Mischka war zu müde, um noch etwas zu essen. Er kroch in den Schlafsack aus Elchleder, schob den Rucksack unter seinen Nacken und streckte sich auf der Felsplatte aus. Obwohl der Untergrund ungewohnt hart war und er schon bald die Kühle des Steines spürte, fiel er in einen tiefen, traumlosen Schlaf.

Er wußte nicht, wie lange er geschlafen hatte, aber ein Sonnenstrahl, der durch eine Felsritze schien, weckte ihn. Mischka fühlte sich benommen, kraftlos und zerschlagen. Seine Stirn war heiß. Überanstrengung, Blutverlust und Wundfieber machten sich bemerkbar.

Er trank einen Schluck Wasser und legte sich wieder zurück. Jetzt spürte er jeden Knochen. Nach den federnden Unterlagen aus Tannenzweigen war die Felsplatte eine unkomfortable Schlafunterlage. Trotzdem schlief er nach wenigen Minuten wieder ein.

Das Rascheln einer Rötelmaus weckte ihn erneut. Er wollte schon einen Stein auf den Nager werfen, als er Stimmen und Schritte hörte. Sie suchten ihn! Vielleicht hatten sie seine Spur entdeckt. Ein Fährtenleser wie Chrapow würde jeden umgeknickten Grashalm, jeden verschobenen Stein ausmachen. Die Schritte kamen näher. Mischka hielt den Atem an. Sein Herz pochte bis zum Hals.

„Das ist ein idealer Ort, um sich zu verstecken, Genosse Leutnant", hörte er Karatajew sagen.

„Stimmt", antwortete ihm Litschenko. Er mußte direkt über der Höhle stehen. „Aber Michail Wulff kann von diesem Ort nichts gewußt haben. Wenn Oberstleutnant Wdowetschenko diesen Haufen von Riesensteinen nicht aus der Luft entdeckt hätte, wären wir daran vorbeigelaufen. Nur der Zufall könnte Wulff hierhergeführt haben."

Gar nicht schlecht, Leutnant, dachte Mischka grimmig.

Er fühlte sich schon halbwegs erleichtert. Offensichtlich war Chrapow nicht bei ihnen. Vor Litschenko und Karatajew hatte er wenig Angst. Sie waren keine Spürhunde wie der Jäger. Außerdem standen sie direkt vor seinem Versteck, ohne es zu bemerken. Chrapow dagegen hätte ihn schon längst gerochen.

„Und was machen wir jetzt, Genosse Leutnant?" ließ sich Jossif Karatajew wieder hören. „In diesem Labyrinth können wir tagelang herumirren und trotzdem nichts finden. Verplempern wir hier nicht unsere Zeit?"

Die Rötelmaus raschelte wieder. Mischka starrte böse zu ihr hinüber.

„Was war das?" Karatajew mußte das Geräusch gehört haben.

„Nun, sehen Sie mal keine Gespenster, Jossif. Sicherlich war das nur irgendein Nager, der zwischen den Felsen herumhuscht. Sie sehen doch, hier ist keine Spalte oder Höhle, in die ein Mensch paßt."

Mischka spürte ein leises Kribbeln in der Nase. Wenn er jetzt niesen müßte, wäre alles vorbei! Um den Reiz zu unterdrücken, kitzelte er mit seiner Zungenspitze den vorderen Gaumen. Langsam ließ das Kribbeln nach.

„Wir bräuchten Hunde, Leutnant. Dann wäre die Frage schnell geklärt. Aber die müßten erst mit dem Hubschrauber eingeflogen werden."

„Mir ist das alles zu windig." Mischka hörte deutlich, wie sich der Leutnant am Kopf kratzte. „Wo ist eigentlich das Kanu? Würde ein Verletzter seinen Weg zu Fuß fortsetzen, wenn ihm ein Boot zur Verfügung steht und er weiß, daß man ihm auf den Fersen ist? – Was ist, wenn der Tunguse recht hat? In dem Delta von Inseln und Sümpfen wird Wulff uns entwischen, während wir hier kostbare Zeit verlieren."

Das Funkgerät knackte.

„Hier Chrapow. Habe eine Spur an der anderen Flußseite entdeckt. Unser Mann hat einen seiner alten Tricks angewandt. Kommen Sie rüber und schauen Sie sich das mal an."

Mischka grinste. Erleichterung durchflutete seinen Körper und gab ihm das Gefühl, als hätte er eine schwere Prüfung bestanden. Bevor er den Fluß überquert hatte, war er stromabwärts noch einmal ans Ufer gegangen. Es war mit Steinen übersät – ein idealer Ort für einen Irrweg. Bis zu einer Fichte hatte er eine sichtbare Spur gelegt und war dann den Baum halb hinaufgeklettert, wobei er absichtlich einige trockene Ästchen abknickte und ein wenig Blut auf der Rinde hinterließ. Dann war er über die Steine zum Kanu zurückbalanciert. Er wußte nicht, wie lange sie brauchen würden, um herauszufinden, daß er sich diesmal nicht über die Baumwipfel davongemacht hatte. Auf jeden Fall würde es ihm einen weiteren Zeitvorteil einbringen. Seine Rechnung ging auf. Die Finte hatte seine Verfolger von seiner Fährte abgelenkt.

Die Schritte der Männer verklangen. Mischka richtete sich auf und entspannte sich. Die Schulter schmerzte noch, aber es war erträglich. In einer Woche würde er sie schon wieder belasten können. Bis dahin mußte er sich in seinem Unterschlupf verstecken.

Die Rötelmaus huschte näher und starrte Mischka mit ihren schwarzen Kugelaugen an.

„Im Winter kuschelt ihr euch eng zusammen, um euch gegenseitig zu wärmen, aber im Sommer seid ihr doch recht streitsüchtige Einzelgänger", raunte Mischka ihr zu. „Soviel ich weiß, seid ihr außerdem noch mit irgendwelchen Viren verseucht. Also, bleib mir vom Hals, damit ich mich nicht anstecke."

Dann warf er den Kieselstein nach ihr, den er die ganze Zeit in seiner Hand gehalten hatte. Die Rötelmaus verschwand zwischen den Felsen.

Im Grunde bin ich auch ein Einzelgänger, dachte Mischka. Einsamkeit kann unser Denken, Fühlen und Handeln befruchten. Sie kann es aber auch verkrüppeln. Sie kann uns zu Weisen oder Eigenbrötlern machen. Es ist wahrscheinlich nur eine Frage der Zeit. Wie lange kann eigentlich ein Mensch ohne Menschen auskommen, ohne Schaden an seiner Seele zu nehmen?

Juri Wdowetschenko befahl dem Piloten, stromabwärts zu fliegen. Die Suche am Oberlauf des Flusses war ergebnislos verlaufen. Er entdeckte das Felsenmeer eher zufällig und gab über Funk den Befehl, daß Litschenko und Karatajew die Felsspalten näher anschauen sollten. Während Chrapow am Ufer nach Spuren Ausschau hielt, wollte er mit dem Helikopter das Flußdelta genau absuchen. Im Tiefflug gingen sie über die Inseln, Wasserarme und Sümpfe.

Der Pilot hatte das Infrarot-Suchgerät eingeschaltet und flog das Gebiet planmäßig ab. Immer wieder hielt er den Helikopter an und drehte ihn langsam um die eigene Achse, damit Wdowetschenko mit dem Feldstecher die Landschaft unter ihnen absuchen konnte. Aber sie fanden keine Spur von Michail Wulff oder dem Kanu.

„Fliegen Sie weiter flußabwärts", befahl der Oberstleutnant. Man konnte spüren, wie mißgelaunt er war.

Der Pilot deutete auf die Tankanzeige. „Wir müssen umkehren, wenn wir nicht in Schwierigkeiten kommen wollen."

„Ach, Quatsch!" fuhr ihn Wdowetschenko an. „Damit kommen wir noch bis Natanga. Fliegen Sie weiter!"

Der Pilot gehorchte widerwillig. „Es ist Ihr Risiko, Genosse Oberleutnant."

„Oberstleutnant, wenn ich bitten darf!" wies ihn Wdowetschenko zurecht.

Der Pilot schwieg. Mit einem solchen Mann ist nicht gut Kirschen essen, dachte er. Da ist es besser, man hält den Mund. Soll er doch sehen, wie er nach Hause kommt, wenn der Sprit alle ist.

Er ging im Tiefflug auf Westkurs, immer entlang des Flußufers. Nach einer Viertelstunde deutete er wieder auf die Tankanzeige. Die Nadel stand auf Reserve. „Genosse Oberstleutnant, ich kann einen Weiterflug nicht länger verantworten. Wenn wir jetzt nicht umkehren, müssen wir zu Fuß nach Hause laufen. Außerdem scheint das Wetter umzuschlagen. Das Barometer ist in den letzten Minuten stark gefallen."

„Nun machen Sie sich nicht gleich in die Hose, Mann!" knurrte Juri Wdowetschenko. „Aber meinetwegen, drehen Sie um, damit wir wieder auftanken können."

Erleichtert zog der Pilot die Maschine hoch und nahm Kurs auf Strelka Tschunja. Der Wind hatte aufgefrischt und stand dem Helikopter entgegen. Sie kamen langsamer vorwärts als erwartet. Eine Wolkenbank schob sich über die Berggipfel im Osten, schwarz und unheilverkündend. Der Himmel davor färbte sich gelblich-rot. Das Barometer fiel weiter. Der Pilot schaute auf die Instrumententafel. Noch eine Stunde Flug bis Strelka Tschunja. Die Tankanzeige näherte sich der Null-Marke. Der Gegenwind steigerte den Spritverbrauch stärker, als er berechnet hatte.

Ein Blitz flammte über den Horizont. Dann heulte der Sturm los, fuhr über die Baumkronen, packte den Helikopter und schüttelte ihn, als wäre er ein Spielzeugmodell.

„Ziehen Sie die Maschine hoch, damit wir aus dem Sturm kommen!“ schrie ihm Wdowetschenko durch das Getöse des Windes zu.

„Wir haben nicht mehr genügend Sprit im Tank für solche Manöver“, antwortete ihm der Pilot gereizt. „Wir sollten nach einem Platz Ausschau halten, auf dem wir landen können.“

„Mann, machen Sie, was ich Ihnen sage!“ fuhr ihn der Oberstleutnant an. Seine Augen funkelten kalt.

Blitze zuckten wie Feuerstürme über den Himmel. Donnerschläge folgten ihnen, übertönten das Schlagen der Rotorblätter. Regen klatschte gegen die Frontscheibe. Vergeblich kämpften die Scheibenwischer dagegen an. Sie waren im Zentrum eines sibirischen Gewitters. Der Helikopter schwankte wie eine Segeljolle auf einem sturmgepeitschten Meer.

„Ziehen Sie die Maschine endlich hoch!“

Der Pilot sah Angst in Wdowetschenkos Augen. Auch seine Bauchmuskeln waren hart vor Anspannung. Kurz entschlossen zog er den Helikopter hoch. Sie durchbrachen die Wolkendecke. Sonnenlicht flutete über den Himmel und blendete sie. Die plötzliche Ruhe und Windstille ließ sie aufatmen.

Der Pilot wollte gerade den Tower des Militärflughafens anrufen, als der Motor kurz aussetzte. Der Helikopter ruckte und stand danach wieder ruhig in der Luft.

„Was war das?“ wollte Wdowetschenko wissen.

„Was ich schon lange befürchtet habe,“ antwortete ihm der Pilot. „Der Tank ist leer. Ich habe Sie davor gewarnt. Aber Sie wußten ja alles besser.“

„Machen Sie was! Gehen Sie runter und landen Sie, ehe der Motor ganz aussetzt.“

„Das wollte ich vorhin schon tun“, erwiderte der Pilot. Plötzlich war er die Ruhe selbst und fühlte sich dem Oberstleutnant überlegen. „Aber Sie müssen ja immer Ihren Kopf durchsetzen.“

Eine Reihe von Zündaussetzern schüttelte den Helikopter. Der Pilot drosselte den Motor und ging in Sinkflug über. Kaum waren sie in die Wolken eingetaucht, packte sie der Gewittersturm und schüttelte sie durch. Trotzdem ließ der Pilot die Maschine weiter sinken. Er schaltete die Scheinwerfer ein, um den Boden nach einer geeigneten Fläche für die Landung abzusuchen. Eine kleine Lichtung tauchte zwischen den Regenfahnen auf. Erleichtert setzte er zur Landung an. Noch zwei Meter bis zum Boden. Auch Wdowetschenko atmete auf.

Plötzlich schien die Welt um sie herum zu explodieren. Der Knall eines Donnerschlages zerriß ihnen beinahe das Trommelfell. Die Instrumente sprühten Funken. Hart setzten die Kufen des Helikopters auf. Die Rotorblätter zerfetzten den Stamm einer Fichte und brachen wie Streichhölzer. Noch einmal heulte der Motor auf. Dann erstarb er.

Kreidebleich starrte Oberstleutnant Wdowetschenko auf den Piloten. Blut lief ihm aus einer Schnittwunde über die Stirn.

„Endstation", sagte der Pilot, als wäre er der Fahrer eines Moskauer Vorstadtbusses. „Von hier aus sind es noch vierzig Kilometer bis Strelka Tschunja. Vierzig Kilometer durch Sumpf und Dickicht."

Dann lehnte er sich zurück, schloß die Augen und atmete tief durch.

Chrapow hatte wieder einmal allen Grund zum Fluchen. An eine erfolgreiche Spurensuche war nach dem Gewittersturm nicht mehr zu denken. Die Regenschauer hatten mit Sicherheit alle Fußabdrücke Michail Wulffs verwischt. Dabei hatten sie diesmal einen echten Joker gehabt.

„Mist! Verdammter Mist!" schrie der Jäger mit rotem Kopf und warf einen Buchenknüppel in den strömenden Regen. Der Stock prallte gegen eine Baumwurzel und drehte sich wie ein Bumerang über den Boden.

Zu dritt kauerten sie unter einer Plane, die sie zu einem Notzelt aufgespannt hatten. Auch die Stimmung der beiden anderen war auf dem Nullpunkt.

„Und wie geht es nun weiter?" wollte Karatajew wissen.

„Wir fangen wieder von vorn an", erwiderte ihm Litschenko, während er einen Tannenzapfen auseinanderpulte. „Wir stellen Suchtrupps auf, informieren die Bevölkerung, erinnern sie an das Kopfgeld und kämmen die Gegend durch. Irgendwann wird dieser Mann ja wieder auftauchen. Er kann sich nicht für immer in der Taiga verstecken."

Litschenko wollte sich mit diesen Worten selbst Mut machen. Im Grunde aber wußte er, was seine Mutmachparolen bedeuteten:

harte Arbeit, kurze Nächte, Ärger mit den Vorgesetzten und das strapaziöse Leben in der Wildnis. Wie lange noch? fragte er sich verbittert. Wann kann ich endlich wieder normal mit meiner Familie leben? Warum mußte es gerade mich treffen? Dann verwarf er diesen Gedanken wieder. Er war unsinnig und nicht fair. Hätte es einen anderen getroffen, wäre er gleichgültig darüber hinweggegangen. Es hätte ihn nicht berührt.

Solange man nicht persönlich von Unglück, Leid und Ärger getroffen wird, stellt man keine Warum-Fragen, dachte er. Eigentlich müßte man sich fragen: Warum ich nicht? Warum sollten Leid und Ärger immer nur andere treffen? Das Leben ist doch viel zu kompliziert, es lauern zu viele Gefahren am Wegrand, als daß man unbehelligt bleiben könnte. Und wenn man glaubt, eine Garantiekarte für ein glückliches Leben in den Händen zu halten, kommt ein Windstoß und wirbelt sie davon. Es ist gut, wenn man sich mit dem Schicksal arrangieren kann und versucht, auf das Positive des Lebens zu schauen.

Leutnant Litschenko atmete durch. Er fühlte, wie sich seine Stimmung wieder besserte. Vielleicht war alles nur eine Sache der Einstellung.

Für Mischka kam das Gewitter wie gerufen. Es paßte in seine Pläne. Sogar Chrapow würde jetzt das Handtuch werfen müssen.

Regenwasser strömte durch eine Felsspalte und floß über die Steinplatte, die ihm bisher als Liegefläche gedient hatte. Mischka fing das Wasser mit einem Stück Leder auf und füllte es in seine Trinkflasche. Nun brauchte er sein Versteck nicht zu verlassen, um seinen Durst am Bach zu stillen. Dann hockte er sich auf einen trockenen Fleck, lehnte den Kopf an die Seitenwand seiner Höhle und begann zu träumen.

Wie wird es im freien Westen sein? Sind die Menschen dort glücklicher? – Sie müssen glücklicher sein, denn sie sind frei. Niemand beschränkt sie in ihrer Meinungsäußerung. Sie können offen sagen, was sie denken. Niemand verbietet ihnen, dorthin zu gehen, wohin es sie zieht.

Die Strände des Mittelmeeres, die schneebedeckten Alpen, Südfrankreich oder die Kunstschätze von Florenz, Rom, Paris oder London – wie gern würde er das alles sehen.

Ungeahnte Möglichkeiten stehen den Menschen dort offen. Sie können sich ihre Wünsche erfüllen und kaufen, was das Leben schöner macht: schnelle Autos, an denen man nicht jeden Sonntag herumbasteln muß, elegante Kleidung, stilvolle oder moderne Möbel, Lebensmittel aus aller Welt. – Was gäbe er darum, jetzt eine Banane oder einen Pfirsich essen zu können.

Sie hatten das alles verheimlichen wollen, die Machthaber des Ostens. Falsche Meldungen in der Presse und Lügen in den Nachrichten sollten den Eindruck vermitteln, die Arbeiter in den Demokratien lebten auf dem untersten sozialen Niveau und wären für immer zur Armut verdammt. Aber Udo, der Fließbandarbeiter aus Ingolstadt, hatte sich eine Reise nach Moskau leisten können. Mit ihm hatte Mischka eine Stunde lang auf dem Roten Platz diskutiert. Es hatte ihnen beiden die Augen geöffnet. Udo besaß einen schnellen Audi, Ledersessel und eine moderne Einbauküche mit allem Luxus. Er lebte besser als die meisten Funktionäre Rußlands. Trotzdem war er überzeugter Kommunist, jedenfalls bis zu seiner Ankunft in Moskau. Udo hatte seine Anschauungen in vielen Punkten revidieren müssen. Er war in kein Arbeiter- und Bauernparadies gereist, sondern in ein riesiges GUlag. Das Gespräch mit Mischka war – nach allem, was er gesehen hatte – für ihn eine Offenbarung gewesen. Als er sich verabschiedete, hatte Udo Tränen in den Augen gehabt.

Es ist schwer, sich von einer Weltanschauung verabschieden zu müssen, weil sie nicht der Wirklichkeit entspricht, dachte Mischka. Vielleicht aber sind auch meine Vorstellungen von der Freiheit falsch. Vielleicht ist alles nur ein Traum, eine schöne Illusion. Vielleicht bin auf dem Weg nach Nirgendwo. Vielleicht!

Eine Woche später machte Mischka sich wieder auf den Weg. Die Tage waren ihm lang geworden. In der kleinen Höhle hatte er sich wie ein Gefangener gefühlt. Manchmal hatte er sich zwingen müssen, nicht vorzeitig das Versteck zu verlassen. Die Weite der Taiga schien ihm wie ein Paradies.

Die Wunde war inzwischen leidlich verheilt. Weil er die vergangenen Tage nur von seinen Vorräten gelebt hatte, war sein Gepäck nicht mehr so schwer und belastete ihn nun kaum. Die Wunde schmerzte zwar noch, aber es ließ sich ertragen. Die Holzkohleumschläge hatten ihm geholfen.

Obwohl er davon ausgehen konnte, daß seine Verfolger ihre Suche inzwischen auf ein größeres Gebiet ausgeweitet hatten, bewegte er sich mit äußerster Vorsicht. Immer wieder suchte er die Gegend nach verräterischen Zeichen wie Rauchfahnen oder auffliegenden Vögeln ab.

Weil die Glut im Tongefäß während seines Höhlenaufenthaltes erloschen war und er auch keine Zeit für die Jagd hatte, ernährte er sich die nächsten Tage hauptsächlich von rohen Pflanzen, manchmal nur von Moos oder Gras, weil nichts anderes zu finden war. Es schmeckte anfangs widerlich. Aber er mußte es roh essen. Ein Kochfeuer könnte ihn leicht verraten.

Mischka versuchte, weiter nach Nordosten voranzukommen. Sümpfe und undurchdringliches Dickicht machten seine Flucht beschwerlich. Oft mußte er große Umwege machen, ehe er seinen Weg fortsetzen konnte. Trotzdem konnte er nicht verhindern, daß seine Füße und Hosenbeine ständig naß waren. Aber er hatte sich daran gewöhnt. Es gab Schlimmeres. Solange er sich bewegte, würde die Nässe ihn nicht krank machen.

Zweimal beobachtete er von einer Bergkuppe aus Menschen. Sie waren zu weit entfernt, als daß er erkennen konnte, ob es sich um Zivilisten oder die Miliz handelte. Auf jeden Fall wurde er noch vorsichtiger.

Am Ende der nächsten Woche erreichte Mischka einen Fluß. Er kam von Norden, schlängelte sich durch ein Tal und bog wieder nach Norden ab. Er wußte nicht, daß er sich am Oberlauf der Tunguska befand. Mischka setzte sich am Steilufer zwischen zwei Birken und beobachtete den Flußlauf bis zum Abend. Doch kein Schiff oder Boot ließ sich sehen. Wahrscheinlich lebten hier nur wenige Menschen. Deshalb entschloß er sich, seine Flucht auf dem Wasser fortzusetzen. Solange er in der Dunkelheit den Fluß hinuntertrieb und sich vom Ufer fernhielt, würde man ihn nicht entdekken können. Er hatte schon einen Plan. Zufrieden rollte sich Mischka in seinen Schlafsack und legte sich zur Ruhe.

Am nächsten Morgen wachte er schon früh auf. Der Himmel war blau, und erste Sonnenstrahlen ließen die Tautropfen an Grashalmen und Spinnweben wie Diamanten glitzern.

Ein Rehbock stand am Ufer des Flusses und stillte seinen Durst. Mischka prüfte den Wind. Er stand günstig, so daß das Tier ihn nicht wittern konnte. Behutsam schlich er sich bis auf fünfzig Meter an den Rehbock heran, hakte seinen Speer in die Schleuder, zielte und ließ ihn losschnellen. Tödlich getroffen brach das Tier zusammen. Mischka zog es hinter einen Busch, weidete es aus und zog ihm das Fell ab. Dann schnitt er das Fleisch in dünne Streifen und hängte es zum Trocknen in die Sonne. Nach getaner Arbeit wusch er sich gründlich im Fluß und aß ein wenig.

Am späten Vormittag begann er, aus Weidenruten Spanten für ein kleines Boot anzufertigen, indem er die Zweige U-förmig zwischen Steinen bog und sie in der Sonne trocknete. Danach sammelte er soviel Harz, wie er finden konnte. Um seine Finger nicht zu verkleben, benutzte er dazu einen einfachen Handschuh, den er aus Rehleder angefertigt hatte. Müde und zufrieden legte er sich wieder schlafen.

Am nächsten Tag band er die Spanten mit Sehnen an einen Birkenstamm, so daß sich eine einfache Bootsform ergab. Danach nähte er nasse Felle um die Form. In der Sonne getrocknet, würden sie später straff gespannt sein. Schließlich dichtete Mischka die Nähte von außen mit Harz ab und überzog auch die Felle mit einer dicken Harzschicht.

Das Boot war kein Schmuckstück, aber es würde seinen Dienst tun. Nachdem die Sonne untergegangen war, ließ Mischka es ins Wasser und prüfte, ob es dicht war. Nur wenige Stellen mußten noch ausgebessert werden. Dann band er einen buschigen Birkenstamm an die linke Bootsseite, so daß sein Kanu im Dunkel der Nacht wie ein treibender Baumstamm aussah.

Noch am gleichen Abend stieß er vom Ufer ab und ließ sich den Fluß hinuntertreiben. Sterne funkelten am Firmament und ließen in ihm wieder das Gefühl der Unendlichkeit und Freiheit aufflammen. Mischka genoß diesen Augenblick. Es war für ihn unvorstellbar, wieder in den Gestank und Lärm einer Großstadt zurückkehren zu müssen. Die Taiga hatte ihn für immer geprägt.

Tagsüber schlief er im Boot, das er hinter tiefhängendem Buschwerk tarnte. Drei Motorboote tuckerten in den nächsten zwei Tagen vorbei. Mischka wagte nicht, sie zu beobachten. Vielleicht handelte es sich um Schlauchboote der Miliz. Möglicherweise waren es auch nur Jäger oder Arbeiter einer Holzfällerbrigade, die zu ihrem Heimatdorf zurückfuhren.

Er passierte mehrere kleine Orte. Im Dunkel der Nacht lagen die unbeleuchteten Häuser wie Felsquader am Ufer. Kein Mensch war zu sehen. Nur schläfrige Tierlaute erfüllten hier und da die Luft.

Mischka hielt sich immer in der Mitte des breiter werdenden Stromes und duckte sich unter die Birkenzweige, wenn ein Haus am Ufer auftauchte. Sobald der erste Schimmer des Tages im Osten zu sehen war, steuerte er ein geeignetes Versteck an und tarnte das Boot mit zusätzlichen Zweigen.

Einen Monat später passierte er einen größeren Zulauf. Der Fluß hatte sich zwischenzeitlich nach Nordwesten gewandt. Nun aber knickte er ganz nach Westen ab und verwandelte sich in einen breiten Strom. Trotzdem wurde die Strömung nicht schneller, sondern verlangsamte sich von Stunde zu Stunde. Kurz vor Morgengrauen kam das Boot schließlich nicht mehr vorwärts. Anscheinend war der Fluß nicht weit von hier aufgestaut. An einem Stauwerk aber befinden sich immer Menschen. Es wurde Zeit, daß er seinen Fluchtweg verließ.

Mischka schnitt den Birkenstamm los und paddelte zum rechten Ufer. Sein Plan stand schon lange fest. Noch einen Winter wollte er in Mittelsibirien verbringen, im Frühjahr eine deutliche Spur nach Osten legen, um sich dann ungestört in Richtung Westen abzusetzen. Er hoffte, damit seine Verfolger endgültig in die Irre zu führen.

Nachdem er das Boot mit Steinen gefüllt und versenkt hatte, schulterte Mischka sein Gepäck und stieg in die Berge hinauf. Der Untergrund war felsig, so daß er keine Spuren hinterließ. Wieder einmal war er seinen Verfolgern entkommen.

Es war ein langer und harter Marsch für Oberstleutnant Wdowetschenko und den Piloten gewesen. Sümpfe und undurchdringliches Dickicht hatte ihnen den Weg schwergemacht. Ihre Kleidung hing in Fetzen von den Schultern, und aufgekratzte Mückenstiche bedeckten ihren ganzen Körper. Noch nie hatte sich Juri Wdowetschenko so elend gefühlt. Er konnte sich nicht vorstellen, länger in dieser Wildnis leben zu müssen.

Nachdem sie Strelka Tschunja erreicht hatten, ließ er sich im Hospital verarzten und bezog danach ein Zimmer in der Kaserne der Miliz. Er hatte immer geglaubt, ein harter Mann zu sein. Aber die drei letzten Tage waren ernüchternd gewesen. Er war nicht geschaffen für dieses Land. Es wurde Zeit, daß er nach Moskau zurückgerufen wurde. Aber dazu würde er einen Erfolg vorweisen müssen. Dazu brauchte er diesen Michail Wulff. Sonst würde ihn Kurbanow hier in der Wildnis verfaulen lassen. Das war so sicher wie das Amen in der Kirche.

Zwei Tage später betraten Chrapow und Leutnant Litschenko sein Zimmer. Wdowetschenko betrachtete prüfend ihre Gesichter.

„Haben die Mücken euch etwa verschont", fragte er, „oder seid ihr nicht durch die Sümpfe gekommen?"

„Schafgarbe, Genosse Oberstleutnant. Schafgarbe und Walnußblätter." Litschenko zog ein Fläschchen aus seiner Gürteltasche und grinste breit. „Der Saft dieser Pflanzen vertreibt diese Quälgeister wie Weihwasser einen Politvizen."

„Lassen Sie Ihre blöden Sprüche, Litschenko!" knurrte Wdowetschenko. „Er ist Ihnen also auch entkommen."

„Jawohl, Genosse Oberstleutnant. Fast hätten wir ihn gehabt, aber der Gewittersturm hat alle Spuren verwischt. Auch ein Spürhund hätte Wulff nicht mehr finden können. Aber wir haben inzwischen eine Großfahndung eingeleitet. Das ganze Gebiet wird gerade von Ost nach West durchkämmt."

„Ich gebe den Suchtrupps keine Chance", warf Chrapow dazwischen, „zuviel Sumpf, zu viele Möglichkeiten, sich zu verstecken, und zu viele Männer, die einen Elchhuf nicht von einer Bärentatze unterscheiden können. Sie werden mit leeren Händen zurückkommen wie Sie, Oberstleutnant."

Wdowetschenko spürte, wie sein Magen verkrampfte und sich ein saurer Geschmack im Mund ausbreitete. Er hatte es besser machen wollen als Litschenko, Chrapow und ihre Männer. Aber die Taiga war gegen ihn gewesen.

„Genug der Kritik", brummte er. „Schauen wir in die Zukunft. Sie werden beide ab jetzt in Strelka Tschunja oder Nakama Stellung beziehen und das ganze Gebiet immer wieder durchkämmen. Geben Sie Steckbriefe an alle Brigaden, Kolchosen und Sowchosen weiter. Fliegen Sie das Gebiet ab. Irgendwann und irgendwo, wird dieser Wulff wieder auftauchen müssen. Entweder wir finden seine abgenagten Knochen oder ihn selbst. Er kann sich nicht in Luft auflösen."

„Aber er kann schon wieder viele Kilometer weiter im Osten sein", warf Litschenko ein. „Sie haben es selbst gesagt: Er hat bisher unglaubliche Strecken zurückgelegt. Es sieht tatsächlich so aus, als wenn er nach Osten statt direkt nach Süden will. Vielleicht versucht er, über den Amur in die Mandschurei zu entkommen."

„Dann suchen Sie ihn auch in dieser Richtung, Genosse Leutnant, und informieren Sie alle Behörden. Sie müssen ihn aufspüren. Es hängt viel davon ab, besonders für Sie."

Wdowetschenko beobachtete, wie das Gesicht des Leutnants zuckte. Er hatte ihn an seinem wunden Punkt erwischt. Das würde den Mann motivieren, die Suche nicht auf die leichte Schulter zu nehmen. Aber er durfte sich nicht allein auf ihn und Chrapow verlassen. Wenn er sämtlichen KGB-Stellen die Nachricht zukommen ließ, daß Wulff ein Handlanger westlicher Agenten war, würde man alle Hebel in Bewegung setzen, um ihn zu fassen. Aber das würde nur ein letztes Mittel sein. Dieses Geschütz könnte sich als Rohrkrepierer erweisen. Es war ein Risiko.

Der Einsiedler

Der Schmerz schoß wie eine Stichflamme durch seinen Körper und ließ ihm schwarz vor Augen werden. Mischka hockte auf den Knien und stützte sich mit beiden Händen ab. Es war ein Gefühl, als hätte ihm jemand einen Nagel ins Kreuz geschlagen.

Nach langen Märschen über Berge und durch dichte Fichtenwälder hatte er das Ufer eines Flusses erreicht, der mit starker Strömung nach Südosten floß. Es war zu spät, um ihn zu überqueren. Deshalb hatte Mischka begonnen, sein Lager unter einer alten Buche aufzuschlagen. Die Blätter des Baumes würden den Rauch seines Lagerfeuers verteilen, so daß er ihn nicht verraten würde.

Er war gerade dabeigewesen, das Holz aufzuschichten, als sein Ischiasnerv ihn zu Boden streckte. Es war nur eine kleine Drehung gewesen, aber offensichtlich waren seine Muskeln kalt und schlecht durchblutet, so daß sie verkrampften und eine Bandscheibe gegen eine Nervenfaser im Rückenmark drückten.

Mischka spürte, daß seine Rückenmuskulatur hart wie Stein war. Er versuchte, ruhig zu atmen und sich zu entspannen, aber jede noch so kleine Bewegung verursachte einen heißen Schmerz, der die Wirbelsäule entlangschoß.

„Junge", murmelte er halblaut, „jetzt wird's ernst."

Er wagte nicht, sich zu bewegen, aber er konnte auch nicht ewig unter dem Baum sitzen bleiben. Es war sein erster Ischias-Anfall. Doch einer seiner Kommilitonen hatte öfters darunter gelitten. Deshalb wußte Mischka, was er zu tun hatte. Langsam beugte er seinen Kopf bis zum Boden und senkte danach sein Gesäß. Wie ein betender Moslem lag er auf dem Moosteppich und versuchte, seine Muskeln zu entspannen. Dann rollte er vorsichtig auf die Seite. Wieder zuckte der Schmerz durch seinen Körper. Schweiß trat auf seine Stirn und perlte ihm über die Wangen. Mischka schloß die Augen und atmete tief durch. Dann zog er behutsam ein Knie an die Brust, streckte das andere Bein und drehte seine Schultern zur anderen Seite. Diese Übung sollte seine Wirbelsäule dehnen, so daß der entzündete Nerv nicht weiter belastet wurde. Aber

Mischka verspürte keine Linderung der Schmerzen. Bewegungslos blieb er liegen.

Er wußte nicht, wieviel Zeit vergangen war. Ein leises Frösteln verriet ihm jedoch, daß es Abend geworden war und die Temperaturen sanken. Mischka zog beide Beine an die Brust und drehte sich auf die andere Seite. Es war eine Qual. Schmerzen trieben ihm Schweiß aus allen Hautporen und raubten ihm fast die Sinne. Zum Glück konnte er sein Gepäck mit der linken Hand erreichen, ohne sich drehen zu müssen. Jede falsche Bewegung vermeidend, schnürte er seinen Schlafsack los und rollte sich hinein. An das Anzünden eines Feuers wagte er nicht einmal zu denken. Der Schlafsack mußte ausreichen.

So schlecht wie in dieser Nacht hatte er schon lange nicht mehr geschlafen. Erst gegen Morgen war er eingedöst. Ein Geräusch weckte ihn. Es klang wie das Husten eines alten Mannes.

Mischka versuchte, sich aufzurichten. Aber der Schmerz in seinem Rücken schickte ihn wieder zu Boden. Er keuchte.

„Das ist wohl heute nicht dein Tag, Jungchen."

Mischka wandte sich der Stimme zu. Ein Mann saß nur fünf Schritt von ihm entfernt auf dem umgestürzten Stamm einer Buche. Er sah genauso abenteuerlich aus wie er selbst. Weißes, lockiges Haar fiel ihm bis auf die breiten Schultern, ein Vollbart umrahmte das zerfurchte Gesicht, und tiefblaue Augen blitzten unter den buschigen Brauen hervor. Seine Kleidung bestand aus Fellen, und an den Füßen trug er abgewetzte Lederstiefel. Der Alte deutete mit einem Eichenknüppel auf ihn. „Was starrst du mich so an. Hast du noch nie einen Eremiten gesehen?"

Mischka schüttelte den Kopf. „Ich komme aus Moskau, da laufen keine Eremiten herum."

„Aus Moskau? Das kannst du deinem Großvater erzählen. Hast wohl den letzten Bus verpaßt, der gestern abend zum Zentralbahnhof fuhr? Aber so, wie du aussiehst, hätte dich der Busfahrer auch dann nicht mitgenommen, wenn du pünktlich an der Haltestelle gewesen wärst. Bist wohl ein Stadtstreicher?"

Mischka lächelte. „Nein, ich bin Jäger. Habe mich ein bißchen verlaufen. Aber vielleicht kannst du mir den Weg zum nächsten Ort zeigen, Väterchen."

„Erzähl keinen Unsinn, mein Junge. Mir kannst du nichts vormachen. Jäger, daß ich nicht lache! – Du hast dich abgesetzt. Du bist aus einer Arbeitskolonne getürmt. Nun schlägst du dich mehr schlecht als recht durchs Land. Jäger sind ein wenig anders ausgerüstet, als du es bist." Der Alte blickte bedeutungsvoll auf Jagdbogen und Speer. „Wer hier wie ein Eingeborener zu leben versucht, dem steht das Wasser meistens bis zum Hals."

Mischka schluckte. Er konnte dem Alten nichts vormachen. Fragen wirbelten ihm durch den Kopf. Was hatte der Mann mit ihm vor? Würde er ihn ausliefern? Mit seinem Ischias war er hilflos wie ein Kind. Der Alte konnte ihn fesseln, ohne daß er sich wehren konnte. Sicherlich stand eine Belohnung auf seinem Kopf, und mancher Sibirier würde sogar seine Mutter verraten, um sich ein paar Rubel zu verdienen.

Als hätte er Mischkas Gedanken erraten, fuhr der Alte fort: „Keine Angst, mein Lieber, ich werde dich weder verraten noch ausliefern. Also entspann dich. Ich will es dir gleich sagen, wir beide sind Schicksalsgenossen. Auch ich stehe auf der Schwarzen Liste der Genossen, das heißt, inzwischen hat man mich sicherlich vergessen. Ich lebe schon viele Jahre in den Wäldern. Wohlgemerkt in, nicht hinter den Wäldern."

Der Alte grinste wie ein Schuljunge. Dann beugte er sich vor und hielt Mischka die Hand hin. „Übrigens, ich heiße Alexej Proschin, und mit wem habe ich zu tun?"

„Michail Wulff."

Mischka sah keinen Grund, weiter zu lügen. Das Gesicht des Alten war offen. Er spürte tief im Innern, daß er diesem Mann vertrauen konnte. „Ich bin Archäologiestudent aus Moskau und habe einige Monate in der Besserungsarbeitskolonie Djatlowo verbracht, weil ich zuviel gesagt hatte. Aber das Essen war zu schlecht, und die Arbeit lag mir nicht. Deshalb habe ich mich selbständig gemacht. Meine Arbeitgeber versuchen seitdem, mich wieder zurückzuholen. Aber ihre Argumente können mich nicht überzeugen."

„So gefällst du mir schon besser", nickte ihm der Alte zu. „Vor einigen Jahren habe ich die gleiche Entscheidung getroffen. Wir sind also in der gleichen Lage. – Nun, es ist hellichter Tag, und du liegst immer noch in deinem Schlafsack. Hast du irgendwelche Probleme?"

„Das kann man wohl sagen. Gestern habe ich einen Ischias-Anfall bekommen. Seitdem kann ich mich nicht mehr rühren."

„Ischias?!" Proschin nickte verständnisvoll. „Das ist einer der schlimmsten Schmerzen, die ich kenne. Aber mal sehen, vielleicht kann ich dir helfen."

Er erhob sich von seinem Baumstamm und verschwand ohne weitere Erklärungen. Mischka wartete unruhig. Seine Hilflosigkeit machte ihn nervös. Konnte er dem Mann wirklich vertrauen? Wieder zog eine Schmerzwelle durch seinen Körper. Wenn er sich doch wieder bewegen könnte!

Proschin kehrte eine Stunde später zurück. Er stellte einen Kessel, einen Topf und einen Ledersack ab und entzündete ein Feuer. Dann ging er zum Fluß, holte Wasser und setzte den Kessel auf das Feuer.

„Ich koche dir einen Tee, der dich entspannt und müde macht. Außerdem bekommst du eine Lehmpackung auf den Rücken. Du wirst sehen, das hilft."

Der heiße Lehm tat seinen verspannten Muskeln wirklich gut. Der Alte verstand sein Geschäft. Mischka gab sich ganz der Wärme und Müdigkeit hin und verdöste den Tag. Proschin wechselte die Lehmumschläge jede Stunde. Zwischendurch massierte er Mischkas Rücken. Dabei ging er so behutsam vor, als wäre er ein erfahrener Masseur.

Sie sprachen kaum miteinander. Mischka war nicht nach einer Unterhaltung, und der Alte ließ ihn zufrieden, weil er zu wissen schien, wie der junge Mann sich fühlte.

Am Abend grub Proschin schließlich eine mannsgroße Grube und entzündete darin ein Feuer. Nachdem die Flammen erloschen waren, bedeckte er die Glut mit einer dicken Sandschicht.

„So", sagte er schließlich, „dein Bett ist fertig. Die Wärme wird die entzündeten Nerven weiter beruhigen, und Morgen geht es dir schon wieder besser."

Proschin half Mischka auf sein Bett und setzte sich dann wieder auf den Baumstamm. „Also, eine gute Nacht und gute Besserung."

„Danke, Alexej Proschin, vielen Dank für deine Hilfe." Mischka schloß die Augen und ließ sich von der Müdigkeit ins Land der Träume tragen. Es dauerte gar nicht lange, bis er wie ein Toter schlief.

Der nächste Morgen brach mit strahlendem Sonnenschein an. Insekten huschten durch das Wechselspiel von Licht und Schatten, und Vögel zwitscherten in den Zweigen. Mischka blinzelte in die Sonne und versuchte, sich zu erheben. Er spürte, daß die Behandlung Proschins erste Linderung gebracht hatte. Er rollte sich behutsam auf die Seite, zog die Knie an und begab sich in die Hocke. Aus den Augenwinkeln sah er, daß sein Samariter immer noch auf dem Baumstamm saß.

„Na, los! Komm schon hoch." Der Alte winkte ihm aufmunternd zu. „Willst du dein ganzes Leben auf dem Boden herumkriechen?"

„Du hast gut reden, Väterchen", gab Mischka zurück, „aber solange man nicht in der Haut des anderen steckt, kann man ihn nicht wirklich verstehen."

„Willst du mir eine Predigt halten, Jungchen? Das kann ich besser. Da bin ich Fachmann als Pope."

„Ein Pope? Das hat mir gerade noch gefehlt!"

Proschin sah ihn belustigt an. „Bist wohl kein Kirchgänger, Jungchen?"

Mischka schüttelte den Kopf. „Nein, aber auch wenn ich einer wäre, in dieser Wildnis hätte ich keinen Priester vermutet, und schon gar nicht in dieser Aufmachung. Ich dachte, du wärst Mediziner, Krankengymnast oder Masseur."

Der Alte schaute an sich hinunter. „Nun gut", brummte er, „ich muß zugeben, daß man mir den Popen nicht ansieht."

„Das kann man wohl sagen."

„Aber es gab auch andere Zeiten, Jungchen." Der Alte schaute über den Fluß, als suche er am anderen Ufer die verlorenen Jahre seiner Vergangenheit. „Damals grüßten mich die Bewohner Leningrads noch ehrfurchtsvoll, obwohl ich nur ein junger Priester war."

Mischka schwieg. Er konnte den Mann verstehen. Als orthodoxer Priester gehörte er auch zu den Feinden des Volkes, obwohl die Verfassung Religionsfreiheit garantierte. Bestimmt war Proschin wie Tima Bekow in jugendlicher Überzeugung für seinen Glauben eingetreten und hatte dafür mit Arbeitslager und Verfolgung büßen müssen. Aber er wollte jetzt nicht weiter in den Alten dringen.

Vorsichtig richtet sich Mischka auf. Er brauchte einige Minuten bis er halbwegs gerade stehen konnte. Proschin reichte ihm eine selbstgeschnitzte Krücke, die er in den letzten Stunden aus einem Birkenstamm angefertigt hatte. Seine Melancholie war schon wieder verflogen.

„Da, stütze dich damit ab, sonst verkrampfen deine Muskeln wieder."

„Danke, Proschin, mein Rücken ist tatsächlich noch ganz schön steif, und die Lendenwirbel sind so unbeweglich, als hätte ich eine Stahlstange drin."

„Kipp dein Becken nach vorn, Junge." Der Alte bewegte seine Hüfte wie eine Bauchtänzerin. „Sobald du ein Hohlkreuz machst, wird dein Ischias wieder zu singen anfangen."

Mischka lächelte gequält. „Es zieht auch so noch ganz schön. Als verunglücktes Fragezeichen mache ich in dieser Wildnis keine gute Figur."

Proschin blickte ihn an. Man sah ihm an, daß er eine für ihn wichtige Entscheidung treffen mußte. Schließlich sagte er: „Ich habe mich entschieden. Ich nehme dich mit in meine Eremitenklause, eine Höhle, nicht weit von hier." Er kratzte sich am Kopf. „Ich habe dort die letzten Jahre verbracht. War manchmal ziemlich einsam. Du kannst dich bei mir auskurieren, natürlich nur, wenn du Lust hast. Oder fürchtest du dich vor einem Popen?"

Die Augen des Alten blitzten unter den buschigen Brauen und gaben seinem zerfurchten Gesicht einen jungenhaften Ausdruck. Er reichte seinem Gegenüber die Hand der Freundschaft. Mischka ergriff sie ohne Zögern. „Vielen Dank, Alexej Proschin! Ich weiß dein Vertrauen zu schätzen. Du gibst dein Versteck preis, ohne mich wirklich zu kennen."

„Oh, ich glaube, du bist für mich kein Fremder mehr. Ich habe dich genau beobachtet, und du weißt ja, Priester besitzen ein wenig Menschenkenntnis, auch wenn sie keinen Doktortitel in Psychologie haben. – Also, machen wir uns auf den Weg."

Er suchte Mischkas Sachen zusammen und schulterte das Gepäck, als bestände es nur aus ein paar Kleinigkeiten. Mischka hatte ihm diese Kraft gar nicht zugetraut. Proschin mußte schon weit über siebzig Jahre alt sein. Trotzdem bewegte er sich wie ein junger Mann.

Der Weg war beschwerlicher, als Mischka erwartet hatte. Der Pfad schlängelte sich zunächst am Flußufer entlang und dann zwischen Kiefern und Birken einen Abhang hinauf. Oben ragten Felsenklippen in den Himmel. Jeder Schritt war eine Qual, auch wenn er sich mit aller Kraft auf seiner Krücke abstützte. Schweiß rann ihm über Stirn und Nacken. Seine Rückenmuskeln verspannten sich erneut, und ein Gefühl seltsamer Taubheit stellte sich im rechten Bein ein. Als er dies Proschin sagte, beruhigte dieser ihn: „Gleich haben wir's geschafft, und dann werden wir deinen Ischias kurieren. Nur noch ein paar Schritte."

Kurz danach verschwand er zwischen einigen Büschen. Mischka tauchte unter den Zweigen hindurch. Er ahnte, daß dies der Zugang zu Proschins Versteck war.

Eine Felsspalte öffnete sich vor ihm. Er zwängte sich hindurch und stand in einer von Dämmerlicht erfüllten Höhle. Sie war drei Meter hoch und etwa dreißig Quadratmeter groß. Die Decke wölbte sich in der Mitte und ging in eine Felsspalte über, die sich nach oben zog und den matten Schein des Tageslichtes hereinließ. An den Seitenwänden standen Regale aus Birkenstämmen, auf denen Tongefäße und Blechtöpfe neben anderen Gebrauchsgegenständen lagerten. Ein Tisch und zwei Hocker waren zur Seite gerückt. In der rechten hinteren Ecke hing ein Elchfell wie ein Wandbehang bis zum Boden. An der Rückwand hatte der Alte eine Nische aus dem Sandstein herausgeschlagen, die ihm als Herd diente. Aus Lehm und Steinen hatte er einen Kamin gebaut, der den Rauch des Feuers in die Felsspalte leitete. Neben dem Herd führten Treppenstufen zu einer zweiten, oberhalb des Herdes liegenden Nische, auf der sich mehrere Felle türmten. Mischka staunte nicht schlecht.

„Mein Schlafplatz." Proschin grinste wie ein Achtjähriger, der seinem Freund ein geheimes Versteck preisgibt. „Nicht so gut wie ein russischer Ofen, aber trotzdem warm und kuschelig. Wenn draußen der Frost klirrt, heize ich hier ordentlich ein und verkrieche mich zwischen den Fellen, und das Gleiche werden wir jetzt auch mit dir machen."

Proschin nahm Mischka am Arm und half ihm die Stufen hinauf. Oben ordnete er die Felle, so daß sie den Rücken seines Patienten an der richtigen Stelle unterstützten.

Mischka legte sich mit angezogenen Beinen auf das Lager und rollte sich auf die Seite. Der Schmerz trieb ihm Tränen in die Augen. Proschin verstand ihn auch ohne Worte und stieg die Stufen hinab, nahm einen Armvoll Äste von einem Holzstapel und entzündete ein Feuer im Herd. „So jetzt werde ich dich aufheizen, danach eine heiße Kompresse auf deinen Rücken legen und dich schließlich aufs Streckbrett spannen."

Mischka ließ den Alten reden und schloß die Augen. Er hoffte, daß die Behandlungsmethode des Popen schnellen Erfolg bringen würde. Die Schmerzen erschienen ihm wieder unerträglich.

Es dauerte nicht lange, bis die Wärme die ganze Höhle durchdrang. Proschin hatte einen Topf mit Wasser über das Feuer gehängt. Nachdem es kochte, goß er einen Beruhigungstee auf und erhitzte in dem restlichen Wasser Tücher. Schließlich legte er diese wie heiße Kompressen auf Mischkas Rücken. Sobald sie ausgekühlt waren, erhitzte er sie erneut.

„Das lockert deine Muskeln, Jungchen", ermunterte er seinen Patienten. „Sobald sie schön warm und entspannt sind, werden wir eine Übung machen, die deine Wirbel auseinanderzieht und deinen Ischias entlastet."

„Ich vertraue deinen Künsten, Proschin. Jedenfalls hast du mir ja schon ein wenig geholfen."

Der Alte lächelte. „Du wirst sehen, übermorgen kannst du schon wieder laufen wie ein junger Elchbulle."

Eine Stunde später kramte Proschin ein Brett aus einer Ecke hervor und legte es über die Stufen zur Schlafkoje. Oben befestigte er eine Lederschlinge.

„So, mein Junge, jetzt kriech mal hier rauf." Proschin hob das Brett am unteren Ende an, so daß es waagerecht lag. „Steck deine Füße in die Schlinge und leg dich auf den Rücken."

Mischka gehorchte seinen Worten und strecke sich aus. Er ließ sich viel Zeit, weil er jede falsche Bewegung vermeiden wollte. Als er endlich auf dem Rücken lag, senkte Proschin vorsichtig das Brett und setzte es ab.

Mischka lag nun mit dem Kopf nach unten, die Füße in der Schlinge. Er spürte, wie das Gewicht seines Körpers die Wirbelsäule auseinanderzog. Der Schmerz ebbte deutlich spürbar ab. Auch wenn nun das Blut in seinen Kopf schoß und ein unangenehmes Druckgefühl verursachte, genoß er seine Liegeposition.

Zehn Minuten später hob Proschin das Brett wieder an und schob mit dem linken Fuß einen der Hocker darunter.

„Damit dir nicht der Kopf platzt", meinte er nur. Dann wandte er sich anderen Arbeiten zu.

Nach einiger Zeit stellte Proschin das Brett wieder schräg, um Mischkas Wirbelsäule zu dehnen. In der Zwischenzeit unterhielten sich die beiden über ihre Vergangenheit. Nachdem Mischka seine Geschichte erzählt hatte, strich sich der Alte bedächtig den Bart.

„Ja, so ähnlich war es bei mir auch. Nur wurde ich nicht wegen politischer Ideen verfolgt, sondern weil ich in Fragen des kirchlichen Lebens nicht den Anordnungen des KGB folgte. Ich war ihnen zu fromm und schien einen zu großen Einfluß auf die Jugend auszuüben. Dabei war ich selbst noch fast ein Jugendlicher. Ich hatte mich gerade mit Dascha verlobt. Wir wollten im nächsten Sommer heiraten. Aber es wurde nichts daraus. In einer Nacht-und-Nebel-Aktion hat man mich in Leningrad verhaftet und fortgeschleppt. Ich konnte Dascha durch Freunde von meiner Verhaftung benachrichtigen. Später schrieb sie mir zwei Briefe nach Kolyma. Sie hat mir darin versichert, daß sie auf mich wartet. Dann aber blieben ihre Briefe aus."

Proschin starrte gedankenverloren ins Feuer. Seine Hände zitterten, als die Erinnerung in ihm aufstieg. „Dreißig Jahre war ich in verschiedenen Lagern und Gefängnissen. Als man mich endlich freiließ, eilte ich sofort in mein Heimatdorf. Dort erfuhr ich, daß ein Mann aus unserem Dorf Dascha den Hof gemacht hatte. Als sie ihn abwies, schwärzte er sie beim KGB an."

Proschin wurde bitter, als er weitersprach. „Sie wurde kurz darauf verhaftet, weil sie eine Beziehung zu mir, dem Konterrevolutionär, gehabt hatte. Dabei war sie einer der gütigsten Menschen des Dorfes. Viele Stunden hat sie an den Betten der Kranken und Alten gesessen, um sie zu pflegen. Als man sie schließlich aus dem Lager entließ, war ihre Gesundheit völlig zerrüttet. Vier Wochen, bevor ich nach Hause kam, starb sie – vier Wochen vorher!"

Mischka spürte die Erregung und Trauer in den Worten des Alten. Auch seine Augen wurden feucht, als er Proschin vor sich sah, das Gesicht in den Händen vergraben. Er schwieg. Was hätte er auch sagen können? Besser ist es, mit den Traurigen zu schweigen und zu weinen, als sie mit hohlen Worten zu trösten versuchen.

Proschin richtete sich auf. „Im Lager Kolyma hat mich ein alter Erzbischof kurz vor seinem Tod zum Bischof geweiht. Ich sollte nach meiner Entlassung die Untergrundkirche der Orthodoxen aufbauen und leiten. So bin ich in den folgenden Monaten durch Westsibirien gereist, um die Gläubigen aufzusuchen und ihnen Mut zuzusprechen. Dabei war mir die Staatssicherheit mehr als einmal auf den Fersen."

Er lachte auf. „Einmal konnte ich durch einen geheimen Tunnel entkommen, als der KGB die Tür meines Gastgebers aufzubrechen versuchte. Sie sind ihm nie auf die Schliche gekommen. Ein andermal – wir feierten gerade Geburtstag bei einem Förster – habe ich mich schnell rasiert, unter die Gäste gemischt und wie ein Bauer Suppe aus dem Teller geschlürft, als der KGB eine Razzia durchführte. Sie haben mich überhaupt nicht beachtet! Gott hat sie mit Blindheit geschlagen, mein Junge."

Mischka sah, wie der Pope wieder innerlich ruhig wurde und seine alte Selbstsicherheit zurückgewann.

„Kurz darauf habe ich mich in die Einsiedelei eines alten Eremiten am Ural verkrochen. Zuerst dachte ich, es ginge mit mir zu Ende. Ich habe mich sogar von meinen Freunden verabschiedet und bin nach Mittelsibirien gegangen, um dort zu sterben. Aber wie du siehst, mir geht es wieder recht gut. Das Leben in der freien Natur hat mir wieder auf die Beine geholfen."

Proschin erhob sich, ballte die Fäuste und klopfte sich auf die Brust.

„Auf mich machst du den Eindruck eines alten Schwarzbären, der immer noch den Elchbullen mit einem Prankenhieb zu Boden streckt", grinste ihn Mischka an.

„Danke für das Kompliment, Jungchen", gab Proschin zurück. „Das macht mir Mut. Aber jetzt wollen wir dich erst mal wieder auf den Kopf stellen." Und der Alte setzte die Behandlung den ganzen Tag fort. In der darauffolgenden Nacht schlief Mischka wieder fest und traumlos. Als er am nächsten Morgen erwachte, spürte er keine Schmerzen mehr. Er wollte sich schon aufrichten, als Proschin ihn sanft, aber fest auf sein Lager drückte. „Nein, nein, das ist zu früh, mein Lieber! Heute setzen wir die Behandlung fort, und morgen darfst du ein wenig aufstehen."

Nach einem Frühstück aus Eichelbrei mit getrockneten Heidelbeeren begann Proschin Mischkas Rücken mit heißen Kompressen zu erwärmen, massierte ihn und legte seinen Patienten wieder auf die Streckbank, wie er zu sagen pflegte. Während der Behandlung tauschten sie ihre Erfahrungen über das Leben in der Taiga aus.

„Nein, mit Pfeil und Bogen könnte ich nicht jagen. Dabei würde ich verhungern." Er strich über die leichte Wölbung seines Bauches. „Ich benutze Fallgruben. Aber ich esse selten Fleisch. Meine Nahrung besteht zum größten Teil aus Eicheln, Waldbeeren und Pilzen. Ich sammele sie in großen Massen und trockne sie für den Winter. Hier in der Höhle bewahre ich nur einen Teil meiner Vorräte auf. Ich besitze noch drei weitere Lager in verschiedenen Himmelsrichtungen jeweils einen Tagesmarsch von hier entfernt. Falls man mich hier entdeckt und ich mich aus dem Staub machen kann, habe ich nichts zu befürchten. Ich finde überall Unterschlupf und Nahrung."

„Verläßt du dein Revier denn gar nicht mehr, um einmal unter Menschen zu gehen?" wollte Mischka wissen.

„Selten, ganz selten. Ich habe ein paar treue Orthodoxe aus der Untergrundkirche in den Dörfern weiter im Süden. Sie versorgen mich mit Dingen, die ich mir nicht selbst besorgen kann. Ich feiere mit ihnen manchmal das Weihnachts- oder das Osterfest in einer Höhle, die nur wenige kennen. Aber die meiste Zeit bin ich allein. Niemand weiß von meinem Versteck hier. Du bist der erste, den ich eingeweiht habe."

„Dein Vertrauen ehrt mich, Proschin."

„Na, vielleicht hatte ich das Alleinsein auch einfach nur satt."

„Ich glaube, du bist ein Vollblut-Pope. Du hast wie viele Geistliche ein Helfersyndrom, den Hang zur Selbstaufopferung. Du mußtest mich einfach unter deine Fittiche nehmen."

„Nun werd ja nicht sarkastisch", drohte Proschin scherzhaft, „sonst stelle ich dich so lange auf den Kopf, bis du wie eine Tomate aussiehst."

„Ich halte ja schon meinen Mund", gab Mischka zurück. „Aber

sei mal ehrlich. Willst du hier deine restlichen Tage verbringen, oder sehnst du dich nicht manchmal wieder zurück in die Geborgenheit einer Familie, die Bequemlichkeit einer Siedlung oder die kulturellen Angebote einer Stadt?"

Der Alte nickte. „Ja, manchmal träume ich davon. Manchmal wünschte ich, ich könnte leben wie vor meiner Verhaftung, essen wie jeder andere, in einem bequemen Bett schlafen, wöchentliche Gottesdienste halten und als Seelsorger arbeiten. Ich wünsche mir auch die Geborgenheit einer Familie, das Lachen der Kinder und den liebevollen Blick meiner Dascha. Aber", Proschin seufzte auf, „es war mir nicht vergönnt."

Er fuhr mit der Hand durch die Luft, als wollte er seine Gedanken wegwischen. „Kehren wir in die Gegenwart zurück, und versuchen wir, das Beste daraus zu machen. Du hast recht, ich bin froh, daß du hier bist und daß ich dir helfen kann. Ja, ich habe ein Helfersyndrom."

Am nächsten Tag erlaubte Proschin Mischka, für kurze Zeit aufzustehen.

„Man sieht, du bist ganz schön abgeschlafft." Er musterte seinen Patienten von oben bis unten. „Eine Woche Bettruhe erfordert zwei Wochen Training, bis du wieder so fit bist wie vorher. Aber meide alle Überanstrengung. Gewaltkuren bewirken nur das Gegenteil."

Jeden Morgen trainierte Mischka von nun an seine Bauch- und Rückenmuskeln, um die Wirbelsäule zu entlasten. Er machte sichtbare Fortschritte. In der zweiten Woche war er schließlich völlig beschwerdefrei.

Er streifte mit Proschin durch die umliegenden Wälder, um Wintervorräte zu sammeln, obwohl es erst Mitte des Sommers war. Er lernte neue Pflanzen kennen und Kniffe, die das Überleben in der Wildnis erleichterten. Für einen Popen hatte der Alte ein außergewöhnliches Wissen über die Geheimnisse der Natur.

Proschin weihte ihn auch in Fluchtmöglichkeiten ein, sollten sie eines Tages durch Zufall entdeckt werden. Hinter dem Wandbehang in der Höhle befand sich ein zweiter, versteckter Ausgang, der durch eine Steinschlagfalle gesichert war. Hier bewahrte Mischka seinen fertig gepackten Rucksack auf, um jederzeit zur Flucht bereit zu sein.

Unten am Fluß lag ein Ruderboot, das Proschin mitgebracht hatte, als er in die Wildnis gezogen war. Mit ihm transportierte er seine Jagdbeute oder auch Gebrauchsgegenstände, die er von Mitgliedern der Untergrundkirche geschenkt bekam.

Mischka fand immer mehr Gefallen an seinem Gastgeber, war er doch trotz seines Alters immer noch ein Bär von einem Mann und geistig so beweglich, als wäre er zwanzig Jahre jünger. Trotzdem trieb es ihn weiterzuziehen. Seine Wanderung war noch nicht zu Ende. Er hatte nicht vor, den Rest seines Lebens in der Wildnis zu verbringen, wie Gesetzlose es manchmal taten. Schon der Gedanke, einen weiteren Winter in einer Höhle verbringen zu müssen, machte ihn unruhig. Proschins Gegenwart würde vielleicht manches erleichtern, aber es konnte auch geschehen, daß die Eigenarten dieses Mannes ihn in den dunklen Wintermonaten nervten.

Als ein Tiefdruckgebiet langanhaltende Regenschauer über das Land schickte, wurde Mischka von Tag zu Tag stiller. Seine Gedanken begannen, um die Frage zu kreisen, wie seine Zukunft aussehen würde. Hatte er überhaupt eine Zukunft? War die Hoffnung auf Flucht in den freien Westen nicht eine Illusion, ein Traum, der wie eine Seifenblase aufsteigt, um brüchig zu werden und schließlich zu zerplatzen?

Proschin beobachtete ihn mit wachsender Sorge. Er kannte die Warnzeichen einer beginnenden Depression und wußte, daß ein junger Mensch durch eine solche Gefühlsstörung aller Lebenskräfte beraubt werden konnte.

„Was ist mit dir los?“ wollte er endlich wissen. „Ich beobachte dich schon die ganze Woche. Irgend etwas scheint dich zu bedrükken. Du redest nicht mehr mit mir. Du stierst stundenlang ins Feuer und kaust auf dem Rehfleisch herum, als wäre es deine Schuhsohle. Sprich dich ruhig aus. Vielleicht können wir dein Problem gemeinsam lösen.“

„Ach, es ist nichts Besonderes“, murmelte Mischka, „ich fühle mich irgendwie nicht gut.“

„Wenn du dich nicht gut fühlst, hat das sicherlich eine Ursache. Willst du darüber sprechen, oder soll ich dich in Ruhe lassen?“

Mischka schwieg einige Minuten, und Proschin drängte nicht weiter in ihn. Er war ein erfahrener Seelsorger, der wußte, daß Reden und Schweigen, Hören und Antworten ihre Zeit haben. Doch plötzlich brach es aus dem jungen Mann heraus, als müsse er sich von einem inneren Druck befreien: „Ich halte es hier nicht länger aus, in dieser Höhle, in dieser Wildnis, in diesem Land. Ich will endlich frei sein, nicht länger unter Zwängen und Beschränkungen leben müssen. Was ist das für ein Dasein, zu dem man mich verurteilt? Überall bin ich von Mauern umgeben, von Befehlen und Anordnungen. Auch wenn man mich nicht mehr verfolgen würde, müßte ich doch in einer verarmten Gesellschaft leben – ohne Hoffnung auf Verbesserung meiner Lebenssituation. Sollen sich meine Wünsche nie erfüllen? Ist ein Leben des Verzichtes und der Duckmäuserei mein Schicksal? Bin ich verurteilt, bis zum letzten Atemzug zu leiden? Nein! Ich möchte frei und glücklich sein! Ich möchte mein Leben genießen. Deshalb muß ich weiter. Ich kann hier nicht länger bleiben. Sobald der Regen aufhört, mache ich mich wieder auf den Weg nach Westen. Ich muß es schaffen!"

Der Einsiedler blickte ihn prüfend an: „Du sehnst dich nach Freiheit. Du möchtest dorthin gehen können, wohin es dich treibt. Du willst das sagen dürfen, was du denkst, und du möchtest das besitzen, was du dir wünschst, und du glaubst, dann glücklicher zu sein als jetzt."

Mischka nickte stumm.

„Die Leute im Westen haben diese Freiheiten. Aber sind sie deswegen glücklicher?" Der Alte lachte kurz auf. „Nein, mein Junge! Glücklichsein hängt nicht davon ab, daß man alles besitzt, was man sich erträumt, daß man sagen und tun kann, was man will. Die meisten zufriedenen und glücklichen Menschen dieser Erde konnten solche idealistischen Träume nicht verwirklichen! – Wenn du meine Meinung hören willst: Es liegt in Wirklichkeit an deiner Einstellung, deiner Lebenshaltung, ob du glücklich bist oder nicht."

„Soll ich denn die Augen verschließen? Soll ich blind für die Misere meines Lebens werden und mich fatalistisch in mein Schicksal ergeben? – Nein, Proschin! Ich kann mein Denken nicht abstellen! Ich bin kein Moslem, der sich ohne Widerrede dem Willen Allahs ergibt und mit gebeugtem Haupt sein Kismet murmelt."

„Typisch Jugend", erwiderte der Priester sanft. „Du denkst noch stark in Extremen. Ist etwas nicht weiß, dann ist es schwarz."

Proschin schüttelte den Kopf und warf einen Holzscheit in die Glut des Feuers. Dann wandte er sich wieder Mischka zu. „Herr Student, die Welt ist bunter, als du dir vorstellen kannst, und sie hat viele Grauschattierungen. Die Wahrheit liegt selten rechts oder links außen. Nur Fanatiker vermuten sie dort. Aber damit verkürzen sie die Wirklichkeit und radikalisieren ihre Jünger. Extreme Ansichten haben die Menschheit immer wieder ins Leid gestürzt, Haß und Zwietracht gesät, aber auch Tausende in die Ketten der Depression gelegt. Ich frage mich schon lange nicht mehr: Auf wessen Seite finde ich die Wahrheit: Bei den Kommunisten oder den Kapitalisten, bei den Liberalen oder den Konservativen, im Osten oder im Westen, bei den Frauen oder den Männern? Ich habe herausgefunden, daß die Wahrheit meistens irgendwo in der Mitte liegt. Schon Aristoteles lehrte seinen Schüler Alexander den Großen: Absolute Formulierungen sind meistens falsch. Suche also die Antworten auf deine Fragen nicht in den Extremen."

„Was soll dieses philosophische Gerede?" unterbrach Mischka den alten Mann ungehalten. „Ich glaube, du verstehst mich nicht."

„Doch, ich verstehe dich sehr gut, weil ich genauso gedacht habe wie du. Auch ich habe meinen sibirischen Höhlenkoller hinter mir. Glaube mir, ich fühle mit dir. Aber laß dich nicht von deinen Gefühlen in extreme Lebenshaltungen treiben. Lehne dich nicht blindwütig gegen dein Schicksal auf, aber laß auch nicht den Kopf hängen. Weder das eine noch das andere ist die Lösung. Du mußt dein Leben in die Hand nehmen, du mußt gegen das Negative kämpfen und versuchen, schlechte Bedingungen zu verändern. Aber wenn alle Türen des Schicksals verschlossen sind, hilft kein wildes Hämmern mit den Fäusten! Es ist dann sinnvoller, du findest dich mit deiner Lebenssituation ab und versuchst, das Beste daraus zu machen. Hörst du, Michail Wulff? Du mußt stets versuchen, das Beste aus den Begrenzungen deines Lebens zu machen. Dann hast du die Chance, glücklich zu werden."

Proschin lächelte dem jungen Mann zu. „Solltest du tatsächlich den freien Westen erreichen, wirst du dich an meine Worte erinnern, wenn du die vielen von Kosumgier getriebenen, freudlosen Gestalten sehen wirst. Sie können sich beinahe alles leisten. Sie können tun, was sie wollen, und sagen, was sie denken. Aber ihre Herzen sind einsam und leer."

Die Worte des Einsiedlers hatten Mischka aus seinem dumpfen Brüten gerissen und Fragen aufgeworfen, die er bisher immer verdrängt hatte. Er saß minutenlang bewegungslos da und dachte nach. Proschin stand auf und kramte in Vorräten, die auf dem Regal aus Birkenstämmen lagerten. Er wollte den jungen Mann nicht beim Nachdenken stören. Die Zeit zum Schweigen war gekommen. Unvermittelt setzte Mischka das Gespräch fort: „Du hast recht, Proschin. Freiheit, Wohlstand und ein voller Bauch sind keine Garantie dafür, daß wir glücklich und zufrieden sind. Ich bin zu der Überzeugung gekommen, daß erst Liebe unser Leben sinnvoll macht."

Der alte Mann blickte ihn mit geneigtem Kopf an. „Bist du dir da ganz sicher? Wenn du recht hättest, wäre mein Eremitendasein also wenig sinnvoll."

„Ja, genau so sehe ich das", erwiderte ihm Mischka. „Denn hier in der Wildnis kannst du deinen Lebenssinn nicht verwirklichen.

Du bist doch Priester. Du sollst Menschen deinem Gott näherbringen. Das ist deine Aufgabe, für die du dich entschieden hast. Aber statt deiner Berufung zu folgen, verkriechst du dich in dieser menschenleeren Einöde."

Proschin brummelte etwas in seinen Bart. Offensichtlich hatte der junge Mann seinen wunden Punkt getroffen. Er holte deutlich hörbar Atem. „Gut, Mischka, ich muß dir ein wenig recht geben, aber nur ein wenig. Wenn ich meiner Berufung folgen wollte, müßte ich wieder unter Menschen gehen. Dann würde mich aber der KGB packen und in ein Arbeitslager stecken."

„Aber dort bist du doch auch unter Menschen und kannst deiner Lebensaufgabe nachgehen."

„Nicht lange, mein Junge, nicht lange. Man würde mich sofort in den Karzer stecken, wollte ich dort meinen Beruf ausüben. Ich wäre dann genauso allein wie in dieser Höhle."

„Hm, ist diese Argumentation nicht ein Deckmäntelchen für deine Angst vor dem Leiden?" fragte Mischka und zog seine rechte Augenbraue hoch.

„Ich bin ein Mensch wie du", antwortete ihm Proschin langsam, als überlegte er jedes Wort, „und ich habe tatsächlich Angst vor Schlägen, Hunger und Kälte. Ich glaube nicht, daß Gott mich zum Leiden bestimmt hat. Auch als Priester darf ich glücklich sein. Aber zurück zu deinem Gedanken. Du bist ja wie ich ein einsamer Wolf in der sibirischen Einöde. Was meinst du? Wenn wir weder Freiheit, Wohlstand noch Liebe finden, war dann unser Leben sinnlos? Wenn die Liebe scheitert, ist dann alles vorbei?"

Diese Worte drangen wie Reißnägel in Mischkas Seele. Er starrte Proschin verwirrt an. Fragen und Gedankenfetzen wirbelten durch seinen Kopf, vermengten sich mit verdrängten Gefühlen und ließen ihn unruhig werden. Wenn Hoffnungen scheitern, wenn Wünsche unerfüllt bleiben und die Liebe versagt, kommt dann nichts mehr?

Diese Frage hatte ihn getroffen. War sein Leben sinnlos, und würde es eines Tages ohne Hoffnung und Ziel im Tod enden? Was machte eigentlich sein Leben aus? War es nur eine zum Scheitern verurteilte Suche nach Freiheit? Wozu lebte er?

„Und, welche Antwort hast du für dich und dein Leben gefunden?" stieß Mischka mit heiserer Stimme hervor.

Proschin lächelte wie ein Lehrer, der sich über den Fortschritt seiner Schüler freut. „Meine Antwort wird dich nicht befriedigen, weil sie nicht in dein Weltbild paßt."

„Ich möchte sie trotzdem wissen", beharrte Mischka.

„Gut, Michail, meinen Lebenssinn habe ich in meinem Glauben gefunden. Ich bin der Überzeugung, daß der Tod nicht das letzte Wort über mein Leben sprechen wird. Es gibt für mich eine Zukunft ohne Leid."

„Ach, das hätte ich mir gleich denken können", warf Mischka verächtlich ein. „Du bist ja ein Priester. Deshalb hast du nur die christliche Standardantwort parat. Ich dachte, ich könnte noch etwas von dir lernen oder etwas Interessantes hören."

Proschin beugte sich vor und antwortete: „Was gibt es denn Interessanteres oder Wichtigeres als die Gewißheit, daß dieses kurze und von Leid geprägte Leben nicht alles ist, daß am Ende des Tunnels ein Licht brennt, daß es Hoffnung gibt auf eine Zukunft, in der Haß, Krieg, Hunger, Krankheit und Tod für immer aus dem Vokabular der Menschen gestrichen werden. Was gibt es Besseres als eine Welt, in der Friede, Freiheit und Liebe herrschen?!"

Mischka verzog ungläubig sein Gesicht. „Und das alles wird dein Gott verändern – das glaubst du doch als Priester, oder?"

Proschin nickte. „Alles, was wir Menschen bisher geschaffen haben, ist eine ausgeplünderte, vergiftete und von Haß beherrschte Erde. Während im Mittelalter die Kirche mit ihren Machtstrukturen die Menschen versklavte, betreibt heute unsere Regierung ein riesiges KZ, obwohl sie ein klassenloses Paradies ins Leben rufen wollte. Du siehst, Menschen scheitern immer wieder, wie idealistisch ihre Ideen auch sein mögen. Wir werden niemals eine heile und von Liebe geprägte Welt schaffen, weil der Zerstörungsdrang unser Handeln bestimmt und Selbstsucht wie ein Todeskeim unser Innerstes vergiftet. Die Geschichte beweist meine Worte.

Wann haben wir jemals aus den Fehlern der Vergangenheit gelernt? Wir wollen den Fortschritt, die glückliche Zukunft, und wir stolpern doch immer wieder über unsere Ignoranz und unsere Unfähigkeit, ein klares, die Folgen durchschauendes Denken über unsere Emotionen zu stellen, die uns in der Sklaverei des Bösen gefangenhalten. Ich habe aufgehört, auf den Menschen zu hoffen, auf seine Einsicht und seinen guten Willen, die Welt zu verändern. Wie kann zum Beispiel jemand für den Frieden demonstrieren, wenn er seine eigenen Kinder tyrannisiert und seinen Lebenspartner anschreit oder schlägt? Nein, ich kann nicht mehr glauben, daß wir die Welt verändern werden. Eine solche Veränderung kann nur von einem kommen, der mächtiger und wissender ist als wir und dessen Handeln von der Liebe bestimmt ist."

Mischka schüttelte nur seinen Kopf bei diesen Worten. „Das klingt im ersten Moment gut. Aber was ist dann los mit deinem

Gott, Väterchen? Warum läßt er uns so lange leiden? Warum zerschlägt er nicht das kommunistische System, das Millionen Menschen wie Mastvieh hält? Wann beginnt er endlich zu handeln?“

Proschins Augen blitzten unter den buschigen Brauen auf, während sich sein knochiger Zeigerfinger in Mischkas Brust bohrte. „Das sage ich dir, im kommunistischen System klaffen tiefe Risse! Eines Tages – und du wirst das noch erleben – eines Tages wird es zerbröseln, wie eine morsche Tonvase, und Gott wird die Bruchstücke zusammenfegen und auf den Kehrichthaufen der Geschichte werfen! Darauf kannst du dich verlassen!“

Mischka schwieg betroffen. Dieses innere Feuer hatte er von dem alten Mann nicht erwartet. Ein Schauer lief über seinen Rükken, als der Einsiedler fortfuhr: „Eines Tages werden Tausende dieser gottverlassenen Atheisten zu religiösen Versammlungen strömen und sich von einer Philosophie lossagen, die nur auf eine bessere Zukunft vertröstet hat, die niemand erleben wird! Die anderen aber, die nichts davon wissen wollen, werden in der Gefahr stehen, jeden Halt zu verlieren. Der Kommunismus hat die Seele unseres Volkes getötet. Wenn sein Zwang fällt, werden die Menschen kein Rechtsempfinden mehr haben, keine Moral und keinen Halt. Viele werden abgestumpft dahinvegetieren und nur auf das Füllen ihres knurrenden Magens bedacht sein, während der Sinn für das Gute und Schöne in ihren Herzen verwest. Glaube mir, auch die gleichgültigen Wohlstandsbürger der freien Welt, die sich hier und jetzt ihr kleines Paradies bauen, werden zum Nachdenken kommen, wenn Wirbelstürme ihre Häuser wegfegen, wenn Felder unter der Glut der Sonne verdorren und Gifte ihren Körper zerfressen. Dann werden Fragen an ihrer Seele zerren, die sie bisher mit dem Genuß ihres Lebens betäubt haben.“

Mischka sprang erregt auf. Es wurde ihm zu eng in der Höhle. Seine Gedanken trieben ihn hinaus in die kalte Sommernacht. Draußen sog er die Luft tief ein, als wolle er mit ihr die innere Glut abkühlen. Die Wolkendecke war inzwischen aufgerissen und nach Osten abgezogen. Aber er hatte keine Augen für den Schimmer der Millionen Sterne, der sich wie ein Schleier über das Firmament spannte.

Die Worte des Priesters hatten ihn aufgewühlt. Früher, als Student, hätte er über solche Gedanken gelacht und sie mit ein paar ironischen Bemerkungen vom Tisch gefegt. Aber hier, in der Einsamkeit der Wildnis, im täglichen Kampf ums Überleben und auf der Flucht vor seinen Häschern, hatten die von Proschin aufgeworfenen Fragen ein ganz anderes Gewicht.

Ja, der alte Mann hatte recht. Die Frage nach dem Sinn des Lebens, nach einer Hoffnung, die auch im Angesicht des Todes nicht scheitert, mußte er für sich selbst klären. Früher hatte er dafür keine Zeit gehabt. Eingebunden im Trott des Alltags, den Existenzfragen und der Suche nach Vergnügen, hatte er für solche tiefgründigen Gedanken kein Interesse.

Wahrscheinlich muß man erst aus seiner Bahn geworfen werden, dachte er, ehe man das eigene Leben in Frage stellt, die gewohnten Rituale des Tages und die Denkschemata, die sich immer gleichförmig wiederholen. Wenn man durch Krankheit zur Untätigkeit verurteilt ist, wenn das Familienleben einem Scherbenhaufen gleicht, wenn der Tod eine Lücke reißt oder Depressionen und Minderwertigkeitsgefühle in die Isolation treiben, findet man vielleicht Zugang zu solchen Fragen. In einer persönlichen Krise wird man die Gedanken über den Sinn und das Ziel des Daseins nur selten unten den Teppich kehren können.

Und im Alter? grübelte Mischka. Warum stellen sich ältere Menschen nur selten diesen Fragen? Könnte es sein, daß sie Angst haben vor den Konsequenzen, die sich aus den Antworten ergeben, oder sind sie zu erstarrt in ihrem Denken? Verdrängen sie bewußt jede Anfrage an ihr Leben, oder sind sie nicht mehr in der Lage, etwas Neues aufzunehmen und ihr Weltbild zu ändern? – Bin ich bereit, mich den Antworten zu stellen?

Die Goldsucher

Plötzlich standen sie im Eingang der Höhle, ihre Gewehre im Anschlag. Mischka traute seinen Augen nicht, als er in die ironischen und siegessicher lächelnden Gesichter von Leutnant Litschenko, Karatajew, und Chrapow blickte. Aus! dachte er im ersten Augenblick. Alle Strapazen der vergangenen Monate sind umsonst gewesen! Sie haben mich schließlich doch gefaßt. Jetzt erwarten mich wieder Karzer, Schläge, harte Arbeit und Stacheldraht.

Er warf einen schnellen Blick auf Proschin. Der Pope schaute ausdruckslos auf die Eindringlinge, als sei er schon jenseits von Angst und Einschüchterung. Doch dann bemerkte Mischka eine fast unmerkliche Bewegung seiner Augen, ein kurzes Zwinkern, als wollte er sagen: Los, Michail Wulff! Mach dich aus dem Staub! Ich werde die Kerle ablenken.

Mischka warf seine Tonschüssel auf den Höhlenboden und ließ die Arme hängen, als hätte er alle Hoffnungen verloren. Doch seine Gedanken arbeiteten fieberhaft.

„Endstation, Genosse Wulff, jetzt geht's wieder nach Hause. Dein Freund, Oberst Wdowetschenko, wartet schon sehnsüchtig auf dich. Er wird sich bestimmt freuen, wenn du das Lagerleben wieder mit deiner Gegenwart bereicherst." Karatajew grinste hämisch, während er zur Seite trat, um zwei Soldaten mit entsicherten Waffen in die Höhle lassen.

Mischka wich einen Schritt zurück, als die beiden Männer neben ihn traten. In diesem Moment glitt Chrapow wie eine Katze vor und versetzte Mischka einen Haken gegen die Schläfe. Der junge Mann torkelte zurück, schlug gegen die teppichverhangene Höhlenwand und hielt sich nur mühsam an einem Regal aus Birkenstämmen fest.

„Lassen Sie das!" fuhr Litschenko den Jäger an. „Sie haben kein Recht, ihn zu verprügeln!"

„Kein Recht?" fauchte Chrapow den Leutnant an. „Haben Sie die letzten Monate vergessen? Haben Sie vergessen, was er Ihren

Leuten angetan hat? Ist Ihnen nicht klar, daß dieses Schwein meinen Bruder zum Krüppel geschlagen hat? Ich sollte da kein Recht haben, ihm die Knochen zu brechen?“

Proschin trat vor. „Nein, du hast kein Recht, irgend jemand hier zu schlagen!“ entgegnete er dem Jäger furchtlos. Ohne zu zögern, schlug Chrapow dem Alten mit dem Handrücken mitten ins Gesicht. „Das wollen wir doch einmal sehen!“ zischte er kalt.

Der Pope wischte sich die dünne Blutspur aus dem Mundwinkel und erwiderte fest: „Gewalt ist immer ein Zeichen von Schwäche und der Abwesenheit des Rechts!“

In diesem Augenblick ergriff Mischka seine auf dem Regal liegenden Kampfstöcke und schlug den beiden Soldaten blitzschnell mehrfach auf die Handgelenke. Mit einem Aufschrei ließen die Männer ihre Waffen fallen. Ihre Hände waren wie gelähmt. Im gleichen Moment verschwand Mischka im zweiten Höhlenausgang, der hinter dem Wandteppich versteckt lag. Ungläubig schauten ihm Litschenko und Karatajew hinterher.

„Aus dem Weg, ihr Idioten!“ brüllte Chrapow die beiden Soldaten an, während er sein Jagdgewehr in Anschlag brachte. „Macht die Bahn frei!“

Als die vom Schmerz geschockten Männer nicht sofort reagierten, stürmte er vorwärts, um dem Flüchtling nachzusetzen. Kurz entschlossen folgten ihm Litschenko und Karatajew. Sie waren gerade in die Felsspalte getreten, als ihnen ein Steinhagel von der Höhlendecke entgegenschlug.

„Zurück!“ schrie Chrapow. „Dieser Mistkerl hat uns wieder eine Falle gestellt!“

„Los, raus hier, wir können ihn draußen noch fassen!“ befahl Litschenko.

Die Männer stürmten an Proschin vorbei, ohne ihn eines Blikkes zu würdigen. Für sie hatte der alte Mann vorerst keinen Wert. Auch die Soldaten hoben ihre Waffen auf und verließen die Höhle. Ihre Gesichter waren noch bleich vor Schmerz. Alexej Proschin lächelte ihnen nach.

„Viel Glück, Michail Wulff“, sagte er leise, „ich werde für dich beten, daß sich dein Traum von der Freiheit erfüllt.“

Dann begann er, zielsicher einige Sachen in einen Lederbeutel zu stecken, warf ihn schließlich um die Schultern, nahm einen Eichenstock und begab sich in den Höhlenausgang. Draußen stand ein Soldat mit dem Rücken zur Felswand, eine AK-47 im Anschlag. Mit einem leisem Stöhnen sank der Mann in die Knie und kippte vornüber, als der Eichenstock ihn am Hinterkopf traf.

„Man kann von den jungen Leuten doch allerhand lernen", kicherte der Alte, während er sich mit seinem Lederbeutel zwischen den Büschen davonmachte.

Nachdem Mischka hinter dem Wandteppich verschwunden war, löste er die Schlinge, die die Steinschlagfalle unter der Höhlendecke sicherte. Dann griff er Bogen und Köcher und den für alle Fälle gepackten Rucksack, glitt aus der Felsspalte und stürmte den Pfad hinunter, der zum Fluß führte. Am Ufer angekommen, warf er seine Ausrüstung in das Boot, stieß es in die Strömung und steuerte mit kräftigen Ruderschlägen über den Fluß.

Er war schon hundert Meter von der Anlegestelle entfernt, als seine Verfolger das Ufer erreichten, allen voran Chrapow. Das Gesicht des Jägers war vor Zorn und Anstrengung gerötet.

„Komm zurück, du Schweinehund", schrie er über den Fluß, „sonst blase ich dein Gehirn in Stücke!"

Mischka lachte nur höhnisch auf: „Versuch mich doch zu fangen, du großer Menschenjäger! Freiwillig komme ich nicht zurück! Übrigens, wie geht es deinem Bruder?"

Wut verdunkelte Chrapows Blick. Er riß das Jagdgewehr hoch und zielte auf den Flüchtling. Sein Zeigefinger krümmte sich wie in einem zwanghaftem Krampf. Der Schuß peitschte durch die Luft. Mischka zuckte zusammen. Ein ungläubiges Staunen glitt über sein Gesicht. Dann sackte er zusammen, kippte über die Bordwand und versank im braunen Wasser des Flusses.

Wortlos starrten die Männer hinüber zum Boot. Luftblasen perlten aus der Tiefe empor und lösten sich an der Wasseroberfläche. Dann tauchte der leblose Körper Michail Wulffs auf. Er trieb mit dem Rücken nach oben den Fluß hinunter, neben ihm der steuerlose Kahn. Sein Gesicht lag unter Wasser, Arme und Beine waren ausgebreitet, als schwebe der Körper im luftleeren Raum.

Leutnant Litschenko atmete hörbar auf. Dann blickte er Chrapow zornig an. „Sie hatten keinen Befehl, ihn abzuknallen wie ein Stück Wild! Ich wollte ihn lebend zurückbringen. Warum haben Sie das getan?"

Chrapow blickte ihn kalt an und fragte nur: „Wie lange haben wir diesen Wulff nun schon verfolgt, Genosse Leutnant? Und wie lange hätten Sie es denn noch gerne gemacht? Mir scheint, das Leben in der Wildnis beginnt, Ihnen Spaß zu machen. Aber, was glauben Sie, würde Oberstleutnant Wdowetschenko sagen, wenn der Kerl uns diesmal wieder entwischt wäre?"

Litschenko schwieg verbissen. Chrapow hatte recht, auch wenn er im Unrecht war. Sein Vorgesetzter hätte getobt, wäre Wulff ihnen auch diesmal durch die Lappen gegangen, und das wäre für ihn, Litschenko, das Ende einer hoffnungsvollen militärischen Laufbahn gewesen.

Plötzlich schoß ihm ein Verdacht durch den Kopf. War Michail Wulff wirklich tot oder spielte er schon wieder ein Spiel mit ihnen? Er biß sich auf die Zunge, um diesen Gedanken nicht auszusprechen. Der Jäger würde ihm nur wieder mit seinem eigenmächtigen Handeln dazwischenfahren.

Chrapow warf noch einmal einen prüfenden Blick auf den im Wasser treibenden Körper, schulterte seine Waffe und wandte sich zum Gehen. Die Soldaten kehrten mit ihm zur Höhle zurück.

Litschenko blieb am Ufer stehen. Dann folgte er dem Flußlauf und beobachtete den Leichnam. Zehn Minuten später trieb dieser zusammen mit dem Ruderboot um eine Flußbiegung in eine Bune. Ein leichter Strudel drehte den Kahn im Kreis, während Michail Wulffs Körper fünf Meter weiter von den Ästen einer tiefhängenden Weide aufgehalten wurde. Kleine Wellen schaukelten ihn sanft in der gegenlaufenden Strömung.

Litschenko starrte zum anderen Flußufer hinüber. Irgendwie wünschte er sich, Michail Wulff würde seinen Kopf plötzlich aus dem Wasser heben, ihm zuwinken und rufen: Na, wie habe ich das gemacht? – um danach zwischen den Büschen zu verschwinden. Aber der junge Mann rührte sich nicht.

Eine Hand legte sich auf Litschenkos Schulter. „Kommen Sie, Genosse Leutnant", sagte Jossif Karatajew leise. „Die Jagd ist zu Ende. Der Junge ist mausetot. Chrapow hat ganze Arbeit geleistet. Er hat getan, was getan werden mußte. Sie hätten ihn sowieso nicht ins Lager zurückschleppen können. Er war ein Mann, den keine Gitter halten können. Lassen Sie uns nach Hause fahren."

Litschenko nickte, blickte noch einmal zurück auf den im Wasser treibenden Körper und folgte dem Soldaten. Auch wenn Michail Wulff tot im Fluß schwamm, hatte er das Gefühl, als ob Karatajew nicht recht hätte. Irgend etwas störte ihn. Er konnte nur nicht sagen, was es war. Ach was, sagte er zu sich selbst, die vielen Monate in der Wildnis haben dich ein wenig verrückt gemacht. Also, gehen wir nach Haus!

Fünfzehn Minuten später trafen sie oben an der Höhle die anderen Männer. Einer der Soldaten saß benommen auf dem Boden. Blut lief aus einer Platzwunde am Hinterkopf den Hals hinunter. Ein Mann kramte in seiner Verbandstasche nach einer Mullbinde.

„Der Alte hat ihn niedergeschlagen und sich davongemacht. Sollen wir seiner Spur folgen?" fragte Chrapow den Leutnant.

„Wir haben dafür keinen Auftrag. Lassen wir den Verrückten laufen. Dem bleiben sowieso nicht mehr viele Jahre zu leben. Außerdem möchte ich zurück zu meiner Familie." Litschenko blickte noch einmal prüfend auf die Wunde des verletzten Soldaten. Das war's! schoß es ihm durch den Kopf. Warum ist mir das nicht schon früher aufgefallen? Er könnte sich selbst ohrfeigen!

„Los, kommt mit!" rief Litschenko den Soldaten zu. „Wir haben etwas Wichtiges übersehen! Die Jagd ist noch lange nicht zu Ende!"

Ungläubig starrten die Männer ihren Vorgesetzten an.

„Was haben wir übersehen, Genosse Leutnant?" wollte Karatajew wissen.

„Eine Wunde blutet. Das haben wir übersehen!" rief Litschenko aufgeregt. „Und dieser Michail Wulff hat nicht geblutet. Das Wasser um ihn herum hat sich nicht verfärbt, obwohl er von einem schweren Kaliber getroffen wurde!"

Litschenko hatte es noch nicht ganz ausgesprochen, als Chrapow schon an ihm vorbei den Berg hinunterstürmte.

Nachdem Karatajew und Litschenko sich entfernt hatten, wartete Michail Wulff noch einige Minuten, ehe er es wagte, seinen Kopf zu drehen, so daß er aus den Augenwinkeln das Ufer beobachten konnte. Niemand war zu sehen! Er zog seine Beine unter den Körper, drehte sich langsam und hob den Kopf aus dem Wasser. Tatsächlich, sie hatten geglaubt, er sei tot, und waren gegangen.

Mischka nahm den Benzinschlauch des Motorrads aus dem Mund, der ihm als Schnorchel gedient hatte. Die Haare hatten den durchsichtigen Benzinschlauch so gut getarnt, daß Litschenko und seine Männer ihn nicht entdecken konnten.

Als die schlecht gezielte Kugel an ihm vorbeigesurrt war, hatte Mischka sofort gewußt, wie er sich retten konnte. Er mußte sich tot stellen! Diese Täuschung war mit dem Benzinschlauch, der in seiner Jackentasche steckte, nicht schwer zu bewerkstelligen. Mit dem Schnorchel im Mund ließ er sich langsam an die Wasseroberfläche tragen und blies das Wasser mit seiner Atemluft vorsichtig hinaus. Dann ließ er sich schlaff hängen und spielte den tödlich Getroffenen. Tatsächlich hatten die Verfolger seinen Trick nicht durchschaut.

Doch nun war es Zeit, sich zu beeilen. Schließlich konnte Leutnant Litschenko jemanden schicken, der seinen Leichnam bergen sollte. Mischka schwang sich in den Kahn, tauchte die Riemen ins Wasser und ruderte mit aller Kraft den Fluß hinunter. Eine Viertelstunde später bog er in den Lauf eines schmalen Baches ein, stakte am Ufer entlang und versteckte das Boot in einem dichten Schilfgürtel. Falls man noch einmal nach ihm schauen sollte, würde man auch den Kahn vermissen und mit Sicherheit den Fluß nach ihm absuchen. Deshalb wollte er sich zu Fuß aus dem Staub machen.

Trotz seiner Ausrüstung und den nassen Kleidern begann er, im Laufschritt durch den Wald in Richtung Westen zu eilen. Wie zu Anfang seiner Flucht wollte er so viele Kilometer wie möglich zwischen sich und seine Verfolgern bringen. Diesmal war er jedoch im Vorteil. Er war inzwischen durchtrainiert, abgehärtet und erfahren im Überlebenskampf, während die Soldaten seine Spur nur zu Fuß verfolgen konnten, sollten die Männer sie überhaupt entdecken.

Eineinhalb Stunden später erreichte Mischka eine Anhöhe. Unten im Tal sah er einen fast zugewucherten Holzweg. Mischka zog sich sofort hinter einen Busch zurück, als er dort zwei Fahrzeuge erblickte, einen Lastwagen, Typ Ural, und einen Uas. Zwei Soldaten hockten neben einem Benzinkocher und bereiteten sich offensichtlich ihr Mittagessen zu.

Während er die beiden beobachtete, überlegte Mischka, wie er sich verhalten sollte. Die Geschichte mit dem Motorrad fiel ihm wieder ein. Das Fahrzeug hatte ihm damals geholfen, einen guten Vorsprung vor seinen Verfolgern zu bekommen. Hier gab es wieder die Möglichkeit, seine Flucht zu vereinfachen. Mit dem Uas käme er schneller voran. Außerdem müßten Litschenko und Chrapow diesmal zu Fuß gehen. Ein wenig körperliches Training würde ihnen und den Soldaten bestimmt nicht schaden.

Alle Sinne aufs äußerste angespannt, schlich Mischka den Abhang hinunter, bis er eine Gruppe von Fichten erreichte. In den Schatten der Stämme gekauert, spähte er zu den Fahrzeugen hinüber. Die beiden Männer lehnten inzwischen an der Stoßstange des Lastwagens und rauchten eine Zigarette.

Mischka erhob sich langsam und schlenderte betont lässig auf die beiden Soldaten zu, die rechte Hand in der Jackentasche und in der linken einen seiner Kampfstöcke, als hielte er ein Kinderspielzeug.

„He, Lukasch, sieh mal. Da kommt einer von Dschingis Khans Erben", lachte einer der Soldaten und stieß seinen Kameraden in die Seite.

„Was ist denn das für ein Waldschrat?" antwortete ihm dieser.

„Pfeil und Bogen, Felljacke und Lederhosen? Wird hier gerade ein Film gedreht?“ Belustigt schaute der Mann um sich, als suche er das Kamerateam.

Mischka tat so, als hätte er nichts gehört. Er lächelte die beiden dümmlich an, streckte seine rechte Hand aus und sagte: „Abba, oh mota, oh, ... baba me, oh bau, ...“

„Häh? Was hat der Kerl gesagt?“ Lukasch schüttelte seinen Kopf. „Kannst du nicht vernünftig reden? Was soll dieses Kauderwelsch?“

„Abba mota me“, antwortete ihm Mischka lächelnd und deutete mit seiner rechten Hand an sein Ohr.

„Ach, du kannst uns nicht verstehen, du bist ein Gehörloser“, rief Lukasch aus. „Und so wie du aussiehst, bist du bestimmt auch ein armer Irrer, der sich bei uns durchfressen will ...“

Weiter kam er nicht, denn in diesem Moment stieß ihm Mischka seinen Kampfstock in den Solarplexus. Der Mann schoß vornüber. Gleichzeitig zog Mischka seinen zweiten Kampfstock aus dem Köcher und ließ den Butt auf den Hinterkopf des Soldaten sausen. Ohne einen Laut fiel dieser auf den Boden und blieb zusammengekrümmt liegen. Noch ehe der zweite Soldat sein Gewehr in Anschlag bringen konnte, schlug Mischka den Lauf zur Seite und zielte mit dem rechten Stock auf die Schläfe des Mannes. Der versuchte instinktiv, seinen Kopf zu schützen, doch Mischka zog den Schlag über den linken Arm des Soldaten, wirbelte den Kampfstock einmal über den Kopf und traf den Mann auf dem Ohr. Mit einem leisen Stöhnen sackte der Mann zu Boden.

Mischka entwaffnete die beiden, zog sie zu zwei Birken und drehte sie auf den Bauch. Dann legte er ihre Beine um die Baumstämme und band die Schürsenkel ihrer Stiefel zusammen. So konnten sie ihm nicht mehr gefährlich werden. Zusätzlich schnitt er ihre Hemdsärmel auf und knotete die beiden Enden in Höhe der Ellbogen auf dem Rücken zusammen.

Er war gerade fertig, als einer der beiden aus seiner Bewußtlosigkeit erwachte. Verwirrt schaute er auf, doch dann dämmerte ihm langsam, was geschehen war. Wütend begann er, an seinen Fesseln zu zerren.

„Du siehst, ein armer Irrer braucht noch nicht einmal ein Seil, um einen großen und starken Mann wie dich zu fesseln“, grinste ihn Mischka aus sicherer Entfernung an. „Deine Kleidung macht dich genauso bewegungslos wie deine Lebenseinstellung. Aber das ist bestimmt zu hoch für dich!“

„Mistkerl!“ fluchte der Mann nur.

„Das hat dein Vorgesetzter auch schon gesagt“, antwortete ihm Mischka lakonisch, „aber das hat ihm genausowenig geholfen.“

Inzwischen war der zweite Soldat auch wieder zu sich gekommen und stöhnte leise: „Du hast mir beinahe den Schädel eingeschlagen. Warte, wenn ich dich erwische! Ich zerbreche dir jeden einzelnen Knochen!“

„Das sind genauso leere Versprechungen, wie unsere Politiker sie machen“, winkte Mischka ab, „viele Worte, aber keine Taten. Außerdem solltest du mir dankbar sein. Lieber eine Beule am Kopf, als in einer Holzkiste unter dem Erdboden.“

Der Mann fluchte nur, als Mischka sich zum Gehen wandte.

„Unverbesserlich, diese Leute“, gab Mischka über die Schulter zurück, „lernen nie dazu, auch wenn es ihr Unglück ist.“

Ohne weitere Zeit zu verlieren, inspizierte er die beiden Fahrzeuge, lud danach Lebensmittel, Benzinkanister und Reservekleidungsstücke auf den Uas und nahm auch drei Gewehre, zwei Pistolen und Munition mit in den Wagen. Außerdem fand er im Ural zwei verpackte Schlauchboote. Er würde sie mit Sicherheit gut brauchen können. Deshalb verstaute er sie zusammen mit den anderen Beutestücken.

„Du kannst uns hier doch nicht so liegen lassen, Genosse!“ rief ihm einer der beiden Soldaten zu. „Wir sind ja völlig hilflos. Binde uns doch wenigstens die Arme los.“

„Doch, ich kann“, antwortete ihm Mischka. „Eure Kameraden werden bald eintreffen und euch befreien. Du wirst sehen, wie schnell die hier sind.“

Mischka startete den Uas. Der Motor lief rund und störungsfrei. Dann öffnete er einen Benzinkanister und schüttete den Inhalt über den Lastwagen. Eigentlich schade, dachte er, der Ural ist ein zuverlässiges Fahrzeug. Aber gerade deshalb muß er jetzt dran glauben. Er öffnete auch noch den Tank und steckte einen mit Benzin getränkten Lappen hinein. Schließlich löste er die Handbremse und ließ den Lastwagen in einen Graben rollen.

„Auf Nimmerwiedersehn, Genossen!“ rief Mischka den beiden Gefesselten zu, zog den Sicherungsring einer Handgranate, warf sie in den Lastwagen, sprang in den Uas und raste den Holzweg hinunter. Hinter ihm detonierte die Handgranate mit einem lauten Knall und steckte den Ural in Brand. Nur Sekunden später erschütterten weitere Detonationen die Luft. Die Munitionskisten hatten Feuer gefangen!

Mischka beobachtete im Rückspiegel, wie schwarze Rauchwolken zum Himmel stiegen. Leutnant Litschenko und Chrapow würden bestimmt sofort wissen, was sie zu bedeuten hatten. Er konnte sich ihre Gesichter vorstellen, erst fassungslos, dann rot vor Wut. Das gab ihm Genugtuung. Fröhlich pfeifend holperte mit seinem Wagen den Weg hinunter, und fuhr durch das hohe Gras nach Westen. Es wird ein anstrengender Weg für die Männer werden, dachte er wohlgelaunt.

Zwei Stunden später hielt er den Wagen an, stöberte in den Kleidungsbündeln und zog sich eine passende Uniform an. Es war ein seltsames Gefühl, nach vielen Monaten wieder Kleidung aus Stoff tragen zu können. Auch ein paar bequem sitzende Stiefel fand er. Er öffnete eine Dose mit gekochtem Rindfleisch und studierte verschiedene Landkarten, die er im Seitenfach des Uas gefunden hatte. Wenn er weiter nach Westen fuhr, würde er in knapp einer Stunde auf die Straße treffen, die von Nakama nach Chatanga in der nordsibirischen Tiefebene führte, eine einsame fast nur von Lastwagen befahrene Strecke.

Mischka schwang sich wieder hinter das Steuer. Während er dem verwachsenen Holzweg folgte, plante er den weiteren Verlauf seiner Flucht. Zwei Möglichkeiten standen ihm grundsätzlich offen. Er könnte über den Fluß Tunguska zum Jenissei paddeln, um danach durch das nördliche Tjumen zum Ural zu wandern. Ab Salechard führte eine Eisenbahnstrecke nach Westen. Sicherlich hatte er als Schwarzfahrer in einem Güterzug die Möglichkeit, näher an Finnland zu kommen. Weil es schon Spätsommer war, stand ihm aber für diesen Fluchtweg nicht mehr genügend Zeit zur Verfügung. Der Winter würde ihn auf halbem Weg überraschen. Außerdem würden Chrapow und Litschenko ihm dabei auf den Fersen sein – ein zu hohes Risiko für ihn. Als zweite Möglichkeit zog Mischka den Weg nach Nordosten in Betracht, um sich noch einen zweiten Winter zu verstecken und seine Verfolger hinters Licht zu führen. Dazu mußte er jedoch eine deutliche Spur nach Südwesten legen.

Er hielt noch einmal an, um die Karte zu studieren. Kaum hatte er sie aufgeschlagen, sah er mit einem Blick, was er zu tun hatte. Damit würde er selbst Chrapow täuschen! Mit sich und der Welt zufrieden, setzte Mischka seinen Weg fort.

Als Litschenko die entfernte Explosion hörte und die schwarzen Rauchwolken über den Baumkronen aufsteigen sah, wußte er sofort Bescheid. Michail Wulff hatte sie wieder einmal gelinkt! Sie hatten zunächst geglaubt, daß der junge Mann weiter den Fluß hinuntergerudert sei, um sich nach Süden abzusetzen. Vielleicht wollte er in einem großen, südwestlichen Bogen über Kasachstan nach Afghanistan oder in den Iran entkommen. Zuzutrauen war ihm alles.

Nun aber war sein Plan klar. Er wollte sie hier in der Wildnis festnageln, damit er ungestört seine Flucht nach Westen antreten konnte. Über das Handfunkgerät rief er die Männer zusammen. Sie schauten deprimiert und wütend auf ihren Leutnant, und so mancher Fluch war zu hören. Karatajew meldete, daß Chrapow gleich nach der Detonation zu ihren Fahrzeugen zurückgeeilt sei.

„Das wird ihm auch nichts helfen", murmelte Litschenko, „denn wie ich Wulff kenne, ist er schon längst über alle Berge!"

Er gab den Befehl zum Aufbruch. Im Eilmarsch kehrten die Soldaten zu ihrem Ausgangspunkt zurück, Litschenko an ihrer Spitze. Es drängte ihn zu erfahren, was sich bei den Fahrzeugen abgespielt hatte. Er war auch über sich selbst wütend. Wäre er vorhin am Fluß nur nicht so nachlässig gewesen! Er hätte den Befehl geben müssen, Michail Wulff sofort aus dem Wasser zu fischen. Dann wäre sein Trick entlarvt worden. Letztlich war es seine Schuld. Das wußten auch die Männer, und er konnte sich gut vorstellen, wie Oberstleutnant Wdowetschenko auf seinen Bericht reagieren würde. Dabei hatte alles so gut angefangen.

Ein Jäger hatte dem KGB-Beamten in Nakama berichtet, er habe mit dem Fernglas zwei abenteuerliche Gestalten an den Quellflüssen des Wiljni beobachtet, einen alten Mann und einen Jugendlichen mit schulterlangem blonden Haar und Vollbart. Der Beamte hatte schnell reagiert, weil er von den Ereignissen des letzten Herbstes wußte. Seit dem Tod der Soldaten galt Michail Wulff als Schwerverbrecher, der gnadenlos gejagt werden mußte. Die Ortsbeschreibung des Jägers war so exakt gewesen, daß sie die Höhle der beiden Gesetzlosen schon nach kurzem Suchen gefunden hatten. Doch nun war alles ganz anders gekommen, als ursprünglich geplant, und es war hauptsächlich sein Fehler gewesen!

Litschenko biß sich auf die Lippen. Er mußte versuchen, seinen Fehler wiedergutzumachen. Auf der anderen Seite entwickelte er immer mehr Hochachtung vor dem Gejagten, ja fast konnte man es als Sympathie bezeichnen. Als er geglaubt hatte, Michail Wulff sei tot, von Olejnik Chrapow erschossen, hatte er einen Anflug von Traurigkeit gespürt. Es war ihm wie eine Verschwendung erschienen, daß der Jäger einen so fähigen Mann wie Wulff einfach abgeknallt hatte wie einen räudigen Hund, und er hatte gespürt, wie Feindseligkeit gegen diesen gefühllosen Mann in ihm aufzukeimen begann.

Sie brauchten für den Rückweg etwa zweieinhalb Stunden. Müde und hungrig erreichten die Männer den Ausgangspunkt ihrer erfolglosen Menschenjagd. Schon von der Anhöhe konnten sie erkennen, was geschehen war.

Der ausgebrannte Ural lag wie der Kadaver eines halbverwesten Riesentieres im Graben neben dem Holzweg. Sie standen also ohne Ausrüstung und Fahrzeug in der Wildnis, fast zweihundert Kilometer von Nakama entfernt. Es würde ein langer Marsch werden. Als sie den Abhang hinunterstiegen, entdeckten sie die beiden auf dem Bauch liegenden Männer zwischen den Birken. Von Chrapow war keine Spur.

Litschenko lachte laut auf, als er die gefesselten Soldaten erblickte. Es klang halb belustigt, halb verzweifelt. Er konnte nicht anders. Er fühlte sich plötzlich, als habe man sein Gehirn durch einen Fleischwolf gedreht. Verwundert blickten die Männern ihn an. Litschenko riß sich wieder zusammen.

„Es ist traurig und lustig zugleich", erklärte er sein eigenartiges Verhalten. „Da läßt man zwei fähige Kerle wie euch zurück, damit sie unsere Ausrüstung vor einem Jugendlichen bewachen, und dieser Typ spaziert einfach ins Lager, verhaut euch beide und fesselt euch mit euren eigenen Schnürsenkeln an einen Baum, ohne euch die Stiefel auszuziehen!"

Litschenko blickte sich um. „Wo ist Chrapow?" fragte er. „War er noch nicht hier?"

Die Männer schwiegen und zuckten nur mit den Schultern.

Wie eine Antwort auf seine Frage zerriß ein Schuß die Stille.

„Das ist Chrapows Jagdgewehr", rief Karatajew, „vielleicht hat er diesen Kerl gestellt."

Sie horchten angestrengt, ob nicht ein zweiter Schuß ertönte, um die Richtung feststellen zu können, in der sie Chrapow suchen mußten. Nur wenige Sekunden später hörten sie das Gewehr des Jägers ein zweites und ein drittes Mal. Die Schüsse kamen von Osten.

„Los, fünf Mann gehen mit Genosse Karatajew, um Chrapow zu suchen!" befahl Litschenko, während er mit seinem Finger auf die einzelnen Soldaten zeigte. „Die anderen schauen, ob es noch etwas aus dem Lastwagen zu retten gibt."

Während die Männer die Anhöhe hinaufstiegen, setzte sich Litschenko ins Gras, um über die weiteren Pläne nachzudenken, die Michael Wulff aushecken würde. Was hatte dieser Mann nur vor? Wie konnte man ihn doch noch zu fassen kriegen? Er mußte versuchen, zu denken wie er.

Mischka hielt den Uas kurz an, als er die Schotterstraße erreichte. Er warf einen Blick nach rechts und links, doch kein Fahrzeug war zu sehen. Dann legte er den ersten Gang ein, ließ den Motor aufheulen, jagte das Auto vorwärts und riß das Lenkrad ruckartig herum, als er nach links in die Straße einbog. Sand und Steine spritzten auf, während die Reifen eine deutliche Spur in den Boden gruben. Auch ein Stadtmensch würde erkennen können, welche Richtung er genommen hatte und daß er in großer Eile war.

Er war noch keine halbe Stunde gefahren, als ihm ein LKW begegnete. Mischka hupte und winkte dem Fahrer zu, während er mit hoher Geschwindigkeit an ihm vorbeiraste. Dann drosselte er den Motor und fuhr ohne Hast weiter nach Süden. Die Straße zog sich in Serpentinen einen Berg hinauf. Oben am Paß angekommen, entdeckte Mischka ein Glücksbäumchen. Zahlreiche Fernfahrer hatten hier etwas abgelegt oder in die Zweige des Bäumchens gehängt, was für sie bedeutungsvoll war: eine Zigarette, eine Schleife, den Fetzen eines Briefes oder eine Schraube mit Mutter. Diese Opfer sollten sie auf ihren Reisen vor Unglück bewahren.

Ist schon interessant, dachte Mischka, wie abergläubisch die Genossen in unserer atheistischen Republik sind. Über Proschins Gottesdienste lächeln, aber gleichzeitig den Naturgeistern eine Schleife aus dem Haar ihrer Tochter opfern, um wieder sicher nach Hause zu kommen. Ob die Menschen im Westen aufgeklärter sind?

Vierzig Minuten später erreichte er sein erstes Ziel, einen Nebenarm der Tunguska. Er fuhr den Uas zum Ufer und lud eines der Schlauchboote ab. Nachdem er es schlaff aufgepumpt hatte, warf er ein Gewehr, eine Handvoll Patronen, einen zerbrochenen Pfeil, einige Kleidungsstücke und drei Konservendosen mit Lebensmitteln hinein. Dann schob er das Boot zum Ufer, schaufelte ein paar Hände Wasser über den Rand und streute Erde, Gras und Blätter über die Gegenstände.

Prüfend betrachtete er sein Werk. Das Schlauchboot sah aus, als wäre es einige Tage führerlos den Fluß hinuntergetrieben. Kurz entschlossen stieß er es in die Strömung und schaute noch einige Minuten hinterher.

„Gute Fahrt!“ rief Mischka ihm nach. „Hoffentlich erreichst du den Jennisei! Bis zur Tunguska solltest du es aber mindestens schaffen!“

Zufrieden kehrte er zum Uas zurück und brach nach Norden auf. Zehn Minuten später sah er in der Ferne ein Fahrzeug auftauchen. Dann verschwand es wieder hinter einigen Bodenwellen.

Sicherlich einer der Ferntransporter, versuchte er, sich selbst zu beruhigen. Litschenko und seine Genossen konnten es unmöglich sein. Bis zur Straße brauchten sie mindestens noch zwei Stunden, auch wenn sie im Dauerlauf den Holzweg hinuntergeeilt wären. Also blieb ihm noch genügend Zeit.

Mischka wendete den Geländewagen, öffnete die Motorhaube und krempelte seine Ärmel hoch. Kurz darauf tauchte das Fahrzeug wieder auf. Es war tatsächlich ein Ferntransporter. Als der Fahrer näher kam, verlangsamte er seine Geschwindigkeit und bremste schließlich den LKW ab. Ein bärtiges Gesicht tauchte am Fenster der Beifahrerseite auf. „Na, Genosse, Probleme mit dem Motor? Kann ich helfen?"

„Nein, danke!" winkte Mischka lächelnd ab. „Ein Zündkabel war lose, aber das sitzt inzwischen schon wieder. Trotzdem vielen Dank, daß du angehalten hast. Wenn man hier einen Motorschaden hat, kann man ja lange warten oder weit laufen, bis man Hilfe findet."

„Da hast du recht!" lachte der Bärtige. „Habe selbst schon mal zwei Tage auf der Straße gehangen. War mörderisch kalt damals gewesen! Kann deshalb mit jedem armen Schwein mitempfinden, das eine Panne hat. – Na dann, noch eine gute Fahrt. Vielleicht sehen wir uns noch in Nakama."

„Ja, vielleicht. Ich werde mir aber erst einmal die Beine vertreten und einen Happen essen, ehe ich zur Kaserne zurückkehre. Also, mach's gut!"

Der Bärtige nickte Mischka noch einmal freundlich zu. Dann setzte er den LKW wieder in Bewegung. Nachdenklich hockte der Fahrer hinter dem Lenkrad. Schließlich spuckte er aus dem offenen Seitenfenster und murmelte: „Seltsam, als ich noch beim Militär war, gab es keine Bärte und langen Haare. Frisch rasiert und kurz gestutzt mußten wir sein, auch wenn es uns nicht gefiel. Wie die Zeiten sich doch ändern."

Der Ferntransporter war gerade hinter einer Biegung verschwunden, als Mischka den Uas schon wieder Richtung Norden lenkte. Er passierte den alten Holzweg, betrachtete noch einmal die Spur, die er gelegt hatte, und fuhr beruhigt weiter. Immerhin hatte er inzwischen schon zwei Zeugen, die beschwören konnten, ihn auf dem Weg nach Nakama gesehen zu haben.

Die Fernstraße war eine der vielen Trassen, die Stalin bis 1953 durch Kriegsgefangene und politische Häftlinge hatte bauen lassen. Millionen waren dabei umgekommen. Mischka wußte, daß man ihre Leichen einfach in der Trasse verscharrt hatte. Es war für ihn ein seltsames Gefühl, mit seinem Wagen über eine Art Friedhof zu fahren. In Gedanken sah er die bleichen, ausgezehrten Gestalten unter seinen Rädern in ihren abgerissenen Hosen und Jakken, sah ihre erloschenen Augen zu neuer Glut aufleuchten, hörte sie mit geballten Fäusten rufen: „Ja, zeig es ihnen; Michail Wulff! Du bist einer von uns!“

Mischka schüttelte seinen Kopf, um den bösen Tagtraum loszuwerden. Doch immer wieder kehrten seine Gedanken zu den damals Gemarterten zurück. Wie viele von ihnen hatten wie er gehofft, wieder in Freiheit leben zu können? Wie viele hatten ihre Flucht geplant und waren gescheitert? Wieviel verlorene Liebe, zerbrochene Träume, wieviel Hoffnungslosigkeit lag unter seinen Rädern verscharrt? Ja, er war einer von ihnen, und er würde für sie kämpfen.

Als sollten seine Gedanken bestätigt werden, passierte er ein ehemaliges Strafgefangenenlager. Mischka stoppte den Wagen und betrachtete die eingefallenen Stacheldrahtzäune, die Beobachtungstürme und die morschen, teilweise in sich zusammengefallenen Baracken, zwischen denen Nebelschwaden hingen. Etwas Unheimliches lag über dem Gelände, auf dem man vor dreißig Jahren die Zwangsarbeiter wie Vieh zusammengepfercht hatte, um sie jeden Morgen zur Arbeit zu treiben. Es war für die Einheimischen ein verfluchtes Gelände, auf das kaum jemand seinen Fuß zu setzen wagte.

Ein Schauer zog übers Mischkas Rücken, als er beim Weiterfahren die Einfahrt des Lagers mit seinem zerbrochenen Tor passierte. Wenn doch alle Straflager bald genauso aussähen! dachte er. Wann wird der Mensch aufhören, andere zu mißhandeln, einzusperren oder zu töten, nur weil sie eine andere Meinung vertreten?

Fünfzehn Minuten später erreichte er einen Wasserlauf. Er war schmal, floß aber nach Osten. Mischka fuhr den Uas zum Flußufer hinunter, stellte ihn hinter einem Busch ab und studierte noch einmal die Karte. Er war richtig. Die Straße nach Nakama war eine Wasserscheide. Während das erste Schlauchboot inzwischen nach Westen trieb, mündete der kleine Fluß, an dessen Ufer er jetzt stand, in die Wiljni. Er würde also an Proschins Höhle vorbeikommen, wenn er hier sein zweites Schlauchboot einsetzte. Und genau das hatte er vor. An diesen Fluchtweg würden seine Verfolger zuletzt denken.

Während er den Uas entlud, kam ihm eine Idee. Statt den Wagen im Fluß zu versenken, könnte er ihn auch in einer der Baracken des alten Lagers verstecken! Dort würde ihn niemand vermuten. Vielleicht war er nächstes Jahr noch fahrbereit, so daß er ihn für seine Flucht benutzen konnte. Er mußte ihn nur gut für den Winter präparieren. Diese Idee beflügelte Mischka erneut. Er sortierte seine Beute, lud alles, was er in den nächsten Monaten nicht brauchte, und auch einen Teil der Lebensmittel wieder in den Uas und fuhr zum Lager zurück.

Mit gemischten Gefühlen rollte er durch das Tor und stellte den Wagen hinter einer verfallenen Baracke ab, um das Gelände zu untersuchen. Kaum war er aus dem Uas gestiegen, als zwei Lastwagen vorbeidonnerten. Mischka duckte sich tief hinter einen Busch. Er wußte, daß der Blick eines jeden Fahrers von diesem schauderhaften Ort angezogen wurde.

Er brauchte nicht lange zu suchen, denn eine der Lagerbaracken schien noch intakt zu sein. Mit einer Eisenstange brach er mehrere Bretter aus der Rückwand, fuhr den Wagen durch die Öffnung ins Innere und stellte ihn in einer Ecke ab. Den Zündschlüssel schob er hinter den Bezug der Rückseite des Fahrersitzes, nachdem er ihn zuvor mit ein wenig Motoröl eingefettet hatte. Dann häufte er so viele Bretter, wie er finden konnte, über den Uas, bis dieser nicht mehr zu sehen war.

Inzwischen war die Dämmerung angebrochen. Deshalb eilte er, so schnell er konnte, zurück zum Flußufer. Es war schon dunkel, als er endlich das aufgepumpte und beladene Schlauchboot ins Wasser schieben konnte. Eine Stunde ließ Mischka sich das Flüßchen hinuntertreiben, ehe er sein Boot an dem tiefhängenden Ast einer Weide festband, um es sich für die Nacht bequem zu machen. Kaum hatte er sich in seine Decke gerollt, versank er in einen tiefen und traumlosen Schlaf.

Litschenko sprang auf die Füße, als die Soldaten mit Olejnik Chrapow zurückkehrten. Er lag auf einer Trage aus zusammengebundenen Birkenstämmen. Das Gesicht des Jägers sprach Bände. Offensichtlich litt er unter starken Schmerzen. Gleichzeitig standen ihm Wut und Enttäuschung ins Gesicht geschrieben.

Als er Litschenkos fragenden Blick bemerkte, brach es aus ihm heraus: „Ja schauen Sie nur, Leutnant! Wahrscheinlich ist mein rechtes Fußgelenk erneut gebrochen. Mist, verdammter! Als ich zu dem Wagen zurücklief, bin ich in ein Fuchsloch getreten."

Ein Sanitäter öffnete inzwischen ganz vorsichtig Chrapows Stiefel.

„Verdammt! Kannst du nicht aufpassen!" schrie ihn der Jäger an, als der Mann ihm den Stiefel vom Fuß ziehen wollte. Obwohl der Unfall sich erst vor einer Viertelstunde ereignet hatte, war Chrapows Fußknöchel schon dick angeschwollen und bläulich unterlaufen.

„Ich werde den Fuß mit einer Binde ruhigstellen“, sagte der Sanitäter so unbeteiligt, als spräche er über das Wetter. „Ob er gebrochen oder nur verstaucht ist, kann nur eine Röntgenaufnahme klären. Wir müssen den Mann also nach Nakama ins Krankenhaus schaffen.“

„Ein weiter Weg bis dahin“, warf Karatajew ein.

Litschenko nickte. „Auf jeden Fall müssen wir bis zur Fernstraße marschieren. Von dort kann uns vielleicht ein Fernfahrer mitnehmen. Also, auf Männer, machen wir uns auf die Socken, damit wir spätestens morgen wieder in der Kaserne sind.“

Während sie den Holzweg hinuntermarschierten, diskutierten Litschenko und Chrapow ihr weiteres Vorgehen.

„Was meinen Sie, Genosse Chrapow, in welche Richtung hat sich Michail Wulff diesmal aus dem Staub gemacht?“

„Bei dem Kerl ist alles möglich. Ich muß zugeben, ich habe ihn gründlich unterschätzt. Aber ich mache keinen Fehler zweimal. Sobald ich wieder gehen kann, werde ich diesen Hund über die Berge hetzen, bis ihm das Blut aus den Schuhen spritzt!“

Litschenko winkte ab. „Große Worte helfen uns nicht weiter, Chrapow. Wir müssen versuchen, so zu denken, wie Wulff es tut. Bisher ist er immer weiter nach Nordosten geflohen. Will er über die Beringstraße nach Alaska?“

„Wohl kaum!“ gab der Jäger zurück. „Das ist ein mörderischer Weg.“

„Aber die Ureinwohner Amerikas haben es gewagt.“

„Damals waren die Kontinente noch durch Eis und Inseln verbunden.“

„Vielleicht“, warf Litschenko ein, „vielleicht haben sie aber auch Boote benutzt.“

Sie schwiegen eine Weile. Chrapow stützte sich mit beiden Armen auf der Trage ab und lehnte den Kopf mit geschlossenen Augen zurück.

„Wahrscheinlich ist sein Marsch nach Osten nur eine Finte“, sagte er schließlich.

„Das nehme ich auch an“, stimmte ihm Litschenko zu. „Er könnte beispielsweise versuchen, über Kasachstan und Turkmenien in den Iran zu entkommen.“

„Als blonder, europäischer Typ würde er dort aber sehr auffallen“, gab der Jäger zu bedenken.

„Schon, aber dort laufen auch eine Menge Russen herum."

„Ich spüre es irgendwie in den Knochen, daß dieser Kerl versucht hat, im Osten unterzutauchen, bis Gras über seine Flucht gewachsen ist, um sich danach in den Westen abzusetzen. Vielleicht über Skandinavien. Er ist doch deutschstämmig, nicht wahr?"

Litschenko nickte, während er weitergrübelte. „Ja, das habe ich auch schon in Betracht gezogen, aber was wird er jetzt tun? Nutzt er seinen Vorsprung aus, um so weit wie möglich nach Westen zu kommen, oder wird er einen weiteren Haken schlagen?"

„Ich glaube kaum, daß er jetzt weiter nach Nordosten wandert", mischte sich Karatajew ein. „Schließlich sind wir ihm bis hierher immer auf den Fersen gewesen. Ich nehme an, daß er jetzt eine völlig neue Route einschlagen wird."

„Schon möglich", nickte der Leutnant. „Aber welche?"

„Das werden wir bald wissen!" tönte Chrapow inzwischen wieder selbstbewußt. „Wir werden seine Spur bald wieder aufnehmen."

Mischka erreichte Proschins Höhle einen Tag später. Indem er jede Deckung ausnutzte, schlich er sich an den Seiteneingang heran. Minutenlang blieb er bewegungslos liegen und lauschte mit leicht geöffnetem Mund. Keine verdächtigen Laute waren zu hören. Wie ein Schatten glitt er in die Felsspalte und lehnte sich hinter einen Vorsprung. Wieder konzentrierte er sich völlig, um alle verdächtigen Geräusche und Bewegungen wahrzunehmen. Dann erst riskierte er einen Blick in den Höhlenraum. Es sah aus, als hätte hier eine Horde mittelalterlicher Mongolen gewütet. Litschenkos Männer hatten ganze Arbeit geleistet.

Er kehrte zum Fluß zurück, setzte auf das andere Ufer über und zog das Schlauchboot an Land. Von hier aus mußte er zu Fuß weiter. Nachdem er seine Ausrüstung zusammengestellt hatte, ließ Mischka die Luft aus dem Schlauchboot, rollte es zusammen und steckte es in den Packsack zurück. Dann grub er ein Loch in den trockenen Sandboden, kleidete es mit Ästen und Steinen aus und verstaute das Boot, Konserven und Ausrüstungsgegenstände darin. Nachdem er die Öffnung mit Steinen, Gras und Ästen abgedeckt hatte, schob er Sand darüber und steckte den Stamm einer vertrockneten Birke hinein.

Wie ein Eichhörnchen, dachte er, während er zufrieden sein Versteck betrachtete, überall habe ich Vorratslager für den Rückweg. Proschins Idee ist gar nicht so dumm.

Nach einer ausgiebigen Nachtruhe und einem Konservenfrühstück machte er sich schließlich auf den Weg zu den Quellen der Lundja, um dort einen weiteren Winter zu bleiben.

Litschenko und seine Männer hatten Glück. Kurz nachdem sie auf die Fernstraße eingebogen waren, tauchte ein Militärtransporter auf, der sie mit in die Kaserne von Nakama nahm. Während Litschenko alle Hebel in Bewegung setzte, um den Flüchtling aufzuspüren, wurde Chrapows Fuß geröntgt. Er war glimpflich davongekommen, denn außer einem starken Bluterguß und einer Sehnenzerrung konnte der Militärarzt nichts feststellen. In zwei Wochen würde der Jäger wieder beschwerdefrei laufen können. Am nächsten Morgen humpelte er an einer Krücke in Litschenkos Kasernenstube.

„Ich werde mich wohl daran gewöhnen müssen, Sie immer wieder in Gips und Verbänden zu sehen", grinste Litschenko.

„Lassen Sie Ihre blöden Sprüche! Sagen Sie mir lieber, was Sie inzwischen herausgefunden haben." Der Jäger fühlte sich anscheinend in seiner Ehre getroffen. Noch nie zuvor hatte er so viele Niederlagen in so kurzer Zeit einstecken müssen. Das nagte an seinem Stolz.

„Nun, ich hatte ein äußerst unerfreuliches Gespräch mit Juri Wdowetschenko", erwiderte der Leutnant. „Er steht anscheinend unter noch größerem Erfolgsdruck als wir. Letztlich fallen unsere Mißerfolge auf ihn zurück. Deshalb bekam er einen Tobsuchtsanfall, als er meinen Bericht hörte."

Der Jäger nickte nur stumm.

„Wissen Sie Genosse Chrapow, anfangs hatte ich Angst vor den Wutanfällen des Oberstleutnants", sagte Litschenko in einem Anflug von Offenheit, „vielleicht, weil ich die Konsequenzen fürchtete, falls ich versagen sollte. Aber inzwischen läßt mich das alles kalt. Ich glaube seltsamerweise nicht mehr an den Erfolg unserer Mission. Trotzdem fürchte ich mich nicht mehr vor einer Strafversetzung. Wahrscheinlich haben mich unsere Mißerfolge abgebrüht."

„Unsere Mißerfolge?" fuhr der Jäger auf. Sein Finger bohrte sich in Litschenkos Brust, als wolle er ihn an die Stubenwand nageln. „Es war allein Ihr Mißerfolg, Ihre Schusseligkeit! Sie sind der geborene Versager, und das wissen Sie genau. Ohne Sie hätte es nur einen Toten gegeben. Sie haben die ganze Tour vermasselt!"

Litschenko drehte sich seitwärts, so daß Chrapow das Gleichgewicht verlor und seinen verletzten Fuß belasten mußte. Der Jäger zog zischend Luft durch die Zähne, als eine Schmerzwelle durch den Körper jagte.

„Ich verbitte mir derartige Äußerungen, Genosse Chrapow!" wies Litschenko Chrapow zurecht. „Schließlich bin ich immer noch Ihr Vorgesetzter, und dieses alte Spiel der Schuldverschiebung lassen wir mal bleiben. Schließlich haben Sie sich mit Ihren Schießkünsten auch nicht gerade mit Ruhm bekleckert."

Das Gesicht des Jägers zuckte, doch er faßte sich wieder und schaute sein Gegenüber mit der gewohnten Gleichmütigkeit an. Nur in seinen Augen glomm ein wildes Feuer.

Dieser Mann ist ein Raubtier, dachte Litschenko, am liebsten würde er mir jetzt die Gedärme rausreißen. Ich muß mich in acht nehmen, sonst erhält meine Frau eines Tages die Meldung, daß ich tödlich verunglückt sei.

„Übrigens haben wir erste Erfolge bei unseren Nachforschungen. Ein Fernfahrer aus Chatanga hat Michail Wulff etwa eine Stunde vor Nakama überholt. Er hatte offensichtlich eine kleine Panne. Der Mann hatte sich über den Haarschnitt des Soldaten gewundert. Deshalb konnte er sich sofort an ihn erinnern."

„Eine Stunde vor Nakama?" wiederholte Chrapow gedehnt, beugte sich über die Karte auf dem schiefen Tisch der Kasernenstube und fuhr mit dem Finger die Straße entlang. „Wurde er noch von weiteren Zeugen gesehen?"

„Ja, ein anderer Fahrer, der nach Norden unterwegs war, berichtete, daß ein Uas mit überhöhter Geschwindigkeit nach Süden fuhr."

„Das bringt Licht in seine Pläne", murmelte der Jäger.

„Was denken Sie?"

Der Finger des Jägers blieb auf der Karte liegen.

„Da, sehen Sie es. Hier verläuft ein Nebenarm der Tunguska, die bekanntlich nach Westen fließt. Ich glaube nicht, daß er sich mit dem Uas näher an Nakama herangetraut hat. Ich könnte mir vorstellen, daß er mit einem von unseren Schlauchbooten den Fluß hinuntergepaddelt ist, um sich dann nach Westen abzusetzen."

Chrapow blickte triumphierend auf, doch als er das Gesicht des Leutnants sah, wußte er, daß dieser Anfänger schon die gleichen Überlegungen angestellt hatte.

„Ich habe dies auch schon in Betracht gezogen und deshalb einen Hubschrauber und ein Schnellboot geordert, um diese Spur zu verfolgen. In spätestens zwei Tagen werden wir mehr wissen."

„Vorausgesetzt, Ihre Männer entdecken das Schlauchboot. Den Kahn haben sie ja auch nicht wiedergefunden", gab Chrapow zurück.

„Es gibt immer ein paar Unwägbarkeiten“, versuchte Litschenko die Zweifel des Jägers fortzuwischen. „Aber vielleicht haben Sie noch weitere Ideen, die uns helfen könnten.“

Er wartete jedoch die Antwort nicht ab, sondern wandte sich dem Fenster zu und schaute auf das Kasernengelände. Die vielen Wochen in der Wildnis hatten seine Wahrnehmung verändert. Plötzlich erschienen ihm die Baracken noch grauer, abstoßender und kälter, als sie ohnehin schon waren. Irgendwie konnte er diesen jungen Mann verstehen, der das harte Leben in der Natur dem Sträflingsdasein vorzog.

Eigentlich, dachte er, eigentlich sind wir, seine Aufpasser und jetzigen Häscher, auch Gefangene des Lagers. Indem wir anderen die Freiheit nehmen, machen wir uns selbst unfrei.

Als Mischka auf die Lichtung trat, spürte er instinktiv, daß man ihn beobachtete. Niemand war zu sehen, und doch wußte er, daß er nicht allein war. Die Monate in der Wildnis hatten seine Sinne geschärft. Er wollte sich gerade wieder in das Dickicht des Waldes zurückziehen, als eine befehlsgewohnte Stimme ertönte: „Stehen bleiben! Rühr dich nicht von der Stelle, und kein falsches Spielchen, sonst blase ich dir deinen Schädel weg!“

Ein Mann tauchte auf, das Gewehr im Anschlag. Er trug keine Uniform, sondern die Arbeitskleidung sibirischer Kolchosbauern. Mischka atmete auf. Solange er nicht der Miliz in die Arme lief, gab es für ihn keine Schwierigkeiten, die man nicht lösen konnte. Es war unwahrscheinlich, daß Litschenkos Truppe ihm bis hierher gefolgt war.

Der Mann musterte ihn von Kopf bis Fuß. Dann drehte er sich kurz um und rief in den Wald hinein: „Ihr könnt rauskommen. Er scheint harmlos zu sein.“

Vier Männer tauchten zwischen den Büschen auf, und als Mischka sich umdrehte, starrte er in das grinsende Gesicht eines Tungusen.

„Hallo, Leute“, versuchte er so gelassen wie möglich zu grüßen, obwohl er innerlich angespannt war. „Ich bin Trapper und auf dem Weg nach Osten.“

Die Männer antworteten nicht, sondern starrten ihn nur an, als wäre er ein exotisches Tier aus dem Moskauer Zoo.

„Ich bin auf dem Weg nach Osten, um ...“

„Das sagtest du schon“, unterbrach ihn der Mann, der ihn zuerst angesprochen hatte. Er war rothaarig, untersetzt und hatte eine tiefe Stimme. „Du fängst an, dich zu wiederholen.“

„Nun laß ihn doch ausreden, Boris." Ein blonder, jungenhaft aussehender Mann trat nach vorn. „Du wärst doch auch erschrokken, wenn fünf Männer urplötzlich über dich herfallen würden."

„Red mir nicht dazwischen, Kolja, ich führe das Verhör. Schließlich habe ich ihn entdeckt. – Also, Mann, wo kommst du her, und was willst du hier?"

Mischka dämmerte es. Ohne es zu wissen, war er in das Gebiet einer Gruppe von Männern geraten, die etwas zu verbergen hatten. Kein normaler Sibirier würde so wie sie reagieren, träfe er im Wald auf einen Fremden, egal, wie abenteuerlich er auch aussähe. Sie hatten ihn wahrscheinlich gestoppt, weil er sonst ihr Geheimnis entdeckt hätte.

Plötzlich schoß es ihm durch den Kopf. Diese Männer waren sicherlich illegale Goldsucher. Proschin hatte davon erzählt, daß im Gebiet der Lundja und weiter östlich immer wieder Abenteurer versuchten, unergiebige und deshalb vom Staat aufgegebene Goldminen auszubeuten. Das war illegal und wurde mit zehn Jahren Arbeitslager bestraft. Aber manche ließen sich nicht davon abschrecken. Eine Reihe von Goldsuchern griff sogar zu den Waffen, wenn die Miliz sie aufspürte.

Mischka entschloß sich, mit offenen Karten zu spielen. Wenn er zugab, auch mit dem Staat im Konflikt zu sein, würden sie ihn wahrscheinlich eher laufen lassen. Sein Leben war in Gefahr, denn um sich selbst vor einem Verrat zu schützen, gingen Illegale auch über Leichen. Das hatte der Pope ihm erzählt.

„Gut, Leute, ich sag's euch ohne Umschweife. Ich bin aus einer Besserungsarbeitskolonie abgehauen, weil mir weder die Arbeit noch das Essen geschmeckt haben. Seitdem lebe ich als Jäger und Fallensteller im Wald. Ihr braucht also keine Angst zu haben, daß ich euch verpfeife, denn ich habe selbst Probleme mit dem Staatssicherheitsdienst."

„Angst haben?" Boris zuckte mit den Schultern und schaute seine Kameraden verständnislos an. „Verpfeifen? Woher willst du wissen, daß wir uns vor den Behörden verkriechen?"

Mischka sah Erstaunen in Koljas Gesicht und ein schwaches Lächeln im Mundwinkel eines anderen Mannes, der im Hintergrund stand und ihn interessiert anschaute. Er war feingliedrig, hatte eine hohe Stirn und trug eine Brille.

Der Tunguse räusperte sich auffallend laut. Mischka wußte, daß er ins Schwarze getroffen hatte. Diese Männer hatten etwas zu verbergen! Er mußte noch stärker auf den Busch klopfen. „Ich kann verstehen, daß ihr einem Fremden nichts erzählen wollt. Aber ich kann mit eurem Gold genausowenig anfangen wie ihr mit meinem Jagdbogen."

„Gold! Hört, hört", lachte einer der Männer, dessen brauner Vollbart bis auf die Brust reichte.

„Außerdem muß ich um jede menschliche Siedlung einen Bogen machen, weil man mich sonst wieder hinter Stacheldraht steckt", fuhr Mischka fort. „Ihr seht, ich bin euch gegenüber offen. Ich liefere mich euch aus."

Eine Hand legte sich von hinten auf seine Schulter. „Du lieferst dich uns aus?" sagte der Tunguse. „Wir haben dich geschnappt! Du bist unser Gefangener!"

In einem plötzlichen Entschluß griff Mischka das Handgelenk des Tungusen, tauchte rückwärts unter dessen Arm durch und setzte ihm von hinten sein Jagdmesser an die Kehle. Der Mann schrie auf, als Mischka seinen Arm hebelte, wagte aber nicht, sich zu wehren. Mit aufgerissenen Augen schielte er auf die Klinge an seinem Hals. Mischka las ungläubiges Erstaunen in den Gesichtern der anderen. Boris reagierte als erster und hob sein Gewehr.

„Laß das!" Der Mann mit der Brille trat vor. „Leg das Gewehr weg. Du bringst sonst noch Trofim um."

Der Rothaarige ließ zögernd die Waffe sinken. „Und was nun, Andrej?" fragte er.

„Laßt uns hören, was der junge Mann zu sagen hat", antwortete ihm dieser. Dann wandte er sich Mischka zu und lächelte.

„Gute Arbeit, Junge", sagte er anerkennend. „Trofim zu überraschen ist gar nicht so leicht. Du hast ihn völlig aus der Fassung gebracht. Sonst hat er immer noch ein letztes Wort oder einen Trick auf Lager."

„Ich will ihm nichts tun", antwortete Mischka. „Ich wollte nur zeigen, daß ich nicht euer Gefangener, sondern euer Freund sein will."

Er ließ den Tungusen los, wich katzenhaft drei Schritte zurück und steckte das Messer wieder in den Gürtel. „Sei mir nicht böse, Mann. Es hat mich einfach gereizt, dir zu widersprechen."

Lächelnd streckte er dem Tungusen die Hand entgegen. „Ich bin Michail Wulff, Student der Archäologie."

Der Mann ergriff seine Hand und versuchte, ihn ruckartig zu Boden zu ziehen, doch Mischka rollte weich über den Moosteppich und stand sofort wieder. Trofim schaute verdutzt, als Mischka seinen Trick vereitelte. Der blonde Kolja klatschte Beifall, und auch Boris ließ ein anerkennendes Brummen vernehmen.

„So, Trofim, das reicht", sagte Andrej freundlich, aber bestimmt. Offensichtlich war er der Anführer der Gruppe. Er wandte sich wieder Mischka zu, gab ihm die Hand und fuhr fort: „Wir heißen dich willkommen. Wir leben hier als Jäger. Wie kommst du darauf, daß wir Goldsucher sind?"

Mischka grinste ihn breit an. „Euer Verhalten und eure Gesichter sprechen Bände."

Andrej schaute die anderen bedeutungsvoll an. „Ich glaube, ich muß dir nun meine Kameraden vorstellen, nachdem du uns erzählt hast, wer du bist. Der da hinten mit dem braunen Vollbart ist Pawlik. Er kann gut Geige spielen. Dann haben wir Boris. Er ist stark wie ein Bär und herzensgut. Neben ihm steht unser Jüngster, Kolja. Mit Trofim, dem tungusischen Rentierzüchter, hast du ja schon Bekanntschaft gemacht, und ich bin Andrej, von Beruf Bergbauingenieur."

Mischka nickte allen freundlich zu. Auch Trofim hatte sich wieder gefangen, grinste ihn kameradschaftlich an und reichte ihm die Hand, diesmal ohne Hintergedanken.

Pawlik kraulte seinen Bart, als überlegte er angestrengt. „Du bist wirklich ein Jäger und Fallensteller?" fragte er Mischka schließlich.

„Was bleibt mir anderes übrig, wenn ich in dieser Wildnis überleben will", gab dieser zurück.

„Und woher hast du deine Kleidung, Stiefel, Hose und Jacke? Das sieht doch nach Militär aus?"

Mischka schaute an sich herunter. „Ach so, deshalb seid ihr so mißtrauisch! Da kann ich euch verstehen. Aber habt ihr schon einen Soldaten mit Pfeil und Bogen gesehen?" Er bückte sich, öffnete seinen Rucksack und zog seine Lederkleidung hervor. „Normalerweise trage ich nur Leder. Aber als meine Verfolger vor kurzem ihren Transporter schlecht bewachten, habe ich mich ein wenig bedient und den Rest in die Luft gejagt."

„Dann ist man dir also auf den Fersen?" wollte Boris wissen.

„Nein, die Truppe ist nach Westen gezogen. Ich habe ihnen eine falsche Fährte gelegt."

„Nicht schlecht", mischte sich Trofim ein. „So etwas hört man gern. Jedesmal, wenn die Miliz eins auf die Mütze kriegt, geht es mir besser."

„So, jetzt habe ich fast alles über mich erzählt. Nun zu euch. Wenn ich nicht in den nächsten zehn Minuten über euer Geheimnis gestolpert wäre, hättet ihr mich bestimmt nicht gestellt, sondern mich einfach weiterziehen lassen. Außerdem habt ihr eine Abneigung gegen Uniformen. Anscheinend steht auch ihr mit den

Parteigenossen auf Kriegsfuß. Deswegen habe ich auf illegale Goldsucher getippt. Richtig?“

Andrej lächelte. „Du bist ein kluger Kerl. So etwas wie dich könnten wir in unserer Gruppe gebrauchen. Du kannst jagen, lautlos jagen, wie wir sehen. Wir sind sechs hungrige Kerle. Da werden eine Menge Vorräte für den Winter gebraucht. Wir erhalten einen Teil unserer Lebensmittel von einem Tungusen, einem Cousin von Trofim, der auf einer Rentier-Kolchose arbeitet, oben im Norden. Er hat einen Lastwagen und kommt viel herum. Viermal im Jahr schaut er vorbei. Eigentlich hätte er diesen Monat kommen müssen. Er ist längst überfällig.“

Andrej schaute die Männer an.

„Wir brauchen eine Menge Fleisch, sollte Trofims Cousin nicht kommen, und wir können es uns nicht leisten, hier wild in der Gegend herumzuballern. Unser Freund hier kann lautlos mit Bogen und Fallen jagen. Was haltet ihr davon, wenn wir ihn als Jäger anstellen?“

Die Männer nickten zustimmend. Nur Pawlik machte ein bedenkliches Gesicht. Er hatte immer noch Zweifel an der Aufrichtigkeit Mischkas. Schließlich aber willigte er doch ein. „Wir können es ja mit ihm versuchen“, brummelte er.

„Da wird sich Iwan aber freuen“, rief Kolja.

„Wer ist Iwan?“ wollte Mischka wissen.

„Iwan ist unser Koch“, erklärte ihm Andrej. „Er liebt Elchbraten und kennt eine Menge guter Rezepte. Ohne ihn wäre unser Leben hier nur halb so schön.“

Mischka hatte recht gehabt. Die Hütte der Männer lag nur zwei Minuten von der Lichtung entfernt, auf der sie ihn gestellt hatten. Sie war aus Baumstämmen in der Art eines Blockhauses gebaut, während das Dach mit Gras bewachsen war.

„So kann man uns nicht so leicht aus der Luft entdecken“, klärte Andrej ihn auf. „Und außerdem isoliert es gegen Kälte und Regen.“

Die Hütte war innen komfortabel eingerichtet. Stockbetten, ein Tisch mit mehreren Stühlen in der Mitte, Regale, drei Öllampen und an der Rückwand ein Ofen aus Feldsteinen, der von der Küche aus befeuert wurde und trotzdem den Raum hinreichend heizte.

„Na, was habt ihr mir denn da mitgebracht?“ rief ihnen ein rotgesichtiger Hüne zu, dessen Bauch über den Gürtel seiner Hose quoll. Es war Iwan, der Koch.

„Einen jungen Mann, der uns in den nächsten Monaten mit

Fleisch versorgen wird." Andrej schob Mischka auf Iwan zu, der ihn von oben herab begutachtete. „Er ist wie wir kein Freund des Volkes."

„Kein Freund des Volkes", brummte Iwan, „aber hoffentlich ein Freund guter Küche."

„Aber klar doch", gab Mischka zurück. „Nachdem ich in den vergangenen Monaten nicht gerade schwelgen konnte, freue ich mich auf deine Kochkünste."

Er streckte Iwan die Hand entgegen. „Ich bin Michail Wulff."

Der Koch ergriff sie ohne Zögern und schüttelte sie herzlich. „Willkommen an Bord, Junge."

Dann wandte er sich wieder den anderen zu. „Weiß er Bescheid?"

„Er hat es selbst herausgefunden, Iwan", antwortete ihm Andrej. „Ist ein cleveres Kerlchen, aber wir können ihm vertrauen."

„Habt ihr ihm alles gezeigt?"

„Nein, er wird sie sehen, wenn die Zeit dazu gekommen ist. Noch ist er in der Probezeit."

Iwan gab sich mit dieser Antwort zufrieden und macht sich wieder an die Vorbereitung des Abendbrotes. Kolja zeigte Mischka eine Ecke, in der er sein Nachtlager aufschlagen konnte. „Morgen, baue ich dir ein Bett. Ich hab' mal bei einem Tischler gearbeitet und kenne mich ein wenig aus. Unten am Boden zieht es immer. Deshalb ist ein Bett besser. Aber du bist ja sicherlich abgehärtet."

„Das kann man wohl sagen", lachte Mischka, während er sein Gepäck abstellte. „Ein Dach über dem Kopf zu haben, ist für mich schon purer Luxus."

„Dann paß auf, daß du hier nicht verweichlichst!" rief ihm Pawlik zu. „Eines Tages mußt du wieder in den Wald zurück."

„Ich denke, ich werde mich wieder schnell an Wind und Kälte gewöhnen. Es geht schneller, als man denkt."

In den nächsten Wochen raufte sich Mischka mit den Männern zusammen und gewann schließlich auch Pawliks Vertrauen. Sie waren keine Sonntagsschüler, sondern rauhe Gesellen mit dunklen Stellen in ihrer Vergangenheit. Jeder hatte seine eigene Geschichte.

Trofim war beim Diebstahl ertappt und zur Waldarbeit verurteilt worden. Kolja, Iwan und Pawlik hatten früher in den staatlichen Goldminen ihren Lebensunterhalt verdient, aber dabei in die eigene Tasche gewirtschaftet. Boris hatte als Soldat einen Vorgesetzten zusammengeschlagen, als dieser ihn zurechtstutzen wollte und mehrfach Ausgangssperre verhängt hatte.

„Er war ein echtes Schwein, glaub mir Mischka", erzählte Boris eines Abends. Uns gemeinen Soldaten haben sie nur eine dünne Wassersuppe vorgesetzt, während die Herren Offiziere an ihren Tischen die feinsten Speisen erhielten, und das nannten sie Kommunismus!"

Boris spuckte auf den Boden. „Eines Tages habe ich meinem Leutnant gehörig die Meinung gesagt. Seitdem hatte er mich auf dem Kieker. Er schikanierte mich, wo er konnte. – Dann ist mir der Kragen geplatzt. Ich bin einfach zu ihm hin und habe ihm das Nasenbein eingeschlagen. Danach bin ich abgehauen. Kolja hat mich aufgegabelt. Seitdem bin ich bei der Truppe hier."

„Und Andrej? Was hat dich in die Wildnis verschlagen?" fragte Mischka den Ingenieur.

Der Angesprochene blickte sinnend in den Rauch des Herdfeuers, der zwischen den Deckenbalken der Hütte hing. „Ich bin ein politischer Quertreiber gewesen, der berühmte Sand im Getriebe des sozialistischen Räderwerks, der ewige Nörgler und Miesmacher. Ich sah es als meine Pflicht an, Pfusch und Schlamperei beim Namen zu nennen. Aber die Genossen wollten weder sorgfältig ausgeführte Arbeit noch Qualität, sondern nur ihre Ruhe. Deshalb schwärzten sie mich beim KGB an und sorgten für einen Aufenthalt in Sibirien."

„Diese Schweine!" fuhr Boris dazwischen, als hätte man ihn deswegen verurteilt. Er ballte seine Fäuste, bis die Knöchel weiß hervortraten.

„Meine Frau hat mich daraufhin verlassen", fuhr Andrej mit leiser Stimme fort. „Sie wollte nicht länger mit einem Feind des Volkes verheiratet sein. – Man hat mich in ein Uranbergwerk gesteckt. Die meisten Häftlinge hatten anfangs keine Ahnung, daß diese Arbeit ihre Gesundheit ruinieren würde. Sie wollten mir nicht glauben, daß die unsichtbaren Strahlen des Uranerzes langsam ihr Blut und ihre Knochen zerfressen würden. Aber ich konnte es dort nicht länger aushalten. Ich wollte leben und nicht wie die Kriegsgefangenen der vierziger Jahre langsam verrecken, um schließlich mit einem Bulldozer in ein Massengrab geschoben zu werden."

Er lachte auf. „Ja, und dann hatte ich einen Plan. Niemand wollte mit mir zusammenarbeiten. Also, habe ich es im Alleingang versucht."

Mischka lehnte sich zu ihm hinüber. Er liebte solche Geschichten, erinnerten sie ihn doch an sein eigenes Schicksal.

„Was hast du dir ausgedacht, Andrej?" fragte er gespannt.

„Eine Explosion, eine Staubexplosion, die den Stollen verschüttete, den ich untersuchen sollte. Es war natürlich nur ein wenig Dynamit, das ich bei einer Sprengung abgezweigt hatte. Während die anderen tiefer im Bergwerk arbeiteten, sollte ich prüfen, ob dieser Stollen weiter ausgebeutet werden konnte. Durch eine kontrollierte Sprengung habe ich ihn zum Einsturz gebracht.

„Als die Explosion durch die Stollen hallte, brach unter den Arbeitern Panik aus. Alle wollten so schnell wie möglich nach oben, und auch unsere Wachmannschaft floh Hals über Kopf. Es war, als wäre der Teufel los."

Andrej kratzte zufrieden sein Kinn. „Natürlich war ich einer der ersten, die oben ankamen. Mein Gesicht war staubverschmiert, die Kleidung zerrissen. – ‚Sie sind alle verschüttet!' rief ich dem wachhabenden Offizier zu. ‚Arbeiter, Soldaten – viele sind schwer verletzt oder tot. Rufen Sie nach Hilfe!' Der Mann gehorchte aufs Wort. Zuerst rief er den Lagerleiter an, der sofort mit seinem Uas angebraust kam. Als die Rettungsmannschaften kamen, habe ich mich in dem Getümmel der schreienden und verängstigten Männer davongestohlen. Ich wußte ja, daß unser Lagerkommandant die nächsten Stunden schwer beschäftigt war. Also bin ich zu seinem Haus gegangen, habe mir ein paar seiner Kleidungsstücke und andere nützliche Dinge ausgeliehen und bin mit seinem Motorrad nach Norden abgehauen."

„Klasse, Mann!" Mischkas Augen leuchteten. „Hat er denn nicht schnell gemerkt, daß du nicht mehr unter den Häftlingen bist und ihm ein paar Kleinigkeiten fehlen?"

„Nein", gab Andrej zurück. „Zunächst dachten ja alle, daß ich im Stollen verschüttet war. Es war ein zu großes Durcheinander. Niemand wußte, wer nun wirklich unten geblieben war. Durch ihre panische Flucht hatten sich auch einige verletzt, und das Motorrad fuhr der Lagerkommandant nur an wenigen Tagen im Jahr. Meistens benutzte er seinen Dienstwagen. Ihm ist wohl erst sehr spät die Erkenntnis gekommen, wer ihn um Kleidung und Rubel erleichtert hatte. Aber da war ich schon über alle Berge!"

Die Männer lachten. Andrej war von Anfang an der führende Kopf ihrer Gruppe, die sich fast zufällig gefunden hatte. Sie waren tatsächlich illegale Goldsucher, die eine unergiebige Mine des Staates ausbeuteten. Schon eine Woche nach dem ersten Zusammentreffen hatten sie Mischka in den Stollen mitgenommen und ihm alles gezeigt. Sie vertrauten ihm, und er wollte sich dieses Vertrauens würdig erweisen. Trotzdem waren die Männer vorsichtig und ließen ihn nicht allein auf die Jagd gehen. Kolja begleitete ihn ständig.

Mischka war das nur recht. Er hatte von Einsamkeit und Alleinsein erst einmal genug. Außerdem half ihm sein Begleiter beim Ausweiden und Tragen der Beute. Kolja war ein gelehriger Schüler. Er interessierte sich für Mischkas Jagdmethoden und lernte schnell, mit der Speerschleuder umzugehen. Er war schon vorher ein guter Werfer gewesen und hatte auf den Sportveranstaltungen des Komsomol stets gute Leistungen in der Wurfdisziplin gezeigt. Es dauerte nicht lange, und er erlegte seinen ersten Elch mit dieser Waffe. Mit Pfeil und Bogen konnte er dagegen nichts anfangen. Das Anvisieren eines Ziels fiel ihm einfach zu schwer.

„Du mußt den Pfeil bis an den Mundwinkel ziehen und den Daumen hinter deinen Kinnladen haken", erklärte ihm Mischka immer wieder. „Dann hast du einen festen Bezugspunkt. Hier am Bogen habe ich ein Visier angebracht. Es hat drei Markierungen. Die obere ist für eine Schußweite von dreißig Metern, die zweite für fünfzig und die dritte für fünfundsiebzig Meter. Wenn das Pfeilende an deinem Mundwinkel anliegt und das Tier bei dreißig Meter Entfernung genau im oberen Visier zu sehen ist, ziehst du langsam deine Schulterblätter zusammen, bis die Sehne automatisch von deinen Fingerkuppen gleitet. Alles klar?"

Kolja schüttelte den Kopf. „Der Bogen hat für mich zuviel Zugkraft. Das sind doch mindestens dreißig Kilo, die ich halten muß."

„Wahrscheinlich wesentlich mehr", lachte Mischka, „sonst würde der Pfeil keinen Elch durchschlagen."

„Und dann soll ich den Bogen noch ruhig halten! Meine Fingerkuppen sind schon ganz kaputt. Schau mal, auch mein linker Unterarm ist von der Sehne ganz blau geschlagen, obwohl ich eine Lederjacke trage! Nee, Mischka, das ist nichts für mich!" Er gab seinem Kameraden den Bogen zurück und griff wieder zum Speer. „Aber deine Speerschleuder finde ich einfach Klasse! Ich werde mir auch so eine Waffe bauen. Damit entkommt mir kein Rentier."

„Die sind ja auch halbzahm", frotzelte Mischka. „An die kannst du dich ja auch bis auf zehn Meter heranschleichen. – Willst du es nicht doch noch einmal versuchen?"

Er hielt Kolja den Bogen hin, doch der lehnte ab. „Nee, nee. Davon hab' ich die Nase voll. Nimm du den Bogen. Ich benutze Speer und Schleuder. Dann können wir uns gut ergänzen."

Sie waren erfolgreiche Jäger. Iwan war sehr zufrieden mit ihrer Beute. Mit Pawliks und Trofims Hilfe räucherte und dörrte er das Fleisch und lagerte es in einem kleinen Erdstollen, den sie in den Dauerfrostboden getrieben und mit einer Bohlentür verschlossen hatten.

Als die ersten Winterstürme über die Taiga brausten, hatten sie genügend Vorräte, um die nächsten Monate zu überstehen. Sollte es das Wetter erlauben, wollte Mischka hin und wieder losziehen, um die Vorräte zu ergänzen.

Die Goldsuche war dagegen diesen Herbst mager ausgefallen. Trotzdem hatte jeder der Männer in den beiden Jahren, die sie hier verbracht hatten, ein bescheidenes Vermögen angehäuft. Es reichte, um eine neue Existenz zu gründen, sollten sie es eines Tages wagen dürfen, sich irgendwo niederzulassen. Die Chancen dafür standen nicht schlecht, denn Sibirien war groß, und viele Exsträflinge hatten sich nach Verbüßung ihrer Strafe hier angesiedelt. Unter ihnen würden sie nicht auffallen, solange sie nicht steckbrieflich gesucht wurden.

Die Wintermonate waren lang und kalt. Obwohl sie kräftig heizten, zog der Frost durch jede Ritze. Nur wenn die Temperatur erträglich war, gingen die Männer in den Stollen, um nach Gold zu schürfen. Sie mußten den Boden erst mit Feuer auftauen, bevor sie ihn mit Pickel und Schaufel bearbeiten konnten. Es war eine mühselige Arbeit, und Mischka beneidete die Männer in keiner Weise. Er zog es vor, durch den Wald zu streifen und auf Jagd zu gehen.

In der Zwischenzeit spielten die Männer Karten, unterhielten sich oder dösten auf ihren Betten, um die Zeit bis zum Frühjahr zu verkürzen. Jeder träumte dabei von dem kleinen Glück in der Zukunft. Mischka kannte inzwischen ihre Hoffnungen und Wünsche und fragte sich, ob sie jemals in Erfüllung gehen würden. Die Gespräche mit Proschin gingen ihm nicht aus dem Kopf. War ihr Leben sinnlos, wenn sich ihre Träume nicht erfüllten? Würden sie eines Tages mit einem Fluch auf den Lippen sterben, oder war ihnen ein friedliches Ende bestimmt?

Es war einer dieser eiskalten Januartage, an denen der Speichel schon im Mund zu gefrieren scheint. Selbst Mischka zog es bei diesen Temperaturen nicht hinaus zum Jagen. Im Grunde hatten sie auch genügend Fleischvorräte. Deshalb legte er sich nach dem Frühstück auf sein Bett zurück und beobachtete die Kameraden. Boris, Pawlik und Kolja spielten wie gewöhnlich Karten, Andrej putzte seinen Karabiner, Iwan arbeitete am Küchentisch und Trofim, der Tunguse, schnitze an einem Ast herum. Schon am frühen Vormittag begannen sich Iwan und Trofim zu streiten. Wie immer handelte es sich um Nichtigkeiten. Trofim hatte sich eine Scheibe Schwarzbrot genommen, als Iwan mit dem Kartoffelschälen aufhörte und ihn anpflaumte: „Typisch, du alter Freßsack! Vor zwei

Stunden haben wir erst gefrühstückt, und schon wieder bist du am mampfen! Dich kriegt man wohl niemals satt. Wenn du so weitermachst, werden wir noch Flechten von den Bäumen kratzen müssen, um nicht zu verhungern."

„Du siehst das völlig falsch, Iwan", gab der Angesprochene zurück.

„Was, ich sehe das falsch?" giftete ihn der Küchenchef an. „Ich sehe nur eins: Du bist ständig am essen."

„Genau das meine ich", erklärte Trofim. „Ich esse öfter, dafür weniger, jedenfalls weniger als du, wie jedermann sehen kann." Dabei betrachtete er mit seinen scharfen Augen ungeniert den Rettungsring, der aus Iwans Gürtel quoll.

„Was sieht hier jedermann?" wollte dieser nun wissen. Dann klopfte er auf seinen Bauch und fuhr fort: „Das sind alles nur Muskeln!"

„Muskeln? Daß ich nicht lache. Du siehst wohl nicht gut."

„Nee, mein Lieber! Du bist blind auf beiden Augen."

„Ich weiß doch, was ich sehe", entgegnete ihm Trofim, „und jedermann hier sieht es genauso."

„Kann gar nicht sein. Schon wenn du aus dem Fenster siehst, schielst du mit deinen tungusischen Schlitzaugen. Wie willst du da Aussagen über meinen Bauch machen können?"

„Ich schiele nicht, Dickerchen. Ich sehe alles klar und ungetrübt!"

„Wenn hier einer alles klar und ungetrübt sieht, bin ich es!" ereiferte sich der Koch.

Der Ingenieur blickte auf. „Was ihr nicht sagt! Ihr glaubt wohl auch, alles sei genau so, wie ihr es mit euren Augen wahrnehmt. Die Welt ist vielleicht ganz anders, als ihr es euch vorstellt oder sehen könnt."

Die Männer hörten auf zu reden. In der Eintönigkeit ihres Lebens und den immer wiederkehrenden täglichen Ritualen war jede Gesprächswendung eine willkommene Abwechslung.

Iwan legte das Küchenmesser beiseite und entgegnete: „So, wie soll die Welt denn in Wirklichkeit sein, du Schlaukopf?"

„Niemand kann sagen, wie sie wirklich ist. Wir leben nur von Annahmen. Ein Beispiel: Früher hat man uns in der Schule beigebracht, unser Weltall sei unendlich und offen. Diese Annahme hat sich inzwischen als falsch erwiesen."

„Das ist nicht das einzige, was der dialektische Materialismus gelehrt hat und das inzwischen überholt ist", warf Mischka ein und erhob sich vom Bett.

Der Ingenieur nickte. „Ja, das stimmt. Wir wissen also inzwischen, daß der Raum endlich und in sich geschlossen ist."

„Sag mal", unterbrach ihn Iwan, „wenn der Weltraum irgendwo zu Ende ist, was kommt dann dahinter?"

„Nichts", gab Andrej zurück.

„Und wohin kommt man, wenn man das Nichts unendlich lange durchfliegen könnte?" wollte Iwan wissen.

„Nirgendwohin."

„Das kann ich mir einfach nicht vorstellen! Man fliegt und fliegt und kommt nirgendwo an – immer nur Nichts?"

„Tja", unterstützte Mischka den Ingenieur, „das ist wie mit der Ewigkeit Gottes. Man geht immer weiter in die Vergangenheit zurück, und er ist immer da. Er hat keinen Anfang, so wie das Nichts kein Ende hat."

„Ach, das ist doch alles nur frommes Gefasel", sagte Iwan wegwerfend. „Das hilft mir auch nichts!"

Mischka klopfte ihm beruhigend auf die Schulter. „Aber es sind interessante Gedankenspiele."

Zwei Monate später stieg die Temperatur auf fünfzehn Grad Minus an. Am späten Vormittag stand die Sonne schon wieder über dem Horizont. Zwar schien sie noch schwach und farblos, aber der Himmel war strahlendblau. Nur eine Handvoll Schäfchenwolken hingen wie Wattebäuschchen am Horizont. Mischka drängte es plötzlich, auf die Jagd zu gehen. Nach den langen Wochen der Dunkelheit und Kälte fühlte er sich in der Hütte wie ein Gefangener und sehnte sich nach der Freiheit der Wildnis.

Da noch immer die Möglichkeit eines Wetterumschwungs bestand, wählte er sorgfältig seine Ausrüstung. Auf jeden Fall würde er einige Tage fortbleiben.

„Macht's gut Leute", rief er seinen Kameraden zu, „und vertragt euch. In spätestens vier Tagen bin ich zurück."

Dann schnallte er sich Schneeschuhe an und lief in den Wald. Andrej und Iwan standen vor der Hütte und winkten ihm nach.

„Und bring mir einen fetten Hirschbraten mit", hörte Mischka den Koch rufen.

Die Luft erschien ihm nach der großen Kälte fast lau und frühlingshaft. Trotzdem war der Winter noch nicht zu Ende. Frost und Schneestürme konnten unerwartet zurückkehren, um alles Leben zu ersticken, das sich unbedacht hervorgewagt hatte.

Die stickige Luft in der Hütte und der Rauch des immer qualmenden Ofens hatte Mischka stets das Atmen schwer gemacht und den Kopf benebelt. Er liebte das Knirschen des Schnees unter seinen Füßen, die glitzernden Eiskristalle an den Bäumen und die weiße Pracht der verschneiten Landschaft.

Er war etwa zwanzig Minuten unterwegs, als er das harte Schlagen von Rotorblättern hörte. Instinktiv zog er sich unter die schützenden Zweige einer Fichte zurück. Ein Helikopter tauchte über einer Bergkuppe im Süden auf, zog eine Kurve und nahm Kurs auf die Blockhütte.

Verdammt, dachte Mischka, haben sie dich wieder aufgespürt? Er zog ein Fernglas aus der Tasche und richtete es auf den Helikopter. Der Hubschrauber verschwand hinter einer Baumgruppe. Dann peitschten Schüsse durch die Luft, zerrissen die Stille der winterlichen Landschaft, zerstörten den Zauber der unberührten Natur.

Mischka ballte seine Fäuste. Das war die Miliz! Wenn das Wetter es erlaubte, jagten sie illegale Goldsucher, die sich im Winter zu sicher fühlten. Sie flogen die aufgegebenen staatlichen Minen an, um die Goldsucher aufzustöbern. Oft kam es dabei zu Gefechten, weil die Männer sich nicht immer willenlos gefangennehmen ließen. Die Urteile der Richter waren hart, und so mancher ging lieber das Risiko ein, sein Leben als die Freiheit zu verlieren.

Offensichtlich waren seine Kameraden bereit zu kämpfen. Mischka hoffte, daß sie der Miliz entkommen konnten. Er überlegte fieberhaft, wie er sich verhalten sollte. Die Miliz mußte seine Spuren im Schnee gesehen haben. Die Frage war nun, ob sie ihn mit dem Helikopter verfolgen oder ihn laufen lassen würden? Hatte er eine Chance, ihnen zu entkommen?

Er betrachtete das Gelände. Dann sah er eine Möglichkeit, eine winzige Chance. So schnell er konnte, lief Mischka auf den Einschnitt eines Bergrückens zu, der an einer Felskante endete. Dabei bemühte er sich, eine deutliche Spur zu hinterlassen.

Anschließend ging er in seiner Spur zurück und kletterte einen bewaldeten Abhang hoch, der zur Felskante führte. Oben angelangt, sägte er einen mittelgroßen Birkenstamm ab und band sein Lederlasso daran. Schweratmend wischte er sich den Schweiß von der Stirn. Er sägte noch zwei weitere Baumstämme ab und band sie kreuzweise an das andere Ende des Lassos. Eine Bola für Rotorblätter, dachte Mischka grimmig.

Alles hing davon ab, daß seine Verfolger im Tiefflug nahe genug an die Felskante heranfliegen würden. Sollten sie von oben kommen, könnten sie ihn wie ein Kaninchen durch den lichten Wald jagen. Trotzdem würde er sich mit allen Mitteln verteidigen.

Er hörte den Helikopter aufsteigen. Schon mit bloßem Auge konnte Mischka erkennen, daß er dicht über dem Boden in seine Richtung flog. Kein Zweifel, sie folgten seiner Spur!

Mischka zog sich in ein Dickicht zurück. Der Wille zu kämpfen ließ seinen Adrenalinspiegel steigen. Sein Blutdruck war erhöht, und die Muskeln begannen zu zittern. Er fühlte sich leicht, als schwebte er über dem Boden.

Der Helikopter folgte seiner Spur. Mischka hoffte, daß er nahe genug an die Felskante heranfliegen würde, so daß er die Birkenstämme in die Rotorblätter werfen konnte. Wenn nicht, stand es schlecht um ihn!

Seine Verfolger waren nur noch fünfhundert Meter entfernt, als der Helikopter unerwartet nach rechts schwenkte und hinter einer Bergkuppe verschwand. Erstaunt richtete sich Mischka auf. Warum hatten sie die Verfolgung aufgegeben? Wollten sie ihn austricksen? War etwas dazwischengekommen? Mit wachen Sinnen lauschte er.

Ein leichtes Brummen erklang von der anderen Seite der Bergkuppe. Sie kamen von der Rückseite, um ihn zu überraschen, um seine Pläne zu durchkreuzen! Mischkas Gedanken rasten. Sollte er etwa mit Speerschleuder und Bogen gegen einen Helikopter antreten? Im Sommer hätte er seine Verfolger hinters Licht führen und ihnen entkommen können. Aber der Schnee verriet selbst einem Kind, welche Richtung er genommen hatte.

Plötzlich bellten Schüsse auf, vermischt mit dem harten Schlagen der Rotorblätter. Sie kamen nicht weit von der anderen Seite des Berges.

Jetzt begriff Mischka. Einer der Goldsucher war aus der Hütte entkommen und in seiner Spur geflohen, um nicht so tief im Schnee einzusinken. Dann hatte er sich seitwärts in den Wald geschlagen. Seine Rechnung war jedoch nicht aufgegangen. Der Hubschrauber hatte nicht Mischkas, sondern seine Spur verfolgt.

Die Miliz mußte ihn nun gestellt und unter Feuer genommen haben. Sollte er ihm zu Hilfe eilen oder sich davonmachen? Konnte er ihm überhaupt helfen? Würde die Miliz nicht auch seiner Spur folgen, wenn sie seinen Kameraden fertiggemacht hatten? Was sollte er tun? Mischka schwitzte trotz der Kälte.

Kurz entschlossen griff er seine Waffen und eilte durch den Wald auf die Stelle zu, aus der er die Schüsse und Motorgeräusche hörte. Unvermittelt trat er an einem Abhang aus dem Wald heraus. Der Hubschrauber schwebte direkt vor ihm. Blitzschnell zog sich Mischka wieder in den Wald zurück. Hinter einen Fichtenstamm gekauert, beobachtete er das Gelände. Vielleicht konnte er in der Spur seines Kameraden zurücklaufen und einen Kreis schlagen, so daß die Verfolger später seinen Aufenthaltsort nicht ausmachen konnten.

Dann sah er Andrej. Der Ingenieur kroch auf allen Vieren über den Boden, mühsam, am Ende seiner Kraft. Der Schnee um ihn herum färbte sich rot. Mischka blieb fast das Herz stehen. Warum gerade Andrej? Warum gerade ein Mann, der nachdenklich, still und klug war. Wie konnten sie es wagen, einen so wertvollen Menschen einfach abzuschießen wie einen räudigen Hund?

Mischka spürte, wie das Blut in seinen Ohren dröhnte. Er richtete sich halb auf. Seine Faust umklammerte den Jagdbogen so fest, daß die Finger schmerzten. Der Helikopter drehte sich. Ein Mann mit Pelzmütze erschien in der offenen Tür. Er richtete sein Gewehr auf Andrej, als wollte er ihm den Gnadenschuß verpassen.

„Nein!" schrie Mischka auf und schnellte empor.

Der Mann im Helikopter wandte seinen Kopf und sah ihn erstaunt an. Wie in Trance hob Mischka den Bogen, legte einen Pfeil auf, spannte die Sehne, bis sie sein Ohr berührte, zielte kurz und ließ den Pfeil gehen. Der Mann im Helikopter schrie auf und griff sich an die Schulter. Sein Gewehr wirbelte zu Boden.

Mischka schoß einen zweiten Pfeil ab. Er sauste durch die offene Tür und durchbohrte den Arm des Piloten. Der Helikopter kippte seitwärts und jagte über den Wald davon. Sein Motor heulte wild auf. Die Rotorblätter fraßen sich wie die Messer eines riesigen Rasenmähers durch die Baumwipfel. Äste und Zweige wirbelten durch die Luft. Dann krachte er zwischen Fichten und Lärchen zu Boden. Der Motor erstarb. Eine Rauchsäule stieg zum Himmel und erfüllte die Luft mit Brandgeruch. Dann zerriß eine Explosion die Stille. Ein Feuerball stieg über den Bäumen empor und tauchte das Tal in gespenstisches Licht, als wäre der Tag des Jüngsten Gerichts angebrochen.

Aus Mischkas Kehle löste sich ein Schrei, wild, voller Siegesgewißheit und Überlegenheit. Er fühlte sich wie ein Tunguse der Vorzeit, der mit seinen primitiven Waffen den furchterregenden Tiger der sibirischen Taiga erlegt hat. Der Feind war besiegt, bestraft, vernichtet. Er würde ihm nichts mehr anhaben können, ihm und seinen Kameraden.

Mischka stürmte den Abhang hinunter und kniete neben dem Ingenieur nieder.

„Andrej", rief er. „Ich bin es, Mischka. Hab keine Angst. Der Hubschrauber ist explodiert. Die Männer sind tot."

Der Ingenieur stöhnte leise und versuchte, sich umzudrehen. Er blickte Mischka mit traurigen Augen an.

„Wie geht es dir, Andrej?"

„Ich glaube, mit mir geht es zu Ende", flüsterte Andrej leise. „Meine Beine sind schon kalt und gefühllos."

Mischka fühlte, wie ein Kloß seine Stimmbänder blockierte. Seine Augen füllten sich mit Tränen. „Nicht doch, Andrej. Du darfst nicht sterben", sagte er heiser. Vorsichtig öffnete er die Kleidung seines Kameraden. „Laß mich deine Wunde anschauen."

Ein Loch klaffte in Andrejs Unterleib und Rücken. Es war ein glatter Durchschuß. Er hatte wahrscheinlich viel Blut verloren. Die Wunden mußten sofort verbunden werden. Mischka suchte saubere Tücher aus seinem Rucksack hervor, preßte sie auf die Wunden und band sie mit Lederstreifen fest.

„Ich bringe dich in Sicherheit, Andrej. Du wirst wieder gesund werden. Das verspreche ich dir."

„Danke, Mischka. Aber du kannst nur wünschen und hoffen."

„Schon gut, also, ich wünsche es dir. Aber sag mal, Andrej, was ist aus den anderen geworden? Wie geht es Iwan und den Kameraden?"

„Sie haben sie gefangen", antwortete der Ingenieur mühsam. „Und zwei Männer bewachen sie. ... Ich bin durch das Fenster entkommen, als sie die Hütte stürmten."

„Dann muß ich zurück, um ihnen zu helfen."

„Sei nicht waghalsig, Mischka. Gegen die kannst du nichts ausrichten. Das sind Spezialisten."

„Da sei dir nicht so sicher, Andrej. Mit deiner Hilfe habe ich eine Chance. Du wirst schon sehen."

Erstaunt sah ihn der Ingenieur an. „Mit meiner Hilfe?"

„Ich erkläre dir meinen Plan später. Jetzt baue ich erst einmal einen Schlitten, damit ich dich transportieren kann. Drei Birkenstämme habe ich schon abgesägt. Ich gehe kurz fort, um sie zu holen. Es dauert nur zehn Minuten."

Während Andrej erschöpft in den Schnee zurücksank, stapfte Mischka den Berg hinauf, um das Lasso und die Baumstämme zu holen. Er mußte den Kameraden helfen, auch wenn er sich damit selbst in Gefahr brachte. Sie würden sicherlich genauso handeln.

Die Stimmung der Männer war auf dem Nullpunkt. Die Miliz hatte sie total überrascht. An Gegenwehr war gar nicht zu denken gewesen. Nur Andrej war mit einem Satz durch das Fenster gehechtet, als die Soldaten die Blockhütte stürmten. Sie hatten wie wild hinter ihm hergeschossen. Aber der Ingenieur war im Zickzack in den Wald gestürmt und hinter den Bäumen verschwunden.

Nachdem man sie gefesselt hatte, war der Hubschrauber zur Verfolgung Andrejs aufgebrochen. Zwei Männer waren zurückgeblieben und bewachten sie nun mit ihren Kalaschnikows.

Trofim fluchte leise.

„Halt die Klappe!“ fuhr ihn einer der Wächter an und schlug ihm mit der Rückseite seiner Hand ins Gesicht.

Trofim fiel gegen die Hüttenwand und stürzte von seinem Hocker. Obwohl ihm das Gesicht brannte und die Schulter vom Sturz schmerzte, unterdrückte er seine Wut. Aufbegehren nützte sowieso nichts. Der Mann würde ihn nur noch mehr schlagen, ohne daß er sich wehren konnte. Es lohnte sich also nicht. Er machte ein gleichgültiges Gesicht, bis sein Wächter sich von ihm abwandte und zum Fenster schritt. Er war ein untersetzter, ungeschlachter Kerl mit einer blutroten Narbe über dem linken Auge.

Wahrscheinlich eine alte Schußverletzung, dachte Trofim. Er blickte verstohlen zu Iwan und Pawlik, die einen halben Meter weiter mit angezogenen Beinen an der Hüttenwand saßen. Pawlik nickte mit dem Kopf, und Iwan rollte mit den Augen. Sie wollten ihm etwas sagen.

Trofim zog leicht die Schultern hoch und schüttelte fast unmerklich den Kopf. Pawliks Blick wanderte an der Hüttenwand entlang bis hinter Trofims Rücken. Dann blinzelte er kurz. Trofim verstand immer noch nicht.

Noch einmal schaute Pawlik auf die Stelle hinter Trofims Rükken, während Iwan herzhaft gähnte. Dabei formte sein Mund wie unabsichtlich ein lautloses Wort. „G – l – a – s.“

Jetzt begriff Trofim. Seine hinter dem Rücken gefesselten Hände tasteten den Boden ab. Dann blinzelte er den beiden Kameraden kurz zu. Er hatte die Glasscherbe gefunden. Während Iwan und Pawlik wieder ausdruckslos an die rauchgeschwärzte Decke der Hütte starrten, begann Trofim vorsichtig, die Hanfseile an seinen Handgelenken zu bearbeiten. Sie hatten eine miserable Qualität, und eine Faser nach der anderen riß entzwei.

Hoffnung keimte in dem Mann auf. Das Spiel war noch nicht zu Ende. Noch hatten die anderen die besseren Karten, aber das konnte sich schnell ändern. Sie mußten nur ihre Wächter überwältigen, bevor der Helikopter mit der restlichen Miliz zurückkehrte, und dann in alle Himmelsrichtungen fliehen. Bald würde die Dunkelheit anbrechen und ihre Chancen verbessern.

Plötzlich zerriß eine Detonation die Stille. Der rötliche Schein von Feuer schien durch das Fenster der Blockhütte. Bestürzt schauten sich die beiden Soldaten an. Dann eilten sie zur Hüttentür und schauten zum Wald hinüber.

„Es ist der Helikopter!" sagte der eine tonlos. „Er hat den Helikopter abgeschossen. – Und, was machen wir jetzt?"

„Warten", erwiderte der Untersetzte mit der Narbe, „das haben wir Russen doch schon immer gekonnt. Sie werden sicherlich bald nach uns suchen. So lange müssen wir eben Geduld haben."

Die letzten Fasern des Seiles waren gerissen. Während die beiden Männer noch zum Wald hinüberstarrten, richtete sich Trofim kurz auf und schob die Glasscherbe zu Pawlik hinüber. Dann lag er wieder still am Boden, als wären seine Hände immer noch hinter dem Rücken gefesselt.

Wahrscheinlich hatte das Narbengesicht an der Tür seine Bewegung aus den Augenwinkeln unbewußt wahrgenommen, denn er wandte sich ihm abrupt zu. „Freu dich nicht zu früh!" drohte der Mann und starrte ihn böse an. „Wir haben unsere Position an das Hauptquartier weitergegeben. Es wird nicht lange dauern, bis man uns hier abholt, und dann wird es euch dreckig gehen! Das verspreche ich dir!"

Trofim antwortete nicht, sondern blickte an dem Mann vorbei ins Leere. Innerlich lächelte er jedoch. Andrej oder Mischka hatten die Hubschrauberbesatzung zur Hölle geschickt! Wahrscheinlich würden sie hier bald auftauchen und sie befreien. In der Zwischenzeit würden sie sich vorbereiten.

Doch nichts geschah. Die Stunden verrannen, ohne daß etwas passierte. Der Himmel hatte sich inzwischen dunkelblau verfärbt. Dämmerung legte sich über das Land. Sollten die beiden Kameraden mit den Beamten der Miliz umgekommen sein? Oder waren sie einfach geflüchtet, um die eigene Haut zu retten? Trofim schaute fragend auf die Kameraden. Aber sie erwiderten seinen Blick nicht.

Das Narbengesicht hatte eine Petroleumlampe angezündet und schritt nun ruhelos durch die Hütte. Offensichtlich fühlte auch er sich nicht wohl in seiner Haut.

Plötzlich zischte etwas draußen durch die Luft. Ein dumpfer Schlag an der Hüttenwand! Feuer loderte vor dem Fenster auf.

„Verdammt!" schrie das Narbengesicht. „Dieses Schwein will uns bei lebendigem Leib rösten. Na, warte, dich kriege ich, so wahr ich Mikojan heiße!" Er eilte an die Tür.

Schüsse peitschten durch die Luft. Die Kugeln schlugen durch das Fenster und klatschten in die Rückwand der Hütte. Instinktiv ließen sich die gefangenen Kameraden auf den Boden fallen und hielten den Atem an.

Mit einem Schrei stürmte das Narbengesicht durch die Tür ins Freie, rollte auf den Boden und brachte seine Kalaschnikow in Anschlag. Doch fast im gleichen Moment bohrte sich ein Pfeil in seinen rechten Oberschenkel.

„Verflucht! Leonid! Hilf mir, ich bin getroffen! Da ist noch einer!"

Sein Kamerad eilte zur Tür und spähte vorsichtig hinaus. Plötzlich hörte er hinter sich ein Geräusch. Er wirbelte herum und blickte in das grinsende Gesicht von Trofim. Dann sauste ein Hokker auf seinem Schädel nieder und schickte ihn ins Land der Träume.

Fast gleichzeitig hechteten Iwan und Pawlik auf das Narbengesicht, entwendeten ihm die Waffe und schlugen ihn nieder.

„Alles unter Kontrolle, Mischka und Andrej!" rief Trofim in die Dunkelheit. „Wir haben sie. Ihr könnt herkommen. Das Spiel der Miliz ist aus!"

Hinter einem Fichtenstamm erhob sich eine Gestalt und schritt auf die Hütte zu. Es war Mischka, den Bogen lässig in der Hand.

„Wo ist Andrej?" wollte Pawlik wissen. „Ist ihm etwas passiert?"

„Ja, er hat eine Schußverletzung", antwortete ihm Mischka, „aber es geht ihm verhältnismäßig gut. Jedenfalls, konnte er noch das Feuer auf die Hütte eröffnen. Er liegt auf einem Schlitten hinter der Bodenwelle, da drüben."

Er zeigte in die Richtung, in der sie suchen mußten.

Sofort stürmten Trofim und Pawlik davon, um den verletzten Kameraden zu holen, während Iwan den brennenden Pfeil an der Hüttenwand löschte.

„Hee, hilft uns hier denn niemand?" riefen Kolja und Boris in der Hütte. „Bindet uns endlich los. Unsere Arme sind schon halb abgestorben."

Mischka grinste durch die Hüttentür. „Eins nach dem andern", vertröstete er sie. „Erst einmal müssen wir uns um die Miliz kümmern. Das sind wir unserem Staat doch schuldig."

Er schleifte die beiden Soldaten ins Innere der Hütte, drehte sie auf den Bauch und fesselte ihnen die Hände auf den Rücken. Dann verknotete er die Schnürsenkel ihrer Stiefel, wobei er ihre Beine miteinander verschränkte. So würden sich die beiden gegenseitig in ihren Bewegungen behindern.

Mischka zog den Pfeil mit einem Ruck aus dem Bein des Narbengesichts. Der Mann schrie kurz auf und fiel wieder in Ohnmacht. Damit er nicht verblutete, preßte Mischka ein Tuch auf die Wunde und band es mit einem Hanfseil fest. Zuletzt rollte er die beiden gegen die Hüttenwand und befreite nun Boris und Kolja.

Inzwischen waren auch Pawlik und Trofim zurückgekehrt und trugen Andrej herein. Boris, der Sanitäter, untersuchte die Schußwunde und verband sie neu.

„Du wirst nicht daran sterben, alter Junge", machte er dem Ingenieur Mut. „Es ist ein glatter Durchschuß. Keine wichtigen Organe scheinen verletzt. Aber du brauchst jetzt Ruhe, damit die Wunden heilen können."

„Ruhe?" ließ Kolja sich hören. „Wir müssen machen, daß wir wegkommen. In ein paar Stunden wird man uns wieder auf den Fersen sein."

„Nur keine Panik", warf Mischka ein. „Der Himmel hat sich zugezogen. Ich denke, noch heute nacht wird es schneien, so daß niemand unseren Spuren folgen kann. Allerdings müssen wir uns bald auf den Weg machen."

„Das klingt ja ermutigend!" erwiderte Kolja. „Bei Sturm und Schnee durch die Dunkelheit irren, mit einem Verletzten, der Ruhe braucht."

„Wir haben keine andere Wahl", mischte sich Trofim ein.

„Ja, packen wir die Schlitten und hauen ab", rief nun auch Boris.

„Und was machen wir mit denen da?" wollte Kolja wissen.

„Die werden es schon überleben", antwortete ihm Trofim. „Man wird sie finden."

In weniger als fünfzehn Minuten hatten die Männer die Rentiere aus dem Stall geholt, die Schlitten angespannt und mit den wichtigsten Habseligkeiten beladen. Das erbeutete Gold wurde gerecht unter den Männern aufgeteilt, damit sie sich notfalls trennen konnten, sollten es die Umstände verlangen. Zuletzt hoben sie Andrej auf den Schlitten und polsterten ihn mit Fellen ab, damit er es so bequem wie möglich hatte. Dann zogen sie ihre Pelzmäntel an und schnallten sich Schneeschuhe unter.

„Und viel Spaß noch beim Warten", rief Trofim dem Narbengesicht und seinem Kameraden zu. „Das könnt ihr Russen doch besonders gut."

Die beiden antworteten ihm mit Verwünschungen.

„Komm, du tungusisches Ekel", lachte ihm Iwan zu. „Beleidige nicht mein Volk. Wir müssen machen, daß wir fortkommen."

Schweigend begaben sich die Männer auf den Weg nach Süden. Eine Stunde später wandten sie sich nach Südosten. Gegen Mitternacht frischte der Wind auf und trieb feine Schneeflocken über die Ebene. Im Laufe der Nacht fiel der Schnee immer dichter und deckte schon bald ihre Spuren zu. Auch wenn der Weg dadurch noch beschwerlicher wurde, spürten die Männer eine innere Kraft, die sie vorwärts trieb. Nun hatten sie eine echte Chance, ihren Verfolgern zu entkommen.

Gegen Morgen trennte sich Mischka von der Gruppe. Sein Weg führte nicht nach Osten. Auch wenn der Winter noch viele Wochen anhalten würde, wollte er sich wieder nach Westen begeben. Die Zeit der tiefen Temperaturen war vorbei, so daß er keine Furcht vor dem Erfrieren hatte. Er würde es schon schaffen. Die sibirischen Jäger ertrugen die Härte des Winters nur in ihren Rentierzelten. Er würde es auch tun.

Die Kameraden gaben ihm zwei Rentiere und einen Schlitten, beluden ihn mit Fellen und Vorräten für drei Wochen und wünschten ihm Glück für seine Zukunft.

„Auch wenn wir dich nie gesehen haben und nicht wissen, wer du bist, wirst du für immer in unseren Herzen sein“, sagte Andrej stellvertretend für alle.

Die Männer murmelten zustimmend.

„Ja, M ..., wie heißt du nochmal? Ach, ich kenne dich ja gar nicht.“ Iwan grinste spitzbübisch. „Jedenfalls hast du unser Leben gerettet und uns die Freiheit wiedergeschenkt. Du bleibst für alle Zeit unser Freund.“ Er preßte Mischka an seine Brust und küßte ihn auf beide Wangen.

„Wenn du schaffst, was du dir vorgenommen hast, schreib doch an Innokennti, den Ewenken, eine Gruß. Vielleicht erreicht ihn die Post aus dem Westen. Wir werden es dann von ihm erfahren“, bat Trofim ihn. Seine schwarzen Augen glänzten feucht, als er den jungen Mann umarmte.

Mischka spürte eine seltsame Melancholie, als die Freunde im dichten Schneetreiben verschwanden. Er hatte sich an ihre rauhe Gesellschaft gewöhnt. Nun war er wieder allein, ein einsamer Wolf in der unendlichen Taiga. Er schaute auf den Kompaß, den er Litschenkos Männern abgenommen hatte, und begab sich auf den Weg nach Westen. Er hoffte, bei Frühlingsanfang wieder die Wiljui zu erreichen, um bei Proschins Höhle die versteckten Vorräte und das Schlauchboot ausgraben zu können. Er würde die Konserven nach dem langen Weg gut gebrauchen können, auch wenn er bei der Jagd Erfolg hatte.

„Der Hubschrauber wurde durch einen Pfeil abgeschossen?" Litschenko sprang mit einem Satz von seinem Stuhl auf. „Bist du sicher, Genosse Karatajew? Völlig sicher?"

Der Soldat nickte.

„Das ist doch unmöglich! Man kann doch nicht mit Pfeil und Bogen einen Helikopter abschießen!"

„Doch, Genosse Leutnant, wenn man den Piloten durch die geöffnete Tür trifft."

„Komm, Karatajew, gib mir die Fakten. Was ist geschehen?"

Der Soldat lehnte sich gegen den Türrahmen, überlegte kurz und begann zu berichten. Sein Gesicht war gespannt, und man spürte eine gewisse Sensationslust hinter seinen Worten, als wäre er Augenzeuge des Unglücks gewesen. „Nachdem die Spurensicherung ihre Arbeit beendet hatte, versuchten die Genossen, den Hergang zu rekonstruieren. Das war nicht einfach, weil ein Schneetreiben alle Spuren verwischt hat. Aber es muß so gewesen sein: Die Helikoptermannschaft hatte einen der flüchtigen Goldsucher gestellt und ihn wahrscheinlich schwer verwundet. Es wurde eine Menge Blut gefunden."

Litschenko winkte ab. „Das Blut hat nichts zu sagen. Schüttet man davon ein Trinkglas auf den Boden, sieht es aus, als habe man ein Schwein geschlachtet, erst recht im Schnee."

„Mag sein", fuhr Karatajew fort, „auf jeden Fall ist jemand von der Miliz angeschossen worden. In diesem Moment muß ein Mann mit Schneeschuhen auf dem Hügel aufgetaucht sein. Unter den tiefhängenden Zweigen einer Fichte fand man noch seine Fußabdrücke. Er hat zwei Pfeile durch die offene Tür des Helikopters geschossen. Einer davon traf den Piloten. Obwohl seine Leiche völlig verkohlt ist, fanden die Genossen eine Pfeilspitze in seinem Arm. Der Schuß war nicht tödlich, aber der Pilot muß total die Kontrolle über den Helikopter verloren haben, so daß die Rotorblätter die Bäume streiften und die Maschine zum Absturz brachten."

„So könnte es gewesen sein", nickte Iwan Litschenko. „Ein waghalsiger Versuch, nur mit Pfeil und Bogen bewaffnet gegen einen Helikopter anzutreten."

„Genau, das meine ich auch. Deshalb kam mir sofort der Gedanke: Das kann nur Michail Wulff gewesen sein!"

„Also ist er weiter nach Nordosten gezogen, statt sich nach Süden durchzuschlagen. Was hat er nur im Sinn? Wo will er hin? Warum verkriecht er sich in dieser unwirtlichen Gegend?" Litschenko kratzte sich am Kinn. „Er hat also bei illegalen Goldsuchern Unterschlupf gefunden. Dafür mußte er ihnen sicherlich beim Anlegen der Wintervorräte helfen. Schließlich ist er ein guter Jäger. – Was ist danach passiert, Karatajew?"

„Wonach?"

„Na, nach dem Absturz des Helikopters."

„Wulff und der Verletzte sind zur Hütte zurückgekehrt und haben ihre Kameraden befreit. Die Art, wie die beiden Soldaten gefesselt worden waren, erinnerte mich sofort an unsere beiden Helden, die auf unser Material aufpassen sollten."

„Der Trick mit den Schnürsenkeln?"

„Genau, und auch die Beschreibung trifft auf Wulff zu. Die Soldaten meinten, er sei blond und Mitte zwanzig gewesen."

„Wohin sind sie geflohen? Hat man irgendwelche Spuren gefunden?" wollte der Leutnant nun wissen.

Jossif Karatajew zuckte mit den Schultern. „Nein, nichts – absolut nichts. Sie sind wie vom Erdboden verschwunden. Nach dem Schneetreiben waren alle Spuren verwischt. Sie können aber nur nach Südosten gezogen sein."

„Nur nach Südosten?" unterbrach ihn Litschenko. „Was macht Sie so sicher, Genosse?"

Karatajew lächelte. Offensichtlich genoß er es, einen Informationsvorsprung gegenüber seinem Vorgesetzten zu besitzen. „Im Norden gibt es nur Tundra. Dort kann sich niemand verstecken. Aber das ist nicht der Grund für meine Vermutung. Nein, sie wurden von einem Mitarbeiter der Ewenken Kolchose gesehen. Er befand sich gerade auf dem Weg nach Hause, als er im Schneegestöber eine Gruppe von sieben Männern sah. Einer von ihnen lag auf einem Rentierschlitten. Sie zogen an ihm vorbei nach Südosten, ohne ihn zu entdecken."

„Weiß man, wie dieser Mann heißt?" unterbrach ihn Litschenko.

„Ich glaube, er heißt Wanja Mikojan. Bisher war er Lastwagenfahrer der Kolchose. Aber seid er seinen Ural gegen einen Baum gesetzt hat, fährt er im Winter nur noch mit dem Rentierschlitten."

„Wir sollten mit Chrapow diesen Mann aufsuchen. Vielleicht kann der Jäger dort die Spur wieder aufnehmen."

„Vielleicht", zuckte Karatajew mit den Schultern. „Es ist aber inzwischen eine Menge Schnee gefallen. Ich bezweifle deshalb, daß Chrapow viel finden wird."

„Einen Versuch ist es auf jeden Fall wert. Packen wir also unsere Sachen und rufen Chrapow. Heute nachmittag möchte ich schon unterwegs sein. Außerdem will ich mir die Hütte der Goldsucher ansehen. Vielleicht hat er dort etwas hinterlassen, was uns weitere Hinweise gibt."

„Es war Michail Wulff! Kein Zweifel!" Olejnik Chrapow knallte den abgebrochenen Pfeil auf den Tisch in der Blockhütte der Goldsucher und schaute den Leutnant grimmig an. Er hatte ihn neben der Hütte gefunden. Litschenko nahm den Pfeil in die Hand und betrachtete prüfend die scharfe Spitze aus Rentierknochen.

„Ich habe es schon geahnt, als ich von dem Absturz des Helikopters hörte", antwortete er dem Jäger, „aber ich war mir nicht hundertprozentig sicher. Ich habe immer geglaubt, daß er nach Westen will, in die Heimat seiner Vorfahren. Aber wir haben uns wahrscheinlich in ihm wieder einmal getäuscht."

„Über den Amur wird er aber bestimmt nicht gehen. Er würde als Europäer in dieser Gegend sofort auffallen."

„Und was halten Sie von der Annahme, daß er in Sibirien bleiben will, um sich dort als Jäger und Trapper durchzuschlagen, bis man ihn vergessen hat? Nordsibirien ist doch eine der letzten Gegenden unserer Erde, wo noch ein Leben als Pionier und Abenteurer möglich ist."

Chrapow machte eine wegwerfende Handbewegung. „Gar nichts halte ich von dieser Theorie, Genosse Leutnant! Wulff ist ein Europäer. Er ist jenseits des Urals aufgewachsen. Es ist für ihn vielleicht ein Abenteuer, für einige Zeit in der Wildnis zu leben. Aber er wird es nicht für immer tun können. Es wird ihn zurück in die Städte ziehen. Er ist kein Wilder. Er braucht Bücher, Musik und Menschen, mit denen er diskutieren kann." Der Jäger schüttelte seinen Kopf. „Nein, Litschenko! Das Leben in Sibirien ist für einen Menschen wie Wulff ein Eintauchen in die Nacht, ein Aus-der-Welt-geworfen-Sein. Er kann es auf Dauer nicht ertragen. Er wird zurückkehren müssen, sonst erfrieren ihm Seele und Verstand. Ich weiß, wovon ich spreche, Leutnant."

Litschenko fuhr mit dem Finger über die mit Bienenwachs und Baumharz verklebte Pfeilspitze. „Man könnte den Pfeil in einem Moskauer Museum ausstellen als Jagdwaffe eines tungusischen Jägers der Steinzeit. Gute Arbeit. Man sieht, daß Wulff bei den Vorlesungen über Archäologie nicht geschlafen hat. Deshalb frage ich mich, ob er sich die nächsten Jahre nicht doch als Jäger und Trapper durchschlagen wird. Das Wissen und die Fähigkeit dafür hat er jedenfalls." Er legte den Pfeil zurück auf den Tisch, hob die Hand und fuhr fort: „Mein Gott, der Mann hat einen Hubschrauber mit

Pfeil und Bogen abgeschossen, um danach wieder spurlos in der Wildnis zu verschwinden! Er hat bisher in Kälte und Schneestürmen überlebt, und er wird es auch weiter tun."

Chrapow schnaubte nur unwillig. „Was ist daran schon Besonderes? Jeder sibirische Jäger kann das."

„Mag sein, aber nur mit den hochmodernen Waffen unserer Zivilisation und der Erfahrung seiner Vorfahren. Dieser Mann aber hat nur primitives Werkzeug und sein Schulbuchwissen. Nein, nein, Chrapow, dieser Mann ist anders, als die anderen Sträflinge, die Sie bisher gejagt haben. Die anderen waren immer eine leichte Beute für Sie gewesen. Hier aber stoßen Sie auf einen, der Ihnen trotz seiner Jugend mindestens ebenbürtig ist."

Haß glomm in den Augen des Jägers auf. Sein Gesicht verzog sich zu einer Fratze.

„Bitte keine Gefühlsausbrüche, Chrapow. Tun Sie lieber Ihre Arbeit. Oberstleutnant Wdowetschenko jedenfalls zählt auf Sie. Ich dagegen bin für ihn nur ein Versager, den er irgendwann strafversetzen wird. Sie sind hier der Profi."

Wortlos drehte sich Olejnik Chrapow um und verließ den Raum. Die Tür knallte ins Schloß.

Ja, ja, dachte Litschenko selbstzufrieden, auch er kann die Wahrheit nicht vertragen. – Die Frage ist jetzt nur: Wie geht es weiter? Wo sollen wir suchen? – Hoffentlich verrät sich Michail Wulff in den nächsten Tagen! Litschenko faltete seine Hände wie im Gebet. Hoffentlich wird er von jemandem gesehen. Sonst können wir einpacken. Alle zusammen einpacken!

Die ersten vierzehn Tage kam Mischka schnell voran. Das Wetter hatte sich aufgeklart, und der Schlitten glitt leicht über den Pulverschnee. Das trockene Klima in diesem Teil Sibiriens hatte nur eine dünne Schneedecke entstehen lassen, so daß die Schlittenkufen und die Hufe der Rentiere nicht tief einsanken. Mischka erschien diese Zeit wie eine Urlaubsfahrt, wären da nicht die Übernachtungen im Freien gewesen.

Jeden Abend errichtete er eine Schutzhütte aus seiner Lederdecke und dem Schlitten und breitete darunter seinen Schlafsack aus. Auch nachts regte sich kein Windhauch. Still und ausgestorben lag die Taiga vor ihm. Trotzdem zündete er immer ein Feuer an, um sich zu wärmen und Raubtiere fernzuhalten. Jeden Morgen füllte er einen Blechtopf mit der Glut des Feuers und legte Holzstücke und Moos darüber. So brauchte er am Abend nur wenige Minuten, bis sein Lagerfeuer wieder zum Abendhimmel loderte.

Außerdem verbreitete die Glut während der Schlittenfahrt eine angenehme Wärme.

In der dritten Woche wurde es kälter. Ein eisiger Wind zog von Norden über die Ebenen. Noch einmal lehnte sich der Winter gegen die Tag für Tag höhersteigende Sonne auf und verdunkelte sie mit einer Schicht eisgrauer Wolken. Mischka fror immer häufiger, obwohl seine Kleidung aus mehreren Fellschichten bestand. Seine Vorräte schrumpften schneller, als er gedacht hatte. Seine Jagd blieb erfolglos, weil die Wälder fast ausgestorben erschienen. Wahrscheinlich hatten sich die Rentierherden in den Süden zurückgezogen. An die wenigen Rehe, Karibus oder Elche, die er sichtete, konnte er sich nicht nahe genug heranschleichen, um sie mit Pfeil und Bogen oder mit der Speerschleuder zu erlegen. Seitdem er in der Ferne ein Wolfsrudel gehört hatte, wollte er seinen Schlitten auch nicht aus den Augen lassen.

Zehn Tage später entschloß er sich schweren Herzens, eines der Rentiere zu schlachten, obwohl es nun in die Berge ging. Das Futter für sie ging zur Neige. Außerdem brauchte er das Fleisch dringend als Nahrung. Aber wenn er neben dem Schlitten herging, würde das zweite Ren die Last bewältigen können. Er teilte das Fleisch sorgfältig ein. Trotzdem konnte er sich ausrechnen, schon bald das zweite Tier schlachten zu müssen. Immer häufiger drängten sich ihm Zweifel auf, ob er es bis zu Proschins Höhle schaffen würde, wo genügend Vorräte vergraben lagen, um die restlichen Wintertage überleben zu können. Zu viele Kilometer lagen noch vor ihm.

Mischka begann, mit klammen Fingern Rinde von Birken zu schälen, um die darunterliegende eßbare Schicht freizulegen. Es war bei der Kälte keine leichte Arbeit. Auch in Tannen und Kiefernzapfen suchte er nach Samen. Unter der dünnen Schneedecke fand er hin und wieder Irisch Moos, das er zu einem faden Brei verkochte. Trotzdem fühlte er seine Kräfte schwinden.

Die Temperatur mußte inzwischen auf Minus zwanzig Grad gefallen sein. Der eisige Nordwind frischte weiter auf und sog die Lebensenergie aus Mischkas Körper. Der Aufstieg in die Berge fiel ihm von Tag zu Tag schwerer. Schließlich faßte er den Entschluß, eine Schneehöhle zu graben, um sich von den Anstrengungen des Marsches zu erholen. Vielleicht flaute der Wind schon morgen wieder ab, so daß er den Weg fortsetzen konnte.

Der Schnee war jedoch so pulverig, daß er nicht einmal einen ausreichend hohen Schutzwall errichten konnte. Also kippte er den Schlitten zwischen zwei Kiefern zur Seite und hängte die Felldecke darüber, so daß eine notdürftige Schutzhütte entstand. Er sammelte einen Stapel Brennholz und versuchte, mit der Glut in dem Blechtopf ein Feuer zu entzünden. Es mißlang. Das Holz war feucht und mit Eiskristallen überzogen. Der Frost machte es dazu noch schwer, die Anzündtemperatur zu erreichen. Mischka spürte, wie Panik in ihm aufzusteigen begann. Er zwang sich zur Ruhe und schlug die Hände zusammen, um das Blut wieder zirkulieren zu lassen. Dann versuchte er noch einmal, mit Birkenrinde und feinen Fichtenästen die Glut neu zu entfachen. Eine leichte Rauchfahne stieg endlich empor, dann züngelte ein bläuliches Flämmchen an der Birkenrinde entlang. Mischka schützte sie mit der hohlen Hand gegen den Wind, damit sich die Flamme ungestört weiterentwickeln konnte. Sie wuchs, fraß um sich und sprang auf das Bündel Tannenreisig über.

Er atmete auf. Es war geschafft. Behutsam schichtete er erst kleine, dann immer dickere Äste über das Anzündfeuer. Bald stoben die Funken zum Himmel. Bevor er sich in seinen Schlafsack zurückzog, versorgte er das Ren mit einem Bündel Heu. Nur noch ein kleiner Rest war übrig. Schon in den nächsten Tagen würde er das Tier nicht mehr ernähren können. Dann hieß es, mit dem Gepäck zu Fuß über die Hügelkette zu klettern. Es würde anstrengend werden – ein weiterer Grund, sich jetzt auszuruhen.

Hinter den Hügeln erscholl wieder der klagende Ruf der Wölfe. Diesmal war es näher als die Tage zuvor. Das Ren spitzte seine Lauscher und scharrte unruhig mit den Hufen. Immer wieder blickte es nach Westen, wo der graue Tod lauerte.

„Keine Angst, die werden dir nichts tun", versuchte Mischka das Tier zu beruhigen. Vorsichtshalber band er das Ren jedoch neben der Feuerstelle an den Stamm der Kiefer und suchte genügend Holz, um die Flammen hoch zum Himmel flackern zu lassen. Danach kroch er wieder in sein Biwak und versuchte zu schlafen. Aber er konnte keine Ruhe finden und lauschte dem Heulen des Wolfsrudels.

Dann hörte ihr klagender Gesang plötzlich auf. Nur der Wind pfiff durch die Zweige der Kiefern und Birken. Das Verstummen der Wölfe erschien Mischka wie eine Warnung. Instinktiv wußte er, daß sie ihn und das Ren gewittert hatten und sich auf einen Angriff vorbereiteten. Angestrengt starrte er in die Finsternis. Doch im Lichtkreis seines Feuers war nichts zu sehen. Trotzdem spürte er, daß sie da waren. Das Ren war aufgesprungen und zitterte am ganzen Körper. Die Augen des Tieres waren weiß vor Angst. Es zerrte am Strick, um in den Wald zu flüchten.

„Nur ruhig", redete Mischka auf das Ren ein. „Hier bist du in Sicherheit. Wenn du in den Wald läufst, werden sie dich zerreißen!"

Er hatte gelesen, daß Wölfe niemals Menschen angreifen. Berichte von einsamen Jägern, die von einer Wolfsmeute durch den Wald gehetzt wurden, seien nur Legenden. Wölfe würden sich nur über erfrorene und halbtote Menschen hermachen. Doch nun begann er, daran zu zweifeln. Woher sollte er wissen, ob dies stimmte? Mischka legte seine Waffen zurecht, die Kampfstöcke, sein Jagdmesser, Pfeil und Bogen und eine Pistole mit zwei Reservemagazinen. Sollten sie ihn oder das Ren tatsächlich angreifen, würde er sich mit allen Mitteln verteidigen.

Er ließ das Feuer auflodern und entschloß sich, auf der Rückseite seines Biwaks ein zweites Feuer anzulegen, damit ihm keine der Bestien in den Rücken fallen konnte. Plötzlich sah er graue Schatten zwischen den Stämmen der Kiefern auftauchen. Sie waren da! Sein Adrenalinspiegel stieg und ließ ihn alle Müdigkeit und die Kälte vergessen.

Wie lange sie sein Biwak umkreisen würden, wußte er nicht. Die Menschen und Tiere Sibiriens hatten Zeit, und sicherlich war den Wölfen klar, daß die Kälte für sie arbeitete. Irgendwann würde ihr Opfer aufgeben müssen, spätestens, wenn sein Feuer erlosch.

Plötzlich kam Mischka eine verrückte Idee. An Kampf waren die Wölfe gewohnt, wie würden sie auf Musik reagieren? Könnte es sein, daß die Töne seiner Mundharmonika diese Tiere genauso beeinflußten wie den verwundeten und aggressiven Aljoscha?

Er kramte das Instrument aus seiner Tasche und begann, ihm die ersten Töne zu entlocken. Obwohl seine Hände steif vor Kälte waren, versuchte er, ein zartes Vibrato zu erzeugen. Eine schwermütige Melodie hallte über die schneebedeckte Bergkuppe, vermischte sich mit dem Heulen des Windes und zog zum Waldrand hinüber. Die grauen Schatten zwischen den Kiefernstämmen verharrten regungslos. Dann löste sich einer der Wölfe aus der Gruppe und trottete mit gespitzten Ohren in den Lichtkreis des Feuers. Mischka wollte schon seinen Speer greifen, als er das Tier erkannte. Es war Aljoscha! Es war sein Gefährte, mit dem er einen Winter lang Höhle und Vorräte geteilt hatte. Mischka rückte näher ans Feuer, so daß die Flammen sein Gesicht erhellten und der Wolf ihn sehen konnte.

„Wuff", ließ sich Aljoscha vernehmen, als wollte er „guten Tag" sagen. Dann ließ er sich in zehn Meter Entfernung nieder und legte seinen Kopf auf die Pfoten, als wäre er nie fort gewesen.

Mischka steckte die Mundharmonika in die Jackentasche und lächelte dem Wolf zu. „Schön, daß du wieder da bist, Aljoscha. Es ist fast wie in alten Zeiten."

Der Wolf legte seinen Kopf schief und blinzelte ihn an. Am Waldrand wurde das Rudel unruhig. Wildes Knurren erscholl. Einige Tiere wagten sich näher an das Feuer heran. Aljoscha sprang auf, bleckte die Zähne und ließ einen kehligen Laut ertönen. Sofort verschwanden die Tiere im Schatten der Kiefern. Aljoscha legte sich wieder in den Schnee und streckte seine Läufe aus.

„So, so, du bist also hier der Chef", nickte Mischka ihm zu. „Du hast es weit gebracht unter deinen Artgenossen. – Ich dagegen bin immer noch auf der Flucht, und augenblicklich geht es mir nicht gerade gut. Das Essen ist knapp, und die Kälte macht mir ganz schön zu schaffen. Ich hoffe nur, daß der Winter bald vorbei ist."

Er schwieg und betrachtete Aljoscha. Er war mager, aber unter seinem dichten Winterfell zeichneten sich kräftige Muskeln ab. Er war ein starkes Tier, ein echter Rudelführer.

„Es freut mich, daß du hier bist. Ein anderer Leitwolf hätte mir eine Menge Ärger bereiten können." Mischka blickte zum Rentier hinüber, das vor Angst wie erstarrt war. „Das ist meine Lebensversicherung. Ich brauche das Tier. Allein kann ich den Schlitten nicht ziehen. Diesmal können wir also nicht teilen, Aljoscha."

Als hätte er ihn verstanden, stand der Wolf auf, blaffte ihm zu und trottete davon. Noch dreimal drehte er sich um und schaute zurück. Offensichtlich fiel ihm die Rückkehr zu seinem Rudel schwer. Mischka winkte ihm nach und rief: „Allzeit eine gute Jagd, Aljoscha, und schau mal wieder vorbei."

Noch einmal blaffte ihm der Wolf zu. Dann verschwand er im Schatten der Kiefern. Ein Knurren erscholl in der Dunkelheit, als würden Befehle gegeben und Ungehorsame gemaßregelt. Dann wurde es still. Das Wolfsrudel war abgezogen.

Mischka entspannte sich. Die Gefahr war vorüber. Er legte noch ein paar Äste in die Glut des Feuers, kroch in seinen Schlafsack und schloß die Augen. Er konnte beruhigt schlafen. Aljoschas Gefährten würden ihn nicht angreifen, jedenfalls nicht, solange er der Rudelführer war. Es dauerte nur wenige Minuten, bis die Müdigkeit ihn übermannte und er in einen tiefen Schlaf fiel.

Im Traum lief er mit Aljoscha über eine blumenbedeckte Bergwiese der rotglühenden Abendsonne entgegen. Hinter ihm aber, in der Dunkelheit der aufziehenden Nacht, lauerten grimmig aussehende Gestalten, ihre Gewehre im Anschlag. Er fürchtete sie nicht, denn sie schienen bleich und erstarrt, wie Puppen aus einem Wachsfigurenkabinett.

Am nächsten Morgen wurde Mischka von der Kälte geweckt, die in seinen Schlafsack gekrochen war. Er richtete sich auf und schaute sich um. Das Ren lag friedlich neben der Kiefer. Anscheinend drohte keine Gefahr.

Der Wind hatte sich gelegt, und der Himmel zeigte sich wolkenlos. Trotzdem war es bitterkalt. Mischka warf ein paar Äste auf das erloschene Feuer und fachte die unter der Asche liegende Glut zu neuem Leben an. Dann setzte er einen Kessel mit Schnee auf, um sich eine heiße Suppe aus Birkenrinde und Rentierfleisch zu kochen. Nach dem Essen packte er den Schlitten, spannte das Ren an und setzte seinen Marsch fort. Der Weg war immer noch beschwerlich, aber weil der Wind sich gelegt hatte, fühlte sich Mischka besser. Neuer Mut durchströmte ihn, und das gab ihm Kraft durchzuhalten.

Drei Tage später mußte er das zweite Ren auch schlachten, weil seine Vorräte endgültig verbraucht waren. Außer einer Handvoll getrocknetem Irisch Moos hatte er nichts mehr zu essen. Er lud vom Fleisch soviel wie möglich auf den Schlitten und hoffte, daß Aljoscha mit seinem Rudel den Rest finden würde.

Der Schlitten war schwer. Deshalb trennte sich Mischka von allem unnötigen Ballast. Trotzdem kam er die nächste Woche nur noch langsam voran. Schließlich ließ er auch den Schlitten zurück und packte nur das Nötigste mit dem restlichen Fleisch in seinen Rucksack.

Inzwischen war der Frost nicht mehr so streng wie in den vergangenen Tagen. Mischka ahnte, daß der Winter bald enden und die Schneeschmelze einsetzen würde. Er mußte sich beeilen, um zu Proschins Höhle zu kommen. Nicht nur, weil ihm die Lebensmittel ausgingen, sondern auch, um rechtzeitig den Fluß zu überqueren, bevor ihn die aufgebrochenen Eisschollen unpassierbar machten.

Wahrscheinlich legte er augenblicklich nicht mehr als zehn bis fünfzehn Kilometer am Tag zurück – zu wenig, um seinen Zeitplan einhalten zu können. Aber das Gewicht des Gepäcks und die unwegsame Gegend ließen ihn nicht schneller vorankommen. Zwar wurde der Rucksack von Tag zu Tag leichter, aber die Tatsache, daß das Rentierfleisch immer weniger wurde, beunruhigte ihn mehr, als er vor sich selbst eingestehen mochte. Mischka wußte nicht, wie viele Tage er noch brauchte, um den Oberlauf des Wiljui zu erreichen. Wenn er der Karte Glauben schenken konnte, würde es noch mindestens eine Woche dauern, vorausgesetzt, seine Kräfte ließen nicht nach und der Weg wurde nicht schwieriger.

Am nächsten Tag erreichte er eine Bergkette. Sie war die letzte Barriere vor seinem Ziel. Die unteren Abhänge waren mit dichten Fichtenwäldern überzogen, während sich oben schroffe Felsen in den Himmel türmten. Mischka ließ seinen Blick schweifen, um einen günstigen Aufstieg zu finden. Schließlich entdeckte er eine Rinne, in der zur Zeit der Schneeschmelze das Tauwasser zu Tal floß. Felsblöcke bildeten natürliche Treppenstufen. Ohne Hast stieg er die Rinne empor. So oft wie möglich legte er Pausen ein, um seine Kräfte zu schonen. Am Abend kampierte er am Rand der Baumgrenze. Seine Muskeln zuckten noch im Schlafsack von der Anstrengung des Aufstiegs.

Am nächsten Morgen setzte Mischka seinen Weg fort. Durch Buschwerk und Matten ging es aufwärts – einem Einschnitt im Felsmassiv entgegen, den er als Paß ansah. Oben angekommen, mußte er jedoch feststellen, daß der Einschnitt sich zu einem langgestreckten Tal ausweitete, dessen Ende er nicht ausmachen konnte. So schulterte er sein Gepäck und schritt über Kies und Geröll das Tal entlang. Dabei setzte er seine Füße leicht auswärts. Ein verstauchter Fußknöchel war das letzte, was er brauchen konnte. Außerdem war die Talsohle mit kleinen Eisflächen überzogen, die teilweise vom Schnee verdeckt wurden. Er mußte bei jedem Schritt aufpassen.

Das Tal wurde enger und die Abhänge rechts und links schroffer. Schließlich bog Mischka um eine Felsnase und starrte ungläubig auf eine steil in den Himmel ragende Felswand. Sackgasse! Hier kam er nicht weiter. Auch wenn es Sommer gewesen wäre und er eine passende Ausrüstung gehabt hätte, er war kein Bergsteiger und konnte eine solche Wand nicht angehen. Entmutigt hockte er sich auf einen Felsblock und überdachte seine Lage. Er mußte umkehren und einen anderen Weg suchen. Es schien, als hätte sich alles gegen ihn verschworen. Die Zeit war gegen ihn, und die Felsen versperrten seinen Weg.

Mischka studierte erneut die Karte. Ihr Maßstab reichte nicht aus, um den richtigen Weg über die Bergkette finden zu können. Er mußte es erneut probieren, vielleicht weiter im Norden, wo er im vergangenen Sommer die Berge passiert hatte. Er konnte sich nicht mehr genau an das Gebiet erinnern.

Inzwischen waren die Schatten länger geworden. In wenigen Minuten würde das Tageslicht der Nacht weichen. Es wurde Zeit, daß er sein Biwak baute. Weil es hier keine Bäume gab, mußte er auf ein Feuer verzichten und deshalb einen windgeschützten Platz finden. Nach kurzem Suchen entdeckte er zwei Steinblöcke, die zusammen einen Winkel bildeten und deshalb einen dürftigen Windschutz boten. Der Boden war hart und mit in der Erde festgefrorenen Steinen übersät. Aber Mischka sah keine andere Möglichkeit, als hier sein Lager aufzuschlagen.

Die Nacht war kalt und ungemütlich. Er fand nur wenig Schlaf und sehnte den Tag herbei. Sobald sich der erste Schimmer des Morgens im Osten erhob, brach er sein Lager ab, kaute ein Stück gefrorenes Rentierfleisch und machte sich auf den Rückweg. Mittags erreichte er seinen alten Lagerplatz und schichtete einen Holzstoß auf, um sich am Feuer aufzuwärmen und etwas Fleisch zu braten. Er hatte nur noch Vorrat für vier Mahlzeiten, und das Ende des Marsches war nicht in Sicht. Aber daran wollte er jetzt nicht denken. Auf jeden Fall mußte er einen Weg über die Bergkette finden.

Sobald wie möglich machte er sich wieder auf den Weg und stieg die Felsenrinne hinab. Dabei glitt er aus und holte sich einen Bluterguß am Knie. „Mist“, fluchte er leise, „geht denn jetzt alles schief?“

Am Fuß der Bergkette angelangt, humpelte er nach Norden. Doch bis zum Abend fand er keinen Paß. Die Felsen ragten kalt und abweisend in den Himmel, zu steil für einen Übergang.

Am nächsten Tag setzte er die Wanderung fort. Sein Knie schmerzte und machte jede Steigung zur Qual. Ausläufer der Bergkette drängten ihn nach Osten ab und vergrößerten die Entfernung zwischen ihm und Proschins Höhle. Mischka biß die Zähne zusammen. Hunderte von Kilometern war er inzwischen durch die Wildnis gewandert, und jetzt sollte ein Gebirgszug alle seine Pläne scheitern lassen! Aufgeben? Das kam für ihn nicht in Frage. Er würde kämpfen, solange sich noch eine Muskelfaser regte! Er hatte gelernt, Strapazen zu ertragen, Schmerzen nicht zu beachten und der Müdigkeit nicht die Kontrolle über seinen Körper und sein Denken zu überlassen.

Ein Wort des sibirischen Dichters Innokenti Annenski fiel ihm ein: „Der Winter ergibt sich dir nie! Gib du lieber nach!“

Gut gesagt, dachte er, aber ich kann mich jetzt nicht ergeben. Ich muß weiter.

Verbissen kämpfte er sich durch den klumpig werdenden Schnee. Jeder Schritt wurde zur Qual. Aber sein Wille trieb ihn vorwärts. Er wollte es schaffen, und er würde es schaffen!

Zwei Tage später ging die Felsenkette in eine Hügellandschaft über. Mischka atmete auf. Seitdem er nichts mehr zu essen hatte, fror er ständig. Nur am abendlichen Feuer konnte er sich ein wenig aufwärmen. Um nicht alle Kraft zu verlieren, schnitt er das Cambrium von Birken und Fichtenstämmen und scharrte unter dem Schnee nach Moos und trockenen Grashalmen. Aber diese Nahrungsmittel gaben ihm zu wenig Energie.

Doch an diesem Tag gelang es ihm, ein Schneehuhn zu erlegen. Es war zwar mager und hatte wenig Fleisch, aber er fühlte wieder neue Kraft in den Muskeln, als er bei Sonnenaufgang weitermarschierte.

Gegen Mittag erreichte er ein Hochplateau. Es ermöglichte ihm einen Ausblick nach Westen. Mischka hätte in die Luft springen wollen, wenn er nicht so müde gewesen wäre und wenn nicht seine Füße und das Knie von den Strapazen so sehr schmerzten. Vor ihm breitete sich die Ebene aus, über die er im Herbst nach Nordosten gewandert war. In der Ferne zog sich das weiße Band der noch zugefrorenen Wiljui und verschwand im Süden zwischen den Hügeln. Spätestens morgen mittag würde er den Fluß erreichen. Die Chancen standen gut, ihn noch zu überqueren, ehe das Eis aufbrach.

Mischka vertrödelte keine weitere Zeit. Vom Hochplateau führte ein schneebedeckter Abhang ins Tal. Er zog seine Lederdecke aus dem Rucksack, setzte sich darauf und rutschte bergab. Die Fahrt war nicht rasant. Dafür spürte er manchen Stein schmerzhaft, aber es war immer noch besser als Laufen. Unten angekommen, machte er sich sofort auf den Weg zum Fluß. Hoffnung und Vorfreude trieben ihn vorwärts und ließen ihn seine Schmerzen vergessen. Er lief bis in die Dunkelheit und war bei Anbruch des Tages wieder auf den Beinen. Schon am Vormittag erreichte er das Ufer des Flusses.

Nach kurzem Suchen fand er sein verstecktes Vorratslager, lud Lebensmittel und Schlauchboot auf die Lederdecke und zog diese wie einen Schlitten über den zugefrorenen Fluß. Das Eis knirschte an vielen Stellen. Aber Mischka versuchte, nicht daran zu denken, wie er sich verhalten sollte, falls er einbrechen würde. Er kam heil am anderen Ufer an, trug mit einer letzten Kraftanstrengung die Vorräte in die von den Soldaten verwüstete Höhle und zündete ein Feuer an. Danach breitete er seinen Schlafsack in der Nische oberhalb der Feuerstelle aus, öffnete eine Konservenbüchse und machte sich über den Inhalt her.

„Vielen Dank, Genosse Leutnant!“ Seine Stimme hallte in der

Höhle wie in einer Kathedrale. „Ohne deine Vorräte stünde es jetzt schlecht um mich."

Dann streckte er sich aus, spürte wie die Wärme des Feuers ihn umfing und ließ sich von ihr ins Land der Träume tragen.

Am nächsten Vormittag weckte ihn lautes Knirschen und Krachen. Es klang wie das Mahlen einer Steinmühle, die Felsbrocken zerquetscht. Das Eis des Flusses war aufgebrochen. Er hatte es gerade noch geschafft! Für die nächsten zwei Wochen war der Fluß unpassierbar geworden.

Steifbeinig erhob Mischka sich von seinem Lager. Rücken, Knie und Füße schmerzten von den Strapazen der Wanderung. Trotzdem humpelte er ins Freie, um das Schauspiel zu beobachten, das die Natur ihm bot. Es war beeindruckend. Die Kraft des fließenden Wassers schob die Eisschollen unaufhaltsam flußabwärts. Sie scharrten am Ufer entlang, türmten sich übereinander, zerbarsten mit lautem Krachen und rollten weiter dem Meer entgegen. Noch gestern hielt das Eis den Fluß gefangen. Heute aber wurde es zum Spielball der Fluten.

Wann wird unser Volk das Eis der Diktatur und Ideologie zerbrechen und es ins Meer der Geschichte schwemmen? sinnierte Mischka, lehnte sich gegen die Felswand und genoß die wärmenden Strahlen der Aprilsonne. Zwar war die Luft noch bitterkalt, aber die Sonne hatte schon genügend Kraft, um das Eis des Flusses zu schmelzen. Auch wir bräuchten eine Klimaveränderung, damit der Eispanzer, der uns umklammert, zerbrechen kann, dachte Mischka traurig.

Ein Unglückshäher stieg von einer Birke am Flußufer auf. Sicherlich hatte er dort sein Nest gebaut und bebrütete schon sein Gelege, während sich die anderen Vögel noch im Süden aufhielten. Bei Minus dreißig Grad legte er bereits seine Eier in der Hoffnung, daß die ersten Spinnen und Insekten bald zum Leben erwachten und als Futter für die Jungvögel zur Verfügung standen.

Mischka kamen Zweifel. Bräche die Diktatur des sozialistischen Systems zusammen, entstünde ein Vakuum. Was würde diesen Hohlraum füllen? Etwa das Denken und der Lebensstil des freien Westens? Der Sozialismus hatte versprochen, ein Arbeiter- und Bauernparadies zu errichten, ohne dieses Ziel bisher in greifbare Nähe rücken zu können. Der Kapitalismus dagegen hatte das Paradies schon zum Teil verwirklicht: Wohlstand und Lebensgenuß auch für Kleinbürger und Arbeiter. Aber dieses System stand genauso auf tönernen Füßen wie der Sozialismus. Er gab sich keinen Illusionen hin. Die Vergiftung der Natur und die Begrenztheit der Rohstoffe war kein östliches Problem allein. Der Wohlstand des Westens, der Glaube an ein unbegrenztes Wachstum, an Gesundheit und Langlebigkeit zeigten schon lange tiefe Risse, wie ihm ein Alternativer aus Paris während seines Besuchs der Moskauer Universität erklärt hatte. Seine Flucht nach Westen war vielleicht doch nur eine Flucht in die Illusion. Würde die Wohlstandsgesellschaft tatsächlich in ferner oder naher Zukunft zusammenbrechen, was würde dann dieses Vakuum füllen? Könnte es sein, daß dann eine neue Diktatur die Menschen versklavt, um die Weltkrisen bewältigen zu können? Eine neue Eiszeit, die auch den freien Westen unter sich begräbt? Hatte nicht der Mann aus Nazareth gesagt, daß die Liebe der Menschen erkalten und eine Herrschaft der Ungerechtigkeit errichtet würde, wenn die Welt ihrer Endkrise entgegenschlingerte?

Doch wer sollte eine solche weltumspannende Diktatur errichten können? Die politischen Systeme haben bisher versagt. Die Religion hat die Welt nicht dauerhaft verbessern können. Was aber, wenn sich beide verbündeten? Wenn sie sich wieder versöhnten, um eine sterbende Welt zu retten? Hätte dann die Freiheit noch eine Chance?

Mischka schüttelte instinktiv den Kopf. Wenn das Gesamtwohl der Menschheit auf dem Spiel steht, wenn Ökokrisen und selbstverschuldete Naturkatastrophen das Überleben auf dem Planeten Erde fragwürdig machen, dann werden Einzelschicksale, Freiheit und Rechte unwichtig. Daran bestand kein Zweifel! Und gerade die Religionen werden dann eine entscheidende Rolle spielen.

„Ein erstes Anzeichen dafür ist die Radikalisierung von Islam, Judentum und Christentum", dachte Mischka laut, „das Erstarken des Fundamentalismus in den Weltreligionen. Wir haben nicht viel darüber gehört, weil man uns so sehr abschottet. Aber was uns unter der Hand erzählt wurde, zeigt, daß die Religion an Einfluß zunimmt. Sie will wieder an die Macht."

Auch Proschin, sein Wohltäter, war davon nicht frei gewesen. Nachdem zahlreiche Weltverbesserer auf den Sozialismus gehofft hatten, wandten sie sich jetzt den Hoffnungen der Religion zu. Die Länder der dritten Welt fühlten sich vom großen Bruder in Moskau im Stich gelassen, besonders die islamischen Länder. Auch protestantische Kirchen im Westen waren vom Sozialismus enttäuscht, weil er seine Versprechungen nicht einhalten konnte. Deshalb setzten die Menschen ihre Hoffnungen wieder auf Glaube und Religion.

Die Errichtung von islamischen Regierungen, die sich streng

und fundamentalistisch an den Koran hielten, oder das Aufkommen der Moralischen Mehrheit in den USA, die den Staat mit ihren religiösen Forderungen zu diktieren suchte, dies und andere Bestrebungen waren vielleicht nichts anderes als Wegbereiter einer neuen Versklavung der Menschheit zu ihrem eigenen Wohle.

Mischka schloß die Augen und wandte das Gesicht der Sonne zu. Solange die Liebe unter den Menschen stark war, würde keine Eiszeit der Diktatur das Leben für immer einfrieren können. Doch woher sollten die Menschen die Kraft für eine solche Liebe nehmen?

Er öffnete die Augen und verdrängte seine Gedanken. Er sehnte sich nach Freiheit, und er wollte sie bald. Was die ferne Zukunft bringen würde, darüber wollte er sich später Gedanken machen. Vielleicht erlebte er sie auch gar nicht mehr.

Der Professor und das Mädchen

Mitte Juni erreichte Mischka das Ufer des Jenissei. Nachdem die letzten Eisschollen auf der Wiluji vorbeigetrieben waren, hatte er sich mit Proschins Ruderboot auf den Weg gemacht. Es lag im Schilf, wie er es verlassen hatte und mußte nur vom Regen- und Tauwasser leergeschöpft werden.

Die Fahrt flußaufwärts mit dem vollbeladenen Boot hatte ihm alle Kraft abverlangt. Mischka betrachtete es als Belohnung für diese Strapazen, daß der im verlassenen Arbeitslager versteckte Uas nach nur einer halben Stunde Arbeit angesprungen war. Drei Nächte lang war er mit dem Wagen trotz zahlreicher Zündaussetzer über wenig befahrene Straßen gefahren, bis er den letzten Reservekanister in den Tank gefüllt und das Ufer der Tunguska angesteuert hatte.

Mit dem zweiten Schlauchboot war er danach mehrere Wochen im Schutz der Dunkelheit den Fluß bis zum Jenissei hinuntergepaddelt und hatte den Strom in einer lauen Juninacht überquert. Nun stand er am Ufer und blickte nach Osten zurück. Das Leben jenseits des Stromes hatte ihn geprägt, hatte seine Einstellung verändert und zahlreiche Fragen aufgeworfen. Er war nicht mehr der gleiche Michail Wulff wie zwei Winter zuvor. Er war nicht mehr der vom Staat unverstandene und ungerecht verurteilte Student. Er war zum Kämpfer geworden, der seine Freiheit und sein Leben mit allen ihm zur Verfügung stehenden Mitteln verteidigt hatte und es wieder tun würde. Er war nachdenklicher geworden, dachte mehr in die Tiefe und stellte sich immer häufiger den Sinn- und Existenzfragen, die Proschin in ihm zum Leben erweckt hatte.

Abrupt wandte sich Mischka dem Westen zu. Egal, ob nun die Philosophie und der Lebensstil der freien Länder brüchig geworden waren oder ob alles nur falsche Propaganda war, er wollte dort an seiner Zukunft bauen, einen neuen Lebensinhalt finden und eine Familie gründen. Auch wenn er im Grunde seines Herzen introvertiert war, sehnte er sich doch von Tag zu Tag stärker nach Gemeinschaft, Liebe und Wärme. Hier, in diesem Land hatte er keine Zukunft. Nach allem, was er hier erlebt hatte, konnte es im Westen nur besser werden. Sollte ihm auch dort eines Tages die Zukunft verbaut werden, würde er weiterziehen oder sich vielleicht auch den Zwängen der dortigen Gesellschaft beugen. Auf jeden Fall war es sicherlich einfacher, als sich hier weiter durchzuschlagen.

Nachdem er die Luftkammern des Schlauchbootes zerschnitten und es, mit Steinen beschwert, im Fluß versenkt hatte, machte sich Mischka auf den Weg nach Westen. Schon eine Viertelstunde später traf er auf eine Straße, die dem Uferverlauf des Jenissei folgte. Er war erst wenige Meter gegangen, als er einen Tanklastzug am rechten Straßenrand erblickte. Zuerst dachte er, sein Fahrer hätte ihn dort geparkt, um eine kurze Pause einzulegen. Aber dann bemerkte er Bremsspuren, zerfetzte Grassoden und eine umgeknickte Birke. Die Scheinwerfer und Rücklichter des Lastzugs brannten noch. Nur der Motor war verstummt.

Mischka schlich sich näher heran, alle Sinne hellwach und auf Gefahr programmiert. Er horchte angestrengt auf die Laute der Natur, deren Unregelmäßigkeiten ihm bisher stets Warnzeichen gewesen waren. Aber nichts Verräterisches war zu hören. Nur das Wehen des Nachtwindes und das Quaken von Fröschen in einem Tümpel am Ufer des Flusses durchbrach die Stille.

Kurz entschlossen schritt Mischka zur Fahrertür und pochte dagegen. „He, ist jemand da?“

Nichts rührte sich. Mischka faßte den Türgriff und öffnete ihn mit einem Ruck. Ein Mann stürzte auf ihn herab, riß ihn zu Boden und lag schwer über ihm. Mischka keuchte vor Überraschung. „Eh, Genosse, ich wollte doch nur nachschauen, ob dir etwas passiert ist. Offensichtlich hast du Probleme mit deinem LKW gehabt. Nun laß mich schon aufstehen. Du drückst mich sonst platt wie eine Briefmarke.“

Der Mann rührte sich nicht.

„Genosse, du bist ein echtes Schwergewicht. Ich gebe mich geschlagen. Nun roll dich schon runter von mir.“

Der Mann gab keinen Laut von sich. Mischka hob seinen Kopf und versuchte, seinen Gegner abzuwerfen. Mit aller Kraft stemmte er sich hoch und drehte sich unter dem massigen Körper hervor. Noch immer gab der Mann kein Lebenszeichen von sich.

Im ersten Licht der Morgendämmerung betrachtete Mischka die am Boden liegende Gestalt. Der Mann war mausetot. Sein Gesicht erschien grau und leer. Die Augen waren wie in einem Krampf aus den Höhlen getreten und starrten ins Leere. Herzinfarkt! konstatierte Mischka wie ein routinierter Notarzt. Am Lenkrad zusammengebrochen. Der Fahrer hatte wahrscheinlich noch versucht, den Tanklastzug zum Stehen zu bringen. Dann war es Nacht um ihn geworden, ewige Nacht.

Mischka empfand Mitleid mit dem Mann. Doch zugleich rasten seine Gedanken. Das Unglück des Fahrers schien sein Glück zu sein, wenn er es wagte, wenn er den Mut besaß, sich hinter das Lenkrad des Lastzuges zu setzen. Ein verwegener Gedanke!

Verwegen? Warum? schoß es ihm durch den Kopf.

Warum sollte er sich nicht als Fahrer des Tankzuges ausgeben, um sich mit ihm soweit wie möglich nach Westen abzusetzen? Ihn zu steuern, würde er auf dieser einsamen Straße schnell lernen. Ballungsgebiete konnte er umfahren, und Kraftstoff stand ihm genug zur Verfügung, um viele hundert Kilometer hinter sich zu bringen. Irgendwann würde man natürlich den Lastzug vermissen und nach ihm suchen, vielleicht in spätestens zwei, drei Wochen. Dann konnte er ihn allerdings nicht einfach irgendwo stehen lassen. Denn dann könnte man leicht einen Bluthund auf seine Spur setzen, ohne zu wissen, wen man da jagte. Es gab nur eine Lösung: Er mußte den toten Fahrer mitnehmen, um ihn später wieder ans Lenkrad zu setzen. Ein grausiger Gedanke! Mit einem Toten in der Lastwagenkoje durch die Taiga! Aber hier ging es nicht um Gefühle, sondern um die Möglichkeit, Zeit zu gewinnen im Wettlauf mit dem in drei bis vier Monaten anbrechenden Winter. Dann mußte er den Ural überquert haben. Der Tanklastzug würde ihm den notwendigen Vorsprung verschaffen.

Mischka überlegte nicht länger. Jederzeit konnte ein Fahrzeug hier auftauchen und seine Chance zunichte machen. Hastig wikkelte er den Toten in eine Decke, die er in der Koje gefunden hatte, und hievte ihn in den Lastwagen. Er wog bestimmt mehr als zwei Zentner. Kein Wunder, daß sein Herz bei diesem Übergewicht gestreikt hatte.

Nachdem der Mann unter einer Plane verstaut war, hing sich Mischka eine seiner Jacken um, streifte eine Militärhose über und startete den Motor. Die Gangschaltung war hakelig und machte das Schalten schwer. Auch das Lenkrad ließ sich nur mit großer Kraftanstrengung drehen. Aber nachdem der Tanklastzug sich erst einmal in Bewegung gesetzt hatte, ließen die Lenkkräfte nach.

Mit zitternden Händen steuerte Mischka das Fahrzeug auf die Straße zurück. Der zweite Gang krachte im Getriebe. Schwerfällig bewegte sich der Lastzug vorwärts. Dritter Gang. Mischka fühlte, wie ein nie gekanntes Gefühl in ihm emporstieg. Hoch über der

Straße spürte er das Kribbeln, das jeder Trucker der Welt von seinen ersten Fahrstunden her kennt. Er war ein König der Landstraße!

Kies spritzte empor. Der Wagen schlingerte. Instinktiv trat Mischka auf die Bremse. Zu hart. Der Motor bockte und schüttelte das Fahrzeug. Dann erstarb er. Mischka wischte sich den Schweiß von der Stirn. Bis zum König der Landstraße war noch ein weiter Weg. Er startete den Motor erneut und fuhr den Wagen auf die Straße zurück. Er schaltete die Gänge hoch und wieder zurück, bremste, kuppelte und versuchte, ein Gefühl für das Lenkrad zu bekommen. Nach einer halben Stunde fühlte er sich halbwegs sicher. Nur mit dem Rangieren würde er noch Schwierigkeiten haben. Aber wenn er vorausschauend fuhr, konnte er das Rückwärtssetzen vielleicht vermeiden.

Ein Kleinlaster überholte ihn. Mischka hupte und winkte dem Fahrer hinterher. So würde er weniger Verdacht erregen. Schon bald merkte er, daß diese Art zu reisen zwar bequem, aber doch ungewohnt war. Das gleichmäßige Brummen und die Wärme des Motors ließen ihn schläfrig werden. Deshalb entschloß er sich, eine Pause einzulegen. Er parkte den Lastzug auf einem Seitenstreifen, schaltete die Begrenzungslichter ein, wickelte sich in eine Decke und legte sich auf die Beifahrerbank. Es dauerte nur wenige Minuten, bis er tief und fest schlief.

Ein Pochen an der Fahrertür weckte ihn. Mischka zwang sich, ruhig liegenzubleiben und nicht den Kopf zu heben. Es war besser, man sah ihn nicht aus der Nähe. Vielleicht war es ja auch die Miliz, die nach Papieren fragen wollte. Natürlich bestand die Möglichkeit, daß man den Tanklastzug und seinen Fahrer kontrollierte. Es war leichtsinnig gewesen, das nicht zu bedenken!

Es klopfte wieder. Ohne seinen Kopf zu bewegen, schob Mischka seinen Arm unter der Decke hervor und machte ein ärgerliches Handzeichen, als wollte er sagen: Laß mich in Ruhe und scher dich zum Teufel!

„Schon gut“, ließ sich draußen eine Männerstimme vernehmen. „Ich wollte nur sehen, ob alles in Ordnung ist, Genosse. Habe Bremsspuren von einem schweren Fahrzeug gesehen. Warst wohl ein wenig übermüdet. Gut, gut. Ich gehe ja schon, damit du dich auspennen kannst. Gute Fahrt, Genosse!“

Schritte entfernten sich. Eine Wagentür wurde zugeschlagen. Dann hörte Mischka, wie der Motor eines Tatra gestartet wurde und das Auto davonfuhr. Vorsichtig erhob er sich und spähte dem Wagen nach. Das war gerade noch einmal gutgegangen! Wer in dieser Gegend einen Tatra fuhr, war bestimmt kein tungusischer Rentierzüchter.

Ihm kamen Zweifel, ob er die Reise mit dem Tanklastzug fortsetzen sollte. Er setzte sich auf und betrachtete sein Gesicht im Rückspiegel. Nun gut, Lastwagenfahrer sahen gewöhnlich nicht wie Verwaltungsangestellte aus. Aber ein bißchen Körperpflege würde ihm bestimmt nicht schaden. Mischka kramte den Kulturbeutel des Fahrers hervor, um sich der Zivilisation anzupassen. Nachdem er sich an einem Wasserkanister gewaschen hatte, stutzte er mit einer Nagelschere seinen Bart und schnitt und reinigte seine Fingernägel. Danach kämmte er die schulterlangen Haare und setzte sich einen Hut auf, den er unter den Habseligkeiten des Fahrers gefunden hatte. Auch wenn ihm dessen Jacke nicht paßte, solange er hinter dem Steuer saß und man ihn nicht von nahem sah, würde er nicht besonders auffallen.

Als er den Lastzug durchsuchte, fand er hinter dem Fahrerhaus ein Fahrrad, das sein Besitzer dort angebunden hatte. Eine gute Idee, dachte Mischka, so konnte sich der arme Kerl frei bewegen, wenn er nicht mit dem Tanklastzug unterwegs war.

Das Fahrrad war mit Stollenreifen und Satteltaschen ausgestattet. Mischka prüfte ihren Inhalt. Neben einer Karte fand er auch eine Taschenlampe, Flickzeug, Pflaster und eine gefüllte Wasserflasche. Offensichtlich war das Fahrrad auch eine Vorsichtsmaßnahme des Mannes gewesen für den Fall, daß der Wagen einmal stehenblieb und keine Hilfe in Sicht war.

Mischka kletterte in das Fahrerhaus zurück und schaute die Papiere im Handschuhfach durch. Alles war in Ordnung. Führerschein, Bescheinigungen, Wagenpapiere, alles hatte seine Richtigkeit, soweit er es beurteilen konnte. Bestimmungsort des Lastzuges war Larjako. Er schaute auf der Karte nach. Endlich fand er den Ort. Larjako lag etwa 200 km von Surgut entfernt, nur 100 km von der Besserungsarbeitskolonie Djatlowo!

Er dachte nach. Würde man ihn westlich von Larjako kontrollieren, könnte er nur schwer erklären, weshalb er weitergefahren war. Er konnte also mit dem Lastzug nicht bis zum Ural kommen. Er mußte ihn kurz vor Larjako in den Wald fahren und dann den Weg zu Fuß fortsetzen oder mit dem Fahrrad.

Ein Gedanke zuckte durch seinen Kopf, eine verrückte Idee. Es war gefährlich. Es war gegen alle Vernunft. Aber es reizte ihn. Wie wäre es, wenn er Oberstleutnant Wdowetschenko einen kleinen Gruß schickte, ein Dankeschön für alle Strapazen, die er aufgrund seiner Anordnungen erlitten hatte? Einen Gruß ohne Absender natürlich. Schließlich hatte er keine Lust, schon wieder diesen Chrapow auf den Fersen zu haben. Der sollte sich mit Litschenko und dessen Männern weiter in Mittelsibirien die Füße abfrieren, während er den Ural überquerte. Mit ein bißchen Geschick konnte er es schaffen, und später würde er ihn wissen lassen, von wem er sein Präsent erhalten hatten. Mischka spürte eine prickelnde Erregung, während er sich wieder hinter das Steuer schwang und den Motor startete. Juri Wdowetschenko, dachte er von seiner eigenen Idee fasziniert, Juri Wdowetschenko, ich komme dich besuchen, und ich habe dir ein kleines Geschenk mitgebracht!

Der Soldat am Lagertor hörte den Lastzug kommen. Das tiefe Brummen des Dieselmotors drang durch die Stille der Nacht. Dann tauchten die Scheinwerfer auf, das Fernlicht war voll aufgeblendet. Wie ein Monster der Vorzeit kroch der Lastzug heran.

Nervös schaute der Soldat zur hinter dem Tor liegenden Baracke hinüber, in der die Lagerverwaltung ihre Büroräume hatte. Nur in dem Zimmer des wachhabenden Offiziers und dem Büro des Oberstleutnants brannte noch Licht. Die Baracken der Zwangsarbeiter lagen hundert Meter dahinter, von den anderen Gebäuden des Lagers durch einen zweiten Zaun getrennt. In dem gleißenden Licht der Scheinwerfer auf den Wachtürmen warfen sie keinen erkennbaren Schatten. Alles war ruhig.

Er mußte Meldung machen, daß ein Transporter anrollte. Noch nie war hier nachts eine Ladung angeliefert worden. Nur Militärfahrzeuge kamen hin und wieder zur Nachtzeit. Er griff zum Telefonhörer.

„Lassen Sie den Lastzug passieren“, beschwichtigte ihn der Wachhabende. „Ich habe hier zwar keinen Eintrag im Buch, daß etwas angeliefert werden soll, aber Sie können sich ja am Tor die Papiere zeigen lassen und mich danach benachrichtigen. Inzwischen werde ich den Lagerkommandanten fragen, ob er etwas angefordert hat, von dem ich nichts weiß.“

Der Soldat war beruhigt. Er hatte die Verantwortung abgegeben. Mehr wollte er ja nicht. Er schaute wieder zur Straße hinüber. Es war nicht zu erkennen, was der Transporter geladen hatte, weil das Fernlicht blendete. Nun gut, er würde es bald wissen.

Der Lastzug schien anzuhalten, dann setzte er sich wieder in Bewegung. Langsam schob er sich über die Straße auf das Lagertor zu. Jetzt waren es nur noch zehn Meter.

„Halt!“ schrie der Mann am Tor und hob die Hand empor. Aber der Lastzug fuhr weiter, langsam, aber unaufhaltsam.

Der Soldat sprang zur Seite, um nicht überrollt zu werden. Benzingeruch stieg ihm in die Nase. Voll Panik riß er seine Trillerpfeife aus der Jackentasche und gab das Warnsignal.

Das Lagertor zerbrach wie eine Konstruktion aus Streichhölzern, als der Tanklastzug dagegenprallte. Sein Fahrer hing leblos über dem Steuer, den Kopf zur Seite gedreht, den Mund wie zum Schrei geöffnet. Mehr konnte der Soldat nicht erkennen, als die Räder an ihm vorbeimalten. Er ahnte, was als nächstes passieren würde. Er warf sich herum und stürmte davon, als würde er von tausend Hunden gehetzt.

Oberstleutnant Wdowetschenko und der wachhabende Offizier stürzten ans Fenster, als sie das Warnsignal und danach das Bersten des Lagertores hörten. Die Scheinwerfer des Tanklastzuges machten sie blind. Schlagartig wurde ihnen bewußt, daß es um ihr Leben ging. Trotzdem blieben sie wie gelähmt stehen, fasziniert von dem Schauspiel, das sich ihnen bot. Funken sprühten am Lastzug auf. Ein blaues Flämmchen huschte über das Fahrwerk.

Wdowetschenko erwachte aus seiner Erstarrung. „Los, raus hier, Mann!“ brüllte er.

Die beiden Männer rissen sich von dem Anblick los und stürmten nach draußen. Hinter ihnen bohrte sich der Lastzug in die Barackenwand. Holz splitterte. Wellblech und Balken wirbelten empor. Dann erfüllte eine Detonation die Luft. Ein Feuerball stieg in den Nachthimmel und tauchte das Lager in einen gespenstisch roten Schein. Der Luftdruck warf Wdowetschenko und den Wachhabenden zu Boden, preßte ihnen die Atemluft aus den Lungen. Steine und Holzsplitter zischten über ihre Köpfe hinweg. Ein Balken krachte auf das Bein des Offiziers und zermalmte seinen Unterschenkel. Der Schrei des Mannes ging in dem Lärm des Infernos unter.

Mit aufgerissenen Augen starrte Wdowetschenko auf die in Flammen stehende Baracke. Die Rückwand barst in einer zweiten Explosion. Aus dem Feuer tauchte der Zugwagen des Tanklasters auf. Wie ein Dämon der Rache schob er sich weiter auf Wdowetschenko zu. Flammen schossen aus der Motorhaube und den geborstenen Fenstern. Ein grinsendes Gesicht schien aus dem Feuer auf ihn herabzustarren, als wollte es sagen: „Jetzt ist der Tag der Abrechnung gekommen, Juri. Dein Jüngster Tag!“

„Nein!“ schrie Wdowetschenko auf. „Nein!“ Verzweifelt versuchte er, sich auf die Seite zu wälzen. Aber seine Muskeln gehorchten ihm nicht. Er roch brennendes Gummi, heißes Öl, verbranntes Fleisch. Der Dämon rollte weiter, stand drohend über ihm. Wdowetschenko spürte, wie seine Sinne schwanden. Dann fühlte er Hände, die ihn zur Seite rissen. Der Dämon rollte vorbei, wurde langsamer, blieb endlich stehen.

Er mußte von einem seiner Männer gestützt werden, und dafür haßte er sich selbst. Er, der starke, selbstsichere Oberstleutnant war nun ein zitterndes Nervenbündel, dreckverschmiert, mit Angstschweiß auf der Stirn. Er hatte den Atem des Todes gerochen, und er wußte, es war nicht das letzte Mal gewesen.

Als der Feuerball über der Baracke aufstieg, hatte Mischka eine tiefe Befriedigung gefühlt, genauso wie einige Monate zuvor, als der Hubschrauber in Flammen aufgegangen war.

Sein Plan hatte funktioniert. Er hatte eine Handvoll Zigaretten, die im Fahrerhaus lagen, mit Klebeband an den geöffneten Einfüllstutzen des Tankes geklebt und einen mit Benzin getränkten Lappen in die Öffnung gesteckt. Der Fahrtwind sollte die Glut der angezündeten Zigaretten langsam nach hinten treiben, den Lappen in Brand setzen und schließlich das Benzin entzünden. In mehreren Tests hatte er die Zeit berechnet, in der die Zigaretten abbrennen würden. Der Tank durfte nicht zu früh explodieren.

Danach hatte er den toten Fahrer hinter das Steuer gehievt und das Gaspedal mit einem Stein beschwert, so daß der Tanklastzug sich mit gleichmäßiger Geschwindigkeit über die Straße schob.

Mischka hatte würgen müssen, denn der Mann roch bereits nach Verwesung. Er band das Fahrrad los, füllte die Taschen mit Habseligkeiten und Lebensmitteln und befestigte den Rucksack auf dem Gepäckträger, dann war er fertig gewesen. Bis hundert Meter vor dem Lagertor hatte Mischka den Lastzug selbst gesteuert. Dann war er abgesprungen und hatte sich hinter einen Busch zurückgezogen, um das Schauspiel zu beobachten.

Nun radelte er, so schnell er konnte, auf der Straße nach Surgut zurück. Die hundert Kilometer fielen ihm mit dem Fahrrad nicht schwer. Seine Muskeln waren durchtrainiert, und als Student in Moskau hatte er schon größere Strecken mit dem Rad zurückgelegt. Außerdem beflügelte ihn das Gefühl der Rache. Trotzdem wurde er nicht nachlässig und suchte die Straße vor und hinter sich beständig nach Scheinwerfern ab.

Noch vor Morgengrauen passierte er die Ortsausläufer der Stadt, schlug einen Bogen nach Norden, überquerte den Ob und radelte danach auf einer Nebenstraße wieder nach Westen. Als sich schließlich die ersten Sonnenstrahlen über den Horizont schoben, bog Mischka in ein Waldstück ein und legte sich in dichtem

Buschwerk zum Schlafen. In der Ferne hörte er das Glucksen und Kollern von Auerhähnen, die ihre Reviere gegen Rivalen verteidigten.
Am Abend schwang er sich wieder auf sein Fahrrad und fuhr weiter nach Nordwesten. Er kam in den nächsten Wochen sehr schnell vorwärts, obwohl er mehrmals die Reifen flicken mußte. Jedesmal, wenn Scheinwerfer am Horizont auftauchten, zog er sich hinter Büsche oder Bäume zurück. Ein einsamer Radler in den Wäldern Tjumens würde mit Sicherheit Fragen aufwerfen. Es war besser, er blieb unsichtbar.

Neben der Straße glitzerten die zahlreichen Tümpel und Seen, die Wanderern den Weg durch Tjumen immer wieder versperrten. Sie waren Brutstätten für die Plagegeister der Taiga, und Mischka mußte sich mehrfach mit Schafgarbensaft einreiben, um von den Mücken halbwegs verschont zu bleiben. Er passierte die Trasse einer Ölpipeline, die sich mit einer Breite von zweihundert Metern durch die Taiga fraß. Im Schimmer des frühen Morgens sah er Öllachen auf den angrenzenden Seen. Im Osten erhellte ein hellroter Schein den Himmel, als stände der Wald dort in Flammen.

Zorn stieg in ihm hoch. Er wußte, daß jedes Jahr bis zu zweitausend Brüche in den Pipelines Westsibiriens registriert wurden, die auf das Konto von Schlamperei und Nachlässigkeit gingen. Zehn Millionen Tonnen Öl verseuchten so jährlich dieses Gebiet. Zusätzlich fackelte man hier das Erdgas ab, als wären die Lager unerschöpflich. Vierzig Prozent der Welterdgas-Verluste gingen auf das Konto dieses Staates. Was für eine Verschwendung!

Mischka starrte auf die sterbende Landschaft. Was könnte einen Menschen veranlassen, verantwortlich zu handeln? Was könnte ihn bewegen, Natur und Menschenrechte zu schützen? Die Liebe gegenüber seinen Mitmenschen? Die Liebe zu anderen Geschöpfen und den Wundern der Natur? Die Liebe zum Leben?

Er schüttelte den Kopf. Liebe ist ein Gefühl, das wie der Morgennebel verfliegt. Natürlich, solange man liebt, ist man bereit, zu opfern, manchmal sogar sich selbst. Endet aber die Liebe, opfert man höchstens den anderen, und wie schnell kann sie umschlagen in Haß und Ekel!

Könnte die Angst vor Strafe einen Menschen bewegen, verantwortlich zu handeln? Er bezweifelte es. Die Mächtigen aller Zeiten haben mit der Angst zu regieren versucht. Aber ihre Untertanen waren Lückensucher geworden, die jede Öffnung im Gesetz zu ihrem Vorteil ausnutzten. Jedesmal, wenn sie sich unbeobachtet fühlten, folgten sie ihren dunklen Trieben.

Motiviert die Angst vor dem eigenen Sterben einen Menschen, Leben und Zukunft zu schützen? Er glaubte es nicht. Trotz aller Warnungen der Ärzte saufen, fressen und spritzen sich täglich Menschen zu Tode. Sie rasen wie Kamikaze-Flieger über die Straßen und schütten radioaktiven Müll direkt vor ihre Haustür. Wenn es um ihre Bequemlichkeit oder die ungezügelte Befriedigung von Trieben und Süchten geht, ist so mancher bereit, sein Leben aufs Spiel zu setzen.

Und was ist mit der Gewißheit einer letzten Verantwortung vor einem höheren Wesen? Er verwarf den Gedanken sofort. Die politischen und geistlichen Herrscher des Mittelalters waren von einer letzten Gerechtigkeit überzeugt. Trotzdem hatten sie sich schuldig gemacht, hatten ihrem Machttrieb und ihren Lüsten freien Lauf gelassen und die Gebote der Menschlichkeit und Liebe mit Füßen getreten. Wenn schon die Wissenden versagen, was kann man dann vom Volk erwarten?

Ist also keine Hoffnung für diese Welt? Wird sie sterben, weil der Mensch immer wieder am Menschen scheitert? Wird die Erde eines Tages ziellos durch das All driften, erkaltet, vergiftet, zerstükkelt – ein Mahnmal der menschlichen Schwäche, Triebe und Ichsucht? Oder reißt jemand das Steuer im letzten Moment herum? Kann es jemand überhaupt noch herumreißen?

Schlagartig wurde ihm klar, daß Freiheit und Leben auf diesem Planeten keine Zukunft hatten. Kurz vor der letzten Katastrophe, wenn die apokalyptischen Reiter schon über die Erde donnern, dachte Mischka, werden die politischen und religiösen Führer der Welt sich zusammenschließen, um in einem letzten Akt der Verzweiflung den Untergang der Menschheit zu verhindern. Die Kanonen werden schweigen, die theologischen Debatten enden. Die politischen und religiösen Fanatiker werden nicht länger mit Bomben drohen, um ihre fundamentalistischen Forderungen durchzusetzen. Zum ersten Mal in der Menschheitsgeschichte wird das Leben etwas gelten – mehr gelten als Konsum, Geld, Religion, Ideologie oder Freiheit.

Wenn die Menschheit in die grinsende Fratze des Todes schaut, wird sie voll Panik und Hysterie nach einem Retter rufen. Sie wird ihn durch Unterwerfung und Gehorsam mit einer Macht ausstatten, die kein Mensch jemals besessen hat. Sie wird seinen Heilsversprechungen blind vertrauen und jeden lynchen, der nicht das Malzeichen des Gehorsams an Stirn und Hand trägt.

Aber es wird den Menschen nichts nützen. Kein Wunder wird sie retten, kein Außerirdischer sie von der in Agonie verkrampften

Erde evakuieren. Die gequälte Natur wird zurückschlagen und ihre Peiniger mit in den Abgrund reißen. Ewige Dunkelheit wird sich über die Erde breiten und alles Leben ersticken, und die geballte Faust des letzten Trotzigen wird sich zu einer Geste der Verzweiflung und Hilflosigkeit öffnen und im Tode erstarren.

Mischka schauderte bei diesen Gedanken. Er konnte den Anblick der sterbenden Taiga nicht länger ertragen. Sie machte ihm Angst. Sie nagte an seinen Hoffnungen und drohte, sie zu erstikken. Er wandte sich ab und stürmte davon. Der Feuerschein verbrennender Erdgase leuchte hinter seinem Rücken wie das Omen des Jüngsten Tages.

Kurz vor Kasymkaja brach der Rahmen des Fahrrads, als er durch ein Schlagloch fuhr. Mischka ärgerte sich nicht darüber. Es hatte seinen Dienst getan. Bis Salechard waren es ohnehin nur noch etwa dreihundert Kilometer. Sie konnte er auch zu Fuß bewältigen. Von dort wollte er versuchen, als Schwarzfahrer mit dem Zug nach Westen zu gelangen. Er hatte schon einen Plan.

Mischka versteckte das Fahrrad tief im Wald, packte das Nötigste in seinen Rucksack und machte sich wieder auf den Weg. Im Morgengrauen konnte er mit Pfeil und Bogen ein Reh erlegen. Er weidete es aus und begann, das Fleisch in der Sonne zu trocknen. Am Abend dörrte er es zusätzlich über einem Feuer.

Die nächsten Tage ernährte er sich wieder von Pflanzen und gedörrtem Fleisch, weil die Lebensmittelvorräte des Lastwagenfahrers zur Neige gegangen waren. Es war wie zu Anfang seiner Wanderung eine nicht einfache Geschmacksumstellung.

Die Stadt Kasymkaja mußte Mischka weiträumig umwandern. Aber er nutzte die auf den Feldern stehende Ernte, um seinen Speiseplan zu bereichern. Inzwischen konnte er nicht mehr auf der Straße weiterziehen, weil der Verkehr zwischen Kasymkaja und Salechard auch nachts zugenommen hatte. Deshalb kämpfte sich Mischka wieder durch die Taiga.

Er wußte, daß sich der Ob nicht weit von der Straße nach Norden schlängelte und überlegte, ob er nicht wieder einen Einbaum bauen und mit ihm den Fluß hinunterpaddeln sollte. Er verwarf diesen Gedanken, weil der Ob hier sicherlich stark befahren war. Das Risiko, entdeckt zu werden, war zu groß.

Drei Tage später betrat er gerade ein Waldstück, als ein Schrei ihn aus den Träumen riß. Mischka blieb wie angewurzelt stehen und lauschte. Da wieder! Es war eine Frauenstimme jenseits des Waldes. Sie schrie, als wäre sie in Todesnöten. Dann hörte Mischka wildes, bösartiges Knurren.

Ohne auf seine eigene Sicherheit zu achten, sprintete Mischka durch den Wald in die Richtung, von wo das Schreien kam, die Hände schützend vor das Gesicht geschlagen. Als er durch die Büsche am Waldrand brach, erfaßte er mit einem Blick die Situation.

Wölfe! Er hatte sie in dieser Gegend nicht erwartet. Sie hatten zwei Schafe gerissen und zerfetzten nun knurrend und schnaufend ihre Kadaver. Eine junge Frau hockte auf einer Birke und klammerte sich voll Panik an einem Ast fest. Ein Wolf sprang am Stamm empor und schnappte nach ihrer Ferse. Sie schrie gellend auf.

Mischka hatte den Eindruck, als kenne er den Leitwolf. Er warf den Rucksack ab und lief mit großen Schritten auf das Rudel zu. „Aljoscha! Hau ab mit deiner Bande! Laß die Frau zufrieden! Hau ab, sag' ich dir!"

Der Rüde ließ von der Frau ab und starrte den heranlaufenden Mischka mit gelben Augen an. Ein böses Knurren erscholl aus seiner Kehle. Es war nicht Aljoscha! Wie auf Befehl hoben nun auch die anderen Wölfe ihre Köpfe.

Noch im Laufen zog Mischka seine Kampfstöcke aus dem Köcher und ließ sie in seinen Händen wirbeln. Der Rudelführer setzte zum Sprung an. Mischka stieß ihm den linken Stock in den Bauch und versetzte ihm mit dem rechten einen Schlag ins Genick. Er hörte, wie die Wirbel brachen. Mit einem Rückhandschlag zog Mischka den rechten Stock über die Schnauze des nächsten Wolfes. Röchelnd sank dieser zu Boden. Dann lag er still. Mit einem wilden Schrei stürzte Mischka auf die anderen Wölfe zu. Wie von allen Teufeln gehetzt, machten sie kehrt und stoben in den Wald zurück.

„Macht, daß ihr fortkommt, und laßt euch hier nie wieder blicken!" rief Mischka ihnen mit einer Drohgebärde hinterher. Dann wandte er sich der Frau zu, die sich noch immer an den Stamm der Birke klammerte.

„Es ist vorbei." Mischka lächelte breit und streckte der jungen Frau seine Hand entgegen. „Keine Gefahr mehr. Du kannst vom Baum herunterkommen. Die Wölfe haben sich verzogen."

Sie reagierte nicht, sondern starrte immer noch mit großen Augen auf Mischka herab.

„Du brauchst keine Angst zu haben", versuchte Mischka, sie zu ermutigen. „Die beiden hier sind mausetot, und von den anderen hast du nichts mehr zu befürchten. Die haben den Schwanz eingekniffen und werden nicht wiederkommen. Komm, steig vom Baum. Ich werde dich nach Haus begleiten."

Zögernd kletterte die junge Frau von der Birke und fiel Mischka in die Arme. Noch immer zitterte sie am ganzen Körper. Er hielt sie fest und schaute ihr in die Augen. In diesem Moment veränderte sich sein Leben. Ein bisher unbekanntes Gefühl überkam ihn. Er glaubte zu träumen, als er ihr ins Gesicht sah. Unter hochgeschwungenen Brauen schauten ihn ausdrucksstarke, graue Augen an, die sich mit Tränen der Dankbarkeit füllten. Ihre Nase war fein gezeichnet und der Mund weich und voll. Schwarzbraunes, lockiges Haar fiel ihr bis über die Schultern und machten ihr Gesicht geheimnisvoll und attraktiv.

Sie mochte etwa zwanzig Jahre alt sein, schätzte Mischka. Er konnte seinen Blick nicht von ihr losreißen. Sein Herz pochte bis zum Hals. Er hatte viele Mädchen in Moskau kennengelernt. Aber keine konnte den Vergleich mit ihr standhalten.

„Danke", sagte sie mit einer weichen Altstimme, die sein Innerstes zum Schwingen brachte. Dann preßte sie sich an ihn, als wolle sie bei ihm Schutz suchen. Mischka spürte, wie seine Knie weich wurden. Der Duft ihrer Haut verwirrte ihn. Auf eine solche Situation war er nicht vorbereitet.

Sie schaute ihm wieder ins Gesicht. Ihre grauen Augen waren mit einer feinen schwarzen Linie umrandet.

„Wie heißt du." Ihre Stimme klang wie eine Melodie.

„Mischka", antwortete er. „Und wer bist du?"

„Ich heiße Anka Jarew. Ich wohne nicht weit von hier am Rande eines Walddorfes mit meinem Vater." Sie zögerte einen Moment, musterte ihn von Kopf bis Fuß. „Du bist nicht von hier, nicht wahr?"

Mischka schüttelte den Kopf. „Ich bin einige Wochen durch die Taiga gewandert. Ich mache Überlebenstraining und versuche, mich mit allen Mitteln durchzuschlagen."

Sie lächelte ihn an. Man spürte, wie die Angst von ihr wich und sie wieder selbstsicher wurde.

„Freiwillig?" fragte sie gerade heraus.

Mischka konnte sie nicht belügen. Er mußte schweigen oder die Wahrheit sagen.

„Unfreiwillig", sagte er wie unter einem Beichtzwang. „Zwei Jahre lang wurde ich durch Sibirien gejagt. Aber jetzt habe ich meine Verfolger abgeschüttelt."

„Und weshalb jagt man dich? Hast du dich schuldig gemacht?"

„Ja, ich habe mich schuldig gemacht, weil ich den Mund nicht halten konnte und ausgesprochen habe, was andere nicht einmal zu denken wagen."

„Dann bist du bei uns in der besten Gesellschaft." Sie hakte sich bei ihm ein und schaute ihn an. Ihre Augen strahlten. „Komm, ich möchte meinen Lebensretter meinem Vater vorstellen. Ihr werdet euch gut verstehen."

Auf dem Weg zur Hütte der Jarews erzählte Anka kurz, warum sie hier am Ob lebten. Ihr Vater war Professor an der Universität in Leningrad gewesen und hatte sich unbeliebt gemacht, weil er sich politischen Anordnungen nicht beugen wollte. Sie waren nach Sibirien verbannt worden, ohne das Recht, näher als hundert Kilometer an eine Hauptstadt zu kommen. Ihre Mutter war im zweiten Winter an einer Lungenentzündung gestorben, weil sie in keine Klinik eingeliefert werden durfte. Seit einigen Jahren nun lebten sie hier in diesem kleinen Ort in der Nähe des Ob.

„Weißt du, Mischka", erzählte sie nun vertrauensvoll, „weil wir jüdische Vorfahren haben, durften wir vor fünf Jahren einen Ausreiseantrag stellen. Man hat uns jetzt ein wenig Hoffnung gemacht. Wir wollen zunächst nach Westdeutschland."

Mischka spürte, wie sein Herz sprang. Vor seinem inneren Auge sah er seine Zukunft wie ein Mosaik wachsen. Proschin hatte zwar bezweifelt, daß Liebe das Leben sinnvoll macht, aber seit er Anka in die Augen gesehen hatte, wußte er es besser.

Er fühlte sich nun gedrängt, mehr über sich und seine Zukunftspläne zu erzählen. Anka hing ihm dabei fasziniert an den Lippen. Er spürte, daß auch in ihr etwas vorging.

Plötzlich unterbrach sie ihn. „Weißt du, Mischka", wechselte sie unvermittelt das Thema, „als du vorhin auf die Wölfe losgestürmt bist, mit den wehenden, blonden Haaren, die Knüppel in der Hand, da dachte ich sofort: Wie ein griechischer Held! Und in diesem Augenblick habe ich mich in dich verliebt."

Ihre Offenheit verblüffte ihn. Wie im Traum wandte er sich ihr zu, nahm ihren Kopf sanft in seine Hände und küßte sie auf den Mund. Sie erwiderte seinen Kuß, zart und langanhaltend. Ihr Duft, ihre Sanftheit und doch Stärke betörte ihn. Lange schaute er ihr in die Augen.

„Komm", sagte sie schließlich, „gehen wir. Es wird Abend. Mein Vater wird sich Sorgen machen. Es ist für ihn schlimm genug, daß ich die beiden Schafe verloren habe."

Es gab ein einfaches Abendessen, Schwarzbrot, Butter und Käse, dazu heißen Tee mit Honig gesüßt. Für Mischka aber war es ein Festessen.

Der Professor hatte Mischka sofort herzlich willkommen geheißen und, nachdem Anka ihre Geschichte erzählt hatte, ihn wie einen guten Freund in die Arme genommen. Man spürte, daß seine Tochter ihm alles bedeutete.

Simeon Jarew mochte knapp fünfzig sein, doch seine Haare waren schlohweiß. Das harte Leben in Sibirien und der Kummer hatten ihn vorzeitig altern lassen. Trotzdem ging er immer noch aufrecht und schaute sein Gegenüber mit wachen Augen an. Kinn und Mund verrieten Willensstärke und Entschlossenheit, während in seinen Augen Güte leuchtete. Er war ein Mann, in dessen Gesellschaft man sich wohl fühlen konnte.

Anka und ihr Vater vermieden es, Michail Wulff ständig anzuschauen, damit er sich beim Abendessen ungezwungen benehmen konnte. Simeon Jarew wunderte sich dennoch, daß sich dieser abenteuerlich gekleidete Mann ein gewisses Maß an Tischsitten bewahrt hatte.

„Wie lange lebst du schon in der Wildnis?“ fragte er seinen Gast höflich.

Mischka kaute erst zu Ende, ehe er antwortete. „In diesem Sommer werden es zwei Jahre.“

„Dann bist du ja schon ein Experte in der Kunst des Überlebens!“

Mischka lächelte, griff in den Brotkorb, schmierte sparsam Butter auf die Scheibe und belegte sie mit Käse.

„Man bekommt mit der Zeit eine gewisse Erfahrung, ja. Aber trotzdem würde ich das Leben in der Zivilisation vorziehen. Man fühlt sich oft einsam, hungrig und kalt, wenn man an Regentagen in seinem Unterschlupf hockt. Es ist nicht das große Abenteuer, von dem manche vielleicht träumen. Es ist ein Kampf ums Überleben, der nicht selten an die Grenzen des Erträglichen stößt. Natürlich gab es auch viele schöne Augenblicke, die ich nicht missen möchte.“

„Warst du die ganze Zeit allein“, fragte Anka mit großen Augen.

„Die meiste Zeit war ich ganz auf mich gestellt. Aber ich traf einige Male auf Menschen, die mir geholfen haben, nicht zu vereinsamen. Den letzten Winter lebte ich mit illegalen Goldsuchern, und das Jahr davor hauste ich mit einem Popen in einer Höhle.“

Der Professor zog seine Augenbrauen hoch und lächelte. „Mit einem Popen? In einer Höhle? Interessant! Du hast also ein halbes Jahr in einer Eremitenklause mit einem Einsiedler gelebt. Hat er dich bekehren können?“

Mischka lächelte zurück. „Nein, ich bin kein Orthodoxer geworden. Im Grunde ist er auch kein Eremit. Alexej Proschin befindet sich genauso auf der Flucht vor dem Regime wie ich. Man wollte ihm vorschreiben, wie weit er seinen Glauben ausüben darf. Dagegen hat er sich gewehrt. Er befand sich gerade in einem Hausgottesdienst bei nichtregistrierten Christen, als der KGB die Datscha stürmte. Proschin entkam durch das Küchenfenster und lebt seitdem schon viele Jahre in der Wildnis."

Mischka machte eine kurze Pause, nippte an seinem Teeglas und fuhr dann fort: „Meine Verfolger haben uns entdeckt. Eines Tages standen sie im Höhleneingang. Als sie Proschin niederschlugen, konnte ich durch einen zweiten Ausgang entwischen. Man hat auf mich geschossen, als ich im Boot fliehen wollte. Ich habe mich totgestellt und bin den Fluß hinuntergetrieben. In diesem Moment rief einer der Soldaten, der Pope sei verschwunden. Das lenkte die Aufmerksamkeit von mir ab. Ob sie ihn erwischt haben, weiß ich nicht. Ich hoffe nur, daß er noch lebt und in Freiheit ist."

Man spürte, wie erregt Mischka war, obwohl er nach außen einen ruhigen Eindruck machte. Er mußte sich einfach von der Seele reden, was ihn beschäftigte. Anka und Simeon Jarew verstanden dies mit ihrer feinfühligen Art.

„Wir werden uns im Dorf vorsichtig umhören", sagte der Professor. „Vielleicht weiß jemand etwas über den flüchtigen Popen. In jedem Ort gibt es Genossen, die eine Art Informationsbörse betreiben. Vielleicht erfahren wir etwas."

„Vielen Dank", antwortete Mischka. „Es würde mich beruhigen, wenn Proschin nichts passiert wäre. Wir haben viel miteinander diskutiert, wenn es nichts zu tun gab und draußen die Winterstürme tobten: über den Sinn des Lebens, über Freiheit und Unterdrückung, über die Mißstände unserer Gesellschaft und die Schwächen des kommunistischen Systems ..."

Als hätte er ein Stichwort gehört, das ihn zur Rede aufforderte, fuhr Simeon Jarew hoch. „Glaube mir, Michail, der Kommunismus muß in diesem Land Schiffbruch erleiden!"

„Genau das hatte Proschin auch prophezeit. Er sagte, die kommunistische Philosophie habe die Menschen haltlos gemacht, ihnen die Freiheit genommen, ihnen die Hoffnung auf eine bessere Zukunft geraubt und ihr sittlich-moralisches Empfinden abgestumpft. Und daran würde der Kommunismus schließlich scheitern."

Der Professor nickte, nahm einen Schluck Tee und wählte nun seine Worte bedächtiger: „Ich sehe es noch etwas anders. Der Marxismus wurde aus dem Westen importiert, und er hat es nicht geschafft, sich der östlichen Kultur mit ihren tiefverwurzelten Traditionen und Denkweisen anzupassen. Das ist eine seiner großen Schwächen. – Zweitens wurde der Marxismus in diesem Land hauptsächlich durch Russen verbreitet. Russen erscheinen einem Sibirier beinahe wie Westeuropäer."

Mischka nickte. „Das habe ich auch schon gehört. Überall sollen Russen an den Schalthebeln der Macht sitzen, in den Spitzenfunktionen von Partei und Wirtschaft."

„Ja, und das ärgert viele. Zwar scheinen die Russen alles im Namen des Staates und zum Wohle des Volkes zu machen, aber Kirgisen, Jakuten, Kasachen, aber auch Ukrainer, Letten und Esten haben schon lange erkannt, daß der Marxismus-Leninismus nichts anderes ist als ein Tarnmäntelchen für den alten russischen Zarismus. Deshalb wächst nicht nur der Unmut unter diesen Völkern, sondern auch zunehmend Widerstand."

Mischka nickte nachdenklich. Die Worte des Professors fügten sich wie fehlende Puzzleteile in die Ansichten Proschins.

„Aber", warf er ein, „blicken nicht viele inzwischen wieder vertrauensvoll nach Westen, als könne nun die kapitalistische Philosophie dieser Länder Befreiung und bessere Lebensverhältnisse für die Völker Eurasiens bringen?"

„Schon, der Westen ist für die Staatsbürger der UdSSR genauso attraktiv wie die östlichen Philosophien, Lebensweisen und Produkte es für den Westen sind. Der Mensch ist selten zufrieden mit dem, was er augenblicklich in Händen hält, und oft sieht er nicht die negativen Seiten der ersehnten Lebensweise. Westliche Gewohnheiten sind ja nicht immer vorteilhaft, wenn man sie mit den östlichen vergleicht. Aber das ist noch nicht alles. Die Politiker der Sowjetunion wollten uns für unsere augenblickliche Lebenssituation begeistern, indem sie alles Westliche schlechtmachten, aber die Jahre der Isolation unseres Volkes und die ständigen Verurteilungen der westlichen Lebensweisen, Ansichten und Produkte haben nur das Gegenteil bewirkt. Sie haben den Appetit auf den Westen gestärkt. Es ist wie bei Kindern. Was verboten und unerreichbar ist, erscheint reizvoll. Dabei können die Menschen ja nicht einmal unterscheiden, was der Westen wirklich anbietet und was reine Propaganda ist. Das Fremde und Ausländische ist eben attraktiv, besonders für Leute, die nicht so gebildet sind."

Anka räusperte sich, als fühlte sie sich bei dieser Diskussion übergangen.

„Mir ist aufgefallen", steuerte sie dem Gespräch bei, „daß man bei vielen Unzufriedenen Beifall erntet, wenn man sich über den Kommunismus lustig macht. Aber ich glaube, tief in ihrem Inneren fühlen sich die Menschen verwundet. Viele Jahre haben sie an die Überlegenheit des Marxismus geglaubt. Deshalb kratzt sarkastische Kritik am Marxismus an ihrem Stolz auf ihr Land mit allen seinen Errungenschaften, mit seiner Kultur und seinen Traditionen."

„Mmh", erwiderte ihr Mischka, „der Kommunismus hat natürlich auch positive Aspekte, wie zum Beispiel die soziale Absicherung aller Staatsbürger. Die sollten nicht unter den Teppich gekehrt werden."

Er fühlte beim Klang ihrer dunklen Stimme, wie ihm warm wurde, und schaute dem Mädchen in die grauen Augen, die ihn von Anfang an so fasziniert hatten. Verlegen durch die Gegenwart ihres Vaters wich Anka seinem Blick aus. Eine leichte Röte zog über ihr Gesicht. Der Professor führte das Gespräch fort, als hätte er nichts bemerkt. „Für die große Masse ist das vielleicht nicht so entscheidend. Ihnen ist es genug, wenn das Angebot an Brot und Spielen stimmt, und genau daran wird das kommunistische System letztlich scheitern. Die ökonomischen Bedingungen stoßen inzwischen an die Grenze des Erträglichen. Der Kommunismus liefert seinen Untertanen keine Güter. Der Westen steht für viele gleichbedeutend mit Reichtum, Wohlstand und Luxus – also PS-starke Autos, Fernseher, Videos, Kühlschränke, schmucke Häuser und volle Regale in Warenhäusern und Lebensmittelmärkten. Nachdem der Kommunismus den Menschen mit der Religion die Hoffnung auf ein zukünftiges Paradies, das sie *persönlich* erleben werden, genommen hat, hätte er dafür wenigstens einen Ausgleich im Hier und Jetzt schaffen müssen. Was nützen denn Versprechungen einer glücklichen Zukunft, wenn der Kommunismus die Weltherrschaft angetreten hat? Das sind Hoffnungen, die nie zum Ziel kommen, und damit sind sie unbefriedigend!"

Simeon Jarew lehnte sich bequem in seinem Stuhl zurück und fuhr fort: „Das gleiche gilt für alle anderen Weltverbesserungsideen, die aus unserer Erde einen Garten Eden machen wollen. Sie werden immer am Unsicherheitsfaktor Mensch scheitern, an seinem Egoismus, seiner Unmoral, seiner Habsucht und seiner Machtgier. Jedenfalls lehrt uns die Vergangenheit, daß der Mensch, jedesmal eine Hölle errichtet, wenn er den Himmel auf Erden schaffen will."

An einem späten Nachmittag saßen sie bei einem Glas Tee im Wohnzimmer zusammen. Der Samowar brummte und gluckste, und die untergehende Sonne tauchte den Raum in ein warmes

Licht. Nachdem sie ein paar belanglose Worte ausgetauscht hatten, fragte Mischka seinen Gastgeber, warum man ihn nach Sibirien verbannt hatte. Der Professor lehnte sich zurück, schaute zur Zimmerdecke, als überlege er jedes Wort, das er sagen wollte. Dann wandte er sich wieder Mischka zu.

„Ich bin in Ungnade gefallen, weil ich bei meinen Forschungsarbeiten nicht gegen den Menschen arbeiten wollte." Er lächelte nachdenklich. „Natürlich haben die Genossen das nicht so gesehen. Als Psychobiologe kann ich dem Staat sehr nützlich sein."

„Als Psychobiologe?" unterbrach ihn Mischka.

„Nun, wir Psychobiologen versuchen, die Geheimnisse der menschlichen Seele zu erklären, und das ist faszinierend! Die Hirnforschung ist eine der letzten großen Herausforderungen unserer Welt. Der menschliche Geist versucht durch die Erforschung des Hirns, sich selbst zu erkennen. Er stellt Fragen, mit denen sich bisher hauptsächlich die Philosophen herumgeschlagen haben: Wer bin ich? Wie ist die Welt wirklich beschaffen? Wieso wissen wir das, was wir wissen? Wie denke und fühle ich? Was ist überhaupt Bewußtsein?"

Mischka nickte: „Darüber habe ich auch schon nachgedacht. Ich habe mich beispielsweise gefragt, wie ich sehe. Da treffen elektromagnetische Wellen auf mein Auge und werden in den Sehzellen zu elektrochemischen Impulsen umgewandelt, die über den Sehnerv in mein Gehirn jagen. Und was geschieht dann? Wie werden diese Nervenimpulse zu einem Bild, das ich sehe? In meinem Kopf ist doch kein Fernsehapparat, vor dem mein Ich wie ein kleines Männchen hockt, um sich Bilder anzuschauen, die mein Auge aufnimmt!"

„Die Frage wird sogar noch schwieriger", ergänzte ihn der Professor. „Wenn die Bilder, die wir sehen, erst in unserem Kopf entstehen, entsprechen sie dann der Wirklichkeit? Wie sieht unsere Welt tatsächlich aus? Was können wir von ihr wahrnehmen? Ist es tatsächlich licht und bunt um uns herum, oder werden Helligkeit und Farben erst in unserem Hirn erzeugt? Und das ist erst der Anfang der Fragen.

Von der großen Bandbreite der elektromagnetischen Wellen nehmen unsere Augen ja nur den schmalen Frequenzbereich des *Lichtes* wahr. Sehen wir also wirklich, was wir sehen? Kann man heute noch mit Überzeugung sagen *Ich glaube nur, was ich sehe*!? Was würden wir erblicken, könnten wir auch ultrakurze Wellen oder radioaktive Strahlung wahrnehmen? Aber auch schon deine Frage reicht aus, um einen Psychobiologen bis zu seinem Lebensende voll zu beschäftigen. Wer sieht die Bilder, die vom Auge zum Sehzentrum gesendet werden, und wie sieht er sie?"

„Proschin behauptete, im Menschen wohne eine unsterbliche Seele", unterbrach ihn Mischka, „die Augen, Ohren oder andere Organe wie eine Maschine benutze."

„Ja, so sehen es viele. Manche Esoteriker behaupten, ein unsterblicher Geist benutze das Gehirn wie ein Informatiker seinen Computer. Das materialistische Weltbild in Ost und West dagegen leugnet, daß irgend etwas Unsterbliches im Menschen steckt. Der Geist sei nichts anderes als das Funktionieren des Gehirns. Übrigens, auch meine hebräischen Vorfahren glaubten nicht an eine unsterbliche Seele im Menschen. Diese Lehre drang erst im 3. Jahrhundert aus der platonischen Philosophie in das Christentum ein und hat seitdem das europäische Denken stark geprägt."

Mischka blickte erstaunt auf. „Ich dachte, die unsterbliche Seele sei ein zentraler Bestandteil des christlichen Glaubens."

Simeon Jarew schüttelte seinen Kopf und lehnte sich bequem zurück. „Nein, sie ist nur ein fester Bestandteil der christlichen Kirche."

„Ist das denn nicht ein und dasselbe?" wollte Mischka wissen.

„Wenn du diese Frage beantworten willst, brauchst du nur die Scheiterhaufen der Inquisition mit den Lehren des Rabbi Jesus vergleichen. – Aber, wir kommen vom Thema ab. Ist der Geist tatsächlich nichts anderes als die Tätigkeit des Hirns, oder benutzt er das Hirn? Das war unser Problem."

Anka räusperte sich.

„Wenn der Geist nur das Hirn benutzt", warf sie ein, „und das behaupten ja einige Sterbeforscher, dann frage ich mich: Warum kann ein Blinder nicht sehen, und warum sollte er nach dem Tod seines Hirns und seiner Augen plötzlich alles wahrnehmen können? Besitzt er etwa geistige Augen? Wenn ja, warum kann er sie nicht schon zu Lebzeiten einsetzen?"

„Ganz recht", pflichtete der Professor seiner Tochter bei. „Die Frage ist also, wenn alle geistigen und seelischen Vorgänge auch ohne Hirn funktionieren, wozu ist dann überhaupt ein Hirn nötig, und weshalb können Alkohol, Drogen oder chirurgische Eingriffe und Krankheiten nichtmaterielle Vorgänge wie Bewußtsein, Denken und Fühlen überhaupt beeinflussen?"

„Grenzt das nicht schon an philosophische Spekulationen?" warf Mischka ein.

Simeon Jarew nickte. „Richtig. Die Philosophie schlägt sich mit Fragen herum, auf die es zunächst keine konkreten Antworten gibt. Aber gerade das Philosophieren hat zu neuen Wissenschaften geführt, nachdem man plötzlich doch etwas Handfestes und Nachprüfbares fand. Die Astronomie und die Psychologie waren im Altertum fester Bestandteil der Philosophie, weil man damals keine konkreten Aussagen über diese Gebiete machen konnte. Heute gehören sie aber zu den Wissenschaften. Wir Psychobiologen tappen in vielen Fragen des menschlichen Geistes im Dunkeln. Wir entwerfen ständig neue Modelle und müssen sie schon bald wieder verwerfen. Wir sind Philosophen und Wissenschaftler in einer Person. Aber gerade das hilft uns bei der Erforschung unseres eigenen Bewußtseins."

Mischka blickte seinen Gastgeber nachdenklich an.

„Eigentlich gilt das doch für alle Wissenschaften", überlegte er. „Denn auch für sie bleibt trotz aller experimentellen Forschungen ein Rest Unsicherheit, den sie nur mit Hilfe von Hypothesen und Spekulationen abdecken können."

Der Professor lächelte zustimmend. „Genau so ist es. In jeder Wissenschaft steckt ein Restbereich Philosophie, vor dem der Wissenschaftler letztlich nur mit leeren Händen steht. Wer das nicht wahrhaben will, hat einen blinden Fleck. Den Astrophysiker beschäftigt der Urknall, der Biologe spekuliert über die Entstehung und Entwicklung des Lebens, und der Psychobiologe stellt Betrachtungen über den menschlichen Geist an. Aber natürlich überwiegt auch bei uns die wissenschaftliche Forschung. Ich beschäftige mich beispielsweise mit den Fragen: Kann man Blinden wieder das Augenlicht schenken? Könnte man nicht eine in Glasaugen eingebaute Miniaturkamera mit dem Sehnerv über ein bioelektrisches Modem verbinden? Könnten Hirnschrittmacher, die beruhigende oder anregende elektrische Impulse aussenden, Geistesgestörte wieder normalisieren? Welche noch unbekannten Neurotransmitter steuern die Nervenfunktionen? Wie werden sie vom Körper erzeugt, und wie könnte man sie synthetisch erzeugen? Wäre es möglich, mit ihrer Hilfe Depressionen, Neurosen und Psychosen schnell und dauerhaft zu heilen?"

„Und bei diesen Forschungen hat man Ihnen keine Unterstützung gegeben?" fragte Mischka ungläubig.

„Nein, Michail. Ich sollte nur synthetische Drogen entwickeln, mit denen man Menschen wie Roboter steuern kann. Dagegen habe ich mich gewehrt. Deshalb wurde ich nach Sibirien verbannt."

Simeon Jarew stand auf und ging zum Fenster hinüber. Schweigend schaute er hinaus auf den herbstlichen Abendhimmel. Mükken schwirrten unter den Zweigen einer Birke nahe dem Haus. Eine Schar Spatzen zankten sich um eine Brotrinde.

Mischka betrachtete die Silhouette des Professors. Seine Schultern erschienen noch gebeugter, als sie ohnehin schon waren. Er konnte den Mann verstehen. Man hatte ihm sein Lebenswerk genommen. Man hatte ihn zur Untätigkeit verurteilt, weil er sich Anordnungen widersetzt hatte, die die Menschenrechte verletzten. Dabei hätte er mit seinen Forschungen vielleicht Tausenden zu einem sinnvollen und glücklichen Dasein verhelfen können. Er schaute zu Anka hinüber. Tränen schimmerten in ihren Augen. Sie schien zu wissen, welche Gefühle in der Brust ihres Vaters tobten.

Der Professor drehte sich langsam um, als hätte er Mischkas Gedanken erraten. „Ich bin noch nicht am Ende meines Weges angelangt. Ich werde meine Forschungen wieder aufnehmen. Unserem Antrag auf Ausreise wird man sicherlich bald stattgeben. Eines Tages werden Anka und ich frei sein, und ich werde an meinen Projekten weiterarbeiten. Dafür lebe ich. Das gibt mir die Kraft, nicht zu verzweifeln."

„Und wenn man Sie als Wissenschaftler und Geheimnisträger nicht gehen läßt?" fragte Mischka sanft.

„Es ist meine Hoffnung!" erwiderte Simeon Jarew bestimmt, als wolle er eigene Zweifel vertreiben. „Eines Tages werden sie mich gehen lassen."

In den nächsten Tagen bereitete Mischka seine Wanderung nach Westen vor. Er überprüfte seine Ausrüstung und stellte Vorräte zusammen. Währenddessen änderte Anka Kleidungsstücke ihres Vaters, so daß sie Mischka paßten. Er konnte nun nicht länger als Jäger und Fallensteller herumlaufen, sondern mußte sich der Zivilisation anpassen, wollte er nicht auffallen.

Jede freie Minute verbrachten Mischka und Anka gemeinsam. Sie wußten, sie gehörten zusammen. Ihre Beziehung war tiefer geworden, und sie hatten den Eindruck, sie würden sich schon Jahre kennen. Natürlich war ihnen auch klar, daß ihre Liebe in Gefahr war. Aber sollte nur einer von ihnen nach Westen gelangen, wollte er für die Ausreiseerlaubnis des anderen politisch kämpfen.

Am Ende der Woche entschloß sich Simeon Jarew, Mischka sein Kanu zur Verfügung zu stellen, das in einem Bach nicht weit vom Haus angebunden lag. Mit ihm konnte Mischka bequem über den Ob bis Salechard paddeln, um von dort aus den Ural zu überqueren. Das Kanu konnte er dort am Bootssteg eines alten Freundes der Jarews anbinden.

Mischka war seinen Gastgebern dankbar und beschloß, für sie einige Tiere zu jagen, damit sie Fleischvorräte für den Winter hatten. Doch zuvor belud er das Kanu mit Lebensmitteln, Kleidung und zwei Decken, so daß er bei Gefahr sofort seine Flucht zu Wasser fortsetzen konnte.

Bisher hatte ihn noch niemand gesehen, obwohl er mit Anka oft zwischen Wäldern und Wiesen spazierengegangen war. Aber je länger er blieb, desto größer wurde die Wahrscheinlichkeit, daß er entdeckt wurde, und es konnten unangenehme Fragen gestellt werden. Je länger er blieb, desto mehr brachte er Anka und ihren Vater in Gefahr.

Am nächsten Tag ging er auf Jagd. Als er sich von Anka verabschiedete, war ihm, als sollte es für immer sein, obwohl er nur wenige Stunden unterwegs sein würde. Er wußte, er liebte sie, und er würde sie immer lieben, egal, was geschehen würde.

„Ich hoffe, ihr erhaltet bald eure Bestätigung aus Moskau, daß ihr ausreisen dürft." Er drückte Simeon Jarew die Hand. „Jedenfalls werde ich in Hamburg auf euch warten, sollte ich eher über die Grenze kommen."

Der Professor lächelte herzlich. „Das würde uns freuen. Aber darüber können wir uns ja heute abend noch einmal ausgiebig unterhalten."

Beide winkten Mischka lange nach, als er den Weg zum Bach hinunterwanderte.

Als Mischka von seinem Jagdausflug zurückkehrte, erschien ihm das Haus seltsam still. Seine geschärften Sinne spürten instinktiv die Gefahr. Lautlos stellte er seine Waffen an der Eingangstür ab und lauschte bewegungslos. Nichts war zu hören! Es war ihm, als wäre das Haus ausgestorben. Anka und ihr Vater wären bestimmt nicht fortgegangen, ohne es ihm vorher mitzuteilen. Irgend etwas war in der Zwischenzeit vorgefallen.

Wie ein Schatten glitt Mischka durch die offene Wohnzimmertür und blickte zum Schreibtisch hinüber. Der Sessel war zum Fenster gedreht. Ein Ellbogen schaute hinter der Lehne hervor.

„Professor", fragte Mischka halblaut, „geht es ihnen gut?"

„Dem Professor geht es nicht gut. Er hat augenblicklich eine Menge Ärger", sagte eine bekannte Stimme.

Der Sessel schwang herum, und Mischka blickte in Leutnant Litschenkos Gesicht.

„Auch seiner Tochter geht es nicht gut", tönte es hinter der Tür. Sie schwang zurück ins Schloß. Mischka blickte in die Mündung von Karatajews Pistole.

„Was habt ihr mit ihnen gemacht?" stieß er hervor. Ein Kloß würgte ihn im Hals. „Was habt ihr Schweine ihnen angetan?"

„Nun beruhige dich, Junge", beschwichtigte ihn Jossif. „Noch ist ihnen nichts passiert. Wir haben sie zunächst nur in Gewahrsam genommen. Bisher konnten wir ihnen nichts vorwerfen, außer daß ein blonder junger Mann bei ihnen wohnt. Das ist kein Verbrechen, wenn dieser Gast kein gesuchter Krimineller oder Feind des Volkes ist. Um das feststellen zu können, mußten wir sie in Schutzhaft nehmen."

Mischka hatte das Gefühl, als würde sich der Boden unter ihm öffnen. Bisher war es immer nur um ihn gegangen. Jetzt aber waren Menschen bedroht, die er liebte. Anka würde das harte Leben in einer Besserungsarbeitskolonie genauso wenig überstehen wie ihr Vater.

„Sie haben nichts verbrochen!" rief er erregt aus. „Sie wußten nicht, wer ich wirklich bin. Ihr könnt sie nicht zur Rechenschaft ziehen!"

„Ob sie etwas gewußt haben oder nicht, wird der KGB-Offizier herausfinden", hörte Mischka Leutnant Iwan Litschenko sagen. „Wenn sie unschuldig sind, wird man sie gehen lassen."

„Was heißt hier, wenn sie unschuldig sind? Welches Recht haben sie denn verletzt, wenn sie einem fremden Menschen Gastfreundschaft gewähren? – Woher nehmt ihr überhaupt das Recht, andere zu diktieren, zu jagen, einzusperren oder zu töten?" Mischka schaute die beiden herausfordernd an.

„Die Herrscher der Vergangenheit erhielten es von den Göttern", erwiderte ihm Litschenko. ‚Ich bin Zar aus Gottes Gnaden', behauptete der russische Monarch. Wie jeder inzwischen weiß, war das gelogen. Wir sind ehrlicher. Wir geben offen zu, daß wir uns diese Macht einfach genommen haben, seid Gott tot ist."

Mischka schüttelte den Kopf. „Kein Tyrann hat das Recht zur Machtausübung von den Göttern erhalten, noch kann er es sich einfach nehmen. Nein, die Macht wird ihnen von den Unterdrückten selbst gegeben, und sie können sie nur deshalb festhalten, weil es Tausende von Handlangern, Spitzeln, Gläubigen, unterwürfigen Kriechern und bereitwilligen Werkzeugen gibt. Ohne Leute wie euch wären die Tyrannen machtlos, neurotische Comicfiguren, tragische Gestalten, die man einfach nicht ernst nehmen kann. Aber euer blinder Gehorsam, eure Angst und Kriecherei gibt ihnen erst Macht."

Fasziniert folgte Iwan Litschenko Mischkas Worten. Was der junge Mann sagte, drückte im Grunde seine eigenen noch unklaren

Gedanken aus. Die Angst vor Oberstleutnant Juri Wdowetschenko und seinem Schergen Chrapow hatte ihn selbst auf Michail Wulffs Fährte vorwärts getrieben. Wdowetschenko fürchtete sich dagegen vor dem Major des KGB, dem wiederum die Angst vor dem Zorn eines Vorgesetzten im Nacken saß. Und ganz oben saßen die wirklich Mächtigen und traten alle anderen in den Boden.

„Nicht die Tyrannen sind es, die ein Volk in den Untergang treiben", ereiferte sich Mischka weiter, „sondern ihre gehorsamen Handlanger, die ihre Herren in Bosheit noch zu übertreffen suchen, um sich deren Gunst und kleine Freiheiten zu sichern. Es sind alle, die schweigend zusehen, wenn das Recht mit Füßen getreten wird. Es sind alle, die gehorsam ihren Nacken beugen, auch wenn sie sich deswegen selbst verachten müssen. Würden die Unterdrückten aufstehen wie ein Mann, könnten sie die Tyrannen von ihren Thronen fegen!"

Karatajew schob seine Pistole in den Halfter zurück, klatschte kurz Beifall und nahm die Waffe wieder in die Hand. Mischka wandte sich ihm zu und blickte ihm direkt in die Augen.

„Du glaubst, kein Handlanger zu sein, nicht wahr, Karatajew? Du fühlst dich stark. Die Waffe in deiner Hand gibt dir Macht. Der kalte Stahl fühlt sich gut an, macht dich sicher. Damit kannst du über Leben und Tod entscheiden. Mein Leben liegt in deiner Hand. Das muß doch ein starkes Gefühl sein, Karatajew! Du bist Herr über Leben und Tod!"

Der Soldat blickte verunsichert zu Litschenko hinüber, der lächelnd zuhörte. Dann ließ er den Arm sinken.

„Ich sage dir, Mann, deine Pistole kann mir keine Angst einflößen. Hier, da stehen die wirklich gefährlichen Waffen." Mischka wandte sich dem Regal zu und fuhr mit dem Zeigefinger über die Bücherrücken. Dann zog er eines der Werke heraus. „Was Menschen gedacht und niedergeschrieben haben, hat unsere Welt mehr verändert als Schwerter, Musketen und Granaten. Auch die Misere unseres Volkes geht auf die Gedanken weniger Menschen zurück. Erst kam die Idee, dann die Begeisterung, die Überzeugung, die Unterwerfung und damit die Unterdrückung."

Mischka kehrte zu Jossif Karatajew zurück. „Nicht du bedrohst mich, auch nicht deine Waffe, sondern deine Geisteshaltung, deine Einstellung, die man dir und anderen mitgegeben hat und die du nicht mehr kritisch hinterfragst."

„Nun halt mal die Luft an, Junge!" knurrte der Soldat. „Dein intellektuelles Gequatsche geht mir langsam auf den Geist! Jetzt nehmen wir dich erst mal mit zurück nach Djatlowo. Da kannst du mit dem Politvizen weiterdiskutieren. Also, sei schön brav und versuche keine deiner Tricks. Diesmal sind wir besser vorbereitet. Draußen warten zwanzig grimmige Männer, die gerne ein Hühnchen mit dir rupfen wollen."

Mischka schaute ihn nur verächtlich an. „Du kapierst einfach gar nichts, Genosse Karatajew! Deine Miliz beeindruckt mich genauso wenig wie der große Jäger Chrapow. Gegen die Waffen des Geistes sind sie machtlos."

Er hielt ihm dabei das Buch entgegen. Der Mann lachte höhnisch auf und hob seine Waffe. In diesem Moment stieß Mischka die Buchkante mit der Kraft seines gestählten Körpers gegen den Unterkiefer seines Gegners. Karatajews Kopf flog unter der Wucht des Angriffs in den Nacken. Er taumelte zurück und sank auf einen hinter ihm stehenden Stuhl. Die Pistole entglitt seiner Hand und polterte zu Boden.

Wie eine Katze glitt Mischka hinter den Stuhl, zog den Kopf des Bewußtlosen an den Haaren über die Lehne und zielte mit der Buchkante auf Karatajews entblößten Hals. „Keine Bewegung, Leutnant, sonst schlage ich ihm den Kehlkopf ein!"

Mischkas Gesicht verriet wilde Entschlossenheit. Benommen von dem Geschehen, sank Litschenko in seinen Sessel zurück und versuchte, einen klaren Gedanken zu fassen.

„Nimm die Pistole vorsichtig aus dem Halfter, und wirf sie zu mir rüber. Versuch nicht, den Helden zu spielen, sonst hat Karatajew ausgesorgt! Ich meine es ernst!"

Betont langsam richtete Litschenko sich auf, zog die Waffe mit zwei Fingern aus der Gürteltasche und warf sie Mischka zu.

„Du bist nicht besser als die, die du anklagst, Michail Wulff", sagte er tonlos. „Deine Mittel sind nicht immer fair."

„Nicht fair?" gab Mischka zurück. „Ist es etwa fair, daß ihr mich wie ein wildes Tier jagt? Ist es fair, wenn ihr Unschuldige zur Rechenschaft zieht? Soll ich mich eurem angemaßten Recht unterwürfig beugen? Dürft ihr befehlen und quälen und ich nur leiden? Nein, Litschenko, du verdrehst die Wahrheit."

Mischka warf das Buch zur Seite, bückte sich rasch, hob die beiden Pistolen auf und schob sie in seinen Gürtel. „Wenn Gott wirklich tot sein sollte, wie ihr selbst behauptet, dann ist alles erlaubt. Dann habe ich auch die gleichen Rechte wie die Funktionäre und Parteigenossen unseres Staates, die Rechte des augenblicklich Stärkeren und Klügeren."

Er öffnete den Gürtel des bewußtlosen Soldaten und schnallte ihn über den Armen an der Stuhllehne fest, ohne Litschenko aus den Augen zu verlieren.

„Wenn aber Gott nicht tot ist, dann sind alle Menschen gleich und ihm gegenüber verantwortlich. Auch dann hat niemand ein Recht, den Nächsten zu versklaven. Du kannst es also drehen und wenden, wie du willst, es gibt kein Recht, mir meine Freiheit auf Selbstbestimmung zu nehmen!"

Litschenko schwieg einen Moment. Schließlich richtete er sich auf und sagte: „Du hast recht. Erziehung, Gewohnheit und Angst vor den Konsequenzen einer Befehlsverweigerung lassen uns in der Spur der Vorgesetzten und Oberen laufen. Jeder versucht doch, auf dieser Welt sein kleines Glück aufzubauen. Solange wir uns in das herrschende System einfügen, läßt man uns zufrieden. Nur wenige sind Märtyrer und Idealisten."

Er schaute gedankenverloren in die Ferne. „Mein Großvater war ein Idealist wie du, ein Kämpfer für die Freiheit. Er verließ Hof und Familie, um die Unterdrücker von ihren Thronen zu fegen – wie du gefordert hast –, und verendete nach einem Bauchschuß unter großen Qualen. Was hatte er von seinem Leben? Wofür ist er gestorben, wenn seine Ideale nur Utopie waren?"

Iwan Litschenko schaute Mischka direkt an. „Kannst du nicht verstehen, Michail Wulff, daß ich einfach nur leben will, daß ich mein kleines Glück mit meiner Familie genießen möchte und mich deshalb den Zwängen der Gesellschaft beuge? Ist es nicht besser, eingeschränkt zu leben, als ein toter Idealist zu sein?"

„Genau das ist die Lebenshaltung, die Machtausübung und Unterdrückung erst möglich machen, Leutnant. Nicht Religion und Vertröstung auf eine bessere Zukunft, sondern Brot und Spiele sind Opium des Volkes."

Litschenko schüttelte den Kopf. „Nicht Brot und Spiele. Es ist einfach der Durst nach Leben. Man hat uns die Hoffnung auf ein Jenseits genommen. Also bleibt uns nur das Heute. Unsere Generation sieht keinen Sinn mehr darin, für eine Zukunft zu kämpfen, die sie selbst nicht erlebt. Deshalb tun wir alles, um das zu genießen, was uns geblieben ist."

„Auch wenn ihr dafür Unschuldige verfolgen und quälen müßt, nicht wahr?" gab Mischka zurück.

Litschenko zuckte die Schultern. „Ich glaube, wir drehen uns im Kreis. Vielleicht wirst du mich eines Tages verstehen. Idealismus ist ein Vorrecht der Jugend. Man kann ihn aber nicht sein ganzes Leben aufrechthalten. Ich bin auch nüchterner geworden. Vor zehn Jahren noch hätte ich dir zugestimmt. Jetzt aber hofft meine Familie, daß mein dienstlicher Erfolg ihr kleines Glück und ihre Zukunft sichert, und dabei wissen sie nicht einmal, was für ein Mensch du bist."

Mischka stand bewegungslos im Raum und schwieg.

„Und was nun?" fragte Litschenko ihn.

„Jetzt gibst du deinen Männern den Befehl abzuziehen."

Mischka zog eine der Pistolen und zielte direkt auf den Kopf des Leutnants. „Also, los! Geh zur Tür und erteile deine Befehle."

Litschenko erhob sich aus dem Sessel und ging mit steifen Beinen durch den kurzen Flur zur Haustür. Aus den Augenwinkeln beobachtete er, wie Mischka ihm im sicheren Abstand folgte, die Waffe weiterhin auf seinen Kopf gerichtet.

Er ist uns bisher immer einen Schritt voraus gewesen, dachte er, wenn wir ihm Zeit zum Überlegen gegeben haben. Immer noch empfand er Sympathie für den jungen Mann, der mit allen Mitteln um seine Rechte kämpfte. Michail Wulff erschien ihm wie ein sibirischer Tiger, der nur in der Freiheit der Wildnis seine Bestimmung entfalten kann.

Nachdem die Miliz abgezogen war, kehrten sie ins Wohnzimmer zurück. Jossif Karatajew war inzwischen aus seiner Bewußtlosigkeit erwacht und zerrte am Gürtel. Sein Kiefer war geschwollen und begann, blau anzulaufen. Er schaute Mischka haßerfüllt an.

„Hund!" stieß er zwischen den Zähnen hervor. Das Sprechen fiel ihm schwer.

„Mann, sei froh, daß ich dir mit dem Buch nicht das Nasenbein oder den Kehlkopf eingeschlagen habe", gab Mischka zurück. „Ein Buch kann zur tödlichen Waffe werden, aber das hast du ja nicht glauben wollen. Sei froh, daß ich dich geschont habe."

„Nächstes Mal werde ich dich gleich abknallen!" zischte Jossif.

„Es wird kein nächstes Mal geben, Karatajew, das verspreche ich dir."

Mischka wandte sich Litschenko zu. „Übrigens, wo steckt Olejnik Chrapow? Hat er schon das Handtuch geworfen?"

„Nein, er versucht auf eigene Faust, deine Spur aufzunehmen. Seit einigen Tagen haben wir nichts mehr von ihm gehört. Aber er wird wieder auftauchen, da kannst du sicher sein. Er hat dir nämlich ewige Rache geschworen!"

Mischka lächelte. „Es hätte genügt, wenn er seine Rache auf dreißig Jahre beschränkt hätte, denn ewig wird er sicherlich nicht leben. – So, nun kannst du unseren Genossen Karatajew befreien, und dann darf ich die Herren in den Flur bitten."

Die beiden Männer gehorchten dem jungen Mann mit gemischten Gefühlen. Er würde sie sicherlich nicht einfach laufen lassen. Dafür kannten sie ihn schon zu gut.

Als hätte er ihre Gedanken erraten, erklärte Mischka ihnen: „Ich brauche natürlich einen kleinen Vorsprung. Deshalb muß ich euch bitten, einige Stunden im Schrank zu verbringen."

Er öffnete die Tür des alten Eichenschrankes, trat zurück und bedeutete den beiden mit der Waffe, in den Schrank zu treten. Nachdem er ihn verschlossen hatte, sicherte er die Tür zusätzlich mit einem Besenstiel, den er zwischen Schrank und Wand klemmte. „Sicherlich wird man euch bald finden und befreien. Und vergeßt nicht: Ich habe euch geschont. Also schont auch den Professor und seine Tochter. Sie haben keine Schuld auf sich geladen. Gastfreundschaft ist eine der guten Traditionen unseres Volkes. Dafür könnt ihr sie nicht bestrafen. Werdet nicht zu Handlangern des Unrechts!"

Mischka suchte eilig einige wichtige Ausrüstungsgegenstände zusammen, stopfte alles in seinen Rucksack und schulterte das Gepäck. Der größte Teil seiner Ausrüstung lag sowieso schon im Kanu verstaut. Er hörte, wie die beiden Männer sich vergeblich gegen die Schranktür warfen, klopfte noch einmal an die Seitenwand und rief ihnen zu: „Das ist noch gute alte Handarbeit aus der Zeit der Zaren. Schont also eure Kräfte. Ich denke, wir werden uns nicht wiedersehen. Deshalb wünsche ich trotz des beruflichen Mißerfolgs viel Glück im Privatleben!"

Er hörte noch, wie Karatajew einen Fluch ausstieß, ehe er die Haustür hinter sich ins Schloß warf. So schnell er konnte, lief er im Zickzack zum Waldrand. Er wollte nichts riskieren. Vielleicht war ein Scharfschütze zurückgeblieben, um ihn zu erledigen, wenn er das Haus verließ. Aber nichts geschah.

Ehe er zwischen den Zweigen verschwand, blickte er noch einmal wehmütig zurück. Wie Veras Kate war dieses Haus für ihn zur Heimat geworden. Hier hatte er seine Liebe gefunden. Ach Anka, dachte er, werde ich dich jemals wiedersehen. Wird meine Flucht gelingen, und wird man dich und deinen Vater ausreisen lassen, nachdem ihr mich in euer Haus aufgenommen habt? Werden wir jemals frei sein? Oder sind wir nur Träumer gewesen?

Mischka lief mit gleichmäßigen Schritten den Weg zum Bach hinunter. Am Ufer zog er seine Stiefel aus und sprang genau an der Stelle ins Wasser, an der er bei seiner Rückkehr von der Jagd den Bach überquert hatte. Natürlich würden sie noch heute Suchhunde auf seine Spur setzen. Deswegen markierte er das andere Ufer mit Fußabdrücken, so daß seine Verfolger in seiner alten Spur in einer

Schleife wieder zum Haus zurückgeführt wurden. Das gab ihm genügend Zeit, um seinen Vorsprung auszubauen und sich in Sicherheit zu bringen.

Dann watete er durch das Wasser, bis er die Stelle erreichte, an der das Kanu versteckt lag. Er verstaute seine Ausrüstung, band das Kanu los und paddelte den Bach hinunter. Eine halbe Stunde später erreichte er den Ob. Er überquerte den breiten Strom und ließ sich mit der Strömung flußabwärts treiben. Wenn ein Lastkahn oder ein Motorboot auftauchte, legte er sich zurück, schob den Hut des Professors über sein Gesicht und spielte den Freizeitkapitän. Innerlich aber brodelte er vor Wut und Erregung. Die Festnahme von Simeon Jarew und seiner Anka beschäftigte ihn mehr als die Fortsetzung seiner Flucht.

Er war schließlich schuld daran, daß man die beiden zum KGB geschleppt hatte. Wäre er nur nicht so lange bei ihnen geblieben! Er hatte auf ihre Kosten gelebt, sie in Gefahr gebracht und vielleicht sogar ihre Ausreise verhindert. Bei der Unberechenbarkeit der Geheimpolizei war es sogar möglich, daß man sie zu mehreren Jahren Haft verurteilte. Mischka ballte die Fäuste. Er hätte Litschenko und Karatajew am liebsten windelweich geprügelt. Aber aus Rücksicht auf Anka und ihren Vater mußte er sich beherrschen. Schließlich sollten die beiden Männer dafür sorgen, daß der KGB keine weiteren Schritte gegen die Jarews unternahm und sie als harmlos und unwissend laufen ließ. Auf der anderen Seite hatte er bei dem Leutnant so etwas wie Sympathie gespürt. Warum, konnte er sich nicht genau erklären. Vielleicht war der Mann gar nicht so, wie er immer tat. Vielleicht steckte er selbst bis zum Hals in Schwierigkeiten und konnte Michail Wulffs Flucht verstehen. Er hoffte es jedenfalls. Er hoffte es für Anka.

Ein Glück, daß Chrapow nicht dabei gewesen war. Gegen drei hätte er nur wenig Chancen gehabt. Außerdem war dieser Mann von einer Grausamkeit und Unversöhnlichkeit beherrscht, daß er seinen Haß auch an Unschuldigen austoben würde. Natürlich würde er sofort eingeflogen werden. Aber der Jäger konnte auf dem Wasser seiner Spur nicht folgen.

Der Ob wandte sich nach Westen und kurz danach wieder nach Norden. In der Biegung des Stromes tauchte, wie von Anka beschrieben, die Mündung eines Wasserlaufes auf, hinter der sich ein ausgedehntes Sumpfgebiet mit Seen, Wäldern und Bächen erstreckte. Mischka steuerte das Kanu in den Fluß, paddelte stromaufwärts und bog dann in einen der vielen Bachläufe ein. Eine Stunde später manövrierte er das Kanu unter die tiefhängenden

Äste eines ihm unbekannten Baumes. Die Blätter waren dicht und ließen noch nicht einmal das Tageslicht hindurch. Es war ein idealer Ort, um sich einige Tage zu verstecken, bis man ihn in dieser Gegend nicht mehr suchte. Bisher hatte er oft schnell das Weite gesucht und viele Kilometer zwischen sich und seine Verfolgern gebracht. Diesmal wollte er abwarten, bis die Luft rein war. Er hoffte, daß man seine Taktik nicht durchschaute.

Vorräte hatte er jedenfalls für mindestens zwei Wochen. Aber so lange wollte er nicht in seinem Versteck abwarten. Er brauchte die Lebensmittel dringend für den zweiten Teil seiner Flucht. Er durfte sich nicht darauf verlassen, seine Vorräte durch Wildpflanzen ergänzen zu können. Nur wenige Sumpfpflanzen waren genießbar. Außerdem wollte er sich nicht der Gefahr aussetzen, in einem der zahlreichen Moorlöcher zu versinken, um fünfhundert Jahre später von einem Torfstecher ausgegraben zu werden. Auch sein Wasservorrat war begrenzt, und er bezweifelte, ob die braune Brühe der Bachläufe trinkbar war.

Nachdem er das Kanu festgebunden hatte, kroch er in seinen abgewetzten Schlafsack und zog eine Decke über den Kopf, um sich vor den Plagegeistern des Sumpfes zu schützen. Obwohl es schon ziemlich kalt geworden war, schwirrte die Luft tagsüber von Mücken. Trotz seiner Müdigkeit konnte er nicht einschlafen. Anka und ihr Vater gingen ihm nicht aus dem Kopf.

Hoffentlich sind sie inzwischen wieder auf freien Fuß gesetzt worden! dachte er.

Aber gleichzeitig bezweifelte er, daß man sie so schnell wieder laufen lassen würde. Bestimmt hatten sie eine harte Zeit der Verhöre vor sich. Man würde sie immer wieder befragen, ihnen Fangfragen stellen, sie aushorchen, um zu erfahren, welchen Weg er nehmen würde und wie seine Zukunftspläne aussahen. Auch wenn sie beteuerten, nichts von dem Fremden erfahren zu haben, außer, daß er ein seltsamer Abenteurer sei, der Anka vor Wölfen beschützt hatte – sie würden in sie dringen in der Hoffnung, daß Mischka sich irgendwann einmal verraten haben könnte. Er kannte diese Leute inzwischen zur Genüge.

Am nächsten Morgen wachte er durch das Schlagen von Rotorblättern auf. Es mußten mindestens zwei Hubschrauber sein, die einige Kilometer entfernt über die Taiga flogen. Mischka zweifelte keine Sekunde daran, daß man die Sümpfe nach ihm absuchte. Um nicht durch Infrarot-Kameras entdeckt zu werden, spannte er eine tropfnasse Decke über das Kanu, legte zur Sicherheit noch einige Zweige darüber und kroch zusätzlich in seinen Schlafsack. Er hoffte, daß durch diese Maßnahmen von den Kameras keine Wärmestrahlen seines Körpers aufgefangen werden konnten.

Die Hubschrauber kamen näher. Sie flogen anscheinend das Gebiet systematisch ab. Mischka stockte der Atem, als einer der Helikopter sein Versteck überflog. Doch der Pilot hielt nicht an und kehrte auch nicht zurück. Sie hatten ihn nicht entdeckt. Angst und Spannung fielen von ihm ab. Er hatte es wieder einmal geschafft. Schließlich verloren sich die Fluggeräusche in der Ferne.

Mischka streifte die Decke zurück und kroch aus dem Schlafsack. Dann rieb er sich mit einer Flüssigkeit ein, die Anka aus einem wildwachsenden Strauch gewonnen und mit Öl vermischt hatte. Sie roch beinahe angenehm und hielt Mücken für einen halben Tag fern. Den Namen des Strauches hatte er schon wieder vergessen. Man könnte, dachte er, dieses Mückenschutzmittel vielleicht in großen Mengen herstellen und als Dschungelöl vertreiben. Diese Plagegeister gibt es doch in jedem Land der Erde, und weil es aus natürlichen Substanzen besteht, wird es bestimmt eine große Käuferschicht interessieren. Unternehmergeist erfaßte ihn. In Gedanken sah er sich und Anka durch eine Plantage wandern und die Büsche prüfen, aus denen sie die Grundsubstanz ihres Produktes gewinnen würden. Ein wachsendes Unternehmen würden sie besitzen und ein Häuschen, das geschmackvoll eingerichtet wäre. Davor ein Klettergerüst und einen Sandkasten für ihre Kinder.

Ein scharfer Schmerz fuhr durch seinen rechten Arm, der über die Bordwand des Kanus hing. Mischka fuhr hoch und starrte auf die zwei winzigen roten Flecken am Unterarm.

Eine Schlange schoß durch das Gebüsch davon. Ihre Rückenzeichnung ließ Mischka erschrecken. Eine Kreuzotter! Er riß sein Messer aus der Scheide und schnitt kreuzweise tief in das Fleisch des Unterarms. Blut schoß heraus. Während er die Wunde aussaugte und das Blut in den Bach spuckte, wickelte er mit der anderen Hand sein Halstuch um den Oberarm, verknotete es, steckte einen der Kampfstöcke darunter und drehte ihn, bis er keinen Puls mehr am Handgelenk spürte. Mit einem Schnürsenkel befestigte er den Stock am Unterarm.

Verzweifelt versuchte er nun, das Gift aus der Wunde zu saugen. Er massierte den Arm, um vergiftetes Blut zur Wunde zu befördern. Auf Schmerzen achtete er nicht. Er saugte und spuckte, saugte und spuckte. Sein Arm wurde blau und gefühllos. Mischka drehte den Stock drei Umdrehungen zurück, so daß wieder Blut und Leben in den Arm strömte. Dann drückte er die Adern wieder ab.

Immer wieder saugte er die Wunde aus. Dann öffnete er kurz die Oberarmpresse und schloß sie wieder. Er mußte eine Unterversorgung seines Armes mit Blut und Sauerstoff verhindern, sonst würde er die Muskulatur schwer schädigen. Er hatte keine Ahnung, wie lange er die Armpresse geschlossen halten durfte. Ihm war die Wirkung von Schlangengiften unbekannt. Er wußte auch nicht, wie oft er diese Prozedur wiederholen mußte, bis das Restgift ihm nicht mehr schaden konnte. Auf jeden Fall glaubte er, daß ein Zuviel hier nur von Vorteil sein konnte.

Als die Muskeln zu schmerzen begannen, entschloß er sich, die Oberarmpresse endgültig zu öffnen. Dann wickelte er eine Handvoll Holzkohle in das Tuch und band dieses über die Wunde. Er legte sich auf seinen Schlafsack und hoffte, daß die Holzkohle das restliche Gift aufsaugen würde.

Am Abend mußte er feststellen, daß sein Unterarm leicht geschwollen und rotblau angelaufen war. Er öffnete noch einmal die Wunde mit dem Messer und verband sie danach wieder mit einem Holzkohlewickel. Seine Hände waren trotz der abendlichen Kühle schweißnaß, und seine Stirn war fiebrig heiß. Der Körper hatte den Kampf gegen das Schlangengift aufgenommen.

Obwohl Mischka nicht wußte, wie dieser Kampf enden würde, fühlte er sich merkwürdig ruhig. Er hatte keine Angst vor einer Niederlage. Die Schlange hatte scheinbar ihre Giftdrüse kurz zuvor in ein anderes Opfer entleert. Sonst hätte er sich anders gefühlt. Den größten Teil des Giftes hatte er aus dem Arm gesaugt. Mit dem Rest würde sein Immunsystem schon fertig werden. Mit diesen Gedanken versuchte er, sich selbst Mut zu machen.

Dann spürte er jedoch, wie das Fieber von Stunde zu Stunde stieg. Die Entzündung pochte im Arm und ließ ihn weiter anschwellen. Mischka versuchte, gegen die aufkommende Müdigkeit anzukämpfen, doch schließlich schwand ihm das Bewußtsein. Er sank in einen fiebrigen Halbschlaf. Wirre Traumfetzen wirbelten durch seinen Kopf, schreckten ihn hoch, ließen Schweißperlen über seine Stirn laufen.

Unruhig warf sich Mischka im Kanu hin und her. Er spürte nicht die Mücken, die gierig ihre Rüssel in seinen Körper bohrten und sein vergiftetes Blut aufsaugten. Er sah nicht, wie der Vollmond die Nebelschwaden des Sumpfes mit einem silbrigen Licht durchflutete. Er fühlte weder die wärmenden Strahlen der Morgensonne, noch hörte er das Geschrei der Wildgänse, die vor dem Winter nach Süden flohen. Dunkelheit hielt seine Sinne gefangen.

Wie lange das Fieber ihn geschüttelt hatte, wußte er nicht zu sagen. Waren es zwei oder drei Tage gewesen? Als Mischka die Augen aufschlug, stand die Sonne am Horizont und färbte den Himmel gelb-orange. Er richtete sich auf und versuchte, sich zu erinnern. Bart und Haare waren vom Schweiß verklebt. Die Kleider stanken. Der rechte Arm schmerzte und war immer noch steif und geschwollen. Sein Hals war trocken und rauh wie Sandpapier. Gierig trank er eine der Wasserflaschen leer. Die Flüssigkeit weckte seine Lebensgeister. Trotzdem fühlte er sich immer noch, als hätte eine Rentierherde ihn niedergetrampelt.

Mischka sank zurück und atmete tief durch. Sein Körper hatte die Schlacht gegen das Schlangengift gewonnen. Das Leben hatte ihn wieder. Er spürte, wie eine unbändige Freude in ihm emporstieg. Doch sein Lachen klang wie das Husten eines Asthmakranken. Tränen liefen aus den Augenwinkeln, und er wußte, er würde die Freiheit sehen – und das Mädchen, das er liebte.

Eine Woche später brach Mischka mit dem Kanu auf, um weiter den Fluß hinabzupaddeln. Man würde ihn jetzt wohl kaum noch hier vermuten. Mit der Kleidung Simeon Jarews, die Anka für ihn umgeschneidert hatte, würde er niemandem auffallen, der ihn nicht kannte. Trotzdem erlaubte er sich weder Nachlässigkeit noch Leichtsinn. Er durfte das Glück nicht herausfordern. Deshalb fuhr er nur im Schutze der Dunkelheit den Fluß hinunter und verbarg sich tagsüber im Ufergebüsch.

In der Dämmerung des dritten Tages sah er die Lichter einer größeren Stadt auftauchen. Mischka steuerte das Kanu ans Ufer, hob es aus dem Wasser und schob es unter einen dichten Strauch. Dann rollte er sich gut getarnt in seinen Schlafsack. Morgen nacht endete seine Kanutour. Er kehrte in die Zivilisation zurück und wollte ihre Möglichkeiten für seine weitere Flucht nutzen.

Mischka erinnerte sich noch daran, wie Anka ihn deswegen ausfragen wollte. Aber er hatte ihr die Hand auf den Mund gelegt und gesagt: „Es ist besser, du kennst meine Pläne nicht. Dann kann man dir auch nichts anhaben."

Anka hatte stumm genickt. Sie verstand ihn. Am liebsten hätte er ihr damals von den zwei Jugendlichen erzählt, die mehrmals mit dem Zug von Prag nach London gereist waren, um an Rockkonzerten teilzunehmen, ohne daß man sie bei den Grenzkontrollen entdeckt hatte. Sie waren jedesmal durch eine Luke in den Versorgungstunnel geklettert, der unter dem Zugdach entlanglief. Diese Luken befanden sich in den Zugtoiletten. Im Versorgungstunnel war es auch im Winter noch warm, weil dort die Heizungsrohre lagen. Mischka wollte es den Jugendlichen nachmachen. Die Versorgungstunnel wurden nur bei Reparaturen inspiziert. So konnte er unentdeckt durch Rußland reisen und damit seine Flucht nach Westen beschleunigen.

Am nächsten Abend verstaute Mischka seine Ausrüstung wieder im Kanu. Nur Speer, Pfeile und Bogen und andere sperrige oder verräterische Gegenstände mußte er zurücklassen. Es fiel ihm schwer, sich gerade vom Jagdbogen zu trennen. Er hatte ihm geholfen, in der Taiga zu überleben. Auch wenn dem Bogen inzwischen viel von seiner Spannkraft verlorengegangen war, er war für Mischka ein wichtiges Erinnerungsstück. In der Öffentlichkeit würde er jedoch zuviel Aufmerksamkeit erregen. Mit einem Gefühl des Bedauerns schob er ihn zu der anderen Ausrüstung, die er aus gleichen Gründen zurücklassen mußte, unter den Busch.

Bei Anbruch der Dunkelheit war er schon wieder unterwegs. Gegen Mitternacht erreichte er Salechard und paddelte im Schutz des Uferschattens weiter, bis er sich in Höhe der Stadtmitte glaubte. An einer unbeleuchteten Anlegestelle stieg er aus, stieß das Kanu in die Strömung, schulterte seinen Rucksack und machte sich auf den Weg zum Bahnhof.

Die Straßen waren wie leergefegt. Mischka bewegte sich, als wäre er ein verspäteter Wanderer, der seiner Wohnung zustrebt. Ein Betrunkener torkelte an ihm vorbei, lallte etwas von miesem Fusel und verschwand in einem Vorgarten, um ausgiebig zu urinieren.

Anka hatte ihm eine Straßenskizze angefertigt, mit der er sich leidlich zurechtfinden konnte. Zum Bahnhof waren es nur noch wenige Kilometer. Doch er mußte dabei einige Hauptstraßen überqueren, auf denen auch zur Nachtzeit noch Autos und vereinzelte Menschen unterwegs waren, wahrscheinlich auch Streifenwagen der Miliz. Er hatte keine Lust, ihnen zu begegnen.

So schlug er sich durch Seitenstraßen und dunkle Gassen, immer bereit, in einer Nische, einem Garten oder einem Hauseingang zu verschwinden, sollte er sich in Gefahr wähnen. Die innere Anspannung ließ ihn schwitzen, auch wenn die Nachtluft frostig war.

Ein Wagen bog um die Ecke. Mischka konnte im Schein einer Straßenlaterne das Blaulicht auf dem Autodach erkennen. Er schlüpfte in eine Nebengasse und lief mit langen Schritten den holprigen und mit Schlaglöchern übersäten Weg hinab. Plötzlich wußte er, daß er in der Falle steckte, sollte der Wagen der Miliz ihm folgen. Ein dunkler Wall versperrte den Weg. Er war in eine Sackgasse gelaufen.

Der Wagen hielt am Eingang der Gasse. Mischka fühlte die Blicke der Beamten. Wie eine Katze glitt er im Schutz der Häuserschatten auf den Wall zu. Der Motor des Wagens heulte auf. Dann bohrten sich seine Scheinwerfer in die Dunkelheit der Gasse.

Mischka versuchte, ihnen zu entkommen. Angst beflügelte seine Schritte. Er hörte, wie das Auto durch die Schlaglöcher die Gasse hinunterpolterte. Er erreichte den Wall und begann, ihn emporzuklettern. Die Erde erzitterte plötzlich unter seinen Füßen. Ein metallischer Klang erfüllte die Luft – der Klang von Rädern, die auf Schienen laufen. Der Wall war ein Bahngleis!

Er achtete nicht auf die Dornen, die seine Hände aufrissen. Er spürte nicht die Schmerzen, als er sich sein Knie aufschlug. Er dachte nur daran, sich in Sicherheit zu bringen. Der Zug schien seine Geschwindigkeit zu verlangsamen. Offensichtlich fuhr er auf den Bahnhof zu, den er nicht mit hohem Tempo durchqueren konnte.

Mischka überquerte die Gleise, rutschte auf der anderen Seite den Bahndamm hinab und begann, einen Trampelpfad entlangzustolpern, der parallel zu den Schienen lief. Die Lichter einer Lokomotive tauchten auf. Es war ein Güterzug. Mischka blieb kurz stehen, um Luft zu holen. Er hatte Glück gehabt. Die vielen Anhänger des Güterzuges gaben ihm genügend Vorsprung, um die Miliz abzuhängen, sollten sie seine Verfolgung fortsetzen. Mit schnellen Schritten rannte er den Weg entlang.

Als die beiden Milizbeamten den Bahndamm erreichten, donnerten die ersten Waggons des Güterzuges vorbei. Der Beifahrer stieg aus und leuchtete Gasse, Häuser und Damm mit einer Stablampe ab. Dann schüttelte er den Kopf und stieg in den Wagen zurück.

„Nichts zu sehen, Genosse Pawlik, vielleicht haben wir uns getäuscht. Das war bestimmt kein Einbrecher, der seine Beute in Sicherheit bringen wollte. Du bist wahrscheinlich schon ein wenig übermüdet und siehst Gespenster."

„Mag sein", brummte der Angesprochene. „Nachtstreife ist auch der blödeste Job bei der Miliz. Besonders, wenn man am Abend vorher mit der Familie gefeiert hat. Während andere sich in warme Decken kuscheln können, sollen wir für Ruhe und Ordnung sorgen. Ich hab' auch keine Lust, durch dieses Dornengestrüpp einem Phantom nachzujagen."

„Und wenn es kein Phantom war, ist der Kerl sowieso schon über alle Berge, bis der letzte Waggon vorbei ist. – Möchtest du noch einen letzten Schluck, Genosse Pawlik?"

„Aber doch nicht im Dienst und nicht, wenn ich am Steuer sitze“, witzelte der, griff die angebotene Flasche und leerte sie.

Über den Dächern tauchte das gelbe Licht der Bahnhofsbeleuchtung auf. Sie war so spärlich, daß er keine Angst haben mußte, gesehen zu werden. Im Schutz einer Baracke beobachtete er die Schienenanlage, bis er auf einem Abstellgleis eine Reihe von Personenwaggons erblickte. Wie ein dunkler Schatten glitt er zwischen Gleisen und Eisenbahnwagen zu diesen Waggons hinüber. Tatsächlich, auf dem Bestimmungsschild stand Moskau. Morgen früh würde der Zug in Richtung Hauptstadt rollen – und zwar mit ihm.

Er blickte sich um, öffnete die Tür des letzten Waggons und schlüpfte hinein. In der Toilette öffnete er die Einstiegsluke zum Versorgungstunnel. Dann warf er sein Gepäck hinauf, stieg auf den Toilettenrand und zog sich hoch. Oben im Versorgungstunnel roch es nach Schmiere, Metall und abgestandener Luft.

Mischka stieg noch einmal hinunter, öffnete das Toilettenfenster einen Spaltbreit und kletterte wieder zurück. Dann rollte er seinen Schlafsack aus und machte es sich gemütlich. Als er müde wurde, schloß er die Luke und verkeilte ihren Riegel zusätzlich. Sollte jemand in den Versorgungstunnel steigen wollen, würde er ihn nicht überraschen können. Kam er von der anderen Seite, hatte er immer noch genügend Zeit zu verschwinden. Er bezweifelte aber, daß einer der Bahnarbeiter am Rande der Zivilisation hier nach dem Rechten schauen würde. Eine Reparatur würde man, wenn irgend möglich, den Genossen im Moskauer Zentralbahnhof überlassen.

Ein unsanfter Stoß weckte ihn aus dem Schlaf. Mischka schreckte empor, stieß sich den Kopf am niedrigen Wagendach und fluchte leise. Langsam dämmerte es ihm, wo er sich befand. Eine Lokomotive hatte angedockt. Gleich würde der Zug in den Bahnhof einfahren und die ersten Passagiere würden einsteigen. Er beneidete die Menschen, die es sich auf den Polstern bequem machen konnten. Aber hier unter dem Wagendach war es immer noch besser zu reisen, als zu Fuß den Ural überqueren zu müssen. Der Winter stand vor der Tür und würde innerhalb der nächsten Tage einen weißen Teppich über die Landschaft legen.

Schritte hallten durch den Waggon. Türen wurden geöffnet und geschlossen. Wahrscheinlich kontrollierte der Schaffner noch einmal alle Abteile. Mischka hielt den Atem an, als der Mann kurz die Toilettentür öffnete. Er spürte regelrecht den Blick des Schaffners, als könnten seine Augen die Decke durchdringen.

Hatten seine Schuhe eine Schmutzspur auf dem Toilettendekkel hinterlassen, ein verräterisches Zeichen seiner Gegenwart? Mischka atmete auf, als der Mann die Tür wieder schloß und etwas in seinen Bart brummelte. Offensichtlich hatte er nichts gesehen.

Wenige Minuten später setzte sich der Zug in Bewegung und fuhr in den Bahnhof ein. Füße trampelten durch den Gang unter ihm. Gepäckstücke wurden über den Boden geschleift und ins Gepäcknetz geworfen. Gedämpft hörte Mischka die Stimmen der Fahrgäste. Er konnte sie nicht verstehen, und das beruhigte ihn. Wenn er sie nicht hörte, würden sie auch ihn nicht hören, falls er einmal mehr Lärm als nötig machte. Als der Zug aus dem Bahnhof rollte, schwanden auch diese Sorgen. Das Rütteln und Schlingern der Waggons übertönte jeden anderen Laut.

Beruhigt rollte sich Mischka wieder in seinen Schlafsack und schloß die Augen. Die Wärme, die bald darauf durch die Heizungsrohre strömte, ließ ihn wieder müde werden. Kurze Zeit später schlief er tief und fest.

In den nächsten Tagen verlor er sein Zeitempfinden. Zwar fiel tagsüber spärliches Licht durch die Belüftungsschlitze des Wagendaches, aber das gleichmäßige „Tak–tak–tok“ der Räder lullte ihn ein. Wenn er auf die Toilette mußte, horchte er zuerst, ob jemand den Gang herunterkam. Hörte er nichts Verdächtiges, kletterte er durch die Luke nach unten und verriegelte die Tür. So konnte er sich auch ein wenig Körperpflege gönnen.

Nur einmal war die Lage kritisch geworden, als ein Mann gegen die Tür hämmerte und ihm befahl, er solle sich beeilen. Nachdem Mischka aber zurückgebrüllt hatte, er habe einen Durchfall und es bestände keine Aussicht, daß er innerhalb der nächsten zwanzig Minuten herauskommen würde, hatte der Mann sich getrollt und die Toilette in einem anderen Waggon aufgesucht.

Jedesmal, wenn die Bremsen quietschten und der Zug in einem Bahnhof zum Stehen kam, horchte Mischka angestrengt auf die Ansage auf dem Bahnsteig. Oft unterblieb sie, vielleicht weil der Bahnhof zu unbedeutend war oder weil der diensthabende Genosse keine Lust hatte, den Fahrgästen mitzuteilen, wo sie sich befanden.

Es war schon Nacht, als Mischka den Namen einer Station hörte, die ihn hellwach werden ließ. Der nächste Bahnhof war Kotlas. Dort mußte er aussteigen und den Zug wechseln. Nachdem die Lokomotive wieder angefahren war, zog er sich um und packte seine Sachen zusammen. Dann wartete er aufs äußerste angespannt. Im Waggon unter ihm war es still geworden. Die meisten der Reisenden lagen sicherlich in tiefem Schlaf, verkrümmt auf den Sitzen, ihr Handgepäck fest unter den Arm geklemmt.

Der Zug bremste und rollte dann mit niedriger Geschwindigkeit über holprige Gleise und Weichen. Mischka öffnete die Luke, kletterte hinunter und sperrte die Toilettentür zu. Dann holte er sein Gepäck und verschloß den Versorgungskanal wieder mit dem Lukendeckel. Anschließend überprüfte er sein Aussehen. Mit der Kleidung des Professors würde er in Kotlas bestimmt nicht auffallen.

Die Räder kreischten, als die Bremsen anzogen. Ein letzter Ruck, und der Zug stand still. Mischka öffnete die Toilettentür und trat in den Gang. Eine Handvoll Reisender stieg aus dem Waggon. Mischka folgte ihnen und trat auf den Bahnsteig.

Die Grenze

Es war schon dunkel, als Mischka aus dem Zug stieg. Um ihn herum eilten Menschen mit Pappkoffern und Taschen den Bahnsteig hinunter oder warteten darauf, den Zug besteigen zu können. Eine Uhr zeigte zehn nach elf. Schneeflocken wirbelten durch das spärliche Neonlicht der Bahnhofsbeleuchtung und bedeckten den grauen Betonboden wie Staubzucker.

Mischka schulterte sein Gepäck und schritt gelassen zum Ausgang des Bahnhofs. Er war einer der vielen Reisenden, die nun ihrer Wohnung, dem Haus von Freunden und Verwanden oder einer billigen Unterkunft zustrebten. In wenigen Minuten würde er in der Dunkelheit der Straßen verschwunden sein.

„Hallo Mischka!"

Er zwang sich, sich nicht nach dem Rufer umzusehen.

„He, Mischka, kennst du mich nicht mehr?"

Es durchfuhr ihn heiß und kalt. Er kannte die Stimme. Aus den Augenwinkeln sah er einen jungen Mann auf sich zulaufen. Ja, es war Aljoscha, sein Studienkamerad aus Moskau. Mischka spürte, wie sein Herzschlag in den Adern zu pochen begann. Trotzdem ging er weiter, als wäre er nicht gemeint. Er durfte sich unter keinen Umständen verraten, wie sehr es ihn auch schmerzte

Aljoscha! Er hätte nicht geglaubt, daß er ihn noch einmal wiedersehen würde. Wahrscheinlich hatte er seine Eltern besucht und war jetzt auf dem Rückweg zur Universität.

Mischka beschleunigte seine Schritte und strebte dem Ausgang zu. Abrupt blieb der junge Mann stehen, schüttelte den Kopf und wandte sich um. „Ich sehe schon Gespenster", sagte er halblaut, so daß alle Umherstehenden ihn hören konnten. Dann reihte er sich wieder in die Schlange der an der Zugtür Wartenden ein.

Ein Soldat kam den Bahnsteig hinunter. Er warf einen prüfenden Blick auf Aljoscha und eilte zum Ausgang.

„Was gibt's?" bellte Juri Wdowetschenko in den Telefonhörer. „Ein Anruf aus Kotlas, Genosse Oberstleutnant." Die Stimme seiner Sekretärin klang wie immer ein wenig erschrocken und verstört. „Einer unserer Männer möchte Sie dringend sprechen."

„Was macht der Mann in Kotlas?"

„Er ist auf Heimaturlaub."

„Gut, stellen Sie ihn durch!"

Eine Stimme meldete sich. „Hier Lukasch Brjanew. Ich habe gerade Michail Wulff gesehen."

„Michail Wulff?" Wdowetschenko sprang auf. Sein Stuhl kippte nach hinten und polterte zu Boden. „Sagen Sie das noch mal."

„Ich habe gerade den entflohenen Strafgefangenen Michail Wulff gesehen."

„Wo?"

„Hier, in Kotlas, am Bahnhof. Er ist aus dem Zug von Salechard gestiegen und läuft jetzt die Hauptstraße hinunter."

„Sind Sie sicher?"

„Ganz sicher! Diesen Kerl werde ich nicht vergessen. Ich spüre heute noch die Beule an meinem Kopf."

„Mann, nehmen Sie die Verfolgung auf. Und schalten Sie die Miliz ein, statt hier lange herumzutelefonieren!"

„Wird gemacht, Genosse Oberstleutnant. Es hat hier ein bißchen geschneit. Wulff hinterläßt also deutliche Spuren. Er kann mir nicht entwischen."

„Gut, dann machen Sie sich auf die Socken. Bringen Sie mir diesen Wulff, tot oder lebendig. Aber lassen Sie ihn nicht entkommen!"

Der Mann am anderen Ende der Leitung hängte ein.

Was für eine Pflaume! dachte Wdowetschenko.

Statt den Flüchtling gleich zu stellen, mußte Brjanew erst einmal ihn anrufen. Er schlug mit der flachen Hand auf den Schreibtisch. Unfähigkeit und mangelnde Initiative, wohin man auch blickte. Und Leutnant Litschenko hatte Wulff entkommen lassen. Direkt vor seiner Nase war er in Salechard in einen Zug gestiegen und hatte sich nach Westen abgesetzt, ohne daß er es bemerkt hatte. Der Mann war schon so gut wie tot. Die nächsten Jahre würde er in Nordostsibirien sein erbärmliches Dasein fristen. Das stand nun fest. Litschenkos Kariere in der Armee der UdSSR war zu Ende. Ein für allemal!

Wdowetschenko griff zum Telefonhörer. „Lisa, verbinde mich mit dem KGB in Kotlas. Es ist dringend! Wulff ist dort am Bahnhof gesehen worden. Wenn wir ihn diesmal erwischen wollen, müssen wir alle zur Verfügung stehenden Möglichkeiten ausschöpfen. Ich glaube nicht, daß Brjanew es allein schafft."

Wdowetschenko war sich nun sicher, daß der explodierende Tankzug kein Zufall gewesen war. Die Obduktion der Leiche hatte ergeben, daß der Fahrer schon Tage zuvor an einem Herzinfarkt gestorben war. Jemand hatte ihn hinters Lenkrad gehievt und den Lastzug in Brand gesetzt. Ohne Zweifel war es ein Anschlag auf das Lager gewesen, vielleicht auch auf sein Leben! Nachdem Michail Wulff in Salechard aufgetaucht war, konnte er an fünf Fingern abzählen, wer diesen Anschlag verübt hatte.

Immer wieder war dieser Schweinehund seinen Verfolgern entkommen. Irgendwie ging das nicht mit rechten Dingen zu. Es war, als wenn sich alles gegen ihn, Juri Wdowetschenko, verschworen hätte. Nun war Wulff auf dem Weg nach Westen. Wahrscheinlich versuchte er, über die Grenze nach Polen, Ungarn oder Finnland zu entkommen. Wenn er jetzt nicht alle Hebel in Bewegung setzte, um diesen Mann wieder einzufangen, würde sein Kopf rollen. Schließlich trug er die letzte Verantwortung.

Juri Wdowetschenkos Kiefermuskeln spannten sich. Er mußte den ganzen KGB auf Wulffs Fährte hetzen, indem er ihn zum Geheimnisträger ersten Grades machte, der auf keinen Fall nach Westen entkommen durfte. Auf Litschenko und Chrapow durfte er sich jetzt nicht länger verlassen.

Nachdem er den Bahnhof hinter sich gelassen hatte, bog Mischka von der Hauptstraße in eine Gasse ein und lief durch Nebenstraßen weiter. Seine Füße hinterließen verräterische Spuren. Sogar ein Kind könnte ihnen folgen.

Plötzlich hatte er das Gefühl, nicht allein zu sein. Sein durch die Wildnis geschärfter Instinkt sagte ihm, daß er verfolgt wurde. Er schaute sich um. Nichts war zu sehen. Die Straße wurde vom trüben Schein einer Laterne nur spärlich erhellt. Immer wieder blieb er unerwartet stehen und lauschte. Kein Zweifel! Jemand folgte ihm. Die Schritte waren deutlich zu hören. Jetzt blieb auch sein Verfolger stehen. Mischka setzte seinen Weg fort, bückte sich plötzlich und nestelte an seinen Schuhbändern. Dabei blickte er kurz nach hinten. Ein Mann gilt zurück in den Schatten einer Häuserwand.

Mischka überlegte fieberhaft. Er hatte keine Ahnung, wer sein Verfolger war. Aljoscha konnte es nicht sein. Der würde nicht verstohlen hinter ihm herschleichen. Vielleicht war es einer der Kriminellen, die es offiziell in der Sowjetunion nicht gab und die deshalb im Dunkeln relativ ungehindert ihr Unwesen treiben konnten. Mancher Verschwundene, mancher Mord, der auf das Konto von Kriminellen ging, wurde der Staatssicherheit zugeschrieben. Aber darüber wagte niemand zu sprechen. Mit dem KGB und der russischen Mafia wollte sich niemand anlegen. Mischka entschloß sich, eine belebtere Straße aufzusuchen, auch wenn er keine Angst vor einem Straßenräuber hatte.

Scheinwerfer tauchten auf. Ein Kastenwagen mit unbeleuchtetem Nummernschild und defektem Rücklicht rumpelte vorbei und bog in die nächste Seitenstraße. Mischka erhob sich und ging weiter. Er spürte, wie der Unbekannte ihm folgte. Zwei Männer torkelten um die Ecke und johlten unanständige Lieder. Mischka atmete auf. Es war ein gutes Gefühl, nicht allein zu sein.

Als Mischka näher kam, lehnte sich einer der Betrunkenen an die Hauswand, während sein Kumpel sich über den Rinnstein beugte und sich übergab.

„Tja", sagte Mischka zu ihm, „Wodka ist ganz schön übel."

Der Kastenwagen kam zurück. Seine Räder rumpelten durch die Schlaglöcher der Straße.

Dann ging alles sehr schnell. Als Mischka die Falle erkannte, war es schon zu spät. Er hörte, wie der Kastenwagen bremste und die hinteren Türen aufgerissen wurden. Im gleichen Moment stürmten die beiden Betrunkenen auf ihn los, faßten ihn unter die Arme und drängten ihn in den Wagen. Die Türen standen noch halb offen, als der Fahrer mit quietschenden Reifen anfuhr und die Straße hinunterraste.

Mischka wehrte sich mit allen Kräften, aber die Männer lagen zentnerschwer auf seinem Brustkorb. Eine Taschenlampe leuchtete in sein Gesicht. Geblendet schloß er die Augen.

„Ja, er ist es", sagte jemand in der Dunkelheit. Es war die Stimme Aljoschas.

Mischka entspannte sich und stieß hörbar die Luft aus. „Du alter Geier! Begrüßt man so einen Freund?" Er versuchte, den Kopf zu drehen, um nach hinten zu sehen. „Mich so zu erschrecken, und das am späten Abend."

„Ihr könnt ihn loslassen", hörte er Aljoscha sagen. „Er ist es tatsächlich."

Die Männer ließen ihn los und halfen ihm, den Rucksack abzulegen. Mischka entspannte sich und stieß hörbar die Luft aus. „Nichts für ungut, Genosse." Einer der beiden schlug ihm kameradschaftlich auf die Schulter. „Aber wir mußten sichergehen, daß man uns keine Falle stellte."

„Eine Falle?" Mischka schaute verwirrt in die Runde. „Was für eine Falle? Und was hat das mit mir zu tun?"

Aljoscha rückte neben ihn. „Das erkläre ich dir später. Laß dich erst einmal begrüßen, alter Kampfgenosse!"

Sie lagen sich minutenlang in den Armen, und durch Mischkas Kopf wirbelten Hunderte von Fragen. Er konnte es einfach nicht glauben, hier mit seinem Freund und Studienkameraden Seite an Seite in einem Wagen durch Kotlas zu fahren.

„Wo bringt ihr mich hin?" wollte er wissen.

„Wir fahren erst einmal zu Sergejs Datscha. Sie liegt ein wenig außerhalb der Stadt." Aljoscha knuffte ihn in die Seite. „Mann, ich habe nie zu hoffen gewagt, dich noch einmal wiederzusehen. Was für ein Zufall. Ich wollte unseren Pjotr vom Bahnhof abholen, als du an mir vorbeigestiefelt bist. Ich glaubte, meinen Augen nicht zu trauen. Ein bißchen hast du dich ja verändert. Deine Frisur und der Vollbart haben mich verwirrt."

„Mir ist ja beinahe das Herz stehengeblieben, als du meinen Namen gerufen hast." Mischka schlug auf Aljoschas Knie. „Ich dachte im ersten Augenblick, daß mich Litschenkos Leute schon wieder am Kragen hätten."

„Hätten sie auch beinahe, wenn wir nicht gekommen wären."

Mischka schaute seinen Freund verdutzt an. „Dann gehörte der Kerl, der mich verfolgt hat, nicht zu deinen Freunden?"

„Auf keinen Fall! Es war ein Soldat, der mit dem gleichen Zug aus Salechard kam wie du. Wahrscheinlich hat er Heimaturlaub. Als ich deinen Namen rief, hatte ich den Eindruck, daß er wie elektrisiert aufgeschaut hatte. Er folgte dir und telefonierte kurz zweimal in der Telefonzelle am Bahnhof. Danach lief er sehr schnell in deine Richtung, den Blick immer auf die Spuren im Schnee gerichtet. Wir sind ihm gefolgt, und dabei haben wir unseren Schlachtplan entwickelt."

„Mich zu entführen, nicht wahr?"

„Genau, alter Junge. Zunächst war ich mir nicht sicher, ob du es wirklich bist. Außerdem durften wir uns nicht als deine Komplizen zu erkennen geben. Deshalb haben wir ein wenig russische Mafia gespielt, die einen abendlichen Passanten entführt und ausplündert."

Ein Wagen der Miliz fuhr vorbei. Sie konnten ihn nicht sehen, aber seine Sirene war unverkennbar.

„Und wie soll es jetzt weitergehen?" wollte Mischka wissen.

Aljoscha überlegte kurz, während er sich an einem Wagenholm festklammerte, um nicht in den Kurven hin- und hergeschleudert zu werden. „Weißt du, Mischka, nachdem man dich deportiert hatte, habe ich mich entschlossen, Dissidenten, wie du einer bist, zu helfen. Meine Freunde haben eine Fluchthelferorganisation gegründet. Wir haben Wege ausgekundschaftet, auf denen man das Land verlassen kann."

Mischka schaute ihn groß an. „Laß hören, Mann. Das interessiert mich."

„Es gibt verschiedene Möglichkeiten: über das Schwarze Meer, Ungarn oder Finnland. Aber es ist nicht ungefährlich. Manche haben es nicht geschafft."

„Es ist immer ein Risiko. Wenn ich nicht soviel Glück gehabt hätte, säße ich schon längst wieder im Karzer von Surgut. Oder Wölfe und Ameisen hätten bereits meine Knochen abgenagt. Aber bis jetzt habe ich immer noch rechtzeitig die Kurve kratzen können. Manchmal in letzter Minute."

„Wie jetzt."

„Genau. Wie jetzt." Mischka schwieg.

Sergej meldete sich zu Wort. „Ich nehme an, du willst über die finnische Grenze. Sonst würdest du dich weiter im Süden rumtreiben."

Mischka nickte. „Ja, die Gegend da oben gleicht ein wenig der Taiga. In Wäldern kenne ich mich aus. Dort kann mir inzwischen niemand etwas vormachen. In der Zivilisation dagegen fühle ich mich ein wenig hilflos, wie ihr gerade selbst gesehen habt."

„Man kann nicht in allen Dingen gut sein", tröstete ihn Pjotr. „Aber es ist gut, daß du über Finnland fliehen willst. Da können wir dir weiterhelfen."

Inzwischen hatte der Wagen die Stadt verlassen und rumpelte über eine holprige Landstraße. Dann bog der Fahrer in einen Sandweg ein und hielt kurz danach an. Er stieg aus und öffnete die Rücktür. Mit steifen Beinen kletterten die Männer aus dem Laderaum. Sie standen im Hof einen alten Gehöftes. Pjotr nahm Mischka den Rucksack ab.

„Ganz schön schwer", ächzte er. „Was schleppst du denn mit dir herum? Sammelst du Altmetall?"

Mischka grinste. „Wenn man in der Taiga überleben will, braucht man ein wenig Ausrüstung. Am meisten wiegen meine Winterklamotten und der Schlafsack. Ohne die wäre ich bestimmt tiefgefroren worden."

Pjotr schüttelte sich. „Mir frieren schon hier im Winter immer die Ohren ab. Ich kann mir gar nicht vorstellen, in Eis und Schnee übernachten zu müssen."

„Es geht auch nur mit der richtigen Ausrüstung", lachte Mischka.

Drinnen im Haus begrüßte sie Marja, die Mutter von Sergej. Sie mochte etwa siebzig Jahre alt sein. Ihr runzliges Gesicht strahlte Wärme und Güte aus. Mischka mochte sie von Anfang an. Sie hatte den Tisch gedeckt und lud alle zu einer Gemüsesuppe ein.

„Schmeckt wirklich ausgezeichnet", lobte Mischka sie. „Wenn man viele Monate lang Grünzeug und Fleisch ohne Salz und Gewürze essen muß, ist eine solche Suppe eine wahre Delikatesse."

Als hätte er ein Stichwort gesagt, begannen die Männer ihn über sein Leben in der Taiga auszufragen. Mischka erzählte ihnen, welche Pflanzen er gesammelt und wie er Fallen gebaut hatte. Anschließend zeigte er ihnen seine Ausrüstung.

„Kein Wunder, daß du dir keine Erfrierungen zugezogen hast", meinte Pjotr bewundernd, als er Mischkas vierlagige und mit Gras gepolsterte Fellstiefel in die Hand nahm. „Mit solchem Schuhwerk hätte ich auch warme Füße gehabt. Sicherlich hast du die beiden äußeren Felle auch gut gefettet, damit keine Feuchtigkeit eindringen kann."

„Aber klar doch! Das Problem ist nur, mit diesen Tretern zu laufen. Man hat manchmal das Gefühl, Klumpfüße zu haben."

Die Männer lachten. Mischka erzählte ihnen auch von seinen Waffen, die er leider zurücklassen mußte, und zeigte ihnen, wie er mit den Kampfstöcken wirbeln konnte.

„Alle Achtung", sagte Sergej, „wenn man so wie du mit Stöcken umgehen kann, sind sie tatsächlich gefährliche Waffen."

Während die anderen schlafengingen, erzählte Mischka seinem Freund ausführlich von der Flucht aus dem Lager Djatlowo und den Erlebnissen in der Taiga. Aljoscha hörte wie gebannt zu. Immer wieder funkelten seine Augen auf, und es schien, als erlebe er alle Einzelheiten der Flucht mit. Kurz vor Morgengrauen begaben auch sie sich zur Ruhe.

Mischka wachte erst am späten Vormittag auf, als er einen Wagen in den Hof fahren hörte. Sofort sprang er aus dem Bett und spähte zwischen den Vorhängen nach draußen. Es war Pjotr, der mit einem Bündel unter dem Arm das Haus betrat. Unten in der Wohnstube hörte er Stimmen. Anscheinend diskutierten die Männer wichtige Fragen. Dann knarrten die Treppenstufen und Aljoscha erschien in der Tür.

„Du mußt noch heute abend aus der Gegend verschwinden", sagte sein Freund ohne Umschweife. „Die Miliz hat eine großangelegte Suchaktion nach dir gestartet. Offensichtlich hat der KGB den Genossen mächtig Dampf gemacht. Straßensperren und Ausweiskontrollen haben die Stadt fast lahmgelegt."

„Woher weißt du das?“ wollte Mischka wissen.

„Tja, wir haben so unsere Quellen. Pjotr hat einen unserer Verbindungsleute in der Stadt getroffen, und als er hörte und sah, was los ist, hat er sofort deine weitere Flucht organisiert. Wir haben gerade den Plan noch einmal durchgesprochen. Du hast eine reelle Chance, unbemerkt in Richtung Finnland zu verschwinden.“

Mischka schaute Aljoscha fragend an.

„Komm, zieh dich an. Wir erklären dir alles beim Essen.“

Zwanzig Minuten später saßen die Männer rund um den Tisch und löffelten eine Kartoffelsuppe. Anschließend erklärten sie Mischka ihre Fluchtpläne.

„Auf diese Weise haben wir schon mehrere Dissidenten nach Finnland gebracht“, erzählte ihm Sergej. „Heute nacht besteigst du einen Zug, der militärische Güter zur Grenze bringt. Darunter sind einige Schützenpanzer. Während der Fahrt versteckst du dich in einem dieser Fahrzeuge. Damit du nicht frierst, geben wir dir einen Petroleumofen mit. Der Zug fährt ohne Zwischenstop über Wologda bis zum Top-See in Karelien. Die Endstation heißt Kestenga. Du brauchst also keine Angst vor einer Kontrolle zu haben. Von Kestenga sind es noch etwa sechzig Kilometer bis zur finnischen Grenze. Das ist für dich sicherlich nur ein Spaziergang, nachdem du halb Sibirien durchquert hast, und du brauchst nur geradeaus nach Westen zu marschieren.“

Mischka lächelte. Doch dann wurde er wieder ernst. „Woher habt ihr alle diese Informationen?“

„Ich sagte dir doch vorhin, wir haben unsere Informanten, und wir haben eine Fluchthelferorganisation aufgebaut.“ Aljoscha klopfte ihm beruhigend auf die Schulter. „Dazu gehören auch Genossen von der Bahn und dem Militär.“

„Und was ist, wenn man mich in der Nähe der Grenze sieht? Dort oben wimmelt es doch sicherlich von Militärs und Spitzeln?“

„Darauf kannst du Gift nehmen“, gab Pjotr zurück „Aber auch dafür haben wir vorgesorgt. Ich habe dir einen Schneeanzug und eine Uniformjacke mitgebracht. Du solltest dich so unauffällig wie möglich bewegen. Im Schneeanzug wird dich in der Dunkelheit niemand erkennen können. Tagsüber mußt du dich unbedingt verstecken. Glücklicherweise sind in dieser Jahreszeit die Tage schon sehr kurz und die Nächte lang. Das ist gut für dich. Solltest du trotzdem aufgegriffen werden, knöpfst du den Schneeanzug auf, zeigst die Uniformjacke und erklärst, du hättest dich verirrt. Dann läßt du dir den Weg zur nächsten Kaserne zeigen. Ich kann in diesem Fall nur hoffen, daß man dir glaubt und dich gehen läßt. Vielleicht aber mußt du auch kämpfen. Besser ist es natürlich, wenn du unsichtbar bleibst."

Inzwischen hatte Sergej eine provisorisch gezeichnete Karte auf den Tisch gelegt. „Hier haben wir das Gebiet, das du durchqueren mußt. Die vielen Seen und Flüsse sind wahrscheinlich schon zugefroren. Trotzdem solltest du sie meiden. Das Risiko, daß du einbrechen könntest, ist zu groß. Außerdem kann man dich auf der freien Eisfläche leicht entdecken – trotz Tarnanzug. Es wäre gut, wenn es ordentlich schneien würde, so daß man nur wenige Meter weit sehen kann, und deine Spuren schnell zugedeckt werden."

Mischka erhielt weitere Instruktionen. Jeder der Männer war Spezialist auf einem bestimmten Gebiet und erklärte ihm, wie er sich verhalten mußte, um sicher über die Grenze zu kommen. Sergej zeichnete noch eine Skizze von den Grenzbefestigungsanlagen. „Durch den hohen Schnee werden die Stolperdrähte und Minen nicht funktionieren, wenn du Schneeschuhe benutzt. Wir geben dir einige Weidengerten und Lederriemen mit, damit du dir während der Fahrt solche Schneeschuhe bauen kannst. Der Grenzzaun ist teilweise elektrisch geladen. Du kannst das an den Isolatoren erkennen. Um ihn zu übersteigen, solltest du eine Tanne als Leiter benutzen. Wir geben dir eine Säge mit. Wenn du den Baum unter der Schneedecke absägst, wird das Geräusch gedämpft. Danach kürzt du die Äste auf zwanzig Zentimeter. Vorsichtshalber solltest du ihn oben noch mit einem dicken und trockenen Tuch isolieren, das wir dir mitgeben. Wenn der Stamm feucht ist, leitet er möglicherweise noch den Strom. Wir geben dir außerdem eine Drahtschere mit, damit du notfalls auch den Zaun durchschneiden kannst."

„Noch eins, Mischka", fuhr Aljoscha fort, „Finnland steht unter dem politischen Druck der UdSSR, Flüchtlinge ausliefern zu müssen. Laß dich also nicht erwischen, tarne dich als Einheimischer und spiel den Taubstummen. Erst wenn du Schweden erreicht hast, kannst du um politisches Asyl bitten. Am besten, du wanderst gleich weiter nach Westen, bis du die nächste Grenze erreicht hast. Erst dann bist du in Sicherheit."

Mischka hörte aufmerksam zu. Er versuchte, sich alle Einzelheiten zu merken, indem er sich das Erzählte bildhaft vorstellte. In Gedanken stapfte er schon durch den tiefen Schnee, überkletterte den Grenzzaun und zog weiter durch die finnischen Wälder. Es war noch ein langer und beschwerlicher Weg bis zur Freiheit, aber ein seltsames Kribbeln zog durch seinen Körper, als wäre sein Traum schon fast in Erfüllung gegangen.

In den nächsten Stunden trafen die Männer die letzten Vorbereitungen und statteten Mischka mit Lebensmittelvorräten und allen wichtigen Utensilien aus. Als die Sonne hinter den Hügeln im Westen verschwunden war, brachen sie auf. Nur Aljoscha blieb zurück. Die beiden Freunde hielten sich minutenlang im Arm, ehe sie sich trennten.

„Leb wohl, Aljoscha." Mehr konnte Mischka im Augenblick nicht sagen. Seine Stimme war heiser und rauh. Er stieg ins Auto und kurbelte die Seitenscheibe herunter. „Vielleicht sehen wir uns eines Tages wieder."

„Vielleicht", antwortete sein Freund, während ihm Tränen in den Augen standen. Das Auto fuhr an. „Du wirst von mir hören, wenn ich in der Freiheit bin", rief Mischka ihm zu. Dann bog der Wagen auf den Sandweg und verschwand in der Dunkelheit.

Das Rattern des Zuges machte Mischka schläfrig. Er saß in einem Schützenpanzer, der auf einem offenen Waggon festgezurrt war. Der kleine Petroleumofen erwärmte den Innenraum nur wenig. Deshalb war Mischka in seinen Schlafsack geklettert.

Sergej und Pjotr hatten ihn über Nebenstraßen bis zu einem Güterbahnhof gebracht, der nicht weit von einer Militärkaserne entfernt lag. Im Schutze der Dunkelheit hatten sie sich bis zum abfahrbereiten Zug gepirscht, der nach Kestenga fahren sollte. Nur zwei Soldaten hatten dort – offensichtlich gelangweilt – Wache gestanden. Pjotr hatte sie abgelenkt, indem er als Betrunkener die Straße heruntertorkelte und sie anquatschte.

In der Zwischenzeit war Mischka in den Schützenpanzer gekrochen, hatte das Gepäck von Sergej entgegengenommen und die Luke schließlich von innen versperrt. Hätte jemand in den nächsten fünfzehn Minuten bis zur Abfahrt des Zuges einen Kontrollgang gemacht, hätte er nichts Verdächtiges feststellen können.

Der Zug war beinahe pünktlich abgefahren, und er würde bis zur Ankunft am Top-See nur zum Fahrerwechsel anhalten. Mischka konnte sich also entspannen. Mochte der KGB in der Zwischenzeit ganz Kotlas nach ihm absuchen. Sie würden nichts finden, und auch der Kastenwagen war inzwischen umgebaut worden, so daß ihn sein nächtlicher Verfolger nicht wiedererkennen konnte. Mischka streckte sich in seinem Schlafsack aus und begann zu träumen, von gutem Essen und warmer Sonne und von Anka.

Auf Befehl Juri Wdowetschenkos waren Leutnant Litschenko, Chrapow und Karatajew sofort nach Kotlas geflogen, hatten dort aber nichts ausrichten können. Alle Kontakte zum offiziell nicht vorhandenen Untergrund hatten kein Licht in das Verschwinden Michail Wulffs gebracht. Inzwischen war außerdem schon mehr als eine Woche vergangen, und die Hoffnung, den Flüchtigen hier aufgreifen zu können, schwand immer mehr. Litschenko hatte feststellen müssen, daß der westrussische KGB dieser Aktion sehr großen Stellenwert zuschrieb und an einem Erfolg äußerst interessiert war. Michail Wulff schien für sie eine außerordentlich wichtige Person geworden zu sein. Wahrscheinlich steckte Oberstleutnant Wdowetschenko hinter diesem Interesse an dem flüchtigen Studenten, der aus einer Besserungsarbeitskolonie getürmt war. Aber auch der KGB konnte keinen Erfolg verzeichnen.

„Entweder hat die Mafia ihm den Bauch aufgeschlitzt und ihn dann verscharrt, oder sie hat ihn laufenlassen, als sie feststellen mußte, daß sie mit ihm nur eine Niete gezogen hatte", meinte Karatajew schließlich, „wobei ich nicht weiß, was mir lieber wäre."

„Denkbar ist beides", brummte der Jäger. Er hatte es immer noch nicht überwunden, daß er in Salechard nicht mit von der Partie gewesen war. Er hätte nicht lange gefackelt und diesen Wulff voll Blei gepumpt, auch wenn Karatajew dabei draufgegangen wäre. Statt dessen aber hatte er halb Tjumen nach verräterischen Spuren abgesucht.

Leider hatte der Flüchtige inzwischen seine Taktik geändert. Er verkroch sich nicht mehr in Wäldern und Höhlen, sondern legte weite Strecken mit modernen Verkehrsmitteln zurück. Wie er es geschafft hatte, unerkannt mit dem Zug bis Kotlas zu reisen, war Chrapow wie auch den anderen immer noch ein Rätsel. Hier in der Großstadt war der Jäger fehl am Platz. Er war in der Wildnis zu Hause. Dort kannte er sich aus. Hier aber fühlte er sich wie ein Fisch, den eine Welle ans Ufer geworfen hatte. Nur eine Hoffnung blieb ihm noch. Michail Wulff mußte die Grenze überqueren, und er würde dies nicht im Süden oder über die Satellitenstaaten versuchen. Er war wie er ein Mann der Wildnis.

Es war für Olejnik Chrapow klar, daß der Flüchtige nach Karelien ziehen würde. Er ließ sich eine Karte von diesem Gebiet geben und studierte sie ausgiebig. Schließlich schaute er siegessicher auf. „Genosse Litschenko, Wulff ist schon lange nicht mehr in der Stadt."

„Woher willst du das wissen?" horchte Litschenko auf.

„Ich spüre das. Er ist auf dem Weg nach Westen."

„Und wohin?"

„Nach Karelien. Er hat viele Monate in der Wildnis gelebt.

Dort ist er zu Hause, und Karelien ähnelt der Taiga. Die Grenze nach Finnland ist außerdem für einen Mann wie Wulf leichter zu überqueren."

Litschenko schaute ihn prüfend an. „Welchen Weg wird er nehmen?"

„Wahrscheinlich reist er mit der Bahn bis Lendery, Juschkosera, Kestenga oder Alakurti. Alle diese Orte sind nahe der Grenze. Von dort könnte er innerhalb von ein bis drei Tagen am Grenzzaun sein."

„Aber werden die Züge nicht mehrfach kontrolliert?" wandte Litschenko ein.

„Sicherlich. Aber auch der Zug von Salechard bis Kotlas wurde wenigstens fünfmal kontrolliert. Er hat irgendwie eine Möglichkeit gefunden, unerkannt zu reisen. Vielleicht hat er aber auch diesmal einen Güterzug genommen oder einen Militärzug. Der wird garantiert am seltensten überprüft."

„Dann muß er aber Freunde und Helfer haben", wandte Karatajew ein.

„Warum nicht?" gab Chrapow zurück. „Warum sollte er nicht die Mafia als Verbündeten gewonnen haben? Regimefreundlich ist sie bestimmt nicht. Vielleicht hat er hier aber auch alte Freunde, die ihm unter die Arme gegriffen haben. Möglich ist alles."

„Na, dann sollten wir schnellstens überprüfen, welche Züge in den letzten Tagen von hier aus direkt nach Karelien gefahren sind." Litschenko sah Karatajew an. „Jossif, mach dich an die Arbeit. In einer Stunde möchte ich das Ergebnis haben. Ich werde mit Chrapow inzwischen unseren Abflug und eine Verschärfung der Grenzkontrollen organisieren."

Eine halbe Stunde später kam Karatajew mit gerötetem Gesicht in Litschenkos Büro zurückgestürmt. „Ich hab's!" rief er und warf die Tür ins Schloß. Dann knallte er ein Stück Papier auf den Schreibtisch. „Hier sind alle Züge aufgelistet, die von Kotlas in Richtung Nordwesten fahren. Keiner von ihnen fährt bis Karelien durch. Alle Passagiere, die beispielsweise nach Lendery wollen, müssen mindestens zweimal umsteigen und werden dabei jedesmal kontrolliert – ein zu großes Risiko für Wulff!"

Er schaute siegessicher in die Runde, ehe er fortfuhr. „Aber vor acht Tagen, genau einen Tag, nachdem Brjanew Michail Wulff am Bahnhof gesehen hat, fuhr ein Güterzug direkt nach Kestenga, ohne Zwischenhalt. Von Kestenga sind es im Winter gut zwei Tagesmärsche bis zur Grenze."

Jossif Karatajew hatte noch nicht ganz ausgesprochen, da hielt

Leutnant Litschenko schon den Telefonhörer in der Hand. „Verbinden Sie mich bitte sofort mit dem operativen Beamten in Kestenga. Nein! Sofort sagte ich. Dringlichkeitsstufe eins!" Er deckte die Sprechmuschel ab. „Chrapow, geben sie dem Piloten Bescheid, daß wir in einer halben Stunde abfliegen werden. Bis dahin habt ihr euer Gepäck verladen. Jossif, du kümmerst dich um meine Sachen. Ich werde mit dem KGB telefonieren, damit alles vorbereitet ist, wenn wir in Kestenga eintreffen."

Die Männer eilten aus dem Büro. Im Hörer knackte es. „Ja, bitte? Sind Sie es Genosse Smirnow? Gut. Wir haben Grund zur Annahme, daß ein langgesuchter Dissident, der vor etwa zwei Jahren aus einem sibirischen Lager geflohen ist, in den nächsten Tagen die Grenze überqueren will. Sein Name? Michail Wulff. Dringlichkeitsstufe eins. Der Mann ist mit allen Wassern gewaschen. Bitte unterschätzen Sie ihn nicht. ... Geben Sie sich keinen Illusionen hin! Ihr Grenzzaun und Ihre Hunde sind für ihn kein Hindernis. Darüber lacht er nur. Bisher konnte ihn niemand aufhalten. ... Wie bitte? Nein. Ist der Zug aus Kotlas schon eingetroffen? Vor vier Stunden sagen Sie? Dann lassen Sie jeden einzelnen Waggon untersuchen. Genauestens untersuchen. Er muß Spuren hinterlassen haben! Wenn Sie etwas entdecken sollten, rufen Sie mich sofort hier an. Ich werde in etwa fünfundzwanzig Minuten abfliegen. Danke, Genosse, für Ihre Kooperation."

Er legte den Hörer auf, wählte erneut und teilte dem diensthabenden KGB-Beamten in Kotlas mit, daß er und seine Männer sofort zum Top-See in Karelien fliegen würden, weil der Flüchtige voraussichtlich dort die Grenze überqueren würde. Der Beamte solle außerdem Oberstleutnant Juri Wdowetschenko darüber informieren.

Litschenko setzte sich, um die Karte näher zu studieren. Seine Finger trommelten nervös auf die Schreibtischplatte. Immer wieder schaute er auf das Telefon in der Hoffnung, daß es läuten würde. Aber es blieb stumm. Die Minuten schienen sich zu Stunden zu dehnen. Litschenko spürte den Schweiß unter den Achseln. Auch seine Hände waren feucht. Das Jagdfieber hatte ihn gepackt. So wie Chrapow war es sich nun völlig sicher, daß Michail Wulff am Top-See war und mit Sicherheit schon der Grenze zustrebte.

Litschenko sprang auf und begann, im Zimmer umherzugehen. Immer wieder schaute er auf die Uhr. Warum meldete sich dieser Smirnow nicht?

Karatajew erschien in der Tür. „Der Pilot ist abflugbereit. Unsere Ausrüstung ist verstaut. Können wir fliegen?"

„Noch zwei Minuten", erwiderte Litschenko zögernd. „Ich erwarte noch einen Anruf aus Kestenga."

Schweigend standen die beiden Männer im Raum. Karatajew wippte auf den Zehenspitzen und blies seine Backen auf, als wäre er ein Tubaspieler, während Litschenko durch das Fenster starrte. Schließlich machte der Leutnant auf dem Absatz kehrt. „Los, gehen wir. Vielleicht erfahren wir heute abend in Kestenga mehr. Wir dürfen keine weitere Zeit verlieren. Wenn einer Wulffs Spur aufnehmen kann, dann Chrapow. Jede verlorene Minute aber bringt Wulff der Grenze näher."

Sie waren schon halb aus der Tür, als das Telefon schellte. Mit einem Satz hechtete Litschenko zum Schreibtisch zurück und nahm den Hörer in die Hand. „Leutnant Iwan Litschenko. Was? Ihre Männer haben etwas gefunden? In einem Schützenpanzer, sagen Sie? Setzen Sie Ihre Hunde auf die Spur. Ja, ich weiß. Heute abend werden wir in Kestenga eintreffen. Gute Arbeit, Genosse! Ich werde das weitermelden."

Litschenko warf den Hörer auf die Gabel und stürmte an Karatajew vorbei aus dem Zimmer. „Los, komm, Mann! Chrapow hat den richtigen Riecher gehabt. Wulff ist tatsächlich mit diesem Güterzug nach Kestenga gefahren. In einem Schützenpanzer!"

Die beiden Männer liefen die Gänge entlang und stürmten die Treppe hinunter.

„Smirnows Männer haben herausgefunden, daß jemand in einem der transportierten Schützenpanzer gehaust hat." Litschenko nahm drei Stufen auf einmal. „Es roch dort, als hätte jemand darin eine Woche gelebt, also genau die Zeit, die der Zug unterwegs war. – Wir sind noch im Spiel, Jossif, wir sind noch im Spiel!"

Es war vier Uhr morgens, als der Güterzug in Kestenga einlief. Mischka hatte mit Aljoschas Armbanduhr und einem Kalender immer wieder Tage und Zeit mit dem Fahrplan verglichen, und als der Zug den Ort Louchi passierte, hatte er sich fertig gemacht.

Während nun die Waggons über die Weichen holperten, öffnete Mischka die Luke des Schützenpanzers, hievte sein Gepäck heraus, verschloß die Luke wieder und sprang vom Waggon in den weichen Schnee. Dann lief er durch die dunklen Gassen des Ortes und tauchte im Wald unter, der direkt hinter Kestenga begann. In dieser Gegend war es zu gefährlich, die Straße zu benutzen. In unmittelbarer Grenznähe mußte er mit zahlreichen Kontrollen rechnen.

Der Schnee war knietief. Deshalb schnallte er seine Schneeschuhe unter, die er während der Fahrt aus Weidenruten und Lederriemen geflochten hatte. Sie waren kein Meisterwerk, taten jedoch ihren Dienst. Trotzdem kam er nur langsam vorwärts. Er mußte möglichst viele Kilometer zwischen sich und den Ort bringen. Wenn um zehn Uhr der Tag dämmerte, brauchte er ein sicheres Versteck, in dem er sich bis zum frühen Nachmittag aufhalten konnte.

Laut Karte wanderte er nun parallel zum Ufer des Top-Sees. Bestimmt lebten direkt am See viele Menschen, denen er auch am frühen Morgen unerwartet in die Hände laufen konnte. Deshalb hielt er sich weiter nördlich.

Ab etwa neun Uhr begann er, mit einem Tannenzweig seine Spuren im frischen Pulverschnee zu verwischen. Es glückte ihm nicht besonders. Aber er hoffte, daß der Wind sie noch so glättete, daß man seine Fährte von weitem nicht erkennen konnte. Doch diese Aktion kostete viel Zeit, so daß er nur noch langsamer vorwärts kam.

Als sich der erste Schimmer des Tages zwischen den Bäumen zeigte, hielt Mischka nach einem geeigneten Versteck Ausschau. Er fand schließlich eine Fichte, die unter ihrer Schneelast zusammengebrochen war und so eine natürliche Schutzhütte bildete.

Mischka gab sich nicht der Illusionen hin, daß er hier sicher war. Solange kein Schnee fiel, konnte ein geübter Spurensucher ihm folgen. Nicht nur für Olejnik Chrapow wäre dies ein Kinderspiel. Er war froh, daß er den Jäger nun endgültig abgehängt hatte.

Er versuchte, die zurückgelegte Strecke zu schätzen, und glaubte, etwa fünfzehn Kilometer vom Ort entfernt zu sein. Zu wenig. Wenn gegen vier Uhr sich die Nacht über das Land senkte, wollte er sofort wieder aufbrechen, um bis zum nächsten Morgen die Grenze hinter sich zu haben. Wenn alles gut ging. Wenn!

Mischka wagte nicht, daran zu denken, was alles noch passieren könnte. Er kroch in seinen Schlafsack und fiel in einen unruhigen Schlummer. Als er aufwachte, war es zehn nach drei, und die Dämmerung setzte schon ein. In der Ferne hörte er das Bellen von Hunden und das Knattern von Motorschlitten. Sofort war er hellwach. Vielleicht hatte er im Schützenpanzer verräterische Spuren hinterlassen? Vielleicht war man ihm schon auf den Fersen?

Mischka stopfte sich hastig ein Stück Schwarzbrot in den Mund und schnürte seinen Rucksack. Die Kampfstöcke steckte er so in eine Seitentasche des Rucksacks, daß er sie schnell herausziehen konnte. Notfalls würde er kämpfen. Jetzt, wo die Freiheit greifbar nahe war, würde er nicht aufgeben.

Inzwischen war es dunkel geworden. Mischka trat aus seinem

Versteck, suchte mit Hilfe von Cassiopeia und Großem Wagen den Nordstern und machte sich auf den Weg nach Westen. Die Nacht war finster, obwohl der Mond schwach durch die Bäume schien und der Schnee sein Licht reflektierte.

Mischka spürte eine nie gekannte Energie. Die Sehnsucht nach Freiheit trieb ihn genauso vorwärts wie die Angst, kurz vor dem Ziel gefaßt zu werden. Die Motorgeräusche waren verklungen. Er hatte sich vielleicht doch umsonst Sorgen gemacht.

Zwei Stunden später erreichte er das Ufer eines Flusses, der zum Pja-See hinabfloß und schließlich in den Top-See mündete. Mischka warf einen Stein auf die Eisfläche. Es klang wenig vertrauenerweckend. Deshalb marschierte er am Ufer entlang weiter nach Nordwesten. Eigentlich wollte er die vor ihm liegende Bergkette meiden, weil der Weg hinauf ihn eine Menge Zeit kosten würde. Aber weiter südlich unterhalb der Berge machte der Grenzverlauf einen Knick in Richtung Westen, so daß er hier mehr Kilometer zurücklegen mußte.

Ein Wolkenschleier hatte sich über den Mond geschoben. Vereinzelte Schneeflocken wirbelten vom Himmel herab. Dann fielen sie immer dichter. Bald konnte Mischka nicht mehr die Hand vor Augen sehen. Das war ihm nur recht. Der Schneefall würde innerhalb weniger Minuten seine Fußabdrücke zudecken.

Plötzlich stand er auf einer Straße. Wahrscheinlich führte sie von Kestenga zur Grenze. Die festgefahrene Schneedecke unter dem Neuschnee zeigte, daß sie häufig benutzt wurde. Mit einem Tannenzweig verwischte Mischka seine Spuren am Straßenrand, schnallte die Schneeschuhe ab und lief die Straße entlang. Dabei zog er den Tannenzweig hinter sich her. Wie er gehofft hatte, führte die Straße über den Fluß. Nachdem er die Brücke überquert hatte, schlug er sich schon bald wieder in den Wald. Auf der Straße konnte er trotz des Schneegestöbers zu leicht entdeckt werden oder jemandem unversehens in die Arme laufen.

Er hatte gerade eine Anhöhe erklommen, als das Brummen von Lastwagen die Stille der Nacht durchbrach. Ihre Scheinwerfer waren nicht auszumachen. Es mußten mehrere Lkw sein, die die Straße entlangfuhren. Sie hielten an. Obwohl Mischka schon weit entfernt war, hörte er, wie Türen geschlagen und Befehle erteilt wurden. Dann fuhren die Lastwagen weiter.

Hatte man seine Spuren entdeckt? War man ihm auf den Fersen? Versuchten die Soldaten, seinen Fluchtweg abzuriegeln? Mischka war sich nicht sicher. Schließlich beruhigte er sich selbst mit dem Gedanken, daß man an der Brücke wahrscheinlich nur

Posten aufgestellt hatte. Es mußte nichts mit ihm zu tun haben. Außerdem hatte das Schneetreiben seine Spuren auf der Straße mit Sicherheit schon zugeweht.

Mischka setzte seinen Weg fort. Es ging weiter bergan. Der Wind blies ihm direkt ins Gesicht und trieb ihm die Schneekristalle in die Augen. Wenn er nicht schneller vorankam, würde er bis zum Morgengrauen auf keinen Fall die Grenze erreichen, und damit wuchs das Risiko, von einer Patrouille entdeckt zu werden. Das wurde ihm jetzt klar. Obwohl das Wetter seine Flucht begünstigte, stand ihr Erfolg auf Messers Schneide.

Er war etwa eine Stunde durch den tieferwerdenden Schnee gestapft, als er das Knattern eines Zweitakters hörte. Dann erstarb der Motor. Er schlich sich näher heran. Wortfetzen drangen an sein Ohr. Vor ihm waren Männer, die sich im Getöse des Windes zu unterhalten versuchten. Mischka lauschte gespannt. Vielleicht konnte er herausfinden, wer die Männer waren und was sie wollten.

„... diesen Kerl erwischen ... “, hörte er jemanden sagen.

„Sauwetter ... trotzdem ... KGB“, antwortete ein anderer.

„... keine Maus ... alles abgeriegelt.“

„...role?“

„Holzfeu...“

„Ich geh mal ... gut.“

Mischka brauchte nicht lange zu kombinieren. Er befand sich in unmittelbarer Nähe eines Vorkontrollstreifen, der sich parallel zur Grenze zog und wegen eines Flüchtigen streng bewacht wurde, und dieser Flüchtige war er! Hätten sich die Männer nicht unterhalten, wäre er ihnen geradewegs in die Arme gelaufen. Er überlegte fieberhaft. Sollte er versuchen, sich im Schutz des Schneegestöbers durchzuschleichen? Das war riskant. Der Rucksack würde ihn sofort verraten. Oder sollte er die Männer bluffen? Das war genauso riskant. Aber die Chancen dafür standen nicht schlecht, zumal der dichtfallende Schnee auf seiner Seite war. Instinktiv entschloß er sich für den Bluff. Er war damit bisher gut gefahren. Das Unerwartete und Unglaubliche täuscht einen Wachsamen mehr als das Heimliche.

Mischka schnallte seine Schneeschuhe ab, kramte einige wichtige Utensilien aus seinem Rucksack und verstaute sie unter seinem Schneeanzug, darunter auch die Säge, die Drahtschere und die Kampfstöcke. Dann schob er seine Ausrüstung unter die tiefhängenden Zweige einer Tanne, zog die Kapuze vors Gesicht und stapfte auf die Stelle zu, von der die Stimmen gekommen waren.

Vor ihm tauchte ein Soldat auf. Er stand mitten auf dem Weg und starrte angestrengt in die Dunkelheit. Der Mann zuckte sichtbar zusammen, als Mischka mit gesenktem Kopf aus dem Schneegestöber auf ihn zukam. Er riß seine AK-47 in Anschlag.

„Halt! Parole?"

„Holzfeuer, Genosse", antwortete Mischka ihm. „Holzfeuer. Das wäre mir lieber, statt mir hier den Hintern abzufrieren."

Der Soldat zögerte. „Wo kommst du her?"

„Mußte pinkeln. Hab' mich beinah verlaufen. Mistwetter! Können die für uns keine beheizten Unterstände bauen?"

Der Mann lachte erleichtert auf und warf die Waffe wieder über die Schulter. „Das hab' ich mir auch schon oft gewünscht. Im Sommer werden wir von Mücken zerstochen und im Winter tiefgefroren."

„Ja, das Leben ist hart, Genosse", antwortete Mischka ihm. „Wo finde ich den Motorschlitten? Ich habe völlig die Orientierung verloren."

„Rechts, den Weg hinunter, kurz vor der Straße neben dem Zaun", gab ihm der Soldat bereitwillig Auskunft.

Mischka grüßte kurz und marschierte den Weg hinunter, vorbei an weiteren Soldaten, die hier Wache standen. Sie schenkten ihm kaum Beachtung. Er fand den Motorschlitten, startete ihn und fuhr über die Straße in Richtung Grenze. Anscheinend schöpfte niemand Verdacht.

„Uff", sagte er halblaut, als er außer Hörweite der Männer war. Er spürte noch das Hämmern seines Herzens und den Schweiß unter den Achseln. Es war leichter gewesen, als er gedacht hatte. Trotzdem war es ein russisches Roulette gewesen. Zwar hätte er bei Verdacht sofort in die Dunkelheit davonstürmen können, aber dann wäre die gesamte Meute auf seinen Fersen gewesen, und viele Hunde sind des Hasen Tod. Er hoffte, kein weiteres derartiges Risiko eingehen zu müssen.

Mit dem Motorschlitten kam er gut voran. Plötzlich stutzte er. Ein Verdacht stieg in ihm auf. Er versuchte, sich an die Stimme des Mannes zu erinnern, der mit dem Soldaten auf dem Weg gesprochen hatte. Der Wind hatte seine Worte halb verschluckt. Doch jetzt hörte er sie wieder. Wie ein Rekorder hatte sein Gedächtnis sie aufgezeichnet.

Aber natürlich, es war Karatajew! Jossif Karatajew! Er muß es gewesen sein. Dann waren sie ihm also wieder auf den Fersen, Litschenko, Karatajew und Chrapow, der Jäger. Sie hatten seine Pläne durchschaut, seine Spur gefunden. Wie viele Züge fuhren, ohne kontrolliert zu werden, schon von Kotlas bis zur finnischen Grenze?!

Mischka wurde es trotz des schneidenden Fahrtwindes warm. Er schwitzte unter seiner Bekleidung. Chrapow saß ihm wieder auf den Fersen! Konnte er diesen Kerl denn überhaupt nicht abschütteln? Dieser Mann war für ihn der größte Risikofaktor, denn er kannte kein Erbarmen. Er war es gewohnt, seine Opfer bis zum Ende zu hetzen, bis sie keuchend um Gnade winselten. Chrapow war ein Raubtier. Ihn mußte er bis zum Schluß fürchten. Er konnte im letzten Moment seine Flucht vereiteln.

Mischka gab Gas, als könne er den Jäger dadurch abhängen. Dabei war es möglich, daß er schon an der Grenze auf ihn wartete. Mischka schüttelte seinen Kopf, um alle Zweifel, Fragen und Befürchtungen zu vertreiben. Er mußte wachsam sein und durfte nichts Unbedachtes tun. Angst und Unsicherheit aber würden ihn lähmen.

Eine Stunde später bog er von der Straße nach Süden ab. Die Grenze konnte nicht mehr weit sein. Das Schneetreiben ließ nach. Nur vereinzelte Flocken wirbelten noch durch die Luft. Schließlich riß der Himmel für einige Minuten auf, und der Mond warf sein fahles Licht auf die Schneelandschaft. Mischka drosselte den Motor auf einer Hügelkuppe und schaute ins Tal hinunter. Unten verlief eine schnurgerade Linie durch die weiße Landschaft. Die Grenze! Alle fünf Kilometer ragte ein Wachturm über den Zaun. Dann zogen wieder schwarze Wolken über den Mond und tauchten die Landschaft in Dunkelheit, so daß man nur wenige Meter weit sehen konnte.

Mischka schaltete den Motor ab, schaute sich um und ließ den Schlitten langsam den Hügel hinuntergleiten. An einem Waldstück hielt er an, wählte eine schlanke Fichte aus und sägte sie mit langsamen Schnittbewegungen ab, um möglichst wenig Geräusche zu verursachen. Mit einem Rauschen ging der Baum zu Boden. Mischka kürzte die Zweige mit der Drahtschere, so daß sie Leitersprossen bildeten. Nur auf der Rückseite ließ er die Zweige stehen, damit er den Baum leichter zu Grenze ziehen konnte. Schließlich band er ihn an den Motorschlitten und glitt weiter ins Tal hinab.

Der Schlitten blieb etwa zweihundert Meter vor dem Grenzzaun stehen. Mischka pirschte sich im Schutz verkrüppelter Birken vor. Er schaute auf die Uhr. Sechs Uhr morgens. In einer halben Stunde würde er in der Freiheit sein – oder tot. In den nächsten dreißig Minuten würde sich sein Schicksal entscheiden. Er spürte die gleiche innere Erregung wie damals, als er sich in Djatlowo unter den Augen der Soldaten in die Büsche geschlagen hatte. Die gleiche Erregung, die zuerst lähmt, dann aber ungeahnte Kräfte verleiht.

„Er ist hier!" sagte der Jäger. Dann stand er auf, knöpfte seinen Pelzmantel zu und griff nach seinem Jagdgewehr.

„Woher willst du das wissen?" fragte ihn Litschenko.

„Ich weiß es. Das genügt."

„Dann gehen wir." Litschenko wußte, daß er dem Gefühl des Jägers vertrauen konnte. Es war wissenschaftlich nicht erklärbar, aber so wie Chrapow instinktiv Gefahren spürte, nahm er auch die Gegenwart eines Menschen wahr. Es war der Instinkt eines Raubtieres.

Der Leutnant gab den im Raum sitzenden Soldaten Anweisungen für die Suchaktion und folgte Chrapow nach draußen. Nach dem Aufenthalt in der muffigen Luft der Baracke war die kalte Winternacht für die beiden Männer eine willkommene Erfrischung. Der Jäger hatte sich inzwischen schon Ski untergeschnallt und verschwand in der Dunkelheit. Litschenko folgte seiner Spur. Obwohl er jünger war, hatte er Mühe, den Sibirier einzuholen. Diesen Mann trieb der Haß vorwärts. Es war seine letzte Chance, Michail Wulff fassen zu können. Deshalb pflügte er mit seinen Ski durch den Schnee, als ginge es um sein Leben.

Seltsam, dachte Litschenko, während er dem Jäger folgte, plötzlich ist es mir völlig egal, ob wir Wulff heute erwischen oder ob er uns endgültig durch die Lappen geht. Insgeheim wünschte er plötzlich, der junge Mann möge es schaffen. Er hatte ihn nun schon zweieinhalb Jahre durch die Wildnis gejagt. Zuerst hatten ihn Ehrgeiz und Wut angetrieben, und dabei bemerkte er an sich eine Veränderung, die ihm selbst nicht gefiel. Die Jagd machte ihn allmählich Chrapow gleich, entfremdete ihn seinen Idealen und auch seiner Familie. Er wußte nicht genau, wann es zur Wende in seinem Leben gekommen war. Vielleicht war es der Augenblick gewesen, als Chrapow auf den jungen Mann geschossen hatte. Ja, das mußte der Zeitpunkt gewesen sein, von dem an er begonnen hatte, seinen Auftrag in Frage zu stellen, und immer mehr Sympathie für Michael Wulff empfunden hatte. Und jetzt hoffte er sogar, daß Chrapow der Verlierer sein würde und damit auch Oberstleutnant Juri Wdowetschenko, aber auch er selbst. Iwan Litschenko verstand sich selbst nicht mehr. Er wäre Michail Wulff weitere tausend Kilometer durch die Taiga gefolgt. Aber hier, am Ende des Weges, war er plötzlich bereit, ihm die Freiheit zu lassen.

An einer längeren Gefällstrecke, die parallel zum Grenzzaun verlief, holte er den Jäger ein.

„Du bist dir noch sicher, daß Wulff hier ist?" rief er ihm zu.

Der Jäger nickte, wich einigen aus der Dunkelheit auftauchenden Büschen aus und bremste die Ski mit einem Hüftschwung ab.

„Hier ist jemand mit einem Motorschlitten den Berg heruntergekommen."

Chrapow wies auf die Spuren des Schlittens. „Aber er hat den Motor abgeschaltet, um keinen Lärm zu machen."

Litschenko nickte, überlegte kurz und sagte mit gedämpfter Stimme: „Dann muß Wulff direkt vor uns sein, wenn er nicht schon über die Grenze ist."

„Er ist noch nicht über die Grenze." Der Jäger schüttelte den Kopf. „Sonst wäre schon Alarm ausgelöst worden. Nein, er ist noch hier, und ich werde ihn mir jetzt holen."

Chrapow wendete und glitt geräuschlos ins Tal. Litschenko folgte ihm dichtauf. Die Anspannung ließ ihn trotz der Kälte schwitzen. Wenn Michail Wulff tatsächlich direkt vor ihnen war, würde sich in den nächsten Minuten alles entscheiden. Beim ersten Schimmer des neuen Tages würde feststehen, wie die Zukunft jedes der Männer aussah.

Mit einem gekonnten Schneepflug bremste der Jäger seine Ski ab und kam auf einer mit Büschen bewachsenen Kuppe zum Stehen. Litschenko hielt neben ihm. Die Wolkendecke riß auf und ließ das Licht des Mondes hervorbrechen. Sie waren etwa hundertfünfzig Meter vom Grenzzaun entfernt.

„Da!" flüsterte der Jäger und wies nach vorn.

Litschenko stockte der Atem. Im Schimmer des Mondlichtes sah er einen Mann im Schneeanzug, der gerade einen Baumstamm an den Grenzzaun lehnte und ihn emporstieg.

„Er ist es", sagte er heiser. „Du hast recht gehabt, Chrapow."

Aus den Augenwinkeln heraus beobachtete er, wie der Jäger sein Jagdgewehr von der Schulter nahm und es in Anschlag brachte.

Nein! schrie es in ihm auf. Nein, Chrapow, nein! Wie in einer Vision sah Iwan Litschenko Ausschnitte aus der Flucht Michail Wulffs vor seinem Auge vorbeiziehen, wie er durch den Wald lief, am Lagerfeuer saß, mit dem Einsiedler in der Höhle diskutierte und mit Pfeil und Bogen jagte. Er spürte etwas von dem Freiheitswillen, der Energie und Lebensfreude des jungen Mannes, und er wollte, daß er am Leben blieb. Er wollte, daß Michail Wulff seine Hoffnungen und Ideale verwirklichen konnte.

Olejnik Chrapow hielt das Gewehr im Anschlag und zielte auf den Mann am Grenzzaun. Langsam krümmte er seinen Zeigefinger.

Ein Schuß peitschte durch die Stille der Nacht. Mischka fuhr zusammen, als hätte ihm jemand ins Genick geschlagen. Doch dann warf er sich über die oberen Drähte des Grenzzaunes auf die andere Seite. Ein stechender Schmerz fuhr durch sein linkes Bein, als er auf den Boden prallte. Er wollte sich aufrichten, aber der Schmerz zwang ihn in die Knie.

Drüben war inzwischen die Hölle los. Sirenen heulten, Scheinwerfer gingen an und weitere Schüsse hallten durch die Nacht. Es ging um sein Leben!

Trotz der Schmerzen im linken Bein robbte Mischka durch den Schnee, weg von der Grenze, hinein in die Freiheit. Ein nie gekanntes Glücksgefühl durchströmte ihn und gab ihm Energie und Kraft. Schließlich rutschte er auf dem Bauch einen kurzen Abhang hinunter und rollte unter die tiefhängenden Zweige einer Fichte. Sein Atem ging stoßweise, und der Pulsschlag dröhnte ihm in den Ohren. Er hatte es geschafft! Er war in Freiheit! Sein Traum war in Erfüllung gegangen. Die Strapazen der letzten Monate und Jahre hatten sich gelohnt. Kein Chrapow würde ihm von jetzt an auflauern, kein Litschenko ihm auf den Fersen sitzen, kein Karatajew ihn mit der Waffe bedrohen und kein Wdowetschenko über sein Leben bestimmen! Mischka stieß einen Freudenschrei aus, hoch und langanhaltend.

Nachdem sein Atem sich beruhigt hatte, zog er seinen linken Schuh aus und untersuchte den Fuß. Der Knöchel schmerzte und begann anzuschwellen, aber er konnte den Fuß noch bewegen. Nur eine Verstauchung, dachte Mischka erleichtert und zog den Schuh wieder an. Dann blickte er sich um. Schließlich entdeckte er eine kleine Fichte. Er sägte sie ab, entfernte die Zweige und schälte den Stamm glatt. Zwischendurch horchte er auf die Laute jenseits der Grenze. Die Geräusche von Motorschlitten und erregte Stimmen hallten herüber. Er glaubte, Iwan Litschenko zu hören. Also war der Leutnant ihm bis hierher gefolgt. Er verspürte plötzlich so etwas wie Mitgefühl für diesen Mann. Monatelang war Litschenko ihm gefolgt. Es war seine Pflicht gewesen. Er mußte seinem Vorgesetzten gehorchen. Aber immer, wenn er dachte, die Jagd sei zu Ende, wurde er enttäuscht. Und nun mußte er mit leeren Händen nach Djatlowo zurückkehren, um Oberstleutnant Juri Wdowetschenko Bericht zu erstatten. Sicherlich ein schwerer Gang!

Inzwischen war es an der Grenze still geworden. Die Geräusche der Motorschlitten verklangen in der Ferne, und die Scheinwerfer erloschen. Mischka stützte sich auf seinen Stock und arbeitete sich den Abhang hoch. Vorsichtig spähte er über die Kuppe. Niemand war zu sehen. Doch! Auf einem Hügel, nicht weit vom Grenzzaun, stand ein Mann im Mondlicht, die Kapuze des Schneeanzuges zurückgeschlagen. Er schaute zu ihm herüber.

Trotz der schlechten Sichtverhältnisse erkannte Mischka die Gestalt. Es war Iwan Litschenko, der Mann, der ihn ins Lager zurückbringen sollte. Einem inneren Impuls folgend, richtete sich Mischka auf und zeigte sich dem Leutnant. Litschenko rührte sich nicht. Minutenlang starrten sich die Männer an. Dann hob Litschenko seine Hand und winkte Mischka zu, als wünsche er ihm Glück. Mischka grüßte zurück. Dann wandte sich der Leutnant um und fuhr auf seinen Ski durch den Schnee davon.

Mischka rutschte wieder den Abhang hinunter, humpelte durch das Waldstück und erreichte einen Bergrücken, den er langsam und unter ständigen Schmerzen hochstieg. Unterdessen war der Himmel wieder zugezogen, und dicke Schneeflocken wirbelten zu Boden. Mischka war das nur recht. Die Finnen hatten sich unter dem politischen Druck der UdSSR verpflichtet, entflohene Bürger auszuliefern. Deshalb durfte er keinem finnischen Grenzbeamten in die Arme laufen. Er war sich nicht sicher, ob sie ihn verfolgen würden. Aber sollten die Russen ihn als Kriminellen bezeichnen, würden sich die Finnen vielleicht doch auf seine Spur setzen. Erst in Schweden würde er endgültig in Sicherheit sein. Bis dorthin waren es aber noch etwa dreihundert Kilometer. Mit seiner Ausrüstung hätte er es problemlos in gut drei Wochen geschafft. Nun aber mußte er sich so durchschlagen.

Oben auf dem Berg mußte er kurz verschnaufen. Der Aufstieg war ihm schwergefallen. Nun aber ging es wieder bergab. Er sägte drei kleine Fichten ab, band sie zusammen und bog ihre Kronen hoch, so daß er sie als Schlitten benutzen konnte. Dann rutschte er auf ihnen den Berg hinunter. Es war eine lange Gefällstrecke, und Mischka fühlte sich wie ein Zehnjähriger auf der Rodelpiste.

Im Tal angekommen, versuchte er, sich zu orientieren. Trotz des Schneetreibens konnte er eine schmale Straße ausmachen, die nach Norden lief. Er band Tannenzweige unter die Schuhe, um nicht im Schnee einzusinken, und machte sich auf den Weg nach Westen. Bald darauf stieß er auf das Ufer eines Sees. Zu dieser Jahreszeit war das Eis noch nicht fest genug. Deshalb folgte er dem Uferverlauf.

Als der Tag dämmerte, erreichte er einen Bach, der in den See mündete. Mit einem Satz versuchte Mischka hinüberzuspringen. Aber er rutschte aus und brach durch das Eis.

Er spürte, wie eisiges Wasser durch seine Kleidung drang. Voll Panik kletterte er ans Ufer. Nasse Kleidung konnte den Tod bedeuten! Er wälzte sich im Schnee, der einen Großteil der Nässe aufnahm. Dann riß er sich die nassen Kleidungstücke vom Leib. Der Schneeanzug und die Uniformjacke waren völlig durchweicht. Seine Lederjacke war nur feucht geworden, aber Hose und Schuhe trieften vor Nässe.

Mischka überlegte fieberhaft. Dann knickte er abgestorbene Zweige von Fichten und Tannen ab und häufte sie zu einem Lagerfeuer auf. Inzwischen zitterte er schon am ganzen Körper. Wind und Lufttemperatur kühlten ihn schneller aus, als er gedacht hatte. Mit steifen Fingern kramte er aus seiner Brusttasche zwei Feueranzünder, die er zusammen mit Aljoscha aus Streichhölzern, Papier und Kerzenwachs angefertigt hatte. Sie brannten sofort und entwickelten eine solche Hitze, daß die feuchten Zweige schon nach kurzer Zeit Feuer fingen. Mischka hüpfte trotz des verstauchten Fußes am Feuer auf und ab, um seinen Kreislauf in Schwung zu halten. Dann spannte er seine Kleidung zum Trocknen auf, rannte in den Wald, um neues Holz zu holen und tanzte wieder wie besessen im Schnee.

Der weiße Tarnanzug war zuerst trocken. Mischka schlüpfte hinein. Er wärmte nur mäßig. Als seine lederne Hose halbwegs getrocknet war, streifte er auch sie über und stellte sich so nahe an das Feuer, daß sie weiter trocknen konnte. Die Kälte machte ihm trotzdem noch zu schaffen.

Plötzlich hörte er Motorgeräusche. Impulsiv warf er die immer noch feuchte Offiziersjacke über das Feuer und schaufelte Schnee darüber. Schwer atmend horchte er in das Schneetreiben hinein. Zwei Lastwagen schienen die Straße entlangzufahren. Mischka wußte nicht, ob es Militärfahrzeuge waren. Er wollte nichts riskieren. Deshalb schlüpfte er in die noch feuchten Schuhe und stürmte davon.

Es ging wieder bergauf. Der Weg wurde immer beschwerlicher. Seine Kräfte ließen nach. Er brauchte unbedingt etwas zu essen und warme, trockene Kleidung. Die Kälte zog durch die feuchten Schuhe und die Hose bis zum Oberkörper und kühlte ihn weiter aus. Seine Beine wurden schwer und die Füße taub. Wenn er am Bach doch nur nicht so leichtsinnig gewesen wäre!

Mischka kämpfte sich weiter den Berg hoch. Immer häufiger

mußte er Pausen einlegen. Die Kälte sog allmählich alle Kraft aus seinen Muskeln. Er wußte, was das bedeutete.

Immer in Bewegung bleiben, sagte er sich wieder und wieder, geh weiter, Junge, bleib nicht stehen. Geh weiter! Du schaffst es!

Er hoffte, eine Hütte zu finden, in der er sich erholen und aufwärmen konnte. Sergej hatte ihm erzählt, daß die Skandinavier überall in der Wildnis Blockhütten errichtet hätten, in der Wanderer Unterschlupf finden könnten. Sie seien sogar mit Betten, Öfen und Lebensmittelvorräten ausgestattet. Jeder Wanderer, der in einer der Hütten übernachtet und einige der Vorräte verwendet, muß dafür etwas anderes zurücklassen, das einem anderen Wanderer helfen könnte. Diese Blockhäuser seien durch markierte Wanderwege miteinander verbunden. Mischka hatte das damals nicht glauben wollen, aber jetzt wünschte er sich, eine solche Hütte zu finden.

Er erreichte ein Hochplateau. Wenn der Wind sich nicht gedreht hatte, wanderte er immer noch in Richtung Westen. Schneekristalle prasselten in sein Gesicht. Er zog die Kapuze fest zu und wandte den Kopf zur Seite. Müdigkeit lähmte seinen Körper. Immer wieder mußte er stehenbleiben, um sich auszuruhen. Seine Beine waren gefühllos, und die Muskeln versagten den Dienst.

Mischka sank in die Knie. Sein Atem ging stoßweise. Er kämpfte sich wieder hoch. Es wurde ihm schwarz vor Augen. Zitternd hielt er sich an seinem Stock aufrecht. Er mußte weiter. Wieder und wieder gähnte er. Schließlich zwang er sich weiterzuhumpeln. Jeder Schritt wurde zur Überwindung. Seine Augenlider waren schwer. Er blinzelte, um sie offenzuhalten. Ich muß mich einen Moment ausruhen, sagte er, während er in den Schnee sank, dann marschiere ich weiter. Nur drei Minuten ausruhen.

Müdigkeit durchflutete seinen Körper. Er spürte nicht mehr das verstauchte Fußgelenk, die schmerzenden Muskeln und die beißende Kälte. Er schaute in den Himmel, von dem Flocken wie Wattebällchen herabsanken. Ein Gesicht beugte sich über ihn, ein Gesicht mit grauen Augen, schwarzbraunen, lockigen Haaren und einem weichgezeichneten, lächelnden Mund.

„Ich bin müde, Anka", flüsterte er. „Laß mich nur fünf Minuten schlafen. Dann gehe ich weiter." Er schloß die Augen. Ein tiefer Friede erfüllte ihn. Anka war bei ihm. Sie war frei wie er. Nichts würde sie jetzt mehr trennen können. Nichts.

Oberstleutnant Juri Wdowetschenko stand am Fenster seiner neuerbauten Bürobaracke. Die Arme auf dem Rücken verschränkt, starrte er hinaus in den wirbelnden Schnee. Vor fünf Minuten hatte er einen Anruf von Leutnant Iwan Litschenko aus Kestenga erhalten. Michail Wulff war in der vergangenen Nacht über die Grenze entkommen.

Wdowetschenko sagte nur: „Danke, daß Sie mich benachrichtigt haben, Leutnant." Dann hatte er wieder aufgelegt. Resignation machte sich in ihm breit. Er fühlte sich wie gelähmt, ja, es war ihm, als öffne sich unter seinen Füßen ein Abgrund, in den er in eine endlose Tiefe stürzte. Er war fertig! Seine ehrgeizigen Pläne waren in dieser Nacht zerschlagen geworden. Ade, Moskau. Ade, Karriere, Zukunft, süßes Leben.

Er senkte den Kopf und schloß die Augen. Welchen Sinn hatte das alles überhaupt? Das Leben, die Schulausbildung, die Arbeit? Welchen Wert hatten Einsatz, Karrierestreben und ideologischer Gleichschritt? Was brachte es ihm, daß er sich mit Haut und Haar eingesetzt hatte? Was brachte es für sein Leben? Als Jugendlicher war er noch voll optimistischer Pläne gewesen. Liebe, beruflicher Erfolg, Wohlstand sollten ihn glücklich machen. In allem war er gescheitert, und er hatte keine Chance, noch einmal von vorne zu beginnen und alles ganz anders zu machen. Er hatte die Weichen am Anfang seines Lebens falsch gestellt. Zuerst war die Fahrt gut gelaufen. Aber jetzt befand er sich auf einem Abstellgleis. Endstation!

Juri Wdowetschenko öffnete den Schreibtisch und griff nach einer Schnapsflasche. Er hatte bisher wenig getrunken. Aber in diesem Moment brauchte er den Alkohol, um die bohrenden Fragen zum Verstummen zu bringen. Er brauchte ein wenig Glücksgefühl, auch wenn es nur chemisch erzeugt war.

Ragnar Lechtinnen lehnte sich in seinem Holzsessel zurück. Das Feuer prasselte im Ofen und verbreitete in seiner Blockhütte behagliche Wärme. Er genoß das Leben in der Winterzeit. Keine Mücken summten ihm um die Ohren. Der Schnee bedeckte Morast und Schmutz, und die sterbenden Nadelbäume wirkten jung und stark. Überhaupt liebte er Kälte mehr als Hitze. Niemals würde er auf die Kanarischen Inseln fliegen oder Urlaub auf den Malediven machen. Das kühle Wetter des Nordens lag ihm mehr.

Immer wenn der Streß seine Nerven bis zum Zerreißen spannte, schlug er die Tür seines Maklerbüros in Helsinki zu, schwang sich in seinen Volvo und fuhr nach Norden. In Kuksamo, nahe der russischen Grenze, stellte er seinen Wagen in einer Garage ab. Während der Sommermonate tuckerte er mit dem Motorboot über die Seenplatte bis zu einem Bootshaus, das er unterhalb des Hochplateaus gebaut hatte, auf dem seine Blockhütte lag. Im Winter fuhr er mit einem Snow-Scooter über die Berge.

Seine Hütte war nur spartanisch eingerichtet, aber gerade das Einfache und Schlichte liebte Ragnar Lechtinnen mehr als die Designermöbel, die seine Frau für ihren Bungalow in Porkala ausgesucht hatte. Sie kam nur selten mit in diese Wildnis. Das Leben war ihr hier zu primitiv. Plumpsklo und Quellwasser verabscheute sie genauso wie die schlichten Kiefernmöbel der Hütte. Lechtinnen war das nur recht so. Sie war zwar hübsch und lieb, aber Renata schien unter einem neurotischen Redezwang zu leiden. Zu allem und jedem mußte sie ihren Kommentar abgeben. Erzählte ihr jemand von seinen Problemen oder Krankheiten, unterbrach sie ihn schon nach drei Sätzen, um mitzuteilen, daß sie dies auch schon durchgemacht hätte. Es gab scheinbar nichts, was sie nicht schon erlebt hatte oder über das sie nicht wenigstens Bescheid wußte.

Lechtinnen genoß die Stille der winterlichen Landschaft. Hier fiel die ganze Anspannung, die sein hektisches Leben mit sich brachte, von ihm ab. Jedesmal, wenn er wieder nach Hause kam, war er fröhlich und ausgeglichen und besaß die Nervenkraft, nicht nur das ewige Geplapper seiner Frau zu ertragen, sondern auch die erbosten Anrufe unzufriedener Kunden.

Er öffnete die Ofentür, um einige Holzscheite nachzuschieben, als er plötzlich den Eindruck hatte, als sei jemand draußen vor der Tür. Lechtinnen horchte angestrengt. Kein Laut war zu hören. Er schob den Vorhang vor der Blockbohlentür zur Seite und trat nach draußen. Niemand war zu sehen. Dicke Schneeflocken wirbelten durch die Luft und versperrten den Blick ins Tal.

Ragnar Lechtinnen schloß die Tür und setzte sich in seinen Sessel zurück. Das Holz knarrte unter dem Gewicht seines muskulösen Körpers. Er kratzte seine blonden Bartstoppeln und brummte etwas von „Gespenster sehen“. Dann schraubte er den Docht der Petroleumlampe höher und griff nach dem Buch, das er schon seit zwei Tagen lesen wollte. Aber er konnte sich nicht auf den Inhalt konzentrieren. Immer wieder lauschte er nach draußen. Schließlich klappte er das Buch zu, erhob sich seufzend und zog seine daunengefütterte Jacke über.

Der Schnee fiel immer noch in dicken Flocken vom Himmel, aber der beißende Wind hatte sich gelegt. Lechtinnen drehte eine Runde um seine Hütte und stapfte dann, die Hände in den Jackentaschen, ins Tal hinunter. Plötzlich stutzte er. Sein Gefühl hatte ihn nicht getrügt. Nur wenige Schritte von ihm entfernt lag jemand. Man konnte ihn kaum erkennen. Der weiße Tarnanzug des Mannes war mit einer dünnen Schneeschicht überzogen. Sein Bart hing voller Schneekristalle. Nur Augen und Nase waren deutlich auszumachen.

Ragnar Lechtinnen stürmte zu der leblosen Gestalt hin und ließ sich auf die Knie nieder. Er tastete an der Halsschlagader nach dem Puls des Mannes. Er war schwach. Aber das Herz schlug noch. Lechtinnen atmete auf. Gott sei Dank, der Mann lebte!

Er klopfte ihm auf die Wange. „Hej, Mann, wach auf! Hier ist es zu kalt zum Schlafen."

Nur seine Augenlider zuckten.

Lechtinnen schüttelte ihn. „Wach auf, wach auf!"

Der Mann stöhnte leise. Dann öffnete er seine Augen einen Spalt breit.

„Bist du es Aljoscha?" flüsterte er kaum wahrnehmbar.

„Was hast du gesagt?" fragte Lechtinnen. Dann dämmerte es ihm. Der Mann hatte russisch gesprochen. Das war keiner dieser leichtsinnigen Touristen, die sich regelmäßig in den finnischen Schneestürmen verliefen. Nein, dieser Mann kam von weit her, von jenseits der Grenze.

Kurz entschlossen richtete er den Halberfrorenen auf und hob ihn wie eine Puppe auf seine Schulter. In der Hütte legte er ihn auf eines der Betten. Bevor er den Mann von seiner hartgefrorenen und feuchten Kleidung befreite, warf er noch einige Holzscheite in den Ofen und setzte einen Kessel Wasser auf.

Anschließend ging er noch einmal nach draußen und holte aus dem Geräteschuppen eine alte Zinkbadewanne, die er im Keller seiner Großeltern aufgestöbert und mit zur Hütte transportiert hatte. Er füllte sie mit kaltem Wasser und schüttete das kochende Wasser des Kessels hinzu. Dann setzte er den neugefüllten Kessel wieder auf den Herd.

„Komm", sprach er dem Mann zu, „jetzt werden wir dich wieder auftauen."

Er setzte ihn in die Badewanne.

Der Mann schrie vor Schmerzen auf.

„Ein gutes Zeichen, Junge", sagte er sichtbar erleichtert. „Wenn dir deine Füße und Hände in dem kalten Wasser noch weh tun, sind sie nicht erfroren."

Lechtinnen füllte in der nächsten halben Stunde immer wieder warmes Wasser nach, so daß sich die Temperatur des Badewassers zuerst auf Handwärme erhöhte und schließlich vierzig Grad erreichte. Zwischendurch flößte er dem Mann warmen Holunderblütentee ein.

Die Behandlung zeigte Erfolg. Langsam kehrten die Lebensgeister seines Gastes zurück. Er begann zu sprechen, stockend mit heiserer Stimme.

„Tut mir leid. Ich kann dich leider nicht verstehen." Lechtinnen zuckte mit den Schultern und schaute ihn mit fragenden Augen an.

„Michail Wulff", sagte der Mann heiser.

„Ah, du heißt Michail Wulff." Lechtinnen reichte ihm die Hand und klopfte sich auf die Brust. „Ich bin Ragnar Lechtinnen. Du kannst mich Ragnar nennen, verstehst du? Ragnar."

„Ragnar", wiederholte der Mann und hielt seine Hand fest. „Mischka."

„Freut mich, Mischka, dich kennenzulernen. Du kommst sicherlich aus Rußland, nicht wahr?" Er wies dabei mit der Hand nach Osten.

Als der Mann das Wort Rußland hörte, füllte Angst seine Augen. Lechtinnen klopfte ihm kameradschaftlich auf die Schulter und schüttelte den Kopf. „Keine Sorge, Junge, ich werde dich nicht ausliefern. Ragnar Lechtinnen verrät niemanden, schon gar nicht an die Genossen dort drüben."

Er machte eine Pause. Ein Gedanke schoß ihm durch den Kopf. Der Mann hieß Wulff. Das war kein slawischer Name.

„Du deutscher Russe?" fragte er in gebrochenem Deutsch. Es war schon Jahre her, daß er das letzte Mal diese Sprache gesprochen hatte.

Die Augen des jungen Mannes leuchteten auf. „Ja, ich deutscher Russe." Sein Deutsch war genauso schlecht wie das Ragnar Lechtinnens. „Mein Vater hat mich gelernt, Deutsch zu sprechen, auch wenn verboten."

„Na, dann wir haben eine Basis", sagte sein Retter erfreut.

„Was bedeuten Basis?"

„Grundlage", antwortete ihm Lechtinnen. „Aber jetzt dich in warme Decken einpacken. Du mußt schwitzen, damit nicht krank werden."

Später setzte er sich ans Bett von Michail Wulff und fragte ihn, warum er über die Grenze geflohen war. Dann aber ließ er ihn in Ruhe, weil der Mann sichtlich erschöpft war. Sie hatten noch genügend Zeit, miteinander zu plaudern.

Er dimmte die Lampe und setzte sich wieder an den Tisch. Dieser Tag gehörte zu den wenigen unvergeßlichen Tagen seines Lebens. Er hatte einem Menschen das Leben retten können, gewissermaßen im letzten Augenblick. Irgend etwas, irgend jemand hatte ihn unruhig werden lassen, hatte ihn nach draußen getrieben, um nach diesem Michail Wulff zu suchen. Ragnar Lechtinnen war kein religiöser Mensch. Aber jetzt begann er zu ahnen, daß etwas über seinem Leben stand, eine höhere Weisheit oder Macht, die das Schicksal jedes Menschen seiner Bestimmung zuführt, wenn er sich nicht dagegen wehrt.

Am nächsten Morgen wurden sie durch das Knattern eines Scooters geweckt. Dann hämmerte jemand an die Tür. Lechtinnen sprang aus dem Bett, zog Michail Wulff die Decke bis über den Kopf, bedeutete ihm, zu schweigen und öffnete die Tür.

Ein Grenzsoldat stand draußen im Schneetreiben.

„Hej, Arvid, schön dich zu sehen", begrüßte er den Mann. „Komm herein und wärm dich ein bißchen. Ich setze gleich den Teekessel auf."

Arvid Jotuni klopfte seine Schuhe ab und trat in die Blockhütte.

„Ich würde dir gern meinen Neffen Eino aus Turku vorstellen. Aber der fühlt sich nicht besonders gut", schwatzte Lechtinnen weiter. „Der Arme mußte vorgestern nacht beim Schneesturm aufs Klo, und stell dir vor, er hat völlig die Orientierung verloren und sich auf dem Weg zurück zur Hütte verlaufen. Dabei sind es nur zwanzig Meter. Zwei Stunden ist er durch den Wald gestolpert. Ich bin ihm nach und habe ihn halberfroren zurückgeschleppt. Jetzt kann er nur noch krächzen wie ein Rabe."

Arvid Jotuni lachte auf. „Ja, ja, die Städter sind hier arm dran. Wenn nicht an jedem Baum ein Schild hängt, verlieren sie jegliche Orientierung." Er pellte sich aus seinem Parka und ließ sich in den Sessel am Ofen fallen. „Und jetzt läßt du ihn ordentlich schwitzen."

„Das beste Mittel gegen Grippe." Ragnar Lechtinnen setzte den Teekessel auf die Herdplatte des gußeisernen Ofens und schürte das Feuer. „Sag mal, was treibt dich eigentlich bei diesem Wetter hierher?"

„Die Pflicht, Ragnar. Es ist wieder jemand über die Grenze entwischt. Diesmal scheint es ein echt gefährlicher Mann zu sein."

„Was heißt hier gefährlich", winkte Lechtinnen ab. „Für die Genossen da drüben ist doch jeder gefährlich, der nur eine andere Meinung vertritt."

„In diesem Fall wohl nicht", fuhr Jotuni fort. „Sie jagen diesen Mann nun schon fast drei Jahre durch die halbe UdSSR. Es hat dabei eine Reihe Tote gegeben, und direkt an der Grenze soll er noch einen Mitarbeiter des KGB aus nächster Nähe erschossen haben, einen gewissen Krapow oder so ähnlich."

„Hm", brummte Lechtinnen, „scheint ja wirklich ein ungemütlicher Zeitgenosse zu sein. Besser man begegnet ihm nicht."

„Genau, deshalb wollte ich dich warnen. Der Kerl könnte noch hier in der Gegend sein. Am besten, ihr beiden verlaßt in den nächsten zwei Tagen nicht die Blockhütte und öffnet auch keinem Fremden, besonders, wenn er kein Finnisch spricht. Sollte euch etwas auffallen oder verdächtig vorkommen, gib es uns per Funk durch. Wir kümmern uns dann darum."

„Habt ihr seine Spuren gefunden?" wollte Lechtinnen wissen, während er den Tee aufgoß.

„Keine Hoffnung. Der Schneesturm hat alle Spuren verwischt."

Die Männer schwatzten noch eine Viertelstunde, während sie den heißen Tee schlürften. Dann verabschiedete sich Arvid Jotuni wieder.

Mischka hatte die ganze Zeit über still im Bett gelegen und vor sich hingedöst. Hin und wieder wurde er von einem Hustenanfall geschüttelt. Er verstand die beiden Männer nicht. Aber die ungezwungene Art Lechtinnens zeigte ihm, daß keine Gefahr bestand. Als der Grenzsoldat ihm beim Abschied „Gute Besserung, Eino" zurief, konnte er ihm nur mit einem krächzenden „Hej, hej" antworten. Er hatte diesen finnischen Gruß von Sergej gelernt.

Nachdem das Knattern des Snow-Scooters in der Ferne verklungen war, schloß Ragnar Lechtinnen die Tür der Blockhütte und setzte sich an Mischkas Bett.

„Es hat einen Toten an der Grenze gegeben", sagte er beiläufig.

„Toten?" fragte Mischka mit heiserer Stimme.

„Ja, Krapow hieß er."

„Chrapow? Tot?" Mischka schaute ihn ungläubig an.

„Ja. Kennst du ihn?"

„Er mich gejagt durch die Taiga. Warum er tot?"

„Er wurde erschossen."

„Warum er wurde erschossen? Weil er mich nicht gekriegt?"

Lechtinnen zuckte mit den Schultern. Der junge Mann war ehrlich erstaunt, daß dieser Krapow oder Chrapow tot war. Das war keine Schauspielerei gewesen. Wer immer es getan haben mochte, Michail Wulff war unschuldig. Er war bestimmt kein Schwerverbrecher. Durch seinen Beruf hatte Lechtinnen sich genug Menschenkenntnis angeeignet, um sagen zu können, daß dieser Mann kein Krimineller war. Typische Propaganda, dachte er grimmig, entweder sind sie kriminell oder geistesgestört. Aber damit wollen die Genossen dort drüben nur von sich selbst ablenken.

„Arvid wußte auch nicht mehr. Wenn du bessere Stimme hast, erzählst du mir von deinen Abenteuern."

Mischka nickte. Lechtinnen erhob sich, füllte einen Keramikbecher mit heißem Tee, süßte ihn mit Honig und kehrte ans Bett zurück. Während Mischka den Tee schlürfte, erklärte ihm Lechtinnen, welche Pläne er gestern abend ausgetüftelt hatte, um ihm weiterzuhelfen.

Wenn es Mischka wieder besser ginge, wollte er mit ihm auf dem Scooter bis Kuksamo fahren. Von dort sollte es dann mit dem Volvo nach Helsinki gehen und dann mit der Fähre nach Schweden.

„Ich bringe dich zur deutschen Botschaft in Stockholm. Dort du kannst beantragen politisches Asyl."

Mischka lächelte ihn an, drückte seine Hand und krächzte „Danke, mein Freund! Danke!"

„Aber vorher ich mache aus dir einen zivilisierten Menschen."

Mischka schaute ihn verständnislos an. Ragnar Lechtinnen lachte und versuchte es mit Gebärdensprache. „Bart, Haare, Kleidung, alles neu. Du siehst aus, als wenn du ein Jahr in der Taiga gehaust."

„Zwei Jahre und ein halben Jahr in Taiga", verbesserte ihn Mischka.

Der Berufsverkehr rund um die Hamburger Innenstadt kam an diesem Sommerabend wieder einmal zum Erliegen. Die schwüle, mit Abgasen beladene Luft stand in den Straßen. Kein Windhauch bewegte die Blätter der Alleen. Die Hitze und der Lärm der Großstadt machte die Menschen reizbar und unkonzentriert.

Michail Wulff schob sich mit seinem rostigen Alfa Spider über die Ost-West-Straße. Der Stop-and-go-Verkehr nervte ihn nicht so sehr wie seine Leidensgenossen auf der dreispurigen Fahrbahn. Er hatte das Faltdach zurückgeklappt und betrachtete den dunstigblauen Himmel über den Hochhäusern. An solchen Tagen sehnte er sich zurück nach der klaren Luft und der Stille der Taiga, nach dem Rauschen und Gluckern der Bäche, dem Zirpen der Grillen und dem „haakk, haakk" der Schneegänse.

Seit einem halben Jahr war er schon in dieser Stadt. Er hatte vorübergehend im Hamburger Landesmuseum Arbeit gefunden. Mit dem Verdienst konnte er nicht nur seinen Lebensunterhalt bestreiten, sondern auch etwas für sein Studium zurücklegen. Für das Herbstsemester hatte er sich an der Uni eingeschrieben, um sein Studium fortzusetzen.

Er hatte in den vergangenen Monaten oft an Anka und ihren Vater gedacht. Ob sie inzwischen ihren Auswanderungsbescheid erhalten hatten? Waren sie vielleicht schon nach Westen ausgereist, und wenn ja, wie sollte er sie finden?

Vor zwei Wochen hatte ein Mitarbeiter des Museums ihm den Tip gegeben, sich in Friedland zu erkundigen. Mischka hatte sofort das Auffanglager angerufen und gefragt, ob in den letzten Monaten eine Familie Jarew aus Rußland eingetroffen sei. Die Beamtin hatte ihm freundlich aber bestimmt erklärt, sie könne ihm keine Auskunft am Telefon erteilen. Deshalb war er sofort am nächsten Tag nach Friedland gefahren. Aber auch die persönliche Vorsprache brachte ihn nicht weiter. Erst als Mischka sich als Verlobter von Anka Jarew ausgegeben hatte, war die Beamtin in ein Hinterzimmer verschwunden. Sie kam nach etwa zehn Minuten zurück und fragte ihn: „Wie heißen Sie noch einmal?"

„Wulff, Michail Wulff."

„Haben Sie noch einen Spitznamen, mit dem Ihre Freunde Sie rufen?" wollte die Beamtin wissen.

„Ja. Mischka."

„Gut, Herr Wulff, Sie haben Glück. Vor zwei Monaten ist hier tatsächlich eine Anka Jarew eingetroffen."

Mischkas Herz machte einen Sprung.

„Ist sie noch hier?" rief er mit erregter Stimme.

„Nein, sie ist inzwischen nach Hamburg gezogen. Die Adresse kann ich Ihnen aber nicht geben."

Nach Hamburg! Anka war schon in Hamburg.

„Was ist mit ihrem Vater, Simeon Jarew? Sie sprachen nur von Anka?"

Die Frau schaute verlegen auf ihren Schreibtisch. „Tut mir leid, Anka Jarew ist allein aus der UdSSR ausgereist."

„Und ihr Vater? Was ist mit ihm passiert? Sagen Sie es mir."

„Er ist im Krankenhaus an einem Herzinfarkt verstorben", antwortete die Beamtin zögernd.

„Tot? Simeon Jarew ist tot?" Mischka schluckte und schaute zur Seite. Die Frau sollte seine Tränen nicht sehen.

„Ja, aber mehr kann ich Ihnen nicht sagen."

„Danke", sagte Mischka, „vielen Dank für die Auskunft. Sie wissen nicht, was diese beiden Menschen mir bedeuten."

„Ich glaube, ich kann Sie verstehen." Die Beamtin seufzte. „Wir haben viele solcher Schicksale."

Mit Trauer und Freude im Herzen war Mischka zurück nach Hamburg gefahren. Am nächsten Tag hatte er sich auf die Suche gemacht. Aber das Einwohnermeldeamt konnte ihm nicht weiterhelfen. Eine Anka Jarew sei nicht in Hamburg gemeldet.

Der Autofahrer hinter ihm hupte. Mischka kehrte aus seinen Erinnerungen zurück, legte den ersten Gang ein und ließ das Auto drei Meter weiterrollen. Wie sollte er Anka hier wiederfinden? Plötzlich schlug ihm das Herz bis zum Hals. Ein junge Frau mit schwarzbraunen, lockigen Haaren und einem schlichten Leinenkleid überquerte die Fahrbahn zwischen den wartenden Autos und ging den Bürgersteig hinunter. Er hatte ihr Profil nur kurz sehen können, aber Mischka war sich sicher, daß dies Anka war. Mit einem Satz sprang er aus dem Alfa und rannte der Frau hinterher.

„Hey, Mann, wo willst du hin?" rief hinter ihm der Autofahrer. „Du kannst doch hier nicht deinen Wagen mitten im Verkehr stehenlassen."

Mischka hörte ihn nicht. Er hatte nur Augen und Ohren für die schlanke Gestalt vor ihm.

„Anka!" rief er ihr hinterher, „Anka, ich bin es, Mischka!"

Die Frau ging weiter, als hörte sie ihn nicht.

„Anka, bleib doch stehen, Anka!"

Die Passanten schauten ihm kopfschüttelnd nach.

Mischka erreichte die Frau und faßte ihr auf die Schulter, um sie anzuhalten.

„Anka ...?"

Die Frau drehte sich um und starrte ihn an. „Ja, bitte, was wollen Sie?"

„Entschuldigung", stotterte Mischka mit hochrotem Kopf. „Entschuldigen Sie, ich habe Sie mit jemandem verwechselt."

„Blöde Anmache!" antwortete die Frau und wandte sich zum Gehen.

Mischka stand mit hängenden Schultern da. Eine Gruppe von Halbwüchsigen feixte ihn ungeniert an. Er achtete nicht auf ihre Blicke und frechen Sprüche. Enttäuschung zeichnete sein Gesicht.

Hinter seinem Alfa begannen die Autofahrer zu hupen.

„Hey, Mann", rief ihm jemand aus der offenen Fahrertür zu, „wird Zeit, daß du deinen Spaziergang beendest und deine Rostlaube von der Straße entfernst. Mann, hast du'n dickes Fell."

Am nächsten Samstag ging Mischka an der Alster spazieren. Die Sonne schien von einem strahlendblauen Himmel. Trotzdem war es nicht mehr so schwül wie in den Tagen vorher. Ein Regenschauer hatte am Morgen die Luft abgekühlt. Eltern spielten mit ihren Kindern auf den Grünflächen. Rentner fütterten Enten und Schwäne. Ehepaare, Verliebte und Singles schlenderten am Ufer entlang, während Jogger und Radfahrer zwischen den Menschen ihren Weg suchten.

Mischka setzte sich auf eine freigewordene Bank und beobachtete die Freizeitkapitäne in ihren Segelbooten. Ein Katamaran schoß vorbei, fuhr unter dem Ufer eine Halse und zog mit geblähten Segeln davon. Mischka faszinierte die Geschwindigkeit dieser Sportboote. Eines Tages würde er sich auch einen Katamaran kaufen und mit ihm über die Nordsee segeln. Es war bestimmt genauso aufregend wie Fliegen. Er schloß die Augen und begann zu träumen. Ein Schatten fiel auf ihn, und jemand setzte sich auf das freie Ende der Bank.

Er öffnete die Augen und schaute verstohlen zur Seite. Eine Frau mit Kopftuch hatte sich dort niedergelassen, wahrscheinlich eine Türkin. Er konnte ihr Gesicht nicht sehen. Ihre schlanke Gestalt wirkte hilflos und zerbrechlich. Mischka empfand so etwas wie Sympathie für diese Frau. Sie war entwurzelt wie er, ohne Freunde und Familie in einer fremden Kultur.

Er wandte seinen Blick wieder zur Alster. Sicherlich würde Anka auch Spaß am Segeln haben. Wenn das Wasser unter dem Bug zischt und der Wind in den Segeln knattert, kann man Sorgen und Schmerzen vergessen.

Die Frau neben ihm erhob sich, um weiterzugehen. Er schaute zu ihr hinüber. Ihre Augen trafen sich. Wie in Trance erhob sich Mischka und machte einen Schritt auf sie zu.

„Anka? Bist du es, Anka?"

Sie starrte ihn an, als schaue sie in weite Ferne.

„Anka!" Mischka ging einen Schritt auf die Frau zu und faßte sie sanft an den Schultern. „Anka, erkennst du mich nicht? Ich bin es, Mischka."

Unter hochgeschwungenen Brauen schauten ihn graue Augen an, deren Pupillen mit einer schmalen, schwarzen Linie umrandet waren. Diese Augen würde er nie wieder vergessen können. Ihre Nase war fein gezeichnet und der Mund weich und voll. Es war wie beim ersten Mal. Er konnte seinen Blick nicht von ihr losreißen und glaubte zu schweben.

Mischka schob ihr Kopftuch zur Seite. Schwarzbraunes Haar fiel über die Schultern der jungen Frau, machte ihr Gesicht geheimnisvoll und attraktiv.

„Anka, erkennst du mich nicht?“ wiederholte Mischka.

Er sah, wie ihre Augen die Geistesabwesenheit verloren und sich mit Tränen füllten. Sanft schloß er sie in seine Arme. Ein Zittern stieg in ihr empor. Mischka hielt sie fest und küßte sie zärtlich auf die Stirn.

„Sie haben meinen Vater auf dem Gewissen.“

„Ich weiß“, antwortete er heiser. Er schwieg einen Augenblick. „Aber – wenn wir nicht vergeben können, sind wir nicht besser als sie.“

Sie schaute ihn mit tränenerfüllten Augen an. „Aber es ist so schwer.“

„Unsere Liebe wird dir die Kraft dazu geben, Anka.“

„Mischka“, flüsterte sie und schmiegte sich an ihn, „laß mich nie wieder allein.“

Er strich über ihre schwarzbraunen Locken und schaute zum Himmel. „Nie wieder! Das verspreche ich dir!“

Eine alte Frau auf der Bank gegenüber lächelte, als sie die beiden sah. Ihre Gedanken gingen zurück in die Zeit des Kriegsendes, als mit dem Frühling auch die Freiheit zurückkehrte und Liebe den Haß besiegte.

Nachwort

Kurz nach Michail Wulffs Flucht über die finnische Grenze wurde Leutnant Iwan Litschenko in die Ukraine versetzt. Aufgrund seiner Erfahrungen in der sibirischen Wildnis und seiner Fähigkeiten ernannte man ihn zum Survival-Ausbilder der Volksarmee.

Oberstleutnant Juri Wdowetschenko verbrachte fünfzehn Jahre als Häftling in einer Besserungsarbeitskolonie in Kasachstan. Ein anonymer Schreiber aus Surgut hatte KGB-Major Kurbanow in Moskau mitgeteilt, der Koloniechef habe Wulff die Flucht ermöglicht, um so Informationen über die Umstrukturierung des KGB an westliche Geheimdienste zu verkaufen. Nach dem Haftende blieb Juri Wdowetschenko in Kasachstan. Er verfiel völlig dem Alkohol und wurde innerhalb weniger Monate zum haltlosen Trinker.

Auch Pankratow konnte aufgrund seines Nervenleidens nicht mehr in den sozialistischen Arbeitsprozeß eingegliedert werden. Fünf Jahre nach seiner Entlassung aus der Heilanstalt, stürzte er sich vor einen fahrenden Zug.

Jossif Karatajew quittierte den Dienst bei der Armee und begann, in einem Stahlwerk zu arbeiten.

Aljoscha studierte Jura. Noch zu Gorbatschows Regierungszeit eröffnete er ein Anwaltsbüro in Moskau.

Nikita und Semjon wurden nach Verbüßung ihrer Haftstraße kleine Räder in der sozialistischen Gesellschaft. Mit geschickten Gaunereien versuchten sie, den Staat zu schädigen, wo sie nur konnten.

Alexej Proschin, der Priester und Einsiedler, blieb verschwunden. Zwar verbreiteten sich Gerüchte unter Orthodoxen, er sei an verschiedenen Orten gesehen worden, aber niemand konnte Genaueres sagen.

Boris und Pjotr engagierten sich in der Jugendarbeit ihres Heimatortes und kümmerten sich um Vera Sergejewitsch bis zu ihrem Tod. Pjotr studierte Sport und Philosophie und arbeitete danach als Lehrer in Kargasok. Nach dem Fall des Sozialismus wechselte er in die Politik über.

Boris wurde Offizier, um seinem Volk und Land zu dienen. Während des Afghanistan-Krieges überfielen Partisanen seinen Konvoi auf einer mit Benzin überfluteten Bergstraße. Als die Afghanen das Benzin entzündeten, versuchte sich Boris aus der Feuerhölle zu retten und sprang einen Abhang hinunter. Dort streckte ihn ein Kugelhagel der Partisanen nieder, während ein deutsches Kamerateam die Szene filmte. Michael Wulff erkannte den sterbenden Soldaten nicht, als die Tagesschau diese Bilder zeigte, obwohl ihm das Gesicht seltsam vertraut erschien.

SAATKORN EDITION

BISHER ERSCHIENEN:

BEGNADETE HÄNDE
Wichtige Stationen im Leben des bekannten Neurochirurgen Ben Carson

NIMM DIR GROSSES VOR!
Eine Ermutigung, die eigene Zukunft aktiv zu gestalten

GLÜCKLICHSEIN KANN MAN LERNEN
Schritt für Schritt ins Glück: Tips für ein glückliches Leben

DIE SPUR DES WOLFES
Ein Mann auf dem Weg in die Freiheit

KÖNIG VON BABYLON
Nebukadnezar: Ein Mann auf dem Weg zur Macht

DER TRAUMMANN
Eine junge Frau zwischen Hoffnung und Bindungsängsten

DAS NACHTAUGE
Ein dunkles Geheimnis wird zur Gefahr für eine große Liebe

SAATKORN EDITION